汉学研究大系
Series of Chinese Studies

阎纯德 总主编

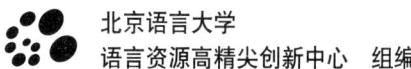
北京语言大学
语言资源高精尖创新中心 组编

列国汉学史丛书

客居美国的民国史家与美国汉学

吴原元 著

学苑出版社

图书在版编目（CIP）数据

客居美国的民国史家与美国汉学 / 北京语言大学语言资源高精尖创新中心组编 ；吴原元著. — 北京 ：学苑出版社，2018.12

（汉学研究大系 / 阎纯德总主编）

ISBN 978-7-5077-5613-5

Ⅰ．①客… Ⅱ．①北… ②吴… Ⅲ．①汉学－研究－美国－近现代 Ⅳ．①K207.8

中国版本图书馆CIP数据核字（2018）第271836号

责任编辑：杨　雷　张敏娜
出版发行：学苑出版社
社　　址：北京市丰台区南方庄2号院1号楼
邮政编码：100079
网　　址：www.book001.com
电子信箱：xueyuanpress@163.com
联系电话：010-67601101（销售部）　67603091（总编室）
经　　销：新华书店
印　刷　厂：北京建宏印刷有限公司
开本尺寸：710×1000　1/16
字　　数：340千字
印　　张：21
印　　数：1500册
版　　次：2019年3月第1版
印　　次：2019年3月第1次印刷
定　　价：55.00元

汉学研究大系 组织编写委员会

主　任：李宇明　　刘　利
成　员：阎纯德　　杨尔弘　　刘晓海　　田列朋

汉学研究大系 总编辑委员会

总顾问：袁行霈　　李学勤
顾　问：王晓平　　乐黛云　　宇文所安　李明滨　　吴志良
　　　　严绍璗　　张西平　　宋绍香　　何培忠　　郁　白
　　　　孟　白　　钱林森　　崔希亮　　柴剑虹　　阎国栋
　　　　熊文华
主　任：李宇明
总主编：阎纯德
助　理：陈　晶

列国汉学史丛书 编辑委员会

主　任：刘　利
副主任：韩经太
主　编：阎纯德　　吴志良
编　委：安平秋　　许光华　　李海绩　　李雪涛　　陈开科
　　　　陈戎女　　杨玉英　　张国刚　　周　阅　　侯且岸
　　　　钱婉约　　徐志啸

序 一

经过近 30 年多位学者的辛劳努力,现在我们可以说,国际汉学研究确实已经成长为一门具有特色的学科了。

"汉学"一词本义是对中国语言、历史、文化等的研究,而在国内习惯上专指外国人的这种研究,所以特称"国际汉学",也有时作"世界汉学""国际中国学",以区别于中国人自己的研究。至于"国际汉学研究",则是对国际汉学的研究。中外都有学者从事国际汉学研究,但我们在这里讲的,是中国学术界的国际汉学研究。

自从改革开放以来,国际汉学研究改变了禁区的地位,逐渐开拓和发展。其进程我想不妨划分为三个阶段:一开始仅限于对国际汉学界状况的了解和介绍,中心工作是编纂有关的工具书,这是第一个阶段。到了 20 世纪 90 年代,出现国际汉学研究的专门机构,大量翻译和评述汉学论著,应作为第二个阶段。在这两个阶段里,学者们为深入研究国际汉学打好了基础,准备了条件。新世纪到来之后,进入全面系统地研究国际汉学的可能性应该说业已具备。

今后国际汉学研究应当如何发展,有待大家磋商讨论。以我个人的浅见,历史的研究与现实的考察应当并重。国际汉学研究不是和现实脱离的,认识国际汉学的现状,与外国汉学家交流沟通,对于我国学术文化的发展以至于多方面的工作都是必要的。我曾经提议,编写一部中等规模的《当代国际汉学手册》,使我们的学者便于使用;如果有条件的话,还要组织出版《国际汉学年鉴》。这样,大家在接触外国汉学界时,不会感到隔膜,阅读外国汉学作品,也就更容易体味了。必须指出的是,国际汉学有着长久的历史,因此现实和历史是分不开的,不了解各国汉学的历史传统,终究无法认识汉学的现状。

我们已经有了不少国际汉学史的著作及论文。实际上,公推为中国最早的汉学史专书,是 1949 年出版的莫东寅《汉学发达史》,尽管是通史体裁，也包含了分国的篇章。这本书最近已有经过校勘的新版，大家容易看到，尽管只是概述性的，却使读者能够看到各国汉学互相间的关系。由此可见，有组织、有系统地考察各国汉学的演进和成果，将之放在国际汉学整体的背景中来考察，实在是更为理想的。

这正是我在这里向大家推荐阎纯德教授、吴志良博士主编的这套"列国汉学史书系"的原因。

阎纯德教授在北京语言大学主持汉学研究所工作多年，是我在这方面的同行和老友，曾给我以许多帮助。他为推进国际汉学研究，可谓不遗余力，所做出的重要贡献是学术界周知的。在他的引导之下，《中国文化研究》季刊成为这一学科的园地，随之又主编了《汉学研究》，列为《中国文化研究汉学书系》，有非常广泛的影响。其锲而不舍的精神，我一直敬服无地。特别要说的是，阎纯德教授这几年为了编著这套"列国汉学史书系"所投入的心血精力，可称出人意想。

在《汉学研究》第八集的《卷前絮语》中，阎纯德教授慨叹："《汉学研究》很像同人刊物，究其原因，是从事这个领域研究的学者太少，尤其是专门的研究者更是少之又少，所以每一集多是读者相熟的面孔。"现在看"列国汉学史书系"，作者已形成不小的专业队伍，这是学科进步的表现，更不必说这套书涉及的范围比以前大为扩充了。希望"列国汉学史书系"的问世成为国际汉学研究这个学科在新世纪蓬勃发展的一个界标。让我们在此对阎纯德教授、这套书的各位作者，还有出版社各位所做出的劳绩表示感谢。

李学勤
2007年4月8日
于清华大学国际汉学研究所

序　二

汉学历史和学术形态历史是既抽象又具体的存在,是浩瀚无边的过去、现在和未来。历史会让我们兴奋,也会使我们悲哀,有时还会觉得它仿佛是一个梦。但是,当我们梦醒而理智的时候,便会发现——太阳、地球、人类社会,一切的一切,不管是曾经存在过的恐龙,还是至今还在生生不息的蚂蚁社群,天上的,地下的,看得见的,看不见的,一切都有自己的历史。一切都有过发生,一切都还在发展,可能还会灭亡。

任何事物的发生都有一个有形或无形的孕育过程,"汉学"(Sinology)也是这样,其孕育和成长,就是中国文化与异质文化相互交媾浸淫的历史。这个历史,始于公元1世纪前后汉代所开通的丝绸之路,接下来是七八世纪的大唐帝国、十四五世纪的明代、清末的鸦片战争和五四新文化运动,这种文化的碰撞和交流之潮时起时伏直到今天,还会发展到永远。这是历史,是汉学的昨天、今天和未来,是其孕育、发生和成长的过程显现出的文化精神。但是,昨天有远有近,我们可以寻着蛛丝马迹探讨找回其真;而今天,只是一个过渡,一俟走过,便成为昨天的陈迹。

写作汉学史是一件艰难的劳作,尤其对象是遥远的昨天,尤其是"遗失"在异国他乡的昨天,更非一件易事。时至今日,朦胧面纱下的汉学还不完全为一些学人所认识,因此有必要取下面纱,让人们看个究竟。

中华人民共和国成立最初的30年,对于"汉学"讳莫如深,因为"它"被认为是个有害于中国的"坏东西";从20世纪70年代中期之后,尤其90年代以降,"汉学"便逐渐成为学术界耳熟能详的学术名词。中国大陆重提"汉学"至今,汉学就像隐藏在深山里的小溪,经过30年的艰辛跋涉,才终于形成一条奔腾的水流,并成为中国文化水系不可或缺的组成部分;尤其是到了21世纪10年代之后,国家领导人也提出倡导研究汉学(中国学)。这是天翻地覆的文化壮举。这个变化是时代和历史变迁带来的结果,也是文化自己发展的规律。

那么,究竟什么是汉学呢？首先,这里的汉学非指汉代研究经学注重名物、训诂——后世称"研究经、史、名物、训诂考据之学"的"汉学",而是指外国人研究中国历史、语言、哲学、文学、艺术、宗教、考古及社会、经济、法律、科技等人文和社会科学领域的学问,这起码是近 300 来年世界上的习惯学术称谓。李学勤(1933—2019)教授多次说:"'汉学',英语是 Sinology,意思是对中国历史文化和语言文学等方面的研究。在国内学术界,'汉学'一词主要是指外国人对中国历史文化等的研究。有的学者主张把它改译为'中国学',不过'汉学'沿用已久,在国外普遍流行,谈外国人这方面的研究,用'汉学'比较方便。"①Sinology 一词来自外国,它不是汉代的"汉",也不是汉族的"汉",不指一代一族,其词根 Sino 源于秦朝的"秦"(Sin),所指是中国。为了弄清 Sinology 的真正含义和译义,我曾向西方多位汉学家征求其看法。他们几乎毫无疑义地认为:Sinology 的词根"Sino",意思是"秦",所指是中国,源自拉丁词语"Sina"(China,中国),"logia"为希腊词语,其意为"科学",或含有考古学或哲学的部分意思;前者所示是"中国",后者所示是"科学"或"研究",两者相加,Sinology 就是"中国的科学研究"。Sinology 一词的诞生,最早应是始于后利玛窦时代,出自某个传教士的智慧——借用汉代和清代的"汉学"。从那时起,西方传教士就将对中国的文化研究称为 Sinology(汉学),研究者称为 Sinologist(汉学家)。

如果我们将 Sinology 在学术上称为"汉学"和"中国学",名字虽异,但实质上它们是"异名共体",所表述的内涵完全一样。高利克在回信中说:"我认为 Sinology(汉学)或 Sinologist(汉学家)是用以指称我们所从事的事业之恰当的词语。"

在历史长河里,汉学由胚胎逐渐发育成长。当汉学走过少年时代,在西学东渐和中学西传互示友情之后,中学开始影响西方而成为人类文明史上的伟大事件。中世纪以来,欧洲视中国为"修明政治之邦",对中国充满了好奇与好感,18 世纪"中国热"蜂起欧洲,19 世纪初期法国便成为西方汉学的中心,巴黎成为"汉学之都"。戴密微(Paul Demiéville,1894—1979)曾说汉学的先驱是葡萄牙、西班牙和意大利。但是,汉学作为学术研究和

---

① 李学勤《国际汉学漫步·序》,河北教育出版社,1997 年。

一种文化形态,举大旗的则是法国人。1814年12月11日,雷慕沙(Jean Pierre Abel Rémusat, 1788—1832)在法兰西学院首开"汉语和鞑靼—满语语言与文学讲座",开启了西方真正的汉学时代。但指代汉学的"Sinologie"(英文"Sinology")一词则出现在17世纪末,应该早过雷慕沙主持第一个汉学讲座100年的时间。从此之后,"Sinology"便成为主导汉学世界的图腾、约定俗成的学术"域名"。在世界文化史和汉学史上,外国人把研究中国的学问称为"汉学",研究中国学问的造诣深厚的学者称为"汉学家"。因此,我认为,我们不必要标新立异,根据西方绝大部分汉学家的习惯看法,"Sinology"发展到如今,这一学术概念有着最广阔的内涵,绝不是汉代和清代独有的"汉学",更不是什么"汉族文化之学",它涵盖中国的一切学问,既有以儒释道为核心的传统文化,也包含"敦煌学""西夏学""突厥学""满学"以及"藏学"和"蒙古学"等领域。由于汉学的发展、演进,以法国为首的"传统汉学"(Sinology)和以美国为首的"现代汉学"("中国学",Chinese Studies),到了20世纪中叶之后,研究内容、理念和方法,已经出现兼容并包状态,就是说Sinology可以准确地包含Chinese Studies的内容和理念;从历史上看,尽管Sinology和Chinese Studies所负载的传统和内容有所不同,但现在却可以互为表达、"雌雄同体"于同一个学术概念了。话再说回来,对于这样一个负载着深刻而丰富历史内涵的学术"域名",我以为还是叫它"汉学"(Sinology)为好,因为Sinology不仅承继了汉学的传统,而且也容纳了Chinese Studies较为广阔而现代的内容。另外,中国人对中国文化的研究应该称为国学,而外国学者研究中国文化的那种学问则称为汉学。汉学是国学有血有肉有灵魂的"影子",而汉学不是国学,是介于中学与西学两者之间、本质上更接近西学的一种文化形态。说它与国学同根而生,说它们是"一条藤上的两个瓜"(许嘉璐语),都不为过,然而瓜的形象与味道却不相同,一个是"东瓜",一个是"西瓜"。我认为这样认识汉学,既符合中国文化的学术规范,又符合世界上的历史认同与学术发展实际。

汉学的历史是中国文化与异质文化交流的历史,是外国学者阅读、认识、理解、研究、阐释中国文明的结晶。汉学是中国文化和外国文化撞击后派生出来的学问,实际上也是中国文化另一种形式的自然延伸。但是,汉学不是纯粹的中国文化,它与中国文化有着密不可分的血缘关系,它既是中外文化的"混血儿",又是可以照见"中国文化"的镜子,是可以攻玉的"他山之石";"'Sinology'是一门在国际文化中涉及双边或多边文化关系的近代边缘性的学术,它以'中国文化'作为研究的'客体',以研究者各自的'本土文化语境'作为观察'客体'的基点,在'跨文化'的层面上各自表述其研究的结果,它具有'泛比较文化研究'的性质。"①以上两种表述虽有不同,但学理一致,基本可以厘清我们对于 Sinology 的学术定位。

法国汉学家马伯乐(Henri Maspero,1883—1945)说过:"中国是欧洲以外仅有的这样的一个国家:自远古起,其古老的本土文化传统一直流传至今。"法国哲学家弗朗索瓦·于连(François Jullien)也说:"中国文明是在与欧洲没有实际的借鉴或影响关系之下独自发展的、时间最长的文明……中国是从外部审视我们的思想——由此使之脱离传统成见——的理想形象。"②他在《为什么我们西方人研究哲学不能绕过中国》中提出:"我们选择出发,也就是选择离开,以创造远景思维的空间。人们这样穿越中国,也是为了更好地阅读希腊。"为了获得一个"外在的视点",他才从遥远的视点出发,并借此视点去"解放"自己。这便是一个未曾断流、在世界上仅存的几种古老文化之一的中国文明的意义。中国文明是一道奔流不息的活水,活水流出去,以自己生命的光辉影响世界;流出的"活水"吸纳异国文化的智慧之后,形成既有中国文化的因子,又有外国文化思维的一种文化,这就是"汉学"。也就是说,汉学是以中国文化为原料,经过另一种文化精神的智慧加工而形成的一种文化。从某种意义上说,汉学既是外国化了的中国文化,又是中国化了的外国文化;抑或说是一种亦中亦西、不中不西,有着独立个性的文化。汉学作为一门独立的具有跨文化性质的学科,是外国文化对中国文化借鉴的结果。汉学对外国人来说是他们的"中学",对中国人来说又是西学,它的思想和理论体系仍属"西学"。

我们的汉学研究,是指对外国汉学家及其对中国文化研究成果的再研究,是中国学者对外国学者研究中国文化的反馈,也是对外国文化借鉴的一个方面。凡是对历史或异质文化进行研究,都有一个价值判断和公正褒贬的问题。因此,对于汉学家对中国文化的研究,必得有我们自己的判断,

---

① 严绍璗《我对 Sinology 的理解和思考》,载《世界汉学》2006 年第 4 期。
② [法]弗朗索瓦·于连(François Jullien)《迂回与进入》,香港三联书店,1998 年。

然后做出公正的褒贬。我们说汉学是可以攻玉的"他山之石",但是这句箴言并非只适用于中国人,对外国人也是一样。汉学也像外国的本体文化一样,对我们来说有借鉴作用,对西方来说有启迪作用——西方学者以汉学为媒介来了解中国,汲取中国文化的精华,完善自己的文明。人类由于文化背景差异和文化语境的不同,思维方向和方式也会不同,因而就会得出不同的结论,讲出不同的道理。"西方学者接受近现代科学方法的训练,又由于他们置身局外,在庐山以外看庐山,有些问题国内学者司空见惯,习而不察,外国学者往往探骊得珠。如语言学、民俗学、考古学、人类学、社会学诸多领域,时时迸发出耀眼的火花。"①汉学的学术价值往往不被国人重视,并利用汉学家对于中国文化的一些误读而贬低汉学的价值。其实,这并不公平,有些汉学家对于中国文化确实有其独到的见解,能发中国人未发之音。法国汉学家马伯乐对中国上古文化和上古宗教的研究就有独到的贡献,中国学者称赞他对中国宗教研究有开"先河"之功。他研究中国宗教的宗教社会学之方法,促进和推动了中国学者采用宗教社会学来研究中国宗教,被称为"中国宗教社会学研究的真正创始人"。

踏着地理学家和探险家斯文·赫定(Sven Hedin,1865—1952)的足迹来到中国的瑞典地质学家、考古学家安特生(John Gunnar Andersson,1874—1960),他对中国的贡献足以说明他也是一位汉学家。1914年他被中国北洋政府农商部聘任为矿政顾问,他先是从事地质调查,写出《中国的铁矿和铁矿工业》和《华北马兰台地》的调查报告,然后致力于古生物化石的收集和研究。1921年10月,在河南渑池发现仰韶文化,因此被誉为"仰韶文化之父"。他的研究揭开了中国田野考古工作的序幕,改变了中国近代考古的面貌。他有《甘肃考古记》、《中国远古之文化》(*An Early Chinese Culture*,1923)、《黄土的女儿:中国史前史研究》(*Children of the Yellow Earth:Studies in Prehistoric China*)等著作。

瑞典汉学家高本汉(Bernhard Karlgren,1889—1978)的最高成就是根据研究古代韵书、韵图和现代汉语方言、日朝越诸语言中汉语借词译音构拟汉语中古音,以及根据中古音和《诗经》用韵、谐声字构拟古音,写出著名的学术专著《中国音韵学研究》《汉语中古音与古音概要》《古汉语字典

---

① 季羡林《汉学研究·序》第七集,中华书局,2003年。

重订本》《中日汉字形声论》《论汉语》《诗经注释》《尚书注释》和《汉朝以前文献中的假借字》等。他对汉语音韵训诂的研究是不少中国学者所不及的,并深刻影响了对于中国音韵训诂的研究。20世纪日本学者津田左右吉(Tsuda Soukichi,1873—1961)关于中国文化的研究著述甚丰,他认为中国文化是一种"人事本位文化",其核心是"帝王文化",其他认识上尽管有偏颇,但也有其独异性和深刻之处。这就是"他山之石"的意义和价值。

当然,不可否认,汉学家对于中国文化的误读或歪曲也是常见的。美国现代汉学(中国学)的奠基人费正清对中国历史尤其近代史的研究独具风采,为美国人民认识中国搭建了一座桥梁;但他在研究上的所谓"冲击—回应"模式,却近乎荒谬,认为是西方给中国带来了文明,是西方的侵略拯救了中国。

综上所述,对于汉学成果的研究,只有冷静、公正、客观、全面,才能在沙中淘得真金,发现真正的"他山之石"。

在中国,汉学的接受与命运,诚实地说,在20世纪80年代初期之前,基本上是无视它的学术价值,更没人把它看作是中国文化的延伸。此外,由于民族心理上的历史"障碍",我们还曾视汉学为洪水猛兽,甚至觉得它是仇视中国、侮辱中国的一个境外的文化"孽种"。这种"观点",虽嫌偏颇,当然也不是空穴来风。因为自19世纪"鸦片战争"前后,直至20世纪40年代,偌大的中国曾经惨遭蹂躏,其间也不乏为列强殖民政策服务的少数传教士、"旅行家"和"学者"深入中国腹地,以旅行、探险、考古之名而实行社会情报的搜集、盗窃和骗取中国文物。

人类思想的飞翔,是受社会和历史禁锢的,山高水远的阻隔也使得人类互相寻找的岁月特别漫长。交流是人类文化选择的自然形态,汉学就发生在这种物质交流和文化交流之中。

人类在互相寻找的初级阶段,中国和西方试探性的商业交往还很原始,那时的人类,不同的国家、民族和族群处于相对落后和封闭的状态,人类各个角落的不同文化还处于相对不自觉或是相对蒙昧的历史时期。在人类最早的沟通中,中国人走在最前边。公元前139年,张骞奉汉武帝之命,越过葱岭,亲历大宛、康居、大月氏、大夏、乌孙、安息等地,直达地中海东岸,先后两次出使中亚各国,历时十多年,开创了古代和中世纪贯通欧亚非的陆路"丝绸之路",为人类交往开了先河,也为汉学的萌发洒下最初的雨露。

在文化史上,以孔孟儒家学说为核心的中国文化最先影响朝鲜半岛,然后才是日本和越南等周边国家。这些周边国家与中国的关系复杂,甚至被说成同种同文,因此可以说它们的文化与中国文化有着很深的"血缘"关系。公元522年,中国佛教渡海东传日本,从那时开始,中国典籍便大量传入日本;但这只是一种"输入",只是日本创建自己文化的借鉴,并没有形成对于中国文化的深层研究。及至唐代,由于文化上承接了汉朝的开放潮流,那时与异质文化的交流相对更加频繁,商贸往来和文化沟通有了发展,西方和中国周边国家或地域的人士通过陆路和水路进入中国腹地,有的经商,有的留学,长安(今西安)、洛阳、扬州、广州、泉州等城市,都是中外贸易和文化交汇的重要都会。尤其是长安(今西安),是当时世界最大的商业文化之都;而扬州、广州、泉州等,由于东南沿海经济崛起、人口增多、手工业发达、农田水利的改善,为海外贸易发展创造了条件,再由于唐代中期"安史之乱"切断了陆路"丝绸之路"的缘故,曾称为"鲤城""温陵""刺桐城"的泉州,便成为联结亚洲、欧洲和非洲的海上丝绸之路的"东方第一大港",是那时以丝绸、金银、铜器、铁器、瓷器为主的国际贸易之都。通过频繁的往来和交流,外国人对中国文化的认识越来越多、越来越深,汉学也便在这种交流中不知不觉慢慢衍生。

但是,源远流长的汉学,人们习惯地认为其洪流和网络在西方,西方是汉学的形象代表。这种看法,一是源自近代以来西方强势文化和中国人的崇洋心理;二是西方汉学的某些特征也确实有别于朝鲜半岛、日本和越南的汉学。其实,如果我们从世界汉学历史发展的角度看,日本、朝鲜半岛和越南的汉学要早于西方的汉学,比如日本在十四五世纪已经初步形成了汉学,而那时西方的传教士还没有进入中国。因此,对于汉学的研究,无论是西方还是东方(朝鲜半岛、日本和越南),我们都不能顾此失彼,要以同样的关注和努力而探讨之。当然,汉学的历史藏在文献里,而隐性源头却可能在文献之外。

文化往往伴随经济流动,其交流也会在不自觉或无意识状态下发生。到了明代初年,郑和于1405年,率200多艘舰船的庞大舰队出使西洋,前后7次,历经28年,到过30多个国家,最远抵达非洲东岸和红海口,真正拓展了海上"丝绸之路"。

在公元八九世纪至十六七八世纪期间,关于中国,多见于西方商人、外交使节、旅行家、探险家、传教士、文化人所写的游记、日记、札记、通信、报告之中,这些文字包含着重要的汉学资源,因此这些文献被称为"旅游汉学"。这些人的东来源于文艺复兴,因为思潮的开放影响了欧洲人的思想和生活,他们或通商,或传教,或猎奇,但了解和研究中国文化却是一致的,于是汉学便在葡萄牙、西班牙、意大利、法国、荷兰、英国、德国、俄罗斯等主要的西方国家逐步发展起来。

这类游记和著作较早的,有约在公元851年成书的描述大唐帝国繁荣富强的阿拉伯帝国(大食国)旅行家苏莱曼(Sulayman)的《中国印度见闻录》(又译《苏莱曼东游记》)、威廉·吕布吕基斯(1215—1219)的《远东游记》(1254)、意大利雅各布·德安克纳的《光明城》(The City of Light);这类"旅游汉学"著作中,最著名且影响至今的当属《马可·波罗游记》(The Travels of Marco Polo,又译《东方见闻录》)。马可·波罗(Marco Polo,1254—1324)于1275年随父亲和叔父来中国,觐见过元世祖忽必烈,1295年回国后出版了这本书,它以美丽的语言和无穷的魅力翔实地记述了中国元朝的财富、人口、政治、物产、文化、社会与生活,第一次向西方细腻地展示了"唯一的文明国家""神秘中国"的方方面面。

大航海凯旋不久,欧洲传教士最初到世界各地传教,在美洲和日本等许多地方遭遇不顺。但是,他们唯独在中国这个以德仁待人的文明国度得到了善待。庞迪我(Diego de Pantoja,1571—1618)在1602年写给西班牙主教的信里说:"中国那么强大,为什么不去征服那些周边小的国家,甚至一任那些小国给它制造麻烦呢?因为中国不想用自己的威力征服别人。这一事实,对欧洲人来说是不可理解的;中国人与他们的皇上并不寻求或梦想超过他们目前的国土疆界来扩大他们的帝国。"利玛窦(Matteo Ricci,1552—1610)说:"在这样一个几乎具有无数人口和无限国土幅员辽阔、各种物产丰富的国家,虽然它有装备精良的陆军和海军,很容易征服临近的国家,但他们的皇上和人民却从来没想过要发动侵略战争,他们很满足于自己已有的东西,没有征服别人的野心。在这方面,他们与欧洲人很不相同,欧洲人常常不满意自己的政府,并贪婪祈求别人享有的东西……我仔细研究了中国四千多年的历史,我不得不承认,我从未见过这类征服的记载,我也没有听说过他们对外侵略、扩张国界。"

序 二

从16世纪到十八九世纪,在数以千计的散布在中国各地的传教士中,有不少人成为名载史册的汉学先驱,他们为汉学的发展做出了重大贡献。自1540年圣伊纳爵·罗耀拉(St Ignatins de Loyola,1491—1556)、圣方济各·沙勿略(St. Francisco Xavier,1506—1552)等人来华,开始了以葡萄牙、西班牙、意大利传教士为主的第一波耶稣会的传教活动。接着,意大利的范礼安(Alexandre Valignani,1539—1606)、罗明坚(Michel Ruggieri,1543—1607)等著名传教士来华。明朝万历十一年(1583年),罗明坚又将利玛窦神甫带到中国,从此,耶稣会传教士在中国的宗教活动无论是对于西方还是东方,都开始了一个新的历史时期。

西方众多旅行家、探险家、商人和耶稣会士来华,他们笔下的许多记载和著译,催生了汉学。葡萄牙贝尔西奥(P. Belchior,1519—1571)的《中华王国的风俗与法律》(1554)、葡萄牙多明我会传教士加斯帕尔·达·克鲁斯(Gaspar da Cruz,1520—1570)全面介绍中国的《中国情况详介专著》,最著名的是1585年在罗马出版的西班牙胡安·冈萨雷斯·德·门多萨(Juan Gonsales de Mendoza,1545—1618)编著的《中华大帝国史》(Dell'historia della China,又译《大中国志》)。这位没有来过中国的传教士汉学家,却根据自己所掌握的有关中国文献写出了第一部真正的汉学著作,名副其实地对中国的政治、历史、地理、文字、教育、科学、军事、矿产、物产、衣食住行、风俗习惯等做了百科全书式的介绍,具有相当的学术价值,以七种文字印行,风靡欧洲。

在这个一百多年的岁月里,前后出版的有金尼阁(Nicolas Trigault,1577—1629)根据利玛窦日记的整理,加上自己的中国见闻合著为《利玛窦中国札记》(Regni Chinensis Descriptio,又译《基督教远征中国史》),亚历山大·德·罗德(Alexandre de Rhodes,1591—1660)的《在中国的数次旅行》(1666),比利时南怀仁(Ferdinand Verbiest,1623—1688)的《中国皇帝出游西鞑靼行记》(1684),葡萄牙费尔南·门德斯·托平的(Fernão Mendes Pinto,1509—1583)的《远游记》,法国李明(Louis-Daniel Le Comte,1655—1728)的《关于中国现状的新回忆录》(Nouveau mémoire sur l'état présent de la Chine,1696,又译《中国近事报道》)和《中华帝国全志》(《中国通志》),等等。

这些包罗万象的文献,不仅记录了不同时代的中国,还以自己的文化视角开始了中西文化最初的碰撞。作为文献,这些游记、日记、札记、通信和报告,有赞美,有误读,也有批评,但因为其中包含大量中国物质文化及政治、经济、历史、地理、宗教、科举等多方面的文化记载,而成为汉学的重要组成部分,在学术史上有重要价值。

汉学的发生、发展与经济、政治、交通以及资讯分不开。有学者把汉学的历史分为"萌芽""初创""成熟""发展""繁荣"几个时期,也有的分为"游记汉学时期""传教士汉学时期"和"专业汉学时期"三个阶段。但汉学的真正形成是在明末清初兴起的"西学东渐"和"中学西传"的互动之中。

以利玛窦为核心的耶稣会士的历史意义在于他们开始了对中国文化的全面开垦,不仅著书立说,还把《大学》《中庸》《论语》《孟子》等中国文化经典译成西文,不仅开西学东渐之先河,也推动了中学西传,使中国文化对西方科学与哲学产生重要影响,因此这位思想家当仁不让地被视为西方汉学的鼻祖。与其先后到达中国的著名的传教士大都曾著书立说、传播中国文化,对推动西学东渐和中学西传做出了贡献。

在世界汉学史上,除了以上提及的,还有许多汉学家的名字十分响亮,如曾德照、柏应理、卫匡国、殷铎泽、南怀仁、汤若望、龙华民、罗如望、熊三拔、张诚、白晋、马若瑟、宋君荣、钱德明、翟理斯、安特生、雷慕沙、儒莲、德理文、安东尼·巴赞、蒙田、冯秉正、尼·雅·比丘林、巴拉第·卡法罗夫、瓦西里耶夫、沙畹、伯希和、马伯乐、葛兰言、马礼逊、斯坦因、理雅各、李约瑟、韦利、霍克斯、卫礼贤、福兰阁、孔拉迪、高本汉、卫三畏、费正清、拉铁摩尔、孔飞力、史景迁、狄百瑞、傅高义、齐赫文斯基、季塔连科、戴密微、谢和耐、石泰安、汪德迈、施寒瑞、施舟人、顾彬、宇文所安,等。他们对中国文化的独特理解,铸造成汉学史上的思想学术之碑,开垦了汉学成长的沃土。

"西方的汉学是由法国人创立的。"但是,在欧洲全面研究中国文明的问题上,"法国的先驱是葡萄牙、西班牙和意大利"①。戴密微把以上三个国家誉为汉学的先锋,"他们于16世纪末叶,为法国的汉学家开辟了道路,而法国的汉学家稍后又在汉学中取代了他们",真正建立了作为学术的汉

---

① [法]戴密微《法国汉学研究史》,耿昇译《法国当代中国学》,中国社会科学出版社,1998年。

学传统。就传统汉学而言,法国是汉学家最多的国家之一,还有英国、俄罗斯、美国、日本等国,有许多汉学界的学术巨擘,不断为汉学大厦的崇高而添砖加瓦。

中外文化交流的结果不仅意味着中国文化"外化"的传播,也意味着异质文化对中国文化"内化"的接受。汉学家作为中外文化交流的桥梁和使者,在异质文化的交流中,也是人类和谐与进步的推动者。

汉学诞生在与异质文化碰撞、交流和相互浸淫之中。这个结果无异于一枚果子的成熟,只有"风调雨顺"才能生长得好。和谐、宽容、理解与尊重,是异质文化彼此借鉴的保证。作为文化形态的汉学,其生存和成长离不开良好的国际语境。就中国而言,历史上凡是开放的时代,文化交流就多,汉学就发展;反之,汉学就停滞,这似乎成为一种规律。

作为学术公器的汉学,文化上有其自己的成长过程。汉学是发展的,这一植根于中国文化土壤,生存于异国他乡的文化,同样深受不同时代语境的极大影响。这里所说的语境,既包括中国的历史演变,也包括异国和世界的历史变化;就是说,不同的历史时期,不同的社会、政治、经济、文化背景,在很大程度上左右着汉学的发展方向和内容;换句话说,汉学的形成和发展,不仅受制于中国历史的更迭,也受制于他者社会的变化。这就是以历史悠久的中国文化为研究对象的汉学发展的基本轨迹。

传统汉学以法国为中心,现代汉学兴显于美国。20世纪中期以来,在西方其他国家葆有传统汉学的同时,现代汉学也很繁荣。这个时期的"汉学"涂满了政治色彩,以法国为代表的汉学较多地保持着传统汉学的学术精神,而美国的"中国学"却成了充满政治意识的现代汉学的代表。

19世纪末至20世纪初,美国汉学悄然嬗变为中国学,并以自己独有的个性特点和极强的生命力出现在世人面前。美国的"中国学"所关心的不是中国文化,更不是中国的传统文化,而是中国的政治、经济、军事、教育和社会生活各个层面的问题。这种政治特征,是那个时期美国中国学的基础,这一特征也影响了其他国家汉学的研究方向和内容。

人类文化包含了物质文化和观念文化。物质文化表现在衣食住行生活方面,是一种看得见、摸得着又极易变化的"具象"文化,例如饮食、服饰、住房、音乐、舞蹈等;观念文化是一个民族精神的核心,表现在人的价值观、道德观、家庭观、宗教观等诸多方面,以及对自由、平等、民主的理解,观念文化是一个民族的思维经过高度抽象后形成的思想、观念和精神,它是通过文化的灵魂——哲学、文学、语言、宗教、历史等来表达的。① 观念文化,一俟进入汉学家的研究视野,他们的研究也就进入了对中国文化核心的深层研究。

汉学家从对中国物质文化到观念文化的研究,其研究领域越来越广阔,越来越深厚。现在,汉学不仅包括对中国的哲学、文学、宗教、历史领域的研究,还包括对社会学、政治学和自然科学的研究。传统汉学和现代汉学,它们已经亲密到"异名共体"的地步。二者的差异在于前者是以文献研究和古典研究为中心,包括哲学、宗教、历史、文学、语言等;而以美国为中心的现代汉学(中国学)则以现实为中心,以实用为原则,其兴趣根本不在那些负载着古典文化资源的"古典文献",而重视正在演进、发展着的信息资源。但是,汉学发展到 21 世纪,其研究内容和方式已经出现了融通这两种形态的特点。这种状况既出现在欧洲的汉学世界,也出现在美国的中国学研究之中,可以说世界各国汉学家的研究,都兼有以上两种汉学形态。

汉学(Sinology)对中国研究者来说,被尘封得太久,所以它的空白很多,浩如烟海的资源还有待于深入开掘。这种开掘,不仅可以收获汉学,还可以于无意中发现被历史"放逐"和"遗失"在异国他乡的中国文化。编撰"汉学研究大系"的目的和宗旨,不仅是为了梳理已有的汉学资源,在世界范围内追踪中国文化的传播与研究的历史状况、经验及影响,同时探究汉学的产生、成长、发展与繁荣,还要尽可能厘清这块"他山之石"对于中国文化的作用。当然,"汉学研究大系"还期望对推动中国文化与世界文化当下的交流有所裨益。

"汉学研究大系"包括"列国汉学史丛书""中国文化经典与名人传播与研究丛书""汉学家研究丛书""外国文学与中国丛书""西学中医丛书"等多个"丛书"。作为一个文化工程,其撰写的难度非一般学术著作所能比拟。严绍璗教授谈到 Sinology 的研究者的学识素养时提出四个"必须":第一,必须具有本国的文化素养(尤其是相关的历史、哲学素养);第二,必须具有特定对象国的文化素养(同样包括历史、哲学素养);第三,必须具

---

① 任继愈《汉学发展前景无限》,载《中华读书报》2001 年 9 月 19 日。

有关于文化史学的基本学理素养(特别是关于"文化本体"理论的修养);第四,必须具有两种以上语文的素养(很好的中文素养和对象国的语文素养)。这几点确实都是汉学研究者必须具备的文化和语文素养,否则很难高效进入汉学研究的学术境界。

"列国汉学史书系"的启动始于20世纪90年代,但它的诞生经历了千难万险,如果稍微松懈,必定会死于胎中。2018年10月13日,在北京语言大学校长刘利教授和北京语言大学语言资源高精尖创新中心领导李宇明教授的支持下,开了一次"'汉学研究大系'专家咨询会"。来自北京、天津和南京的学者、在京的汉学家,以及多家新闻媒体的记者参加了本次咨询会。从那时开始,我们将"汉学史书系"裂变为多个"丛书",如此变化,完全是为了能将书系编撰得更科学、更广阔。这个"大系"就像一个"汉学研究超市",如此分法,就是为了便于更多的学者能将自己的作品加入这个"超市"之中,也便于更多的读者走进这个"超市"选购自己需要的精神食粮。

冬天到了之后是春天,接着便是收获的季节。这套富有创意和价值的书系工程几乎涵盖了汉学研究的一切领域,它将对中外文化交流和汉学的发展以及比较研究产生深远影响。

在人类的文化长廊里,无论是中国还是外国,各种书写异国文化的著作琳琅满目,这其中有外国人写中国各类历史的,也有中国人写外国的各类著作。历史,是往事,是记录,是选择,并有相对独立的评论和褒贬。但是,事实上任何一部历史都不是最后的历史,历史随着时光的流逝而演进,修史很难一步到位,它需要一代代的学者"积跬步"才能"至千里",只有"积土成山,积水成渊",才会有"风雨兴""蛟龙生"。学问之事非一夕之功,非得有前赴后继者敢于赴汤蹈火"流血牺牲",才会达至光明顶峰。

开拓者也许会在某个时候将自己的真诚劳作化为欢乐,因为在以后的岁月里,定会有人踏着自己的肩膀攀上高峰,以鸟瞰美丽风光。21世纪是经济的大空间,对汉学来说也是一个"大空间"。但是,要探索这个"大空间",需要有个和谐的"太空站",需要大家联袂共建。当然,世界需要多元文化和谐相处的历史语境,共同创造彼此接近、认识、理解、尊重、沟通、借鉴与融合的机会,这个机会,就是汉学研究发展的机会。

时间在行走,历史在行走。人类创造过历史,书写过历史,但这尚不是最后的历史。汉学有历史,而且还正在创造新的历史,汉学及其研究将以自己的品格和个性在人类文化的世界里放出异彩。

阎纯德
2019 年 3 月 3 日
于北京半亩春秋

前　　言

20世纪初的美国汉学,还处于起步阶段。德国汉学家佛尔克(Alfred Forke)在给劳费(Berthold Laufer)的信中写道:"这里其实没什么人对汉学感兴趣。学生们只想学一些口语方面的东西,听一些泛泛而谈的讲座课,课上要尽量少出现中文表达方式。"①叶理绥(Serge Elisseeff)赴美前对美国汉学有一形象比喻,如果法国是汉学的"罗马",美国则是汉学的"荒村"。他为某些美国汉学家缺乏应有学术训练而感到遗憾。他无奈感叹道:"他们这里完全不了解真正的语文学方法,随意翻译汉文文献。你若给他们讲解,他们经常会问why,叫你无言作答。"②到20世纪五六十年代,美国成为汉学重镇,发展到今天更是成为世界汉学的引领者。美国中国问题研究专家沈大伟(David L. Shambaugh)曾言:"目前在美国大学和智库大概有3000人研究中国问题,研究政治、经济、社会的华人学者不少于300人。"③不仅从事中国研究的人数众多,它们的研究命题及研究范式往往成为引领国际汉学的风向标,在国际汉学界有着重要而广泛的影响。2015年,第三届世界中国学贡献奖获得者印度华裔历史学家谭中提出了所谓的"谭中之问",即"海外研究俄国的主要看俄国人写的书,研究法国的主要看法国人写的书,研究印度的主要看印度人写的书,但奇怪的是,研究中国的不看中国人写的书,而主要是看美国人写的书"④。

---

① ［德］艾默力(Reinhard Emmerich)《我总觉得自己一再被那些独特而自由的思想所吸引——佛尔克评传》,载［德］马汉茂、［德］汉雅娜、张西平、李雪涛主编《德国汉学:历史、发展、人物与视角》,郑州:大象出版社,2005年,第407—408页。

② 阎国栋《俄国流亡学者与哈佛燕京学社——读叶理绥日记与书信》,载朱政惠、崔丕主编《北美中国学的历史与现状》,上海辞书出版社,2013年。

③ 梁怡、王爱云《西方学者视野中的国外中国问题研究——访美国乔治华盛顿大学教授沈大伟》,载《中共党史研究》2010年第4期,第86页。

④ 2015年,由国务院新闻办和上海市人民政府共同主办,上海社会科学院和上海市人民政府新闻办联合承办的第六届"世界中国学论坛",谭中发表获奖感言中提出了此问。

对于美国汉学发展演变史,学界多侧重于从美国汉学的方法、范式、著名中国学家及基金会等方面进行探研。侯且岸的《当代美国的"显学"——美国现代中国学研究》(人民出版社,1996),主要探讨的即是美国汉学的研究对象、研究方法,并具体研究美国汉学的形态转变和研究取向;张铠的《从"西方中心论"到"中国中心观"——当代美国中国史研究的发展趋势》(《中国史研究动态》1994年第11期)和杨念群的《美国中国学研究的范式转变与中国史研究的现实处境》(《清史研究》2000年第4期),主要评述以费正清为代表的"冲击—反应"论和以柯文为代表的"中国中心观"这两种理论体系及其转变;资中筠的《洛克菲勒基金会与中国》(《美国研究》1996年第1期)和韩铁的《福特基金会与美国的中国学》(中国社会科学出版社,2004),从洛克菲勒、福特等基金会与美国汉学发展的关系这一视角剖析美国汉学发展演变史;朱政惠先生的《史华慈年谱》(上海辞书出版社,2006),主要根据学术档案翔实再现史华慈在中国学研究方面的学术活动;龚咏梅的《孔飞力中国学研究》(上海辞书出版社,2008)、孔陈焱的《卫三畏与美国汉学研究》(上海辞书出版社,2010)、张施娟的《裨治文与早期中美文化交流》(浙江大学出版社,2011)等亦是对美国著名汉学家进行的个案研究,试图借此打开一扇透视美国汉学研究发展的窗口。

这些研究当然非常必要,但要更为全面深刻地理解美国汉学发展演变史,则不能忽略外来知识移民对美国汉学的影响。纵观美国汉学发展史,我们无一不见外来知识移民的身影。20世纪初,劳费、佛尔克、卡鲁斯(Paul Carus)、夏德(Fridrich Hirth)等欧洲汉学家相继客居美国,他们将欧洲汉学的学术传统带入美国;希特勒的反犹太政策使许多德籍犹太学者辗转赴美,艾伯华(Wolfram Eberhard)、卫德明(Hellmut Wilhelm)、梅谷(Franz Michael)等人为美国汉学研究注入活力[①]。20世纪五六十年代,日本汉学界提出的东洋—中国之变、中国国家特色理论及内藤唐宋转型理论所涉及的中国"近代的起点"等问题被到美访学的日本学者引入美国汉学界,并融入美国汉学研究之中,成为讨论聚焦之处。自1879年浙江宁波人戈鲲化受聘到美国哈佛大学教授中国文化以来,不断有从事中国文史研究的华

---

① 具体可参见 Martin Kern,"The Emigration of German Sinologists 1933-1945:Revisiting a Forgotten History",*Journal of the American Oriental Society*,Vol. 118,No. 4(Oct.-Dec.,1998),pp. 507-529.

人学者客居美国,知名者如赵元任、李方桂、萧公权、洪业、杨联陞、邓嗣禹、刘子健、陈受颐、何炳棣、袁同礼、钱存训等。

不同于德法等国,美国作为移民国家,非常重视知识移民所带来的汉学知识及方法。德国学者托马斯·哈尼师(Thomas Harnisch)研究发现,在1945年前的德国,对中国留学生的学术论文完全持漠视态度;因此,他们的博士论文即使很有学术水准也未能出版;在审阅有关期刊时,没有找到任何有关评论或引用中国留学生汉学博士论文的文章;除他们自己的导师外,没有一个人引起了学界的注意。① 与之相对照的是,根据袁同礼编撰的《中国留美学生博士论文目录:1905—1960》进行调查统计发现,在1905年至1930年这25年间,由中国留美学生所撰的汉学博士论文共98篇;在这98篇汉学博士论文中有近50多篇在完成之后即以期刊论文或专著形式在美国发表,可见当时美国对中国留美学生等域外学者的汉学研究之重视。赖德烈(Kenneth Scott Latourette)在1955年远东学会年会上言道:"我们曾深深地依赖于那些外国学者,他们将欧洲关于远东研究的伟大学术传统带给我们;那些来自远东的学者则带给我们奇异的知识。"②正因为如此,我们不应该忽视德国、中国、日本和前苏联等国家的知识移民在美国汉学发展中所扮演的角色。否则,我们无法正确理解美国汉学为何能够由"荒村"发展为引领世界汉学的中心。正如德国汉学家柯马丁(Martin Kern)所说:"若不提及50年前所发生的这一幕(德国汉学家在1933—1945年的迁移),就几乎不能阐释当前国际汉学研究的状况。"③唯有客观全面梳理来自中国、德国、日本、苏联等国家的知识移民在美国的汉学研究及其影响,我们才能正确理解美国汉学的发展脉络。正是基于此,本书选择将来自中国的知识移民作为考察美国汉学史的切入视角。

本书考察的是民国时期客居美国的中国史家,具体来说主要包括三类:一是,1949年之前,已经在美国高校或研究机构从事讲学、任教或参与

---

① 托马斯·哈尼师(Thomas Harnisch)《汉学的疏误?——1945年以前中国留学生对汉学的贡献和推动》,载[德]马汉茂、[德]汉雅娜、张西平、李雪涛主编《德国汉学:历史、发展、人物与视角》,第163页。

② Kenneth Scott Latourette, "Far Eastern Studies in the United States: Retrospect and Prospect", *The Far Eastern Quarterly*, Vol. 15, No. 1(Nov., 1955), p. 8.

③ Martin Kern, "The Emigration of German Sinologists 1933-1945: Revisiting a Forgotten History", *Journal of the American Oriental Society*; Vol.118, No.4(oct.-Dec., 1998), p. 507.

合作研究的中国史家,如房兆楹、陈受颐、洪业、裘开明、瞿同祖、邓嗣禹、杨联陞等人;二是,1949年前,因政治原因或其他原因而选择到美国寓居的中国史家,如胡适、袁同礼、萧公权等;三是,在抗战胜利前后已赴美研习史学且1949年后选择继续在美国深造的青年学人,如王伊同、刘广京、何炳棣、刘子健等。之所以对探研对象做这样的限定,主要基于以下考虑:

第一,民国时期客居美国的中国史家有着独特的学术和人生经历。民国时期移美并客居美国的中国史家,在其赴美前多因家庭或私塾教育而深受中国传统文化的熏陶,并在国内大学系统接受了中国现代史学的学术训练,同时又由于身处西方的学术环境,不可避免地受到西方学术理论和方法之影响。事实上,他们正如美国汉学家林德贝克(John M. H. Lindbeck)所说:"既接受过中国和西方学术训练,同时又具有在东西方两个世界从事研究和教学经历。"①更重要的是,他们所生活的时代,正是中国处于战火纷飞、积贫积弱,并饱受外来侵略和欺凌之苦的时代。他们目睹了西人,尤其是日人对中国的侵略,有的还曾身陷日人牢狱,经受日人的拷打与折磨。当他们到美后,亦饱受西人对中国的歧视。与此同时,中国国内虽在抗日战争结束后有过短暂的和平,但在不久之后即因国共内战而政局动荡;尤其是在1948年前后,当国民党政权即将为新生的中国共产党政权所取代时,他们面临着艰难的抉择:选择客居在美国,却不得不抛弃他们内心所眷恋的故土和他们所熟悉的社会和文化;选择归国,他们担心国内已不复具有他们原来的生活方式及学术研究条件。由此显见,他们的学术和人生经历不同于后来由港台赴美留学的史家或改革开放后中国大陆赴美的学人②。

第二,基于特定的学术意涵及现实启示。如前所述,民国时期客居美

---

① Lindbeck, John M.H., *Understanding China: An Assessment of American Scholarly Resources*, New York: Praeger, 1971, p. 95.
② 1949年后,中国大陆与美国因意识形态及朝鲜战争之故而处于隔绝对峙状态,不再有学人赴美留学交流。然而,台湾和香港有不少学人或赴美讲学,如劳干、周法高、全汉升等;或赴美高校攻读史学博士学位,如王业键、余英时、张春树、张光直、陈启云、吴秀良、梅祖麟、黄仁宇以及稍晚于他们的许倬云、汪荣祖、李又宁、陈学霖等人。20世纪80年代之后,中国大陆实行改革开放,王晴佳、陈兼、王笛、卢汉超、邵勤、李国庆、徐鸿等一批大陆学人成为留学美国并在美国高校任教的主力。由于所处时代环境和人生境遇的不同,使得1949年之后赴美的这些史学者在所受学术训练、学术研究背后的问题意识和现实关怀等方面都不同于民国时期客居美国的史家。

国的中国史家系统接受过现代中国史学的学术训练和熏陶,同时又吸收了西方的学术方法之长。客居美国后,他们实际上展示了一种与其他环境下不同的学术致思理路。如果不厘清这批中国史家在美的事业历程和学术方法,我们也就无法构建出一幅完整的现代中国史学学术图谱。另外,他们客居美国之时,正是美国汉学由"欧洲化阶段"向"美国化汉学"转向之时。20世纪初期的美国汉学,多遵循欧洲汉学传统,重视汉语言的训练,并注重运用比较语言学和考古学方法分析传统中国文化;第二次世界大战前后,美国汉学开始转向注重应用社会科学方法研究近现代中国。这批中国史家正是在美国汉学处于发展转型之时来到美国,他们谙熟中文资料,又掌握当代的研究方法,对美国汉学发展及其转型自然有着不可忽视的影响和作用。因此,要真正全面了解和厘清美国汉学发展史,就不能不探研这批中国史家在美的学术研究及其影响。再者,这批客居美国的中国史家秉承中国严谨、会通的学术传统,将中国学术传统和中国人的问题意识带入美国学界,创树了中西学术有机融合的研究范例,成为在国际汉学界具有重要影响力的学者,彰显了中国学者的学术价值。探研他们的学术历程和学术功业,亦可为中国学术如何走向世界以及在西人洪流冲击下如何保存哲学社会科学研究的"中国性"提供镜鉴。

第三,史料限制之故。民国时期,为数众多的史学研究者或赴美留学,或利用休年假而赴美访学,或为政府派遣赴美讲学。这些到美留学、讲学的史家,对美国汉学发展有着不可忽视的影响。仅就民国时期中国留美生而言,他们对美国汉学的贡献即有:积极为美国汉学界提供语言帮助,或承担教授汉语的工作,或担任美国汉学家的助手,帮助其翻译中文资料;在学习美国方式之同时,通过各种方式介绍宣传中国社会和文化,以增进美国人对中国社会和文化的了解;所撰汉学博士论文,在为美国汉学界带来富有价值的信息、材料之同时,丰富了美国汉学家的知识,拓展了美国汉学家的视角。[①] 然而,无论是留学生还是史家,他们在美时间大多数非常短暂,这导致有关他们在美学术活动的史料过于零散,要对其进行搜罗存在相当大的困难。基于这一现实,本书没有将那些虽曾赴美但最终未客居美国的中

[①] 具体参见吴原元《民国时期中国留学生对美国汉学的贡献述论》,载《江苏师范大学学报》2013年第3期。

国史家纳入考察视野,他们对美国汉学发展的贡献只能留待将来条件成熟之时再做进一步深入研究。

需要特别说明的是,之所以将那些尚在美国研习史学的青年学人亦作为重要考察对象,一是因为他们在赴美前均已在国内接受过系统史学训练,具有一定史学素养。当时的国民政府颁布的教育发展方案和留学规程中专门规定,"学文哲政治艺术等科者,非至大学毕业入研究院时,不得授公家补助"①;二是,他们大多在赴美研习史学前已在民国学术刊物发表过史学著述,且已开始在民国史坛崭露头角;三是,他们在20世纪五六十年代都相继成为国际学界颇有影响的史家。基于此,本书将他们亦纳入探讨范围。

就民国时期客居美国的中国史家这一群体的研究而言,学界已有关注,归纳起来主要集中在以下几个方面:第一,从美国汉学发展史的角度论述客居美国的中国史家之学术成就及影响。如朱政惠的《美国中国学史研究——海外中国学探索的理论与实践》(上海古籍出版社,2004),有部分内容介绍了华裔学者在美的中国史学研究及影响;陈君静的《大洋彼岸的回声——美国中国史研究历史考察》(中国社会科学出版社,2003)介绍了何炳棣、张仲礼、萧公权在美的"乡绅社会"研究;周明之的《萧公权与美国汉学》(李又宁主编《华美族研究集刊》,2000)和陈润成的《邓嗣禹与"二战"后美国汉学的发展》(《华美族研究集刊》,2004)分别介绍了萧公权和邓嗣禹客居美国后的学术研究及其对美国汉学发展的贡献。第二,从中国史学史的角度,通过个案论述中国史家客居美国前的学术人生或是客居美国后的学术研究及其影响。如尚小明的《北大史学系的早期发展史研究》(北京大学出版社,2010),介绍了陈受颐担任北大史学系主任的概况及影响;肖俊的《萧公权:会通中西古今的学术典范》(《学术界》2004年第5期)介绍了萧公权赴美前的学术成就;刘秀俊的博士论文《"中国文化的海外媒介"——杨联陞学术探要》(山东大学,2010),则以杨联陞为个案,探讨了他的学术渊源,并借助尚未出版的《杨联陞日记》探析其与国际汉学界的交往,重点分析了杨氏对美国汉学所起的重要作用及他与美国汉学家之间复杂而紧张的关系。第三,从华人华侨史的角度论述客居美国的民国

---

① 刘真主编,王焕琛编著《留学教育》第四册,台湾编译馆,1980年,第1987页。

学人在中美文化交流史中的作用。如周一良主编的《中外文化交流史》(河南人民出版社,1987)多处提到华侨在中外文化交流方面的贡献;彭斐章的《中外图书交流史》(湖南教育出版社,1998)介绍了华侨华人(如林语堂、王际真等)在美国翻译介绍中国古典文学作品的情况;武斌的《中华文化海外传播史》(陕西人民出版社,1998)第36章专论海外华人在中外文化交流中的桥梁作用;刘伯骥的《美国华侨史续编》(台北黎明文化出版有限公司,1981)中,亦有专门一章论述20世纪40年代赴美留学生和学者对美国文化教育的影响。第四,从中外史学交流的角度论述中国史家与域外汉学的互动。如桑兵的《国学与汉学——近代中外学界交往录》(浙江人民出版社,1999),从人际网络交往的视角描述了欧美汉学界与中国学者交往的情况,以及由此对民国学术所产生的影响;李孝迁的《域外汉学与中国现代史学》(上海古籍出版社,2014),充分利用中外各种图书数据库资源,从"书的流布传播"视角探讨了域外汉学著作在中国史学界的流传情形及其对形塑中国现代史学的影响;顾钧的《美国第一批留学生在北京》(大象出版社,2015),梳理了费正清、毕乃德、卜德、顾立雅、恒慕义、孙念礼等民国时期美国第一批来华汉学家在北京的学术活动。

本书的研究旨趣主要是考察1949年之前选择客居美国的中国史家到美后的学术活动及其对美国汉学的贡献。为此,本书在已有成果的基础上,根据所掌握的史料,主要围绕以下问题展开探讨:

第一,民国时期中国史家赴美的时代学术背景及其概况。20世纪30年代,尤其是太平洋战争前后,中国有一批史家先后赴美求学、访学或到美从事学术研究。及至中华人民共和国成立前夕,赴美的中国史家中有的选择归国,有的则选择客居美国。这部分所要探寻的是,民国时期中国史家是通过哪些路径赴美?在面临抉择之时,是哪些因素促使赴美中国史家选择归国?又是什么原因使得部分赴美中国史家最终选择客居美国?

第二,民国时期移美中国学人的家学及其赴美前的师承和学术研究。由于特定历史时代的教育环境,客居美国的中国史家大都接受过中国传统文化的熏陶和新式西学的教育;到赴美前,他们则大多接受了发端于梁启超的中国现代史学之学术训练。故此,梳理他们赴美前的家学、师承及其学术研究,借此可探寻民国新史学对他们的影响与熏陶。

第三,民国时期客居美国的中国史家在赴美前对美国汉学的评议及其同美国汉学者的交游。民国时期,美国汉学虽远不如德法日俄,但民国学者对美国汉学仍十分关注,每有汉学新著出版,民国学者多会撰写书评予以介绍;另一方面,在哈佛燕京学社、洛克菲勒基金会等机构的资助下,有不少美国汉学学者来华访学、进修和交流。基于此,我们有必要了解这批客居美国的中国史家在赴美前是如何评价美国汉学?与美国汉学家有着怎样的交游?这些交游对中美汉学家又有着怎样的影响?

第四,中国史家客居美国后的学术研究及其学术活动。得益于美国稳定的生活和学术环境,客居美国的中国史家多以全部心情投入学术研究;但是,在一个完全不同的学术环境下,他们是如何开展学术研究?与此同时,这些飘零于异国他乡的中国史家,还同美国汉学家们开展过学术合作。在寄人篱下的环境之下,他们同美国汉学家所开展的学术合作有着怎样的独特特点?

第五,客居美国的中国史家与美国汉学家对各自汉学研究著作的评述。美国汉学界每有新著出版,学术期刊即常向客居美国的中国史家邀约书评;对于彼时中国国内的马克思主义史学,这些客居美国的中国史家亦极为关注,不时就中国国内所出版的马克思主义史学著作或资料汇编等撰写书评进行评述。与此同时,移美中国学人的研究著作甫一出版,美国学人亦常撰书评。借助这些书评,本书试图勾勒客居美国的中国史家这一群体与美国学者在学术旨趣和学术方法的异同。

学术书评既是本书所使用的主要史料之一,同时也是探研的主要视角之一。之所以将学术书评作为主要的史料和视角,其原因在于学术书评是学术的有机组成部分。对美国汉学史研究而言,学术书评更是一个不可缺少的视角。众所周知,学术书评是西方学术,尤其是美国学界的传统,这些学术书评为美国汉学史的书写提供了丰富的史料来源;同时,学术性书评对于美国汉学史研究亦有着丰富的学术史意涵。比如,我们可借由书评探讨中国史家在客居美国前后对美国汉学评价的异同;亦可通过书评,比较民国时期客居美国的中国史家和美国汉学家各自是如何看待对方的汉学研究;还可透过书评,比较民国时期客居美国的中国史家和美国史家各自又是如何评价中国马克思主义史学。再如,我们可借助书评,透视美国汉学界的学术争议及其学术生态环境。正是因为学术书评有着诸如此类的学术意涵,相信从学术书评这一新视角对美国汉学史所做的考察,会使我们对美国汉学发展史及其学术内涵有着更为丰富而深入的认识。

目 录

第一章 民国时期中国史家赴美概况 …………………… (1)
　第一节 民国时期中国史家赴美主要途径 …………………… (3)
　第二节 民国时期中国赴美史家归国原因 …………………… (11)
　第三节 民国时期客居美国的中国史家人数 ………………… (17)

第二章 中国史家客居美国前的求学及学术研究 ………… (20)
　第一节 中国史家客居美国前的求学经历 …………………… (20)
　第二节 中国史家客居美国前的学术研究 …………………… (30)

第三章 客居美国前中国史家对美国汉学的评价 ………… (38)
　第一节 美国汉学研究存在的局限性 ………………………… (40)
　第二节 美国汉学研究具有的可取性 ………………………… (44)

第四章 客居美国前中国史家与美国汉学家的交游 ……… (50)
　第一节 美国汉学留学生与中国史家的结识 ………………… (51)
　第二节 美国汉学留学生在华期间的学术研究 ……………… (55)
　第三节 中国史家对美国汉学留学生的帮助 ………………… (61)

第五章 客居美国的中国史家与美国汉学家的学术合作 …………………………………………… (70)
　第一节 客居美国的中国史家与美国汉学家合作概况 ……… (70)
　第二节 史家邓嗣禹客居美国后与美国汉学家的合作 ……… (75)
　第三节 客居美国的中国史家与美国汉学家的合作特点 …… (84)

第六章　客居美国的中国史家与美国汉学的基础建设 …… （91）
第一节　客居美国的中国史家与美国的汉学图书建设 ………（91）
第二节　客居美国的中国史家与美国的汉学书目编纂 ………（97）

第七章　中国史家客居美国后的史学研究及其影响 ………（107）
第一节　杨联陞和他的帝制中国研究 ………………………（108）
第二节　钱存训和他的中国书史研究 ………………………（122）
第三节　刘子健和他的宋史研究 ……………………………（136）
第四节　刘广京和他的晚清史研究 …………………………（152）

第八章　客居美国后中国史家对美国汉学的评述 …………（167）
第一节　杨联陞的汉学学术书评及其影响 …………………（167）
第二节　邓嗣禹的汉学学术书评及其影响 …………………（189）

第九章　美国学人评客居美国的中国史家之史学研究 ……（199）
第一节　客居美国的中国史家之研究优势 …………………（199）
第二节　客居美国的中国史家之研究局限 …………………（206）
第三节　美国学人评述的启示及其再思考 …………………（212）

结语 …………………………………………………………………（218）

索引 …………………………………………………………………（230）

参考文献 ……………………………………………………………（243）

附录
民国时期客居美国的中国史家及其在美简况表 ……………（291）

后记 …………………………………………………………………（301）

第一章
民国时期中国史家赴美概况

晚近民初以来,中国即有胡适、萧公权、吴宓、赵元任、陈衡哲、陈受颐等一批中国学人选择赴美留学;20世纪30年代后,尤其是太平洋战争爆发,中美两国之间的人员往来非但没有因战争中断,反而渐趋活跃。太平洋战争爆发后的1942年,有170人赴美留学;1943年为358人。抗战胜利后,赴美留学人数暴增。1946年有730人出国留学,其中554人前往美国,占全数的75.89%。① 据华美协进社统计,1948年在美国大学的中国学生总计达2710人,分布于全美45个州,只有内华达和南、北达科他三州大学中没有中国留学生。1949年华美协进社再次统计,中国留美学生比上年增长了40%,多达3797人。②

与此同时,在太平洋战争期间或战后,不少中国学人应美国国务院之邀或应美国大学之聘赴美讲学。1943年9月,美国国务院邀请中央大学、西南联合大学、浙江大学、武汉大学、四川大学、云南大学各派教授一人赴美讲学。于是,当时的教育部派遣蔡翘、金岳霖、张其昀、刘迺诚、萧作梁、费孝通等六人前往。1944年,美国国务院又来函,拟另聘六名教授赴美讲学,此次赴美者为杨振声、汪敬熙、萨本栋、陈序经、陈裕光、容启东;1945年,梅贻宝、严济慈、郑作新、袁敦礼、林同济五位教授亦应美国国务院之聘赴美讲学。③ 此外,陶孟和、华罗庚、邱椿、莫泮芹、陈梦家诸教授于1945

---

① 据民国政府统计赴美留学人数,1938年度为15人,1939年度为39人,1940年度为85人,1941年度为54人,具体参见《抗战前后历年度出国留学生之留学国别表》,中国第二历史档案馆《中华民国史档案资料汇编》第五辑第二编教育(一),南京:江苏古籍出版社,1997年,第892—893页。

② 刘伯骥《美国华侨史续编》,台北:黎明文化事业公司,1981年,第434页。

③ 刘真主编,王焕琛编著《留学教育——中国留学教育史料》,台湾编译馆,1980年,第2679—2681页。

年直接应美国大学之聘赴美讲学或研究;1946年,应约出国讲学者有刘崇本、李安宅、钱端升、王淦昌、徐荫祺诸教授。① 据统计,1945年应约出国讲学或研究的学人为130人,1946年为270人,1947年约为450人。②

民国政府在第二次世界大战期间虽经费紧张,却也仍然重视同美国之间的人文交流。为奖励国外人士研究中国语文、历史与文化,自1944年开始每年在国外著名大学设置中国文化奖学金,凡在大学肄业之非中国籍学生选习中国语文、历史、文学、艺术、政治、经济、地理等任一科目一年以上,并具相当成绩者,得申请是项奖学金。1944年,先在英国牛津、伦敦,美国哈佛、耶鲁、密歇根、芝加哥、加利福尼亚、哥伦比亚及印度加尔各答国际大学等十校,设是项奖学金50名,每名每年金额为1500美金。因此项奖学金对于沟通文化方面颇有贡献,乃在美国之南加州大学、华盛顿大学、斯坦福大学及英国之剑桥大学各增设五名,并核给美国之米尔斯女子学院一名。③ 抗战结束后,因美国军人在中国服务者成绩颇著,国民政府教育部为酬答此辈服务军人,特自1946年起设置中国战区美军奖学金10名,每名者每年金额亦为1500美金。④

就美国社会和公众对中国的关注而言,在太平洋战争爆发前,远东并不是一个能够引起美国公众关注的区域。太平洋战争爆发后,美国社会和公众对远东的态度发生巨大变化。卡梅伦(Meribeth E. Cameron)曾言道:"美国卷入远东战争,这使美国对于远东的态度产生了一场至关重要的革命。没有其他任何区域研究被如此深刻地影响着。"⑤费正清(John K. Fairbank)亦这样评论道:"对于亚洲研究的发展而言,最大贡献者莫过于日本的陆海军,它在一夜之间给予日本研究和中国研究的资助与鼓励远远超过了这之前20年和平时期所提供的。"⑥太平洋战争爆发后,美国对中

---

① 林子勋《中国留学教育史:1847—1975》,台北:华冈出版有限公司,1976年,第502页。
② 林子勋《中国留学教育史:1847—1975》,台北:华冈出版有限公司,1976年,第518页。
③ 中国第二历史档案馆《中华民国史档案资料汇编》第五辑第二编教育(一),南京:江苏古籍出版社,1997年,第876—877页。
④ 刘真主编,王焕琛编著《留学教育——中国留学教育史料》,台湾编译馆,1980年,第2192页。
⑤ Meribeth E. Cameron, "Far Eastern Studies in the United States", *The Far Eastern Quarterly*, Vol. 7, No. 2(Feb., 1948), p.119.
⑥ John K. Fairbank, "A Note of Ambiguity: Asian Studies in America", *Journal of Asian Studies*, Vol. 19, No. 1(Nov., 1959), p.3.

第一章 民国时期中国史家赴美概况

国表现出极大关注。战争期间,美国政府即实施各种短期培训计划,旨在使接受培训的人员在短时期内掌握汉语、熟知中国历史文化。① 战争结束后,许多美国年轻人涌向关于中国的课堂,用卡梅伦的话说,"在某种程度上,那时对于中国和日本的学习正在逐渐成为一种时尚,正如美国妇女俱乐部的活动所显示的那样"②。据卡梅伦和普理查德(Earl H. Pritchard)调查,截止到1947年,全美开展有关远东教学的院校约有近60所;③1948年,纽约华美协进社应美国国务院之请,调查全美各大学及独立学院设有中国文化之课程者计有76所院校。④ 然而,1928年则仅有哈佛大学、哥伦比亚大学、加利福尼亚大学等九校设立了中国研究专系。⑤ 另外,基于"建立世界战略"以及"目前及未来这个国家在中国及其周围地区将要面临的问题"⑥,美国在第二次世界大战后开始加强中国研究,"战后美国学术界到处都是发展远东研究的计划。……哈佛大学、哥伦比亚大学、耶鲁大学、斯坦福大学、华盛顿大学、加利福尼亚大学等在洛克菲勒基金会资助下,正大力开展远东区域研究"⑦。

总而言之,自20世纪30年代以来,尤其是太平洋战争爆发后,中美之间基于共同的利益而形成特殊关系。这种特殊关系一方面使中美之间的人员往来交流活跃,另一方面亦促使美国日益重视对中国历史文化的了解,并开始加强对中国的研究。正是在这种时代背景下,一批批中国史家通过各种方式相继赴美,构成中美学术交流的一道亮丽风景。

第一节 民国时期中国史家赴美主要途径

根据1950年"办理留学生回国事务委员会"所做的调查显示,国外留

---

① Meribeth E. Cameron, "Far Eastern Studies in the United States", *The Far Eastern Quarterly*, Vol. 7, No. 2(Feb., 1948), p.117.
② Meribeth E. Cameron, "Far Eastern Studies in the United States", *The Far Eastern Quarterly*, Vol. 7, No. 2(Feb., 1948), pp.117、118.
③ Meribeth E. Cameron, "Far Eastern Studies in the United States", *The Far Eastern Quarterly*, Vol. 7, No. 2(Feb., 1948), pp.133、135.
④ 刘真主编、王焕琛编著《留学教育——中国留学教育史料》(第五册),台湾编译馆,1980年,第2685页。
⑤ 《美国各大学竞设汉学讲座》,载《申报》1928年4月5日,第11版。
⑥ [加]保罗·埃文斯著,陈同等译《费正清看中国》,上海人民出版社,1995年,第225页。
⑦ Meribeth E. Cameron, "Far Eastern Studies in the United States", *The Far Eastern Quarterly*, Vol. 7, No. 2(Feb., 1948), pp.117、118.

学生的总人数约为5000余人（不包括华侨学生）；截止到1950年12月底，除陆续提出已回国留学生的人名卡片外，已有3235人的卡片，其中已知学科者2637人，自然科学占70%。① 在赴美洪流中，主要是从事理工农医科研究之人，但亦不乏从事中国文史研究之人。1947年1月14日，杨联陞在给胡适的信中如是写道："圣诞节新年，我在康桥。今年学人之多，几乎可比您在此地过生日的那年。在康桥的有赵元任、李方桂、洪业、任叔永（洪不久到夏威夷，任就要回国）、陈衡哲几位先生，费城来的有冯友兰先生，新海汶来的有罗常培、梁思成、丁声树三位先生。中研院语言组的几位。"② 就民国时期中国史家赴美的路径而言，主要有以下几种：

1. 通过留学考试取得赴美资格

民国政府在选派学生出国留学之时，多侧重于理工农医等实科。1930年4月，第二次全国教育会议在南京召开，制订发展教育方案，指出"以后选派国外留学生，应注重自然科学及应用科学……每次属于理农工医的，至少应占全额十分之七。自费留学生得依本人志愿，肄习任何学科，但学理农工医科者，应尽量先序补公费或津贴"。1933年4月，国民政府教育部颁发了《国外留学规程》，明确规定自当年起公费留学必须以理农工医为重点，自费生转为公费生也以此四科为限。③ 抗战爆发之后，鉴于"现值抗战建国节省外汇之时，对于已在国外留学生及请求出国留学学生，不能不加以限制，以免所习科目不适合目前需要，及巨量金钱汇出国外之弊"，拟定《限制留学暂行办法》，"凡选派公费留学生及志愿自费留学生，研究科目一律以军工理医各科有关，军事、国防为目前急切需要者为限"④。太平洋战争爆发后，国民政府调整了留学政策，但在拟订的《留学教育方案》中仍规定，"留学生之派遣，以适应实业计划实施之需要，培植高级技术专精人才及业务管理人才为主要方针"，"留学生所习学科以《中国之命运》所指示最近十年内急切需要之科目为主"，即理农工医及实科。⑤ 抗战胜利后，国民党政府为适应时代需要，培养建国人才起见，对于有志出国深造

---

① 李滔主编《中华留学教育史录：1949年以后》，北京：高等教育出版社，2000年，第15页。
② 胡适纪念馆编《论学谈诗二十年——胡适杨联陞往来书札》，合肥：安徽教育出版社，2001年，第91页。
③ 国民政府行政档案，中国第二历史档案馆藏，转引自李喜所主编，元清等《中国留学通史·民国卷》，广州：广东教育出版社，2010年，第205页。
④ 刘真主编，王焕琛编著《留学教育》第四册，台湾编译馆，1980年，第1991页。
⑤ 刘真主编，王焕琛编著《留学教育》第四册，台湾编译馆，1980年，第2084页。

青年,不论其所习何种科目,均酌量予以扶植并鼓励。然而,所派遣留学生仍然主要是习理工医农等科目之人。《国外留学自费生派遣办法》中规定:"自费生学科暂定以习实科(包括理工医农等科)占十分之六,文科(包括文法商教育等科)占十分之四。"①

基于留学政策规定,习文科之人在所派出的留美生中只占一小部分。据统计,自1937年抗战以来至1946年,在总计2293名出国留学生中仅有193人是习文科。② 另据袁同礼对中国留美学生博士论文所做的调查,自1905年至1960年共有2789人在美国和加拿大的116所大学获得博士学位(加拿大大学为四所,计28人)。其中,人文社会科学博士875人,自然科学博士1914人。③ 在习文科的留学生中,当然不乏研习历史之人,如韩寿萱④通过参加出国留学考试,先后在华盛顿大学、纽约哥伦比亚大学攻读,毕业后继续留在美国工作;何炳棣通过清华大学留美公费生考试而赴美研习史学;张仲礼于1946年参加国民政府举办的在全国九大城市同时进行的第二届自费留学生考试暨公费生留学考试而取得赴华盛顿大学留学之资格。⑤ 但是,通过留学考试而赴美研习史学之人可谓是凤毛麟角。据统计,在包括清末留美预备部派出的180名庚款留美生在内的总共1289名清华留美学生中,研习史学的仅有24名;⑥在袁同礼的中国留美学生博士论文调查中,2789篇博士论文中历史学仅有51篇。⑦

2.以受邀出国讲学或研究之形式赴美

自20世纪30年代,尤其是第二次世界大战爆发以来,法西斯主义的猖獗对美国人产生了深深的触动,他们意识到必须从种族优越感的陷阱中

---

① 刘真主编,王焕琛编著《留学教育》第四册,台湾编译馆,1980年,第2116页。
② 中国第二历史档案馆编《中华民国史档案资料汇编》,第五辑,第二编"教育",南京:江苏古籍出版社,1997年,第890—891页。
③ Tung-li Yuan (Compiled), *A Guide to Doctoral Dissertations by Chinese Students in America*, 1905—1960, Washington, D.C.: The Sino-American Culture Society, znc. 1961.袁同礼《袁同礼著书目汇编》(第三册),北京:国家图书馆出版社,2010年,第238页。
④ 韩寿萱(1899—1974),博物馆学家。1930年,北京大学毕业;1931年赴美,先后在华盛顿大学、哥伦比亚大学攻读博物馆学;1937年至1946年,在纽约大都会艺术博物馆工作;1947年,回国任北大教授。
⑤ 张仲礼口述,施扣柱整理《我的学校生活与教研生涯》,载《史林》2004年增刊,第37页。
⑥ 清华大学校史研究室编《清华大学史料选编》(第一卷),北京:清华大学出版社,1991年,第56页。
⑦ 袁同礼《袁同礼著书目汇编》(第三册),北京:国家图书馆出版社,2010年,第238页。

拔身。正如卜德(Derke Bodde)所说:"我们今天的思想意识和生活方式,不是某一种族的某一单独文明或地球上某一特定地域的产物,而是来自许多地区和人民对人类文明所做的贡献","只有诚实地承认世界各国越来越互相依赖,我们才能为未来在更加美好的社会中过和平生活做好准备。这常常需要我们改变对其他国家人民及其风俗的态度。这种态度是长期遗留下来的,往往是不合理的"。① 中国军民的英勇抗战则感动了美国朝野,美国人的中国观也开始由此前的蔑视、拒斥转变为同情、赞扬。② 由此,美国人对中国历史文化逐渐产生兴趣。嘉德纳(Charles S. Gardner)曾直言道:"我们对于自己国家的无知、狭隘和地方主义有了一个新的认识,因此我们需要加深对中华文明的研究和了解,渴望从中得到启迪。……这一点已经变得越来越清楚。"③

然而,此时的美国各大学内鲜有能开设有关中国历史文化课程的师资。哈佛大学文理研究生院院长蔡斯(George H. Chase)致函燕京大学洪业,由于"柯立芝(A. C. Coolidge)教授的逝世和明年将去华盛顿国务院的亨培克(Stanley K. Hornbeck)博士的退出,使我们实际上没有一个人能真正地胜任指导远东历史研究的工作"④。富路德(L. C. Goodrich)诙谐地指出:"美国高校从事中国研究和教学的合格教师数量,我们用两只手就可以计算过来。"⑤1936年,费正清对全美高校远东研究进行调查,调查结果显示"以远东为专业的专职者大概不到50人"⑥。美国汉学家毕乃德(Knight Biggerstaff)更是尖锐指出:"有关中国的教学和研究少得可怜;如果有,那就是很少的几位传教士学者如赖德烈、恒慕义(Arthur W. Hummel)以及一些像亨培克这样不懂汉语也没有接触过中国文献的专家和两三个像马温(N. Wing Ma)那样的中国人提供的。"⑦与此同时,中国学人因战争阻隔而

---

① [美]卜德《中国物品西传考》,载《中外关系史译丛》第4辑,上海译文出版社,1984年,第233页。
② 参见王立新《试论美国人中国观的演变(18世纪—1950)》,载《世界历史》1998年第1期。
③ Charles S. Gardner, "The Future of Chinese Studies in America", *The University of Pennsylvania Library Chronicle*, Vol. 1(1944), pp.36、37.
④ 程焕文编《裘开明年谱》,桂林:广西师范大学出版社,2008年,第24页。
⑤ L. C. Goodrich, "Chinese Studies in the United States", *The Chinese Social and Political Science Review*, Vol. 15, No. 1(Apr., 1931), p.75.
⑥ [加]保罗·埃文斯著,陈同等译《费正清看中国》,上海人民出版社,1995年,第68页。
⑦ [美]保罗·柯文、默尔·戈德曼主编,朱政惠、陈雁、张晓阳译《费正清的中国世界——同时代人的回忆》,上海:东方出版中心,2000年,第7—9页。

对海外学界研究成果的了解深感匮乏。1945年,洪业在给师友的信中如是写道:"我觉得自己与外界隔离了四年,对这四年内学术界有什么进展都不知道。很急于知道哈佛燕京学社在美国和自由中国的汉学活动。"①萧公权亦言道:"我于民国十五年回国,到现在已将满二十二年了。抗战前我在清华燕京的时候,可以在图书馆所藏的中西文书刊里窥见国内外学人新近发表的研究结果。抗战期间,僻居后方,交通梗阻,'精神粮食'的匮乏更甚于物质供应。成都各大学图书馆里极少近年出版的西文书刊。我不免感到孤陋寡闻,学业落后的苦闷。"②不少中国史家如洪业和萧公权那样,希望能有机会出国了解学界,尤其是西方学界的学术信息。

基于这两方面的原因,中国史家接到讲学之类的邀请时,他们多表示接受并借此赴美。洪业在接到哈佛大学发出的聘其讲学半年的邀请后,于1946年离开北京赴美;萧公权在接到四川大学转来的美国华盛顿大学远东与俄国研究所主任戴德华(George Edward Taylor)发来的邀其担任客座教授之电报时,表示:"这通电报突如其来,令我颇为惊喜,回电接受邀请。"③黎东方则应美国福尔蒙州大学之聘,到该校开设并任教远东史、中国史、中国哲学、中国美术、亚洲宗教比较研究、中国古代史、印度史、日本维新史等八门有关远东的课程④。董作宾于1946年春接芝加哥大学邀请后,于1947年初赴美担任该校东方语文系中国考古学客座教授,饮誉海外讲坛两年。⑤ 当然,以受邀出国讲学或合作研究形式赴美的中国史家人数非常有限。

3. 以受邀参与学术合作之方式赴美

20世纪三四十年代,在洛克菲勒等基金会的资助下,美国汉学界先后开启了三项大型研究项目:由美国汉学家劳费担任主席的"中国研究促进委员会"于1929年成立,在1930年召开的第四次会议上该委员会接受了法国汉学家伯希和(Paul Pelliot)的提议,即翻译具有丰富史料价值的《汉书》。在获得美国学术团体理事会和卡内基基金会的资助后,"中国研究

---

① [美]陈毓贤《洪业传》,北京大学出版社,1995年,第152页。
② 萧公权《问学谏往录》,合肥:黄山书社,2008年,第203—204页。
③ 萧公权《问学谏往录》,合肥:黄山书社,2008年,第204页。
④ 黎东方《平凡的我——黎东方回忆录》,北京:中国工人出版社,2011年,第262—263页。
⑤ 钱存训《董作宾先生访美记略》,载钱存训《留美杂忆——六十年来美国生活的回顾》,合肥:黄山书社,2008年,第288页。

促进委员会"邀请德效骞(Homer H. Dubs)承担此项翻译任务。① 美国国会图书馆东方部主任恒慕义则在洛克菲勒基金会的资助下,于20世纪30年代初开始主持清代大型人物传记辞书编纂项目②;魏特夫(K. A. Wittfogel)同样在洛克菲勒基金会的资助下,于1939年夏开始主持"中国历史编译项目",该研究项目旨在从中国史籍中摘录有关秦、汉、辽、金、清等朝代的社会经济史料,再翻译成英文,并加以注解。

如前所述,由于美国国内汉学基础薄弱,从事汉学研究的人才十分匮乏,为此这三项大型研究项目的主持人纷纷邀请外国学者参与其中。德效骞主持的《汉书》英译项目,邀请了中国史家潘碻基参加;③恒慕义的"清代名人传记"则于1936年3月发出旨在邀请更多学人参加的联合通知,寄交遍及全球的180位人士,其中中国史家有房兆楹和杜联喆(夫妇)④、邓嗣禹、冯家升⑤、朱士嘉⑥等。⑦ 魏特夫主持的中国历史编译项目,同样是基于充裕的资金和在中国学术界建立的广泛人脉,积极招募中国学人参与此

---

① The Committee on the Promotion of Chinese Studies, *Progress of Chinese Studies in the United States of America*, Washington, D. C: The American Council of Learned Societies, 1931, p.67.

② [美]费正清著,陆惠勤、陈祖怀等译《费正清对华回忆录》,上海知识出版社,1991年,第114页。

③ 德效骞主持的《汉书》英译项目情况,参见吴原元《略述二十四在美国的译介及其意义》(载《历史教学问题》2011年第5期)。有关民国史家潘碻基赴美具体时间,限于史料无法获知。但德效骞的《汉书》英译项目自1931年开始,潘碻基赴美应在1931年前后;潘碻基回国时间,根据杨树达的日记:1946年12月6日"访潘碻基,见壁间悬魏建功所书甲文槛帖";1946年12月15日"潘基来,谓美国大布士翻译《汉书帝纪》及《王莽传》,曾用余《汉书补注补正》作参考。闻实碻基与美人合译之"。(杨树达著《积微翁回忆录积微居诗文钞》,上海古籍出版社,2006年,第249、250页),则在1946年即已回国并任教于湖南大学,1950年后执教于复旦大学历史系。有关其更为详细情况,有待查考。

④ Wm. Theodore DeBary, "Obituary: Chao-ying Fang(1908-1985)", *The Journal of Asian Studies*, Vol. 45, No. 5(Nov., 1986), p.1127.

⑤ 冯家升(1904—1970),字伯平,山西省孝义县人。民族史学家。1927年考入燕京大学历史系,1934年获硕士学位。此后分别在燕京大学、北京大学、东北大学任教。曾与顾颉刚合编《禹贡》。1937年应邀赴华盛顿美国国会图书馆东方部工作,参加清代名人传记编撰;在冀朝鼎和恒慕义的推荐下,1939年到哥伦比亚大学"中国历史编纂处"工作,并在该校进修人类学,1947年回国。

⑥ 朱士嘉(1905—1989),字蓉江,江苏无锡人。方志学家。1928年获燕京大学学士学位,1932年获硕士学位,同年留校任燕京大学图书馆中文编目部主任。1939年9月应邀赴美,在美国国会图书馆工作3年;1942年9月,进入哥伦比亚大学研究院攻读博士学位,1946年获博士学位,翌年受聘为西雅图华盛顿大学远东系副教授。1950年7月回国,先后任武汉大学历史系教授,武大图书馆馆长等职。

⑦ [美]费正清著,陆惠勤、陈祖怀等译《费正清对华回忆录》,上海知识出版社,1991年,第114页。

项计划。参加魏特夫项目的中国史家有王毓铨①、瞿同祖和赵增玖(夫妇)②,房兆楹夫妇亦于1945年后加入此项目。

4.由哈佛燕京学社资助赴美求学。

1925年,哈佛大学基于美国铝业公司创办人查尔斯·马丁·霍尔的遗嘱规定③,与燕京大学、齐鲁大学、岭南大学、金陵大学、华西协和大学以及福建协和大学等六所大学成立合作机构——哈佛燕京学社。哈佛燕京学社成立的宗旨是:"学社的首要目的是通过哈佛大学与北京大学以及中国其他研究机构的合作,保证为学术研究提供便利,资助出版那些经学社董事会赞同的在中国文化领域以及中国学其他方面的研究成果。它期望学社保证在中国的研究中心里将对从事研究的学生在各方面有所帮助。""关于中国文化的研究方向,准备把经费首先资助于那些课题,如中国文学、艺术、历史、语言、哲学和宗教史。共同的任务是激发美国人的兴趣和利用近代批评手段来鼓励在中国的东方问题研究。"④

正是基于这一宗旨,哈佛燕京学社的成立不仅极大地推动了美国汉学研究,而且为美国与东亚,特别是中国学术交流搭建了一座重要桥梁。在一度担任哈佛燕京学社中国办事处负责人洪业看来,青年学者虽是学习中国史,也应到国外学习西方的治学方法,探求新的治学道路,"我们鼓励中国年轻人对中国文化产生兴趣,并用最好的现代科学方法对之进行再研究"⑤。基于此种设想,在哈佛燕京学社资助下,他从以燕京大学为主的教会大学中选拔了一批优秀史学青年赴哈佛大学学习。至1949年为止,从事史学研究的有齐

---

① 王毓铨(1910—2002),1936年毕业于北京大学史学系。1938年,以专家名义赴美参加魏特夫主持的中国历史编纂计划项目;1946年,退出;经人介绍出任美洲古钱学会博物馆远东部主任。1950年回国。

② 瞿同祖去魏特夫处工作,源于吴文藻、费孝通的引荐。1937年,瞿同祖在其燕京大学老师吴文藻推荐下,与彼时正在中国的魏氏有过一面之缘。1943年,应美国国务院之邀,费孝通赴美访问,在晤见魏氏时为瞿同祖联系。由此,瞿同祖夫妇得以于1945年赴美。

③ 遗嘱规定:遗产的1/3用来建立"霍尔教育基金",用于"国外地区的教育目的,即日本、亚洲大陆、土耳其和欧洲巴尔干半岛地区……已建立或即将建立的教育机构的创建、发展、支持或维持。(Charles Martin Hall, "Last Will and Testament of Charles Martin Hall, Nov. 1, 1914", Charles Martin Hall Papers, Oberlin College Archives.转引自樊书华《燕京大学与哈佛—燕京学社的建立》,载《美国研究》1999年第1期。)

④ 张寄谦《哈佛燕京学社》,载《近代史研究》1990年第5期;张凤《哈佛燕京学社75年的汉学贡献》,载《文史哲》2004年第3期。

⑤ 备忘录三,哈燕社研究计划草案:经费开支,联档:335/5124,第648页。转引自陶飞亚、梁元生《〈哈佛燕京学社〉补正》,载《历史研究》1999年第6期,第162页。

思和、翁独健、黄延毓、王伊同、蒙思明、周一良、王钟翰等人,另外还有社会学的林耀华、考古学的郑德坤、佛学与印度语言的陈观胜。

除上述形式之外,民国时期有部分中国史家则以其他形式赴美。何兹全以山东省政府委派出国考察之名赴美,入哥伦比亚大学修读①;王重民受教育部委派,到西方国家搜集与研究我国流失海外的图书资料②;梁方仲③和全汉昇④受中央研究院委派,分别于1943年和1944年赴美考察;1945年,应英国文化委员会之聘,孙毓棠与陈寅恪、邵循正、沈有鼎等人联袂赴英,任牛津大学客座研究员,后于1947年8月赴美,出任中国出席联合国代表团社经理事会专门助理,并兼任美国哈佛大学客座研究员⑤;以挚友周一良之介,杨联陞在清华大学毕业后应哈佛大学史学教授嘉德纳之聘去国赴美,一面协助嘉德纳博士从事研究工作,一面入哈佛大学求学⑥;孙任以都则是在就读西南联大尚未满两年时由其父母安排于1941年负笈美国,入美国瓦萨女子大学求学,等等。⑦ 概而言之,在战火纷飞的年代,以留学、讲学、考察、合作研究等形式赴美的中国史家之人数,虽无法同理工农医等学科领域的赴美人数相比,但亦不容小觑。

---

① 1935年北京大学史学系毕业后,何兹全曾赴日留学,但翌年即因病回国。1947年赴哥伦比亚大学留学。在此期间,他受约翰霍普金斯大学资助,协助法兰西斯教授将范文澜著《中国通史简编》翻译为英文,并曾在魏特夫处打过临时工,校阅和核对英文译稿,写些专题小文供魏氏使用。1950年抗美援朝战争发生后回国,在北京师范大学任教。

② 王重民(1903—1975),1934年受教育部委派,到西方国家搜集与研究我国流失海外的图书资料。1947年回国,任北京图书馆参考部主任、副馆长等职。

③ 梁方仲(1908—1970),广东番禺人。1926年入清华大学农学系,1930年毕业后进入清华大学研究院,1933年获经济学硕士学位。1934年进入中央研究院社会研究所工作,1942年任研究员。1943年赴美考察,1946年入伦敦大学政治经济学院从事研究工作,在此期间,以中国代表团成员之一的身份出席联合国科教文组织第一次大会。1947年回国,任岭南大学经济系主任。专研明代田赋史。

④ 全汉昇(1912—2001),广东顺德人。1935年毕业于北京大学;后进入中央研究院史语所工作,从事唐宋经济史,特别是宋代经济史的研究。蒙傅斯年及社科所所长陶孟和先生提拔,于1944年10月获派赴美,先于哈佛、哥伦比亚及芝加哥三所名学府进修,1947年回国。1949年随史语所迁台。

⑤ 孙毓棠(1911—1985),江苏无锡人。1930年肄业于天津南开大学;1933年,毕业于清华大学历史系。此后,在天津河北省立女子师范学院任史地系讲师。1935年东渡日本,1937年肄业于东京帝国大学。归国后历任昆明西南联合大学师范学院史地系教员、专任讲师、副教授,国立清华大学历史系副教授、教授。

⑥ 关国煊《民国人物小传:杨联陞》,载《传记文学》2001年第79卷第4期。

⑦ 张朋园等《孙任以都先生访问纪录》,台湾"中央"研究院近代史研究所,1993年,第42页。

第二节　民国时期中国赴美史家归国原因

抗日战争之前，出国赴美的中国史家如钱存训所说基本都学成归国①；抗战胜利后赴美的中国史家中，亦有许多人选择归国。周一良在哈佛大学获博士学位后于1946年归国；1947年，王重民、冯家升、韩寿萱、全汉昇先后回国；1948年，孙毓棠辞去哈佛大学客座研究员之职回国；于1946年赴哈佛大学进修的王钟翰，两年后选择回国。1950年，即中华人民共和国成立后不久选择回国的中国史家有：1949年获哈佛大学博士学位的蒙思明、1947年赴美访学的何兹全、辞去美洲古钱学会博物馆远东部主任之职的王毓铨和胡先晋（夫妇）、辞去华盛顿大学远东系副教授之职的朱士嘉等。杨联陞在1947年给胡适的一封信中这样写道："韩寿萱、冯家升、王重民都回去了，谈学问的朋友越来越少。"在信中，他还附诗一首："买舟归客正连翩，佣笔无须论孰贤。强慰闺人夸远志，应知异国误华年。"②杨联陞的这首诗代表了他渴望归国的心境，亦是大多数在美中国史家心境的写照。

民国时期大多数赴美中国史家之所以选择归国，余英时就此分析道："在正常情况下，人文学者在出国深造之后，总是愿意回到自己本土的学术环境中去工作，一方面可以更新本土的研究传统，另一方面也可以使个人的长处发挥得更充分。在抗日战争之前，中国文史学界虽然承认西方的'汉学'有它的重要性，但同时终不免把'汉学'看作边缘性的东西。因此，第一流中国文史学者都宁可在国内发展自己的研究传统，而不肯长期客居西方做汉学家。"③除了这些原因之外，以下几个方面的因素亦值得注意：

1.美国汉学的边缘性使然。

太平洋战争爆发时，美国的中国研究仍处边缘地带，其汉学研究不尽

---

① 钱存训在美国芝加哥大学工作生活了近60年，他曾回忆道："近六十年来，从中国来到美国留学或从事其他业务的人员，大致可分为三个阶段：抗日战争、朝鲜战争和中美建交是明显的分水岭。……战前的老一辈大都学成回国，很少在美居留。抗战胜利后和朝鲜战争前来美的人员，由于国内政局变化，很多滞留异乡，无法回归。"钱存训《留美杂忆——六十年来美国生活的回顾》，合肥：黄山书社，2008年，第1页。
② 胡适纪念馆编《论学谈诗二十年——胡适杨联陞往来书札》，合肥：安徽教育出版社，2001年，第94页。
③ 余英时《中国文化的海外媒介》，载《钱穆与中国文化》，桂林：广西师范大学出版社，2006年，第145页。

如人意。富路德曾指出:"近期美国人做了一次有关中国的西方重要著作调查,我发现,145 位作者中只有 23 位美国人,且其中一半不熟悉中文。"①对此,在美的中国史家有着切身体会。1943 年,杨联陞在给胡适的信中这样写道:"这个礼拜 Wittfogel 在这儿讲几点钟,我还没去听,昨天下午碰见他,一块儿在校园里绕了两个弯儿,他说讲中国上古史不可不念王国维、郭沫若的文章,不可不用金文、甲骨文,如司徒即是司土之类不可不知。我说这些知识,对于中人以上的史学系大学生,不过是家常便饭,无甚稀罕。他似乎觉得奇怪。"②王伊同曾面告何炳棣,在哈佛东亚语文系博士论文口试时,与费正清合撰东亚史的赖肖尔(Edwin Reischauer)不时做笔记,足见哈佛教授中国史知识有限。③

对人文学者来说,显然并不愿意在这种学术环境中从事中国文史研究。邓嗣禹在给胡适的信中写道:"在密尔思大学讲学,亦不过欲对祖国文化略加宣扬而已。多一番接触,多一分经验,多一分认识,知道教授美国人,如何取材,如何立言,如何应付。然雅不愿长留异邦。"④1936 年,赴夏威夷大学执教的陈受颐在给胡适的信中亦这样写道:"弟急想回国去,尽力读书,替学校做点小事,稍补八年来未在国内与同事诸兄一起捱苦的大过。"⑤当年,周一良获哈佛燕京学社奖学金负笈美国之际,临出发前写信给当时的主管傅斯年,交代此行的目的与心中的想法。信中提到美国汉学发展起步太慢,他认为到美国去研究中国的学问,在方法上并无可取之处,有用的地方是可多学习几种语文,对往后从事魏晋南北朝史研究有裨益之

---

① L. C. Goodrich,"Chinese Studies in the United States", *The Chinese Social and Political Science Review*, Vol. 15, No. 1(Apr.,1931), p.75.
② 胡适纪念馆编《论学谈诗二十年——胡适杨联陞往来书札》,合肥:安徽教育出版社,2001 年,第 2 页。
③ 何炳棣《读史阅世六十年》,桂林:广西师范大学出版社,2005 年,第 124 页。
④ 杜春和、韩荣芳、耿来金编《胡适论学往来书信选》(下),北京:中华书局,1979 年,第 507—508 页。
⑤ 《陈受颐信八通》,耿云志编《胡适遗稿及秘藏书信》第 35 卷,合肥:黄山书社,1994 年,第 393—394 页。陈受颐后因其妻身体原因,不得不延期回国。他在 1946 年 4 月 22 日给胡适的信中写道:"弟为此事费尽思量,觉得瓌才前者病已垂危,幸能忍痛受三次的手术,又幸能迁地疗养,始能活到如今,并能逐渐地恢复康健。她虽愿意违背大夫的忠告,冒险与弟一同归国,弟甚不忍,中西朋友也大不以为然。在此情形之下,惟有缓期半年或一年的办法,以等她右肺的进步或移民地位的转换,和国内医药设备的好转。"(《陈受颐信八通》,耿云志编《胡适遗稿及秘藏书信》第 35 卷,合肥:黄山书社,1994 年,第 396 页。到 1947 年后,随着国内局势的变化,他最终选择客居美国。

处。因而希望曾经游学过欧洲的傅斯年,帮忙开列书单,让他到了美国不至于学问荒废阻塞,无可增进的地方。①

2.深感美国对华人学者的歧视。

中国留美学人在学成之后大多选择回国,其原因在于美国社会对华人的歧视,"往昔中国留学生因非美国公民,无权居留,不易谋职,毕业后便束装归国,盖前途在祖国,海外芸窗生活,不过以羁旅视之。华侨土生,虽生长于斯,因受种族歧视,此丙种公民,亦无出路。其家境许可而有志入大学者,多习医科牙科或预备接办移民案之法律系,此外无为焉。如习其他学科者,不过预备返回祖国,另寻生活之计耳"②。出于共同抗击日本的现实需要等原因,美国于1943年废除了臭名昭著的《排华法案》。《排华法案》的废除,并不意味着美国对华人的歧视就此终结。周一良曾回忆:"谈到住房,不能不揭露美国那时的种族歧视。房东太太往往对东方人偏见很深,不肯把房间租给中国学生。有时外边贴着'出租',开门看见黄皮肤,立即说已租出,甚至更恶劣到一言不发,享以闭门羹。租公寓尤其如此,我碰到多次。"③许倬云也曾提到:"早期华人在美国饱受歧视,50年代我在美国芝加哥大学当学生时,华人连住家都受到歧视,根本不可能在某些白人社区买到房子。1972年我在美国买房子还听说过那一段历史,买屋还得左邻右舍签字同意,才能成交。"④美国对华人学者的歧视,使得赴美中国史家多将海外芸窗生活以羁旅视之,所思是回国以图强本国学术。正如王重民在给胡适的信中所言:"重民在欧美流落了十几年,受了不少的洋气,也算看了一点洋玩意儿(在东方学一方面),所以图强之心非常迫切。"⑤

3.中国史家强烈高亢的民族意识。

近代以来的中国,受外来侵略和欺凌,这种现实处境对中国学者产生极大促动,激发其强烈的民族意识和民族情怀。1929年,傅斯年在给陈垣

---

① 《周一良函傅斯年》,台湾"中央"研究院历史语言研究所藏,《史语所档案》,李:15—3—2,15—3—4。转引自陈建守《燕京大学与现代中国史学发展》,台湾师范大学历史学系,2009年,第148—149页。
② 刘伯骥《美国华侨史续编》,台北:黎明文化事业公司,1981年,第427页。
③ 周一良《毕竟是书生》,北京十月文艺出版社,1998年,第34—35页。
④ 陈永发、沈怀玉、潘光哲访问,周维朋记录《家事、国事、天下事——许倬云先生一生回顾》,南京大学出版社,2012年,第205页。
⑤ 北京大学信息管理系、台北胡适纪念馆编《胡适王重民先生往来书信集》,合肥:安徽教育出版社,2009年,第484页。

的信中曾言道:"斯年留旅欧州之时,睹异国之典型,惭中土之摇落,并汉地之历史言语材料亦为西方旅行者窃之夺之,而汉学正统有在巴黎之势。是若可忍,孰不可忍?"①陈寅恪在《北大学院己巳级史学系毕业生赠言》诗中,开首两句便是"群趋东邻受国史,神州士夫羞欲死"②。辅仁大学的陈垣、北京大学的顾颉刚和燕京大学的洪业等先生,对此均有同感。郑天挺曾回忆说,北京大学研究所国学门有一次在龙树院集会,援庵慷慨陈词说:"现在中外学者谈汉学,不是说巴黎如何,就是说东京如何,没有提中国的。我们应当把汉学中心夺到中国,夺回北京。"③陈垣在北平师范大学时的学生柴德赓回忆说:"(陈老师)深以中国史学不发达为憾,常说:'日本史学家寄一部新著作来,无异一炮打在我的书桌上。'"④20世纪30年代中期在北京大学求学的朱文长,曾回忆当时陈垣对时局所发表的看法:"一个国家是从多方面发展起来的;一个国家的地位,是从各方面的成就累积的。我们必须从各方面就着各个所干的,努力和人家比。我们的军人要比人家的军人好,我们的商人要比人家的商人好,我们的学生要比人家的学生好,我们是干史学的,就当处心积虑,在史学上压倒人家。"⑤朱士嘉曾回忆道,九·一八事变前夕,日本不仅在军事上加紧筹划对中国的大规模军事进攻,而且在政治、经济、文化诸领域予以广泛渗透,就连当时使用的教学地图也为日本所绘制。面对此种情形,顾颉刚在给学生上课时疾呼:"外国人正在研究我国边疆史。方志这块领土如果我们不去研究,外国人就会去侵占……"⑥王钟翰也曾回忆道:"1935年12月平津高等院校学生反对当时中国政府与日本帝国主义政府签订'何梅协定',反对华北独立的一二·九爱国学生运动停课两个月以后,史学方法课复课后第一堂课,洪业缓步走进课堂,这次没有口含烟斗,挺身站立在讲桌前,久久未发一言,同学们为之愕然,猛不提防地洪师激于对日寇的满腔愤恨,大声慷慨激昂地对我们说,现在你们知道了吧,我们中国人在军事上打不过日本人,但在做学问上我们不能不跟他们比一个高低!洪师又说,日本人很骄傲,他们说汉学中心根本不在中

---

① 陈智超《陈垣先生与中研院史语所》,台湾"中央"研究院历史语言研究所《新学术之路》,1998年,第236—237页。
② 《陈寅恪诗存》,北京:清华大学出版社,1993年,第18页。
③ 冯尔康、郑克晟编《郑天挺学记》,北京:三联书店,1991年,第378页。
④ 柴德赓《我的老师陈垣先生》,载柴氏《史学丛考》,北京:中华书局,1982年,第436页。
⑤ 朱文长《北大与北大人》,载《东方杂志》40卷7号,1944年。
⑥ 朱士嘉《我研究方志的历史回顾》,载《文史杂志》1987年第4期,第27页。

国。他们很想把汉学中心抢到日本东京去,我们要争一口气,汉学本来就在中国,我们一定要把汉学中心从东京抢回北京来!"①洪业之所以大声疾呼"把世界汉学中心抢回北京来",就是因中华民族的尊严和爱国思想而发。

受耳闻目睹及导师之影响,赴美的中国史家都抱有学成后回国致力发展中国学术的想法。1946年,邓嗣禹以诙谐的语言自我调侃道:"在芝加哥大学教了六年书,例当休假一年。胡适之先生约去北大讲学,将书籍带回国,想一去不复返。过去数年,为美国作育人才,总有'老妈子抱孩子,是人家的'感想。"②杨联陞刚到哈佛时,曾与周一良相约,在美他们当尽力提升汉学研究,然后再回到清华、北大开创事业,贡献一生。③ 1946年,即将由美返国的王重民在给胡适的信中如是言道:"(陈援庵)老先生曾说:世界汉学中心,一在巴黎,一在西京。我想复他一信,说巴黎已衰,西京亦将不振,将来中心,厥只有北平。将来在他老先生和胡适之先生领导之下,我们要精纯,要为史学而作史学。要结束巴黎,并希望西京能和我们来合作,以建设这个永久中心点。"④

4.中华人民共和国的吸引与积极召唤。

文字学家杨树达在观看了长沙市举办的1952年国庆游行后,情不自禁赋诗一首:"热泪纵横不自休,暮年喜见此年头。夜门兀自无人闭,谷粒都归种者收。淮水安澜歌禹德,夷人授着洗前羞。平生梦想今都现,笑口频开待首丘。"⑤许多中国学人同杨树达一样,对新生的中华人民共和国充满了无限希望和期待。"在全国解放前后,从国内传来了很多消息,正反面的都有。多数在美国的留学生对中国真实的政治形势并不很清楚,只是知道国内在经历着翻天覆地的变化。大家对国民党政府的腐败和无能,早有失望以致痛恨的心情,认为什么变革也不能比国民党更坏。"⑥

---

① 王钟翰《我为什么专攻清史和满族史》,载《文史知识》1996年第12期,第4页。
② 邓嗣禹《北大舌耕回忆录》,载冯尔康、郑克晟编《郑天挺学记》,北京:三联书店,1991年,第132页。
③ 见张凤《哈佛心影录》之《一怀孤月映清流——追怀汉学大师杨联陞教授》,上海文艺出版社,2000年,第13页。
④ 杜春和、韩荣芳、耿来金编《胡适论学往来书信选》,石家庄:河北人民出版社,1998年,第292页。
⑤ 杨树达《积微翁回忆录积微居诗文钞》,上海古籍出版社,2006年,第76页。
⑥ 梅祖彦《由美回国经历纪实》,载全国政协暨北京、上海、天津、福建政协文史资料委员会编《建国初留学生归国记事》,北京:中国文史出版社,1999年,第193页。

新生的人民政权对于滞留海外的学人高度重视,采取各种措施以争取海外学人回国。1949年12月6日,政务院文化教育委员会召开有关单位联席会议,成立直属于文化教育委员会的"办理留学生回国事务委员会"(简称"办委会"),统一领导和处理留学生回国事宜。其主要任务是:调查尚在国外的留学生,动员其早日回国;对留学生回国前后的宣传了解及教育;留学生回国后的招待;统筹解决回国留学生的工作。办委会成立后,向海外学人发出欢迎函电,进行宣传和动员,采取了一系列具体措施争取并协助留学生回国。为争取留学生回国,教育部专门发出通知,要求各高校应普遍发动各方面有关人员,特别是同国外有关系的教授、学者、已回国的留学生、尚未回国的留学生家属和亲朋等给尚在国外的留学生以动员,争取其回国。①

基于中华人民共和国成立所带来的无限希望及其积极召唤,一批在美的中国学人选择归国。丁则良②在写给何炳棣的信中非常激动地说,英国费边式社会主义福利国家无光无热,就要建国的中共有光有热,他已急不能待,放弃论文,马上就要回国报效。罗应荣③在朝鲜战争爆发后,立即买了船票赶回"有光有热"的新中国,毫不可惜地放弃完成加州大学博士论文之机会。④ 韩寿萱、王毓铨夫妇、朱士嘉等人则辞去在美工作,选择归国。据统计,1949年8月至1954年12月自美回国的学人总计为937人;⑤与之相对照的是,败退到台湾的国民党政府虽也于1950年出台《辅导国外留学生及学人回国服务各项办法》,采取补助旅费、分发工作等措施积极争取留学生归台,然而自美归台的海外学人寥寥无几。据台湾统计,

---

① 李滔主编《中华留学教育史录:1949年以后》,北京:高等教育出版社,2000年,第5、24页。

② 丁则良(1915—1957),祖籍福建闽侯(今福州),出生于北京。1933年考入清华大学历史系,1938年入西南联大历史系,毕业后任联大师院史地系助教,不久任西南联大、云南大学历史系讲师。1947年以中英庚款留学生身份进入伦敦大学斯拉夫学院专攻苏联史。1950年放弃赴美深造机会回国。

③ 罗应荣(1918—1971),广东兴宁人,青年时期在广州求学。1938年,考入西南联合大学法商学院政治学系;1945年,任云南大学政治学系讲师;1946年9月至1947年底,转任岭南大学历史政治学系讲师;1948年,考得洛克菲洛基金会资助,到美国西雅图城华盛顿州立大学留学;一年以后,转到加州大学柏克莱分校,攻读国际法。1950年6月,朝鲜战争爆发,彼时其博士论文正在写作中,半年至10个月即可完成,但他放弃了柏克莱博士学位的机会,选择回国。

④ 何炳棣《读史阅世六十年》,桂林:广西师范大学出版社,2005年,第188、251页。

⑤ 李滔主编《中华留学教育史录:1949年以后》,北京:高等教育出版社,2000年,第59页。

1950年至1954年归台服务的海外留学生及学人共76人,其中1950年6人,1951年17人,1952年16人,1953年16人,1954年21人。在这76人中,自美国归台服务者约占半数以上。① 朝气蓬勃的中华人民共和国所焕发出来的活力及其热情,正是吸引王毓铨、朱士嘉、罗应荣、丁则良、何兹全等中国史家归国的重要原因所在。

第三节 民国时期客居美国的中国史家人数

当大多数中国史家选择归国之同时,亦有部分中国史家或因政治原因,或担心国内已不复具有他们原来的生活方式及学术研究条件而选择客居美国。李方桂曾回忆道:"1949年,我曾希望回到中国,于是我们驾车直抵西雅图;但到西雅图后,中国局势发生彻底变化。民国政府已经毫无能力,共产党接管了整个国家,所以1949年我回不了中国。……赵元任当时也在设法回国。他来到伯克莱,伯克莱学校当局强留了他,对他说,最好别回国。当时我也想回国,但是临行前华盛顿大学的戴德华和梅谷来到纽黑文找到我,他们想要我到他们那儿任教授,讲汉语语言学。就这样,赵元任的回国梦在伯克莱结束,而我的梦在西雅图化为泡影。"②1946年,杨联陞自哈佛大学博士毕业后,亦曾计划归国,但因国内局势变化,最终他接受了胡适的建议,留在哈佛大学任教。③ 还有部分中国史家则因学业尚未完成等原因而选择客居美国。何炳棣在回忆录中提到:"1949年是我来北美后最艰难的一年,更不要提祖国旷古稀有的大变局给我带来的忧思和精神号召了。在百感交集、极度愤懑之中,我曾对个人、家庭、异邦、祖国等问题做过理智和情感的考虑。我甚至向校长的右手安朱先生请求学校考虑津贴我们一家三口回上海旅费不足之数。"④在友人相劝下,何炳棣最终选择继续完成博士学位论文。

民国时期赴美中国史家中到底有多少人最终选择客居美国?1948年

---

① 林子勋《中国留学教育史:1847—1975》,台北:华冈出版有限公司,1976年,第581页。
② 李方桂著,王启龙、邓小咏译《李方桂先生口述史》,北京:清华大学出版社,2003年,第57、67页。
③ 胡适纪念馆编《论学谈诗二十年——胡适杨联陞往来书札》,合肥:安徽教育出版社,2001年,第96页。
④ 何炳棣《读史阅世六十年》,桂林:广西师范大学出版社,2005年,第250页。

9月,陈荣捷在一次演讲时提到:"自从中国抗战以来,美国人就认为对中国需加了解,于是各大学便设立中文系,这么一来,使中国到美国作游客的也被聘任课。最初,美国只有三个中国人是当正教授的,而且含有永久性的是陈受颐,李绍昌和兄弟,那是1943年的事了,现在呢,也不很多。在美国担任中国历史文化课程的五六十个中国人中,岭南占16位。"①据1961年台湾驻美国"文化参事处"报告,在美国43所州大学与186所学院中担任教职的中国学者有1124名,其中只有62位教授中国语文历史,其余1062名教授科学、医学、工程、商业、社会科学。② 在他们所统计的数字中,包含有客居美国从事中国语言教学研究的赵元任、李方桂,从事中国文学研究的李田意③、陈世骧④、蒋彝⑤等,从事中国哲学研究的陈荣捷⑥、黄秀玑⑦,从事中国社会研究的杨庆堃⑧、杨懋春⑨等。此统计数据中,亦有20世纪五六十年代由台湾赴美求学之人,王业健、张光直、张春树、吴秀良、陈

---

① 陈荣捷《美国人对中国文化之新认识》,载《岭南大学校报》1948年10月,第88期。
② 刘伯骥《美国华侨史续编》,台北:黎明文化事业公司,1981年,第427页。
③ 李田意(1915—2000),河南人,1937年南开大学毕业,1950年耶鲁大学博士。先后任教耶鲁大学、印地安纳大学、俄亥俄州立大学。专研中国古典小说、远东史。
④ 陈世骧(1912—1971),河北人。1932年北京大学文学士。1936—1937年任北京大学讲师。1941—1942年任哥伦比亚大学讲师。1947—1952年任柏克莱加州大学助理教授,1952年起任教授。专研中国文学与批评。
⑤ 蒋彝(1903—1977),字仲雅,江西九江人。国际知名的画家、诗人、作家和书法家,1926年获东南大学理学士。1935—1938年任伦敦大学中文讲师。1956年起任波士顿附近之Peabody博物馆中国人种学馆长。1958—1959年任哈佛大学爱默森讲座教授。又曾任哥伦比亚大学中文教授,澳洲国立大学中国语文客座教授。
⑥ 陈荣捷(1901—1994),岭南大学毕业后即赴美留学,1929年获哈佛大学博士学位;1930年,任岭南大学教务长;1936年去美国夏威夷,1942年起任达特默尔学院中国哲学和文化教授。1951年起,任夏威夷大学《东西方哲学》编辑,《中国哲学研究》顾问,并曾任教于匹兹堡大学、哥伦比亚大学。1966年退休。
⑦ 黄秀玑(Huang,Siu—Chi),1913年生。泉州人。1936年福建协和大学学士,1944年宾夕法尼亚大学博士,毕业后客居美国任教,著有《陆象山:十二世纪中国的一位唯心主义哲学家》《张载的道德观》等。
⑧ 杨庆堃(1911—1999),燕京大学毕业后,于1934年赴美国密歇根大学留学,1939年获社会学博士学位后,先后任纽约商报编辑、华盛顿大学助理教授。1948年回国后,任岭南大学社会学系副教授兼系主任;1951年再度赴美,任麻省理工学院国际研究中心研究员;1953年后,任教于匹兹堡大学社会学系。
⑨ 杨懋春(1904—1988),早年毕业于教会中学,因成绩优异被保送入齐鲁大学,攻读社会学,后就读于燕京大学。抗日战争爆发后,留学美国康奈尔大学,先后获硕士、博士学位。抗战胜利后回国,任齐鲁大学社会学教授、系主任等职。1949年赴美讲学,任康奈尔大学、斯坦福大学及华盛顿大学客座教授。

启云等即如此,稍晚于他们的还有许倬云、汪荣祖、李又宁等人;还有少部分人则是由香港赴美求学,从事史学研究的即有余英时、陈学霖、黄宗智等人。

另外,1961年的统计数据中包括已随国民党政府迁台的学者。他们到台湾后,亦曾以访问学者、交换教授等形式赴美。例如,劳干即在1962年以台湾交换教授的身份到美国加州大学任教,直到1975年以荣誉教授身份从加州大学退休。在杨联陞等友人帮助下,周法高于1955年到哈佛燕京学社作访问学者,历时三年;1962年,到美国华盛顿州立大学担任客座教授;1963年,转任美国耶鲁大学客座教授;此后,转到香港中文大学执教。全汉昇则于1961年再度赴美,访问芝加哥、西雅图华盛顿及哈佛三大学。1965年后,方至香港中文大学新亚书院任教30年。

如果除去上述这些人,根据1961年台湾驻美国"文化参事处"所报告的数据,民国时期客居美国的中国史家人数在二三十人之间。有关他们的在美情况,详见附录"民国时期客居美国的中国史家及其在美简况表"。

第二章
中国史家客居美国前的求学及学术研究

晚清民国初年,正是新学与旧学相互激荡的时期。自1905年废除科举考试后,新式学堂如雨后春笋般大量涌现,新式学校教育渐成主流;然而,以传统儒学经典为主要内容的私塾和家庭教育仍不容小觑。① 民国时期客居美国的中国史家正是出生于这样的时代,这使得他们的求学有着与众不同的特点。

第一节 中国史家客居美国前的求学经历

民国时期客居美国的这批中国史家,多出生于晚清和民国初年②,他们大多在小时候即从私塾或家庭教育中接受了中国传统文化的熏陶。洪业幼学于家,习四书五经与尔雅,皆能成诵。稍长,于1904年随父徙居山东曲阜任所。庭训之余,背诵了1400多首杜诗和30余篇杜文,因而能诗能文。③ 萧公权六岁时,其大伯父便聘请私塾老师到家教授《史鉴节要》《地球韵言》《声律启蒙》和《千家诗》等书;三年后,聘请老师教授读《论语》《孟子》《国语》等古书;从1910年(宣统二年)到1915这五年间,萧公

---

① 参见丛小平《师范学校与中国的现代化》,北京:商务印书馆,2014年。
② 例如,洪业于1893年出生于福建福州;萧公权生于1897年的江西大庾县;陈受颐于1899年出生在广东番禺;邓嗣禹于1905年出生于湖南常宁;房兆楹于1908年出生于天津;瞿同祖生于1910年湖南长沙;杨联陞于1914年出生在河北保定;王伊同亦于1914年出生于江苏江阴;何炳棣于1917年出生于浙江金华;刘子健于1919年出生在上海;刘广京于1921年出生于福建等。
③ 翁独健、王钟翰《洪业先生传略》,载《文献》1981年第4期;亦可参见陈毓贤《洪业传》,北京:商务印书馆,2013年。

权又随何笃贞先生熟读《诗经》《春秋左传》《礼记》《尚书》和《尔雅》,涉猎《周礼》《仪礼》《易经》和《孝经》,并在有余力之时"过目"《公羊传》和《穀梁传》。萧公权回忆说:"上列第一类的五种并不背诵全书。其中他认为比较不重要的一小部分也由我翻阅一下,不去'精读'。采用这样'速成'的方式我居然在五年之中'读'完了十三经。"①陈受颐出生于广东番禺一世代书香家庭。其曾祖陈澧是晚清岭南一名儒,他的《东塾读书记》指示后学读古代经籍方法,民国时仍流行。钱穆《中国近三百年学术史》中有专章论述其贡献。陈澧有四子,其三子宗询为受颐祖父。陈受颐九岁开始受业于塾师。彼时,陈受颐父母已教授他习字并背诵唐诗。叔祖宗颖亦常引导其观家中藏书及书目并授读。②杨联陞出生在河北保定的一个官宦之家,其家庭的传统文化氛围浓厚。杨联陞所受到的家风教化可从1928年他第一次所写诗稿中看出。这是一首叙事诗,讲述杨联陞兄弟听其母谈早些年兵变之时的情形,教育他们"处世须傲骨,向人莫乞哀。不畏无金钱,惟畏无良才。子胥市上箫,渊明门前柳。英贤百世传,前迹可趋走"③。由于出生在官宦家庭之故,杨联陞自幼年起即开始进入亲友家的私塾接受启蒙教育,后来家中更是请来著名的儒医杨韫富先生亲自教导杨氏兄弟直到十三四岁。杨联陞曾在自传中言道:当年在私塾就读时,就因背诵《四书》及诗书《左传》《礼记》半部及国学教本等劳心过甚,暑中大病。④何炳棣出生于浙江金华的一大家族,其父是廪生,曾在杭州书院晋修,考举人两次"荐卷"而未中,科举废即习日文及法政。故此,自童稚之年开始,何炳棣即由其父教他识字读书。在回忆录中,何炳棣详述了其父对他的早期教育,其中重点提及两事:其一,何炳棣的父亲将一幅历史图表挂在他卧室墙壁。这幅历史图表颇为独特,是商务印书馆精印裱好的一幅历史"对联"挂轴。左联是用彩色横贯表明历代王朝国祚的长短,夏商周和两汉就上下宽、面积大,秦隋就上下极窄几乎只有左右横贯的一线了,五胡十六国、辽金等朝代在左半部另划专区处理,但在上下比例上仍与东晋、南朝、南宋联系。右联全是纵

---

① 萧公权《问学谏往录》,合肥:黄山书社,2007年,第17页。
② 吴相湘《陈受颐精研中西文化交流史实》,载《传记文学》1985年第46卷第6期,第10页。
③ 杨联陞著,蒋力编《哈佛遗墨:杨联陞诗文简》,北京:商务印书馆,2004年,第213页。
④ 杨联陞《杨联陞自传》,载杨联陞著,蒋力编《哈佛遗墨:杨联陞诗文简》,北京:商务印书馆,2004年。

向安排,和木版书一样自右而左一行一行地接连下去,上始黄帝,下迄宣统,详列了传说及正史中"五千年的帝王世系"。何炳棣坦言,这幅历史图表"至今仍不时涌现我脑海和'眼帘'"。其二,何炳棣父亲在国学方面对他的督教,"父亲督教到我初中毕业为止,前后为时最多七八年。他从不系统地自四书五经入手。他大都是先以最能引起幼童兴趣的历史人物故事出发,相当自然地也就涉及相关的典章制度方面较专门的问题"。这样的早期教育对何炳棣产生深远影响,他曾这样坦言道:"回想起来,我高中和大一时主修化学的意愿,是绝对无力抗衡从六岁起父亲有意无意之间已经代我扎下的历史情结的";在国学方面的督教,则"使我对学习的内容不会感到枯燥难懂,刺激我的好奇心,并无形之中就初步引导我走向'分析'和'联系'事物之间复杂关系的思维道路"。① 王伊同自小偏好文史,曾以全校文科第一名的成绩入读南菁中学,其文辞典雅,颇有魏晋遗风。北京图书馆馆长袁同礼家宴时,曾当面称云:"北美学者中,中文文笔典雅,唯君为第一。"王伊同文章为学人所称道,除天赋和勤奋之外,实得益于早年的家庭教育。其父王希玉是近代教育事业的推动者,曾亲教王伊同古文诗词。② 邓嗣禹的父亲是邑童生。他从五岁起,便在私塾学校开始学习《诗经》《尚书》《论语》、唐诗等。③ 瞿同祖的祖父瞿鸿機曾任光绪时期的军机大臣,亲自教授瞿同祖,为其开蒙。除了让瞿同祖为《论语》断句,还以朱笔写正楷;瞿同祖的叔父瞿宣颖先后任燕京大学、南开大学、清华大学教授,他指点瞿同祖古文,为其讲汉赋和历史。幼承庭训,瞿同祖的文史知识远超同龄人。

与此同时,伴随着新式教育的日渐兴盛,这批客居美国的中国史家亦从就读中学甚或小学时起便开始接触西学。洪业在准备投考山东师范附属中学时,他的父亲为他请了一位老师,每天下午来教他英文。在这所新式学堂就读几年后,有感于清季政局日非、国势日危,欲投考海军,奋志图强,以外御列强。于是,他只身奔赴上海,只因搭乘赶考之船误期,未能参与考试;在其父的朋友高梦旦先生(商务印书馆总编辑)的提议下,回到福州就读美国传教士办的英华书院,以便将来办外交,报效国家。在校学习期间,品学兼优,复长于口才,各课成绩斐然。1913 年毕业后,获书院美国

---

① 何炳棣《读史阅世六十年》,桂林:广西师范大学出版社,2005 年,第 7—8 页。
② 赵统《学贯中西的历史学家王伊同》,载《江阴文史资料》1983 年第 4 辑。
③ 《邓嗣禹先生年谱初编》,载邓嗣禹、彭靖《家国万里:邓嗣禹的学术与人生》,上海人民出版社,2014 年,第 379 页。

第二章　中国史家客居美国前的求学及学术研究

董事汉福德·克劳弗德的资助,赴美留学。① 萧公权在注重"中学"学习之外,还被要求注意"西学"。1907 年,他的大伯父便为他聘请了一位教日文的和一位教英文的老师。1916 年,萧公权考入中国基督教青年会中学三年级;1918 年,他考入清华学校高等科三年级,两年后由清华学校选派赴美国留学。② 陈受颐于 1911 年入学广州基督教会设立的西学堂预科(即后来岭南大学前身)就读,后在岭南大学完成大学本科学业。③ 杨联陞接受私塾教育一直持续到十四五岁左右。1927 年进入志存中学补习班就读半年,后升入高中部。三年后,考入北平师大附中。在志存中学和师大附中,杨联陞开始接受新式教育。他在《追怀叶师公超》中就曾提到:"我的英文在志存初中、师大附中共修了六年。"④杨联陞在北师大附中毕业后,进入清华大学经济系就读。⑤ 何炳棣八岁时,其父才将他送至天津私立第一小学,后进入南开中学就读。在南开中学就读期间,因学潮事件被开除,他于 1933 年考入山东大学,一年后考入清华大学。值得一提的是,在何炳棣读小学五六年级时,他的父亲即让他下课后到一家孔庙后边的"夜校"学习英文。⑥ 王伊同自六岁起便入倡导新式教育的辅延小学就读,后升入南菁中学;中学毕业后,他于 1932 年考入金陵大学。由于自感该校不能满足自己的求知欲望,次年便转入另外一所教会大学燕京大学。⑦ 瞿同祖在辛亥革命后随祖父全家迁居上海,就读小学,后随叔父到北京居住,入读育英中学、汇文中学,1930 年中学毕业后以优异成绩保送燕京大学。⑧

通观这一代客居美国的中国史家之求学经历,颇异于当今时代的我

---

① 翁独健、王钟翰《洪业先生传略》,载《文献》1981 年第 4 期;亦可参见陈毓贤《洪业传》,北京:商务印书馆,2013 年。
② 萧公权《问学谏往录》,合肥:黄山书社,2007 年,第 15、28 页。
③ 吴相湘《陈受颐精研中西文化交流史实》,载《传记文学》1985 年第 46 卷第 6 期,第 10 页。
④ 杨联陞《追怀叶师公超》,载《传记文学》1982 年第 1 期。
⑤ 杨联陞在北师大附中的学业成绩非常优秀,以全校第九名的成绩毕业,并获得保送北师大及燕京大学的资格,但他却将眼光投向了清华和北大。当时,杨联陞同时报考了清华大学经济系和北大的国文系,这两所大学都录取他了,但由于清华早于北大发榜,加之其父(三伯父)认为他"所学失之太旧,不如经济切实",因而选择了清华经济系。
⑥ 何炳棣《读史阅世六十年》,桂林:广西师范大学出版社,2005 年,第 8 页。
⑦ 赵统《学贯中西的历史学家王伊同》,载《江阴文史资料》1983 年第 4 辑。另可参见燕京研究院编《燕京大学人物志》第 2 辑,北京大学出版社,2002 年。
⑧ 瞿同祖《我和社会史及法制史》,载张世林主编《学林春秋:著名学者自序集》,北京:中华书局,1998 年。

们,凸显出其时代印记。比如,萧公权、杨联陞、邓嗣禹等人在家长期接受私塾教育而至十四五岁甚至十七八岁,后来进入新式中学、大学就读。除此之外,他们的求学经历中还有以下三个方面尤为值得我们注意:

1. 多求学于教会所办学校

清末民初以来,伴随着科举制的废除和新式教育的兴起,外国教会基于传教之目的,开始在中国大力兴办学校。由于教会学校作为新式教育的一种,注重教授近代科学文化,有着相当高的教育水准,在当时吸引了不少官商等富家子弟前往报考就读。客居美国的中国史家中,即有相当一部分人的中学或大学就是在教会所办学校中度过。如前所述,萧公权在上海基督教青年会创办的青年会中学度过了3年,后考入清华学校高等科三年级;洪业在山东师范附属中学就读几年后,返回福州到美国卫理公会创办的鹤龄英华中学就读,毕业后赴美留学;陈受颐是在广州基督教会设立的西学堂预科完成其高中学业,后就读教会大学岭南大学;瞿同祖先后在美国基督教公理会创办的育英中学和美国基督教卫理公会创办的汇文中学完成了中学学业,后考入燕京大学就读。刘广京出生于名门望族之家,他是在一所基督教教会学校接受童年教育,成年后仍然温馨地回忆起当年就读的教会学校①;中学时代则是在福州的一所教会学校英华中学肄业。1938年,他随家人迁到香港,在香港圣公会办的拔萃书院插班读高中三年级,次年春季考上了香港大学。因为对抗战大后方的向往,他通过参加教育部在香港组织的统一招生考试,并以考试第一名的成绩前往昆明的西南联合大学就读。② 张仲礼在和安小学和南洋模范附属小学读完小学后,入读工部局育才公学③,毕业后考入美国圣公会在沪创办的圣约翰大学,后于1947年赴美留学。④ 思想在某种程度上是时代和环境的产物。这样的求学经历,无疑会给他们此后的学术人生打上烙印,这是我们在理解这批客居美国的中国史家之思想和心路历程时所不应忽视的。

---

① Kwang-Ching Liu. Edited by Yung-Fa Chen and Kuang-Che Pan, *China's Early Modernization and Reform Movement*, Taipei: Institute of Modern History, Academia Sinica, 2009, p.v.

② 苏云峰、刘广京《学人专访:刘广京院士》,载《汉学研究通讯》1982年第1卷4期。

③ 工部局育才公学,原名育才书社,英人嘉道理(Eills Kadoorie)1901年创办。1912年改为工部局育才公学。抗战胜利后,收归市立,改名育才中学。参见许晚成编《上海大中小学校调查录》,上海龙文书店,1935年;上海市教育科学研究所教育史志研究室编《上海市学校概况》,上海社会科学院出版社,1990年,第302页。

④ 张仲礼口述,施扣柱整理《我的学校生活与教研生涯》,载《史林》2004年增刊。

2.求学期间与实证主义史学家来往密切

这批客居美国的中国史家,大多来自于北京的燕京大学、清华大学和北京大学这三所大学。① 20世纪二三十年代,傅斯年、陈垣、陈寅恪、胡适、顾颉刚、雷海宗、钱穆、吕思勉、陶希圣等一大批史学名家几乎都汇聚于北京。当时的北京不仅是中国古老文明的中心,也是实证主义史学的中心。实证主义史学继承了乾嘉考据学者的优秀传统,同时又将其与来自西方的新方法结合起来。曾就读于北大的何兹全回忆说:"当时北大史学系的教授依学术思想渊源,大体可分为三个流派:一个是可由钱穆教授为代表的,以乾嘉为主导的学派,孟森、蒙文通教授可划在这一派里;一个是乾嘉加西方新史学的学派,以胡适、傅斯年教授为代表;一个是乾嘉加点辩证唯物论,这派的代表人物可以举出陶希圣。"②按照唐德刚的说法,实证主义史学即是他所说的"现代西方中国史学派"。他在"当代中国史学的三大主流"演讲中提出,中国史学有"中国传统史学""中国马克思主义史学"和"现代西方中国史学派"等三大主流流派;其中的"现代西方中国史学派",是由西方"汉学"的社会科学的发展而逐渐导引出来的中国史学现代化;他认为,"现代西方中国史学派"在五四时代已开始滋长,到30年代则是收获最丰盛的季节,在中国史学学术史上是个里程碑。③

正是在这样的学术环境和氛围中,这批客居美国的中国史家与实证主义史家有着密切的交流,深受实证主义史学的学术熏陶。杨联陞在就读清华大学期间,除经济系必修诸课外,所选多文史课:国文朱自清、通史秦汉史雷海宗、隋唐史陈寅恪、中国经济史陶希圣,亦曾选修或旁听俞平伯词、闻一多楚辞、张荫麟学术史、杨树达《说文解字》、唐兰古文字学、王力中国音韵学、张星烺中西交通史等,此外还有叶公超的英文,并随钱稻孙学习日语。④ 陶希圣曾回忆道:"我的课……在清华设在历史系,而杨联陞却是经

---

① 20世纪80年代初周一良到美国匹茨堡访学,老友王伊同教授向其详细介绍了几十年来中国文史学者在美国的情况。大体说来,以前燕京、清华、北大出身者多,近40年则几乎以台大出身者为主了。具体参见周一良《毕竟是书生》,北京十月文艺出版社,1998年,第92页。
② 何兹全著,潘雯瑾整理《何兹全学述》,杭州:浙江人民出版社,2000年,第14页。
③ 唐德刚《当代中国史学的三大主流》,载《传记文学》1987年第51卷第4期。
④ 杨联陞《杨联陞自传》,载杨联陞著,蒋力编《哈佛遗墨:杨联陞诗文简》,北京:商务印书馆,2004年。

济系生来选此课,由此自修且自成一家。"①在听课之外,杨联陞利用其他时间向这些老师讨教。他曾自言上陈寅恪的隋唐史课时之情形:"联陞于陈先生隋唐史课前,每得在教员休息室侍谈,课后往往步送先生回寓,亦曾造寓晋谒。"②七七事变爆发时,杨联陞已卒业,所以没有南迁。此时的他,曾晋谒因丧父而回北京奔丧守孝的陈寅恪③和仍坚守在辅仁大学任教的陈垣两先生。④ 邓嗣禹在燕京大学求学期间,与洪业、顾颉刚、邓之诚等有着非常密切的交往。1928 年至 1932 年期间,顾颉刚在日记中记述邓嗣禹到他家拜访了 20 多次;其中两次提到邓嗣禹选修他的课,尤其是在 1932 年 9 月 8 号的日记中特别提到邓嗣禹是九位选课者之一。⑤ 此外,顾颉刚在日记中还提到为邓嗣禹给蒋廷黻写信、宴请邓嗣禹等事情。⑥ 邓嗣禹晚年曾撰文生动描述邓之诚在燕京大学教他的情形:"先生博闻强识,治学谨严,对自己对学生都同样要求。先生讲课,条理清晰,娓娓动听,对每一历史事件,都能原原本本,究其消息盈虚,明其因果得失,剖析透彻,释疑解惑,发人深省之处尤多。"邓嗣禹一生都谨遵其导师的教诲:"做学问要老老实实,要脚踏实地地去做,不要弄虚作假,自欺欺人。……作为一个搞史学的人,必须具备两个条件:能读懂古书和能写好文章,两者缺一不可。"⑦刘广京在就读西南联大历史系期间,主要的老师是雷海宗和邵循正;"跟随雷海宗读中国史和西洋史,随邵先生读中国近代史,成绩也还不错,同时也旁听有关哲学、文学方面的课,像冯友兰、闻一多先生的课,也跟贺麟先生读哲学,因此对中国文化、文学也就更有兴趣了"。⑧ 1944 年 3 月

---

① 陶希圣《序》,Lien-sheng Yang, *Sinological Studies and Reviews*, Taipei:Shih-Hjo Publisher, 1982, p. vi.
② 关国煊《民国人物小传:杨联陞》,载《传记文学》2001 年第 79 卷第 4 期。
③ 七七事变爆发后,陈寅恪父亲陈三立(字伯严,号散原)因寇深,忧愤不食五日而死,年 86 岁,闻耗,杨联陞至北平城内陈师府上参拜太老师灵柩。同时,他晋谒了守丧在家的陈寅恪,这是杨联陞在国内晋谒陈师之最后一次,陈寅恪在满六七后便仓皇携眷逃离北平。具体可参见关国煊《民国人物小传:杨联陞》,载《传记文学》2001 年第 79 卷第 4 期。
④ 杨联陞《杨联陞自传》,载杨联陞著,蒋力编《哈佛遗墨:杨联陞诗文简》,北京:商务印书馆,2004 年,第 6 页。
⑤ 关于选课人数,顾颉刚分析认为"大约因予课太专门,又无兴趣之故。而时势之刺戟,使人不安于故纸堆之生涯,亦一大原因也",见《顾颉刚日记》卷二,北京:中华书局,2011 年,第 684 页。
⑥ 《顾颉刚日记》卷二,北京:中华书局,2011 年,第 513、724 页。
⑦ 邓嗣禹、周一良、王钟翰《邓之诚先生评传》,载邓珂编《邓之诚学术纪念文集》,北京大学出版社,1991 年,第 5—6 页。
⑧ 苏云峰、刘广京《学人专访:刘广京院士》,载《汉学研究通讯》1982 年第 1 卷第 4 期。

14日,杨联陞在致胡适的信中亦曾言道:"哈佛中国同学学历史的,又添了两位,都是联大来的。……一位刘广京君,从三年级转来,非常聪明,据说在联大有很多先生赏识他。我已经见过,实在不坏。"①

3.曾有过参与学运或饱受日侵之苦的特殊经历

20世纪三四十年代,正是日寇侵华,国难不息之时代,中国人饱受兵燹,备受日人蔑视与凌辱;与此同时,面对日人侵略,国内高校大学生奋起抗争,不仅发起学生运动,以示对国民党的妥协和消极抗日表示强烈抗议,还积极投身于抗日救亡运动的洪流之中。身处于这样的时代环境,每一个人自然都难以置身于事外。客居美国的中国史家中有些人就曾卷入过学运,甚至领导过要求抗日的学生运动。比如,刘广京因福州当地的一次内乱,被迫到香港寻求避难,作为高中生他对海外华人所遭受的经济剥削和政治歧视抱有强烈的同情;回到福州家乡后,他因受日本人的侵略刺激而加入爱国学生的行列,通过在福州周边的城镇演出"放下你们的鞭子"以宣传抗日。② 自九·一八事变之后,日本加紧了对华侵略步伐。到1935年,日本不但迫使国民政府签订了丧权辱国的"何梅协定",还积极策动"华北自治"。面对这一侵略行径,北平学界迅速行动起来。任清华学生会主席的杨联陞此时积极投身于抗日救亡运动,被公推为"北平学生联合会"主席。在清华中共地下党党员蒋南翔的建议下,杨于12月3日组织召开学生大会,大会做出"以全校全体同学名义通电全国,绝对否认假借民意之自治运动;反对任何脱离中央或类似之华北自治组织""联合北平市各大中学,向地方当局作一大规模之请愿运动""请愿案由'救国会'全权办理作证"等三项协议。12月9日,在救国会策划下,由清华学生发动,联合燕京等大学,爆发了一场大规模的学生请愿行动,这就是"一二·九运动"。之后,北平学生大规模罢课,又于一周之后进行了第二次请愿行动。面对学生运动的发展,学生内部逐渐出现分化。左派学生要求将运动进一步深入,主张持续罢课,同时计划新的请愿行动以迫使政府立即抗日,而右派学生及政府和学校则要求救国不忘读书,要求复课。两派斗争日益激烈,杨氏身处其间,常受梅贻琦校长指派对罢课学生进行劝服,左右为难。

---

① 胡适纪念馆编《论学谈诗二十年——胡适杨联陞往来书札》,合肥:安徽教育出版社,2001年,第43页。

② Kwang-Ching Liu. Edited by Yung-Fa Chen and Kuang-Che Pan, *China's Early Modernization and Reform Movement*, Taipei: Institute of Modern History, Academia Sinica, 2009.

到1936年初,面对遍及全国的学生运动,蒋介石召集各学校代表赴南京进行安抚活动,杨联陞也被要求参加,北平学联则要求他拒绝参加,甚至威胁要将南下代表驱逐出校。最终,杨联陞以母亲生病为由请假,暂离京城,避乱保定。从此,他视政治为畏途,终其一生,都尽力远离政治。但是,这并不意味着杨联陞爱国之心的泯灭,他只是将之与实际政治剥离开来。且不说早在九·一八事变时,他曾下决心全年不听戏,以示忧国之心;七七事变后,面对昔日老师、此时已掌伪北大的钱稻孙送来聘书,他坚决辞谢不就。①

即使像何炳棣这样极力避免参与政治之人亦卷入学生运动之中。早在就读南开中学期间,他被选为全高二级的出版委员。1932年秋,由于《南开双周》的文章内容越来越左,被中学部主任张彭春勒令停刊;由此,激起同学的公愤,对校方的命令表示强烈抗议。此次学潮中,有几十人被开除。何炳棣虽不过问《南开双周》编辑,并对《南开双周》内容之左不满,但因其是《南开双周》的第二资源编辑亦被开除。在就读清华期间,何炳棣更是专心于学业,力争考取公费赴美留学,但还是因反对清华学生会左派领导的请愿、罢课、罢考行为而与之产生冲突,最终被清华以违反校规记两大过。他曾在回忆录中说:"我在北平清华的三整学年(1934—1937)确是非常专心用功的三年;尽可能挖出自修的时间仍感不足,又怎愿分神于政治运动呢?在不满百年的人生中,但愿能有三四年短暂的机会完全钻进象牙之塔,却因国难之日益加深而无法全部实现。"②

这批客居美国的中国史家中,还有人目睹甚至亲身遭受过日本侵略者的欺凌。1937年夏,邓嗣禹接友人房兆楹电报,邀去美国国会图书馆编纂清代名人传记。由于此时邓嗣禹久病初愈,未遑筹办出国手续。至7月7日始乘车去天津请求护照,办理出国手续。然而,七七卢沟桥事变爆发,日军占据北平。邓嗣禹在《去国记》中,记述了抗战开始后他因搭船赴美需要,由故都绕道东北及日本,沿途所见及受日本军人暴虐的经过,这给他留下了难以忘怀的痛心和记忆。比如,他在8月4日记述道:"因当时想及海甸之惨杀,想及个人旅行之艰苦,想及日兵之凶残,想及前徒之荆棘,故热

---

① 杨联陞《杨联陞自传》,载杨联陞著,蒋力编《哈佛遗墨:杨联陞诗文简》,北京:商务印书馆,2004年;何炳棣《读史阅世六十年》,桂林:广西师范大学出版社,2005年。
② 何炳棣《读史阅世六十年》,桂林:广西师范大学出版社,2005年,第74页。

血沸腾,充满恐怖念头,辗转反侧,不能成眠。"8月12日抵达釜山时,轮船上的遭遇让他感受到"亡国之痛",并感慨:"此前在学校言爱国,不过人云亦云而已;余至此时,方知国之真正可爱也!"8月20日,在船上,"着睡衣后,去饭厅取水,忽闻'中国四处皆匪,中国无组织'之声,张目望之,正为一日人召集七八美国人,大事宣传,侮辱国,心中更觉不安。返室就寝,失眠"。① 1941年12月7日,日本海空兵偷袭珍珠港,太平洋战争爆发。曾因特殊政治地位而得以苟全的燕京大学,此时亦难以维持。12月8日凌晨,燕京大学即被日本侵略者封闭,洪业、刘子健等12位教授②和11名学生先后遭日本宪兵逮捕。半年后,洪业与邓之诚、陆志韦、赵紫宸、张东荪等五位教授于1942年仲夏始获释归。出狱后,他们仍受监视,直至日本投降,历时四年,衣粗食粝,拒绝为日伪工作。③ 侯仁之等其他六位教授及刘子健等学生则被判徒刑一年,缓刑三年,饱受折磨。侯仁之回忆道:"这三年是迄今为止我所经历的最为严重的人生考验的三年,磨难之深,甚于监禁。比之为人间炼狱的三年,或许也不为过。"④

这样的求学经历和人生遭遇,无疑会对其思想观念乃至学术研究产生深远的影响。洪业在撰著《杜甫:中国最伟大的诗人》一书的第七章"万国兵前草木风"时,一开篇即通过对11月16日诏书向四方传递速度的详细分析,论证了杜甫757年12月8日随驾返京的可能性。史学考证的能事已毕,他忽然笔锋一转,写道:"不,不能夺去杜甫的这段经历。就像写我们当代英雄乔纳森·温莱特将军令人崇敬的经历,而把他于1945年9月2日在东京湾'苏里'号上见证日本投降的经历抹杀掉一样。爱国精神是杜甫性格中杰出的一部分。在经受了这么多颠沛坎坷之后,757年12月8日这一天对杜甫来说一定终生难忘。我可以想象杜甫看到长安城前欢呼和哭泣的人群时是如何的喜不自禁,老泪纵横……我们完全可以说,长安光复之后的这几个月是我们诗人一生中最快乐的时光。唉!就是太短暂

---

① 邓嗣禹《去国记》,载《传记文学》第3卷第4、5期(1963年10、11月)及第4卷第1期(1964年1月)。
② 被日本宪兵收捕的12位教授分别是洪业、杜超杰、邓之诚、蔡一谔、张东荪、陆志韦、赵紫宸、刘豁轩、陈其田、林嘉通、侯仁之和赵承信。
③ 陈毓贤《洪业传》,北京:商务印书馆,2013年,第215—228页。
④ 侯仁之《怀念我师洪业教授》,载《侯仁之学术文化随笔》,北京:中国青年出版社,2001年,第202页。

了。"①洪业的考据名篇《破斧》,其结尾同样带有这种想象力和价值判断相结合的深长意味。在几乎"涸泽而渔"了汉人以降对《破斧》一诗长篇累牍的诂训义释之后,他笔峰一转,指出:"'我人'其所指者为那些亲朋戚好为国捐躯长逝而不返者矣。"因此,归来者"虽都庆幸东征的成功,也许还觉得成功的代价已太重了。如果《破斧》一诗可让我们这样地来解释,那么,作此诗之人,比曹松早了1900年,已感觉得:'一将功成万骨枯。'"②萨义德(Edward W. Said)曾言:"学术研究领域——即使最怪僻的艺术家的作品也同样如此——受制于社会,受制于文化传统,受制于现实情境。"③

第二节 中国史家客居美国前的学术研究

在客居美国之前,这批中国史家已开始从事学术研究,发表了不少研究成果,有的甚至已是国内知名的学者。在清华大学求学期间,杨联陞即已在陶希圣主办的《食货》半月刊发表《唐代高利贷及债务人的家庭连带责任》(1935年第1卷第5期)和《从四民月令所见到的汉代家族的生产》(1935年第1卷第6期)等两篇论文及书评《陈啸江〈西汉社会经济史研究〉的一斑》(1936年第4卷第6期),并在《清华学报》上发表《东汉的豪族》(1936年第11卷第4期)、《汉武帝始建年号时期之我见》(1937年第12卷第1期)、《中唐以后税制与南朝税制之关系》(1937年第12卷第3期)等论文④。1944年赴美留学之前,王伊同不仅发表了《五季兵祸辑录》(《史学年报》1936年第2卷第3期)、《前蜀疆域考》(《史学年报》1937年第2卷第4期)、《补魏志何晏传》(《史学年报》1939年第3卷第1期)等学术论文,还于1942年出版了被认为是研究魏晋南北朝史重要参考著作的《五朝门第》⑤。

洪业、萧公权、瞿同祖、陈受颐等人在客居美国前则已是学术名家,各

---

① 洪业著,曾祥波译《杜甫:中国最伟大的诗人》,上海古籍出版社,2011年,第116—117页。
② 洪业《破斧》,载《洪业论学集》,北京:中华书局,1981年,第375页。
③ [美]爱德华·W.萨义德,王宇根译《东方学》,北京:三联书店,1999年,第257页。
④ 《东汉的豪族》一文是在雷海宗秦汉史班指导下完成;《中唐以后税制与南朝税制之关系》一文系杨联陞毕业论文中之一章,至于论文主旨,则与陶希圣及鞠清远之著述大体相同,故未发表。杨的毕业论文是由陈寅恪指导,毕业论文题目为《从租庸调到两税法》。具体参见关国煊《民国人物小传:杨联陞》,载《传记文学》2001年第79卷第4期。
⑤ 王伊同《王伊同论文集》,台北:艺文印书馆,1988年。

自出版了在学界引起反响的学术论著。萧公权于1940年完成了后来被称为经典巨著的《中国政治思想史》①；瞿同祖先后出版了《中国封建社会》(1937年)和《中国法律与中国社会》(1947年)等著作②；洪业则发表了《考利玛窦的世界地图》(《禹贡》1936年第5卷第3、4合期)、《礼记引得序》(《史学年报》1936年第2卷第3期)、《春秋经传引得序》(《史学年报》1937年第2卷第4期)等体大思精的学术力作③；曾执教于岭南大学，后到北大任教，并担任历史系主任的陈受颐在《岭南学报》上先后发表《十八世纪欧洲文学里的赵氏孤儿》《鲁宾孙的中国文化观》《〈好逑传〉之最早的欧译》及《18世纪欧洲之中国园林》等多篇论文④。

众所周知，自20世纪初梁启超发出创新史学的呼吁以来，史学转型的大幕开启。伴随着新文化运动，在所谓国学问题的论辩中，中国史家"渐能脱除清代经师之旧染，有以合于今日史学之真谛"⑤，形成了将西方的实证史学与中国乾嘉学术传统相结合之风。到20世纪二三十年代，关于中国社会史的大讨论则促进了社会科学理论对史学的渗入。⑥ 正像林聪标主持1985年杨联陞在新亚书院的讲座时所说，"近代中国史学的研究是由乾嘉史学因缘发展而成，由札记考证、名物训诂而进以贯通史事，探究风俗典章，进而蔚为大观。但19、20世纪中西交通发达，西洋史学的绵延扩大由考古史者所发扬，每以博闻广问、记诵考索为根本，自不免与乾嘉以降的史法史识相互为用，而援引壮大。尤有进者，当代社会学、经济学之发达也直接塑造了民国以来史学研究的风尚"。⑦ 这批客居美国的中国史家，其求学时期正是中国新史学发轫并日渐兴盛之时。故此，他们的治史风格及取

---

① 萧公权《问学谏往录》，合肥：黄山书社，2007年，第15、28页。
② 瞿同祖《我和社会史及法制史》，载张世林主编《学林春秋：著名学者自序集》，北京：中华书局，1998年。
③ 洪业著《洪业论学集》，北京：中华书局，1981年。
④ 陈受颐《中欧文化交流史事论丛》，台北：商务印书馆，1970年。
⑤ 陈寅恪《陈垣元西域人华化考序》，载《陈寅恪史学论文选集》，上海古籍出版社，1992年，第506页。
⑥ 关于新史学可参见许冠三的《新史学九十年》(香港中文大学出版社，1986年；长沙：岳麓书社，2003年)、周予同的《五十年来中国之新史学》(朱维铮编《周予同经学史论著选集》增订本，上海人民出版社，1996年)、桑兵的《近代中国的新史学及其流变》(载《史学月刊》2007年第11期)、向燕南的《20世纪二三十年代中国新社会科学运动与史学发展的新境界》(载《江海学刊》2008年第3期)等。
⑦ 林聪标《迎杨联陞教授到新亚书院讲学》，载《中国文化中"报""保""包"之意义》，贵阳：贵州人民出版社，2009年，第58页。

向无疑深受这种新史学流派的影响和熏陶。

如前所述,杨联陞在清华求学期间不仅选修陈寅恪的隋唐史课程,还经常到教员休息室同陈寅恪侍谈,课后并步送陈回寓所,其毕业论文亦在陈的指导下写成。杨联陞对陈寅恪的学术研究给予至高评价。他在1944年给胡适的函札中曾说:"新近看寅恪先生的《唐代政治史述论稿》(刘广京带来的,1944年,商务)里边虽然只有三篇概论性的文章,可是非常之好。我觉得实在应该翻译,可惜没有人有功夫儿。越是概论,越得大师来写。"①在杨联陞一生的文字中,极少见对学者有"大师"称誉之处,尤其是在给胡适的信中称陈寅恪为"大师",更可见陈寅恪在杨联陞心中的重要意义。② 杨联陞自称:"联陞所学伤于芜杂,虽曾列先生讲席,至多勉强升堂,绝不敢称入室。"③但是,从论著中可看出杨联陞治学上与陈寅恪的内在联系。杨联陞的《东汉的豪族》是当代史学对中古门阀社会之渊源做出初步探索的名著,此文系最早指出东汉政权与豪族之关系的近代文字,熟悉陈寅恪极具典范的中古隋唐史论著的人,不难看到杨联陞这一取径含有受陈寅恪史学研究概念影响的痕迹。陈寅恪名著《隋唐制度渊源略论稿》和《唐代政治史述论稿》二书中就中古隋唐政权的社会基础,提出"关陇胡汉集团""山东士族""关中本位政策"等极具启发性的治史概念,至今仍是史学研究上的典范。两相比较,此际杨联陞受业于陈寅恪的"隋唐史"课程,他的这种社会史研究取径显有陈寅恪之风。④ 周一良也认为杨联陞治学深受陈寅恪之影响,并很好地发扬了陈寅恪先生的治史风格,"莲生的学问包括中国历史与语言两大方面。语言兼及古代和现代……他善于发现问题,从大处着眼,小处着手,由小以见大。论著每多创获,深得陈寅恪先生学风的三昧"。⑤

---

① 胡适纪念馆编《论学谈诗二十年——胡适杨联陞往来书札》,合肥:安徽教育出版社,2001年,第33页。

② 尽管后来陈、杨二人因政治动荡造成两人隔绝,但是杨联陞对于陈寅恪的学术著作仍保有强烈阅读兴致,如陈寅恪的《论再生缘》一书虽无缘在陈在世时于大陆出版,然杨联陞仍想透过李济关系要一本油印本来阅读,而在与胡适往来函札及杨联陞家书中更可看出杨联陞对陈寅恪的研究保持甚大的关心。

③ 杨联陞《追忆陈寅恪先生》,载杨联陞著,蒋力编《哈佛遗墨:杨联陞诗文简》,北京:商务印书馆,2004年,第37页。

④ 李显裕《博雅的通人:杨联陞史学精神再探》,载彭明辉、唐启华主编《东亚视角下的近代中国》,台北政治大学历史系,2006年,第212页。

⑤ 周一良《纪念杨联陞教授》,载周一良《书生本色》,北京大学出版社,2009年,第55页。

第二章　中国史家客居美国前的求学及学术研究

倡导社会的历史的方法研究古史的陶希圣亦对杨联陞有着重要的影响。陶希圣之所以倡导社会的历史方法，与20世纪二三十年代的中国社会史问题论战有关①，当时参与者中许多人存在以政治主张统驭历史的问题，因此他想要把"政争扭转到史学"，以专门讨论中国社会经济史。他说："我认为一个社会的发展有历史法则可以寻找出来，这一点是与考据学派大不相同的。我又认为历史的方法必须从史料里再产生，才是真确的。如果先搭一个架子，然后把一些史料拼进去，那就是公式主义，也就是错误的。这一点又与那些左派分子相反。为此创办这个半月刊（指《食货》），鼓励学生青年们搜集经济社会史料，并从史料中寻找历史法则。"②陶氏主张搜集史料，这与考据学派不同，他是主张引入各种社会科学方法，尤其是社会学、民族学等，以尽力扩充和整理史料，"我认为考据学只是一种方法，辩证哲学也只是一种思想方法。我的社会的历史的方法——即社会史观——自有其特殊来源，就是民族学（Ethnology）与社会学……这种方法所寻觅的史料是潜在与散在古代的神话、传说里，后世的小说、笔记里，乃至历史的正史里，一般历史学家遗漏的、弃置的、未曾留意的记录与事物。诗经所谓'中原有菽，庶民采之'。社会史学者只需放眼观察，放手采撷，到处都有，到处都是"。③ 陶希圣曾言："1930年代，国立北京大学的历史学，仍以考据学为正统。我讲中国社会史，还是左道旁门（Heresy）。"④然而，

---

① 20世纪二三十年代，随着革命运动的兴起与马克思主义在中国的传播，许多人对中国革命的性质及其前途感到困惑，出于对中国革命性质的认识，人们开始对中国社会性质问题进行分析和讨论，并吸引了许多人的关注与加入，终于形成了关于中国社会性质问题的论战。当时参与讨论的论战者们往往是把材料填入公式，流于空谈，从而失去学术论战的意义。陶希圣对此批评说："如果把方法当结论，虽不是机械主义，却易陷于公式主义。历史的研究必须顾到历史的事实。实验主义不尊重确定的理论或思想，公式主义不尊重事实或材料。"（李秉衡《方法与材料》，载《食货》半月刊1935年第9期。此段文字出自陶希圣在此文文本的附注。）郭沫若对此也有反思与自我剖白："我初期的研究方法，毫无讳言，是犯了公式主义的毛病。我是差不多死地把唯物主义的公式，往古代的资料上套，而我所据的资料，又是那么有问题的东西。"（郭沫若《海涛》，上海：新文艺出版社，1957年，第118页。）正是基于对此的反思与批判，陶希圣主张加强对史料的搜集与掌握，并创办《食货》杂志。

② 陶希圣《潮流与点滴》，台北：传记文学出版，1979年，第130页。

③ 陶希圣《序》，Lien-Sheng Yang, *Sinological Studies and Reviews*, Taipei: Shih-Hio Publisher, 1982, p.iv.

④ 陶希圣《序》，Lien-Sheng Yang, *Sinological Studies and Reviews*, Taipei: Shih-Hio Publisher, 1982, p.iii.

他的这一治学倾向吸引了许多青年学生的兴趣。①"在30年代,我使用这社会的历史的方法,从自由主义实证哲学与马克思主义辨证哲学两者之间,开拓一条路,执两端而用其中,不是弃两端而执其中。我看出这条路,指出其方向,一时引起北大、清华诸大学选课者、旁听者的兴趣,他们可以自由使用这种方法,自己选题材、作研究"②。杨联陞即是对此感兴趣的听课者之一,他在一篇纪念陈寅恪先生的文章中,先叙述了与陈先生的师生之缘,继而提到因为陶希圣的课而对社会经济史产生了兴趣,"又,当时同修陶希圣先生中国社会史课,上课亦在三院,亦每得晋谒于同一之教员休息室,陶师与《食货》诸君,对联陞皆有影响。经济史之转向,实发于此"③。我们从前述杨联陞在《食货》杂志所发表的学术论文即可看出他受陶氏社会经济史影响的痕迹。然而,杨联陞所承继于《食货》社会经济史学,不仅在确立社会经济史研究领域这一面向,同时复受陶希圣在《食货》中所提倡的"重视史料,亦不忽略理论"及主张以社会科学方法治史这种治学理念的影响。

由上可知,杨联陞在清华求学之时,一方面倾服于陈寅恪在隋唐史研究中展现的渊博的学识、精致的考证,并能以小见大的功力及眼界;另一方面,他又受到陶希圣社会经济史的影响与启发。两相结合,故而杨联陞早期治学的领域偏重于汉魏至隋唐时期的社会经济史研究。更为重要的是,杨联陞从陈、陶等诸师身上汲取养料,形成了自己独特的治学风格,即以训诂考证的微观和社会科学的宏观相结合,相互阐发,成训诂治史的会通之学。陶希圣曾对杨氏治学途径如是形容道:"他对于历史上若大若小的问题,无不可以提起其症结,作有系统的解析。中国古来有'杂家'。如秦之吕氏春秋,如西汉淮南子、东汉的申鉴与中论等,都有网罗百家学说而求其会通的著述。如今莲生教授自称杂家。我们要知道,他是博学多闻而自成

---

① 何兹全即是其中之一,他曾回忆说:"北大四年,予我影响最大之人莫过于陶希圣,他开的两门课:中国社会史、中国政治思想史,我都选修过;我治中国经济史,主要受他的影响。其次是胡适、傅斯年,再次是钱穆先生。"具体见何兹全著,潘雯瑾整理《何兹全学述》,杭州:浙江人民出版社,2000年,第15页。

② 陶希圣《序》,Lien-Sheng Yang, *Sinological Studies and Reviews*, Taipei: Shih-Hio Publisher, 1982, p.v.

③ 杨联陞《打像为誓小考》,载蒋力编《哈佛遗墨:杨联陞诗文简》,北京:商务印书馆,2004年,第39页。

一家言,转益多师而自成大师之中国历史学家。"①无可否认,杨联陞是在清华大学求学期间因受教于陈寅恪、陶希圣等诸师而形成了将训诂考证与社会科学取向相结合的治史风格。

何炳棣的治学则深受陈寅恪、蒋廷黻、雷海宗等学人的影响。他曾对20世纪30年代的清华历史系这样回忆道:"当时陈寅恪先生最精于考据,雷海宗先生注重大的综合,系主任蒋廷黻先生专攻中国近代外交史,考据与综合并重,更偏重综合。蒋先生认为治史必须兼通基本的社会科学,所以鼓励历史系的学生同时修读经济学概论、社会学原理、近代政治制度等课程。在历史的大领域内,他主张先读西洋史,采取西方史学方法和观点的长处,然后再分析综合中国历史上的大课题。回想起来,在30年代的中国,只有清华的历史系,才是历史与社会科学并重;历史之中西方史与中国史并重;中国史内考据与综合并重。"在清华历史系的诸师中,对何炳棣影响最大的是雷海宗,"回想起来,连自己都不能相信一生受雷师影响深且巨,而事实上只正式读过他的唯一一门必修的中国通史"。雷海宗的治史特点是:以一定的哲学观点来消化史料,解释历史;他强调真正的史学不是烦琐的考证或事实的堆砌,于事实之外须求道理,要对历史做深刻透彻的了解。有价值的史学著作应为科学、哲学和艺术的统一,要做审查、鉴别与整理材料的分析工作,以一贯的概念与理论来贯穿说明史实的综合工作,用艺术的手段以叙述历史的表现工作。② 何炳棣治史特点是"非一流的题目不做",注重应用社会科学方法进行研究,其研究具有宏观综合的视野。在汪荣祖看来,他的研究具有"老清华的特点",何炳棣自己亦认为:"回忆清华和联大的岁月,我最受益于雷师的是他想法之'大'。"③

自新文化运动以来,如何对待中国传统文献,在当时的中国学术界各种思潮勃兴,"或以复古为口号,或以疑古相标榜,或致力于传统本位文化之复兴,或倡导以西方新学对中国文化之改造,各张一帜,重镇并立,一时异彩纷呈"。④ 在胡适、傅斯年等人的倡导下,中国史学界开始运用现代科学方法对中国传统文化典籍加以整理。顾颉刚发起的"古史辨"运动,开

---

① 陶希圣《序》,Lien-Sheng Yang, *Sinological Studies and Reviews*, Taipei: Shih-Hio Publisher, 1982, p.iv.
② 王敦书《中西融汇、古今贯通的雷海宗》,载《世界历史》1995年第4期。
③ 何炳棣《读史阅世六十年》,桂林:广西师范大学出版社,2005年,第68、118页。
④ 王钟翰《王钟翰学述》,杭州:浙江人民出版社,1999年,第30页。

始以西方现代科学方法来更新自己的治学方法,用"历史演进方法"研究古代历史,使历史上已被遏抑的几次抨击伪书的运动复苏起来,掀起一个新的辨伪浪潮。洪业主持的引得编纂,实际是在进行传统学术的革命,亦是针对胡适提倡的"整理国故"运动的回应,"索引式的整理也成为多数学者公认的急务,是一种得以把'本国的一大堆材料安置在这新时代的科学上,而成就学问'的方法"。① 正如余英时所说,"在近代中国史学的发展历程上,顾先生和洪先生可以说是代表了史学现代化的第一代。尽管他们都继承了清代考证学的遗产,在史学观念上他们则已突破了传统的格局。最重要的是他们把古代一切圣经贤传都当作历史文献来处理"。② 无论是引得编纂还是其史学研究,洪业都主张将西方实证的史学方法和中国考据学综合运用到研究和教学中,突破了中国传统史学研究政治化的窠臼,倡导史学研究的科学化。③

彼时在燕京大学求学的邓嗣禹、王伊同等人,积极参与引得编纂,他们在编纂过程中对于中国传统史籍与西方科学方法的结合有了深入的了解和切身的感受。据侯仁之回忆,洪业常告诫学生:言必有据,引证的资料务要详注出处,引证的重要来源必须是原始资料;详尽地收集资料,并分析鉴别出其内在关系;要道前人所未道,言前人所未言。④ 洪业的另外一位得意弟子王钟翰亦回忆说:"回忆大学时对我影响最深的有两位老师:一位邓文如(之诚)先生……我最敬重的另一位老师就是洪业先生,洪师十分重视史学方法与引得编纂,强调五个 W,即研究任何历史问题必须从了解 who(人)、when(时)、where(地)、why(原因)与 how(过程如何)入手;只要从研究一个历史问题中抓住五个 W 的一个,发现问题分析问题,使问题得到合理的科学的解决,并写出心得,就是一篇好文章。"⑤受其影响,作为洪业弟子的邓嗣禹、王伊同等人在客居美国之前,其学术研究亦多注重围绕

---

① 顾颉刚《顾序》,载赵贞信编《封氏闻见记校证附引得》,北平:哈佛燕京社,1933 年,第 1 页。
② 余英时《顾颉刚、洪业与中国现代史学》,载余英时《余英时文集第五卷:现代学人与学术》,桂林:广西师范大学出版社,2006 年,第 391 页。
③ 陈建守《燕京大学与现代中国史学发展》,台湾师范大学历史学系,2009 年,第 148—149 页。
④ 侯仁之《怀念我师洪业教授》,载《侯仁之学术文化随笔》,北京:中国青年出版社,2001 年,第 194—195 页。
⑤ 王钟翰《我为什么专攻清史与满族史》,载《文史知识》1996 年第 12 期,第 4 页。

某一专题,穷尽史料然后进行系统分析。比如,邓嗣禹在燕京大学期间,主要研究领域为典章制度沿革史及文化史。他的《城隍考》,博采史传与方志,以此考察社会介仰之动态、民俗心理之向背;他的《中国考试制度史》,通过检索各种史籍,畅论千余年来中国文官进身之阶,科目之增减,乡、会、殿试之兴,荐举诠选之变,并进论其所以影响欧美考选者。邓嗣禹的《行省的意义与演变》,其第一步亦是搜集史料,然后对史料进行仔细的考证,接下来通过对该研究主题进行全面综合性研究以达到融会贯通。赴美前,王伊同亦主要治中古时期的政治制度史。他穷二年之力遍检300种参考文籍,撰著成名作《五朝门第》。这部著作通过对"门第"这一对六朝之社会、政治、经济、文化、思想有着重要关系问题的梳考,将士族的婚姻与仕宦的内在关系揭示出来,指出了权门世袭相沿、数世不替的缘由所在。

简而言之,客居美国的中国史家由于接受过长期的、系统的传统私塾教育,对中国的传统经典史籍有着亲切而深入的了解,故而其著述都力求详尽史料并长于史料考证。与此同时,他们的求学时期正是中国史学转型之时期,以西方历史研究的科学方法治史正蔚为成风。故此,他们的治史又具有浓厚的现代新史学痕迹,注重用科学之方法考订史料,并对史料进行比较分析综合,探求其背后的历史意义。

第三章
客居美国前中国史家对美国汉学的评价

在民国学者看来,肇始于19世纪中期来华传教士的美国汉学无法同法德日等国的汉学相提并论。20世纪20年代李思纯言道:"西人之治中国学者,英美不如德,德不如法。"①1940年,梁盛志亦如是言道:"美人之治汉学,视欧人为后进。"②虽然如此,美国汉学仍为民国学者所关注,夏德、劳费、魏特夫、德效骞、卡特、拉铁摩尔、卫德明、恒慕义、卜德、顾立雅(H.C.Creel)等人的论著即常被译刊③;美国汉学界稍有影响的汉学新著出

---

① 李思纯《与友论新诗书》,载《学衡》第19期,1923年7月。
② 梁盛志《外国汉学研究之检讨》,载《再建旬刊》第1卷第8期(1940年4月11日),第17页。
③ 仅目力所及,美国汉学家论著被译刊的即有:夏德的《中国罗盘针的故实》(汪馥泉译《青年界》1934年第5卷第1期)、《中国的罗盘针考》(蒋荫楼译《国立中山大学语言历史学研究所周刊》1928年第3卷第29期);劳费的《葡萄》(吴藻麒译《中国学报》1944年第1卷第6期)、《胡桃考》(吴祥麒译《科学时报》1946年第11卷第5期、6期);魏特夫的《中国阶级之史的考察》(《新生命》第2卷第8期,1929年)、《古代中国的政府与文学》(吴藻溪译《群众》1942年第7卷10期)、《商代卜辞中之气象纪录》(陈家芷译《大学》1942年第1卷第1、2期)、《中国经济史的基础和阶段》(冀筱泉译《食货》1937年第5卷第3期);德效骞的《中国语言之足用及中国无系统哲学之故》(张荫麟译《学衡》1929年第69期)、《古代中国伦理学上权力与自由之冲突》(梁敬钧译《国闻周报》1929年第6卷第44期);卡特的《中国印刷术源流史》(向达译《北平图书馆刊》1929年第2卷第2期)、《纸币印刷考》(戴裔煊译《现代史学》1933年第1卷第3、4期)、《中国印刷术发明述略》(张荫麟译《学衡》1926年第58期);拉铁摩尔的《汉人移殖东北之研究》(任美锷译《新亚细亚》1932年第4卷第5期)、《蒙古的王公、僧侣与平民阶级》(侯仁之译《禹贡半月刊》1935年第3卷第10期)、《蒙古的盟部与旗》(候仁之译《禹贡半月刊》1935年第3卷第6期);卫德明的《中国之史前史与原始史》(杨丙辰译《国民杂志》1943年第3卷第6、7卷》;恒慕义的《近百年来中国史学与古史辩》(郑德坤译《史学年报》1933年第1卷第5期)、《中国史学家研究中国古史的成绩》(王师韫译《语历所周刊》1929年第9卷第101期);卜德的《中国古钱与埃及蜣螂符》(李毓麟节译《山东图书馆季刊》1931年第1卷第1期);顾立雅的《述学:原道字与彝字之哲学意义》(吴宓译《学衡》1933年第79期)等。

版后,民国学者亦即撰著书评进行引介和评述。恒慕义主编的《清代名人传记》还在编纂时,《图书季刊》即刊载刘修业的《清代名人传记样本》一文,介绍编纂体例、进展等相关情况①。又如,卡特的《中国印刷术源流史》出版后,不仅《史学消息》刊载了有关此书的书讯和简介②,张其昌、邓嗣禹还撰写长篇书评进行评介③;富路德的《乾隆禁书考》甫一出版,雷海宗、郭佳斌等学者即撰写书评予以评述。④ 韦慕庭的《前汉奴隶制度》、卜德的《李斯传》、德效骞的《前汉书译注》、嘉德纳的《中国旧史学》、赖德烈的《中国史与文化》、梅谷的《满族统治中国的起源》等出版后,民国学者都对其撰有书评。

  值得注意的是,对美国汉学新著的书评多出自日后客居美国的中国史家之手。邓嗣禹在《图书评论》上刊发了长达20多页的书评,对卡特的《中国印刷术源流史》一书进行了非常翔实的评述;⑤王伊同在《史学年报》上刊有评述德效骞英译《前汉书》和卜德所著《李斯传》的长篇书评,其中评述德氏《前汉书译注》一书的书评长达44页;⑥杨联陞亦在《思想与时代月刊》刊文,评述富路德的《中华民族小史》和韦慕庭的《前汉奴隶制度》。⑦ 其他还有洪业在《史学消息》上撰文评述富路德的《乾隆禁书考》、朱士嘉在《史学年报》上发表评述嘉德纳《中国旧史学》的书评等。⑧

---

① 刘修业《清代名人传记样本》,载《图书季刊》1941年新第3卷,第1、2期合刊。
② 埋(等)《书报批评介绍:"中国印刷术之发明及其西传"》,载《史学消息》1936年第1卷第3期。
③ 邓嗣禹《中国印刷术之发明及其西传》,载《图书评论》1934年第2卷第11期;张其昌《书报春秋:中国印刷术之发明及其西渐;嘉德著》,载《新月》1933年第4卷第6期,90—95页。
④ 雷海宗《书评:The Literary Inquisition of Ch'ien-Lung, Luther Carrington Goodrich》,载《清华学报》1935年第10卷第4期;郭斌佳《书评:乾隆之禁书运动》,载《国立武汉大学文哲季刊》1936年第5卷第3期。
⑤ 邓嗣禹《中国印刷术之发明及其西传》,载《图书评论》1934年第2卷第11期。
⑥ 这两篇文章分别刊载于《史学年报》1938年第2卷第5期和1939年第3卷第1期。
⑦ 杨联陞《评韦尔柏〈前汉奴隶制度〉(书评)》,载《思想与时代月刊》1943年第28期;杨联陞《富路德,中华民族小史》书评,载《思想与时代月刊》1944年第36期。
⑧ 洪业《评古得林著乾隆书考》,载《史学消息》1937年第1卷第6期;陈受颐《费次者洛德的中国文化小史(书评)》,载《独立评论》1936年第189号;朱士嘉《中国旧史学》,载《史学年报》1938年第2卷第5期。

第一节　美国汉学研究存在的局限性

如果汉学研究者不通中文，不能阅读中籍，当然便无力作名副其实的汉学研究。故此，欧洲汉学界特别重视汉语言能力，将其视为是汉学研究人员的基本素养之一。1920年，师从伯希和从事东方语言和文化研究的俄籍汉学家叶理绥（Serge Elisseeff），在担任哈佛燕京学社社长时明确强调应按照法国汉学模式培养汉学研究人才，即"首先需要精通至少两种欧洲语言，然后学习难对付的古汉语，最后才能进行课题研究"①。1948年，高本汉（Bernhard Karlgren）偕同夫人游美国之时曾到布鲁克林学院讲演，他告诉学生：要研究中国文化，必须先学中文；而外国人之学习中文，应该先学文字，后学语言，先学文言，后学白话。② 与之相比较而言，美国汉学家的汉语言能力则显得薄弱。费正清曾回忆起20世纪30年代他在北京时的汉语能力，"我的汉语口语即将登上有能力同仆役、零售商人和宾客处理生活上紧要事务而交谈的高原，但还远远没有走近为理解某一专业术语而必须攀登的连绵不断的山峰，更不用说学者之间在旧式交谈中那些文学典故和不计其数的比兴语句了"。③ 拉铁摩尔也曾自述其在撰著《中国的亚洲内陆边疆》一书的汉语水平，"不过，显然还有许多准备工作要做。首先是学中国文字，我虽然会说中国话，却不能自由阅读。我所读过的，有许多还不能完全理解。尽管我脑子里装满了民间故事和传说，但不知道这些充满历史事件的中国传说究竟有没有正史的根据"。④ 在民国学者看来，美国汉学研究者的汉语言水平确实是不敢恭维。即便是在美国颇负盛誉的汉学家，民国学者也颇有微词。在邓嗣禹看来，著有《中国印刷术源流史》一书的卡特其遗憾之处仍在于未能精通汉文；⑤被认为美国学者中在中西

---

① [加]保罗·埃文斯著，陈同等译《费正清看中国》，上海人民出版社，1995年，第63页。
② 黎东方《平凡的我——黎东方回忆录1907—1998》，北京：中国工人出版社，2011年，第275页。
③ [美]费正清著，陆惠勤、陈祖怀、陈维益、宋瑜译《费正清对华回忆录》，上海知识出版社，1991年，第44页。
④ [美]拉铁摩尔著，唐晓峰译《中国的亚洲内陆边疆》，南京：江苏人民出版社，2005年，第2页。
⑤ 邓嗣禹《中国印刷术之发明及其西传》，载《图书评论》1934年第2卷第11期，第56页。

交通同物质文明的进展这一类杂学上最渊博的富路德①,在雷海宗看来"读中文的能力太差"②;让陈受颐难以理解的是,芝加哥大学的麦克耐尔(McNair)和斯坦福大学的屈理特(Treat),虽"不懂半只中国字却号称远东史教授"③。

由于美国汉学者的中文修养不够,故其在著述中,尤其是解释和译注史料时常存在误解误译,这给民国学者留下深刻的印象。德效骞翻译《前汉书》时,用 the world/the country/the empire 三词译"天下",但常存错译或不妥之处。例如,"天下同苦秦久矣","天下"译为"the world",实际上应译为"the country";"古之治天下"中的天下译为"the world",实应译为"the empire"等。故此,王伊同认为该译注"大抵译笔忠实,首尾贯穿,注疏精详,考证明确,贤乎时辈远矣",然仍"或出入原恉,且译工未细,或伤文气"。④ 韦慕庭在《前汉奴隶制度》一书中,将"金"译为"gold",如第 100 页"2000000 catties of gold"以及第 267 页"Kao-tsu offerd a thousand [catties of] gold as a reward for the capture of [Chi] Pu"。A Catty 多于一磅。聂崇岐在评价韦慕庭的《前汉奴隶制度》一书时如是评价道,论述部分"条理颇为清晰,论据亦多精到处,允称研究前汉奴隶制之良好著作"。然而,其后半部分"译文讹误甚多","仅就翻阅所及,略举第二编不妥处二十则,以见一斑"。⑤ 富路德在翻译"此辈在《明史》既不容阑入,若于我朝国史因其略有事迹列名叙传,竟与开国时范文程承平时李光地等之纯一无疵者毫无辨别,亦非所以昭褒贬之义"时,居然将"承平时"当成了清初的名臣之一。雷海宗讥讽道,"关于此点著者似乎颇费心力,因为后面有注解:'I cannot find this worthy's claim to fame recorded anywhere'也无足怪,因为'这位老先生'与他的'声名'都是著者自己的产物! ……Goodrich 先生读中文的能力太差,以致占本书四分之三篇幅的下部全不可用"⑥;郭斌佳对于富路德

---

① 杨联陞《富路德,中华民族小史(书评)》,载《思想与时代月刊》第 36 期,第 42 页。
② 雷海宗《书评:The Literary Inquisition of Ch'ien-Lung, Luther Carrington Goodrich》,载《清华学报》1935 年第 10 卷第 4 期,第 957 页。
③ 陈受颐《西洋汉学与中国文明》,载《独立评论》第 198 号,1936 年 4 月 26 日,第 11 页。
④ 王伊同《德氏前汉书译注订正》,载《史学年报》1938 年第 2 卷第 5 期,第 519 页。
⑤ 聂崇岐《Slavery in china during the former Han dynasty,206B. C-A. D.25》(书评),载《燕京学报》1946 年第 31 期,第 213—220 页。
⑥ 雷海宗《书评:The Literary Inquisition of Ch'ien-Lung, Luther Carrington Goodrich》,载《清华学报》1935 年第 10 卷第 4 期,第 957 页。

《乾隆禁书考》一书的史料译注部分评述道:"此当然为非常重要之部分,亦即作者费力最多之部分。吾人依次翻阅,觉作者治学之精神十分谨严,令人折服。惜作者对于利用中文材料,常有模糊影响,不能充分了解之苦。"①卡特的《中国印刷术源流史》一书,在张其昌看来"最可惜的是列用中文材料时,由于文字的不甚了解而有几处误译"②。夏鼐在阅读完劳费的《汉代的陶器》后感慨道:"氏为西方所崇拜之汉学大师,而此中汉译英之文句多不通句读,不解字义,西方汉学家多如此,又何足怪。"③

对美国汉学家的误译,民国学者多能以理解与宽容之态度视之。王伊同在评述卜德的著作时如是言道:"氏以西人,治汉学,文字转绕,尤异寻常。遗漏疏略,误译错解,属难尽免。"④雷海宗就富路德所存翻译错误时指出:"本来中国文字一向不加标点,国内读破万卷书的人也不敢自信对前代文字的句读有十稳的把握。"⑤杨联陞在评述韦慕庭的《前汉奴隶制度》时指出:"我们现在大学里的研究生,读古籍多少人能有这种成绩,实在很难说。我以为读古书要有翻译的精神,一字不可放过,在大学史学课程中,遇有重要而难读的史料,教授应当在课堂中与学生共同讲读,不可强不知以为知,囫囵混过。中国人写论文引中国书向来不翻译,实在作者读不懂所引的书,有时候真成问题,西洋人引中国书必须翻译,所以他们的学者读书有时候很细,倒是我们应该效法的。"⑥

如果说美国汉学家译注史籍时存在误译尚能理解;因中文能力所限而致材料搜集和材料审别都难以博雅,在民国学者看来不能不说是美国汉学的一大缺陷。"西文与汉语,性质悬殊,故彼等之通读汉籍,本非易事。欲其一目十行,渊贯经史,涉猎百家,旁通当代撰著,殊为奢望。"⑦朱士嘉如是批评嘉德纳的《中国旧史学》一书,专究史学却不及刘知几章学诚之作,

---

① 郭斌佳《书评:乾隆之禁书运动》,载《国立武汉大学文哲季刊》1936 年第 5 卷第 3 期,第 707 页。
② 张其昌《书报春秋:中国印刷术之发明及其西渐》,载《新月》1933 年第 4 卷第 6 期,第 17 页。
③ 夏鼐著《夏鼐日记》卷二,上海:华东师范大学出版社,2011 年,第 47 页。
④ 王伊同《书评:李斯传》,载《史学年报》1939 年第 3 卷第 1 期,第 129 页。
⑤ 雷海宗《书评:The Literary Inquisition of Ch'ien-Lung, Luther Carrington Goodrich》,载《清华学报》1935 年第 10 卷第 4 期,第 957 页。
⑥ 杨联陞《评韦尔柏〈前汉奴隶制度〉(书评)》,载《思想与时代月刊》1943 年第 28 期,第 51 页。
⑦ 梁盛志《外国汉学研究之检讨》,载《再建旬刊》1940 年第 1 卷第 9 期,第 24 页。

"全书材料大都取自泰西学者之论文,搜罗尚属详尽,惜于中国典籍,征引较少。顾中国典籍,浩如烟海,西洋学者难竭全力以事稽致,然于其最重要之著作,似亦不应忽略"。① 恒慕义主编的《清代名人传记》,在王重民看来"诚然很清晰,很有用,胜于 Giles 者不止倍蓰。可惜分纂诸君子未够高明,一则立传之人未有通盘计划,故有有传而不必传与当传而无传者;再则取材稍滥,欲为第一流著作,而采用三四流史料,是其可议处"。② 卡特的《中国印刷术源流史》,在邓嗣禹看来则"大体而论,似终不失为一巨著",但其"材料出处不明细、多用间接材料而不求原料以及材料搜罗诸多不备"等皆是可议之处。③ 陈恭禄亦认为,赖德烈的《中国史与文化》,"关于中国史料,著者虽在中国多年,但限于言语文字,殆不能多看。故所列举者,或不免于错误,或不免于疏漏"。④

在他们看来,美国汉学者的中国史知识并不深厚,故在他们的著述中常能找到知识性错误。例如,嘉德纳将普通尊称的夫子误以为是最高之官衔;⑤卡特将五代之国都误以为皆在西安,而北宋之国都在长安;⑥富路德将灭蜀的司马昭与篡位及平吴的司马炎两个人混为一个⑦;赖德烈关于宋代的几个历史学家与他们的作品皆没有认清,《资治通鉴》始于公元前5世纪末期而非4世纪初期,《通鉴外纪》的作者为刘恕并非司马光,范围到周为止,并非宋代。⑧ 此外,由于美国汉学家生活于全然别异之环境,仅凭其所具有的汉籍之部分知识或在华之一时见闻而欲论定千古,常如隔雾看花,难求其情真理得。赖德烈在书中怪孔子不懂幽默,不喜爱儿童,除对已死的母亲略有孝思之外并不尊重女性,连自己的妻子也不恭敬。这种说孔子不幽默的论调本身就非常幽默,等于说孔子不是20世

---

① 朱士嘉《中国旧史学》,载《史学年报》1938年第2卷第5期,第538页。
② 北京大学信息管理系、台北胡适纪念馆编《胡适王重民先生往来书信集》,北京:国家图书馆出版社、合肥:安徽教育出版社,2009年,第39页。
③ 邓嗣禹《中国印刷术之发明及其西传》,载《图书评论》1934年第2卷第11期,第52—53页。
④ 陈恭禄《评莱道内德(K. S. Latourette)著〈中国史与文化〉》,载《武大文哲季刊》1934年第3卷第2期,第411页。
⑤ 朱士嘉《中国旧史学》,载《史学年报》第2卷第5期,第539页。
⑥ 邓嗣禹《中国印刷术之发明及其西传》,载《图书评论》1934年第2卷第11期,第52页。
⑦ 杨联陞《富路德、中华民族小史》(书评),载《思想与时代月刊》1944年第36期,第42页。
⑧ 雷海宗《书评:Kenneth Scott Latourette, The Chinese, Their History and Culture》,载《清华学报》1935年第10卷第2期,第515—518页。

纪的美国人。① 魏特夫在《商代卜辞中的气象记录》一文中,根据其所选定的记有月份的 317 片卜辞,以统计方法得出"殷代气候稍为和暖"之结论。在董作宾看来,此结论甚不可靠,他认为要研究殷代气象问题,"第一,要深切地认识和了解甲骨文;第二,要能应用断代方法,精密地分析各时期的卜辞;第三,要彻底解决殷代历法的问题,以与现代测候作比较;第四,要从卜辞的字里行间,推寻卜者经验中表现出来的气象情况"②。费子智(C.P. Fitzgerald)将司马迁之周览天下山川为时代的风气而拟之于英国 18 世纪绅士阶级的大陆旅行、以匈奴为与后来入寇欧洲的匈族完全同族,乃至陈桥兵变中宋太祖全不知情,勉强以黄衣加太祖身上,则无疑是这位西洋老先生对中国历史的误解,以至被骗。③

第二节 美国汉学研究具有的可取性

如上所述,美国汉学固然存在不少缺陷,但在民国学者看来仍有可取之处。傅斯年曾言:"西洋人研究中国或牵连中国的事物,本来没有很多的成绩,因为他们读中国书不能亲切,认中国事实不能严辨,所以关于一切文字审求、文籍考订、史事辨别等,在他们永远一筹莫展,但他们却有些地方比我们范围来得宽些。我们中国人多是不会解决史籍上的四裔问题的。"④陈受颐如是指出:"外国人习中国史,自然有许多隔膜,然同时也有占便宜的地方。习见习闻的事件,有时不易吸引注意;'旁观者清',不特处世如是,做学问亦然。西洋汉学家不受中国传统学问的牢笼,把中国史看作东亚史的一部分,每每有簇新的见解,正是超于象外而得其环中。"⑤邓嗣禹则撰文呼吁:"以前有不少老先生觉得中国学问,精深奥妙,绝非外国人所能窥测。所谓'桐阳子苦读四十年,始略窥墨学门径'。到现在,中国学术的确已世界化了,汉学中心林立,所发表的研究作品,不能

---

① 雷海宗《书评:Kenneth Scott Latourette, The Chinese, Their History and Culture》,载《清华学报》1935 年第 10 卷第 2 期,第 515—518 页。
② 董作宾《书评:魏特夫,商代卜辞中的气象纪录》,载《华西协合大学中国文化研究所集刊》1943 年第 3 卷第 1 期,第 87—88 页。
③ 陈受颐《费次洛德的中国文化小史(书评)》,载《独立评论》1936 年第 189 号,第 19 页。
④ 王汎森、潘光哲、吴政上主编《傅斯年遗札》(卷一),台湾"中央"研究院历史语言研究所,2011 年,第 250 页。
⑤ 陈受颐《费次者洛德的中国文化小史(书评)》,载《独立评论》1936 年第 189 号,第 19 页。

说全没有贡献。"①在民国学者看来,美国汉学有以下可取之处:

1. 公开合作之精神

中国传统学人治学,多喜欢个人专研而不愿以团队之形式进行合作研究。梁盛志这样批评道,"国人治学多冥往孤索,耻言求助于人,硕学畸士,欲以其著述期知已于后世,而不愿以干当代公卿,忍资料之缺乏,受社会之冷遇,而不以为异。即或求助友生,多为研究方法范围之相近者,奖借之益,多于切磋,精神之交,过于物质。"②然而,美国汉学界的风气迥异,他们特别注重团队之合作。美国学者柔克义(William W. Rockhill)就曾与在哥伦比亚大学执掌丁龙讲座的夏德合译赵汝适的《诸蕃志》;德效骞译《前汉书》时,不仅得中国学者潘、崔、任三君佐之,而且还得荷兰汉学家戴闻达及龙彼得(Piet van der Loon)为之修正;被称之为"美国汉学进步最明显证据"的《清代名人传记》,则是在洛克菲勒基金会资助之下,由恒慕义召集来自中国、日本及美国的50位学者耗费8年时间完成;魏特夫主持的中国社会史资料搜译,其辽代部分由其与冯家升合作完成、两汉部分由瞿同祖和王毓铨负责、清代部分由房兆楹、杜联喆负责。此外,如学术刊物之合编,资料之展览、学术之集会、论文之宣读,研究报告之发表,皆公开合作精神之表现。

美国汉学界注重团队合作研究,固然是因为美国汉学基础薄弱,但这种合作研究方式确是推动了美国的汉学研究,保证了美国汉学著述的质量。杨联陞在评价德效骞主持的《前汉书》译注时就言道:"由于在翻译中,德效骞有潘碌基作为合作者,又得戴闻达(J. J. L. Duyvendak)和龙彼得的仔细核对,其结果是使这本译注成为高度可信赖的中文文献译本。"③恒慕义主编的《清代名人传记》,亦因得到中国学者的帮助与合作,成为在学界颇受赞誉的著作。正如费正清所说,所有美国学者的贡献都远远逊于恒慕义请来的两位高级助理——房兆楹、杜联喆(夫妇),他们"按照恒慕义博士的编辑宗旨编纂出版了关于中国的最重要外文著作"。④ 正

---

① 邓嗣禹《北大舌耕回忆录》,载冯尔康、郑克晟编《郑天挺学记》,北京:三联书店,1991年,第137—138页。
② 梁盛志《外国汉学研究之检讨》,载《再建旬刊》1940年第1卷第8期,第19—20页。
③ L. S. Y. "Reviewed work(s): The History of the Former Han Dynasty by Pan Ku; Homer H. Dubs; P'an Lo-chi", *Harvard Journal of Asiatic Studies*, Vol. 19, No. 3/4(Dec., 1956), p.437.
④ [美]费正清著,陆惠勤等译《费正清对华回忆录》,上海知识出版社,1991年,第399页。

因为如此,胡适在致王重民的信中如是解释他高度称赞恒慕义主编的《清代名人传记》之原因,"我若不说几句公道的赞扬的话,将来作书评的人必将吹毛求疵,以抑人为高。如此则八九年苦功将受埋没了。以后谁还敢花十几亿金元,召集四五十学人来做这种学术合作呢?"①杨联陞在致胡适的信中亦言道:"我觉得中国的史学界需要热诚的合作跟公正的批评。到现在为止,多数的史学同志,似乎偏于闭门造车。谁在那儿研究什么,别人简直不清楚。我觉得:①各校的史学系主任,应该常常通讯。至少每校请一位教授专门担任通讯联络;②应当常常交换教授跟研究人员,至少作短期访问讲演;③应当分区组织史学会,常常开会讨论学术。研究生均得参加,本科生须成绩优异者始得参加,以为鼓励;④史学界应该合力整理并发表史料,搜访并保存史迹;⑤出版一个像"史学评论"一类的杂志,特别注重批评介绍;⑥史学界应当合力编辑丛书,如剑桥、牛津所出的各种历史大系,每册由几个人合写或一个人专写都可以,请几位学界前辈认真主编;⑦史学界应当合力编辑工具书,如国史大辞典,中国经济史大辞典之类。"②梁盛志公开呼吁中国学术界急需合作之精神,"以学问为天下公器,识个人能力之分际,虚心坦怀,为合理之分工合作。求国际之协助,集海内之英俊,分门别目,共争上流"③。

2. 新颖之视角和方法

由于美国学者身处中国之外,不受中国固有文化传统之束缚,加之常与西方相比较或采用新的视角和方法,故在解释中国历史文化时常有迥异于中国学者之处,颇多新颖之观点和见解。陈恭禄在评述赖德烈的《中国史与文化》一书时即言道:"吾人叙述史迹,常或易为古人成见与史论所拘,著者身为外人,论断往往出于比较研究之所得,结论虽或不同于吾人,常有深切考虑之价值。"④其上册末言中国所受地理上之影响中多警切之论,"据著者意见,山川形势不宜于统一,而已往之历史,政治上文化上统一者,多由于人力,其时期长于罗马、西班牙帝国。南北因气候土壤植物之不

---

① 北京大学信息管理系、台北胡适纪念馆编《胡适王重民先生往来书信集》,合肥:安徽教育出版社,2009年,第81页。
② 胡适纪念馆编《论学谈诗二十年——胡适杨联陞往来书札》,合肥:安徽教育出版社,2001年,第71—72页。
③ 梁盛志《外国汉学研究之检讨》,载《再建旬刊》1940年第1卷第8期,第26页。
④ 陈恭禄《评莱道内德(K. S. Latourette)著〈中国史与文化〉》,载《武大文哲季刊》1934年第3卷第2期,第413页。

同,生活迥异,人民多以耕种为业,而人口有增无已可耕之地有限,此为中国穷贫之要因"。① 费子智的《中国文化小史》一书,尽量利用西史作比较,比如谈到先秦诸子便比较古希腊的哲人时代,讲五胡乱华便比较西洋上古末叶日耳曼诸族之南徙等。在陈受颐看来,"虽然不得完全吻合,也可以增加不少的趣味和读者的了解力"。② 富路德的《乾隆禁书考》一书,在雷海宗看来其中不乏"有几点很动人的见解"。例如,乾隆时代的中国已经安定,不似以前对清政府那样反抗,按理不必有严厉的文字检查;但实际上乾隆时代对于文字的摧残较比清初要严重不知多少倍。富路德对此解释认为根本的原因是心理的。大清在此时由外表看来虽然极盛,实际这是衰落时期的开始,满人下意识中感觉到这一点,所以对汉族愈发畏忌,因而更加紧地压迫。雷海宗认为,"这虽是难以证明或否证的说法,仍不失为一个很有兴趣并很合情理的解释"。③ 拉铁摩尔的《中国的亚洲内陆边疆》,以地理环境解释经济状况及社会组织,更以经济社会情形来解释中国与边疆的关系史。在夏鼐看来,"虽其解释有时不免勉强一点,颇值得一读"④。

民国学者在肯定美国汉学因新视角或新方法而提出的新颖见解之同时,亦对没有史实根据或盲目采用新方法所得出的新颖观点持警惕和批判之态度。陈受颐在评论费子智的《中国文化小史》中富有趣味的见解时指出:"然而见解到底不是空洞的东西,他不能不以史实为根据。"⑤王伊同则在评述德效骞的《前汉书》译注后直言不讳指出:"方今以汉学家自命者,间或学殖荒芜,而抵掌空谈。傥籍氏书,而怀乎学问广大,非侈谈方法者所克奏功;然后追踪前贤,潜心研读;相互砥砺,奋志发扬。则德氏之功不朽矣。"⑥

3.重视组织结构与系统性

邓嗣禹曾这样批评中国学者的著述,"尝见国人著述,旧派多獭祭为书,新派多章节连篇,令人读完之后,非感茫无断限,则觉漫无连贯;而考证

---

① 陈恭禄《评莱道内德(K. S. Latourette)著〈中国史与文化〉》,载《武大文哲季刊》1934年第3卷第2期,第413页。
② 陈受颐《费次者洛德的中国文化小史(书评)》,载《独立评论》1936年第189号,第19页。
③ 雷海宗《书评:The Literary Inquisition of Ch'ien-Lung, Luther Carrington Goodrich》,载《清华学报》1935年第10卷第4期,第954—955页。
④ 夏鼐著《夏鼐日记》(卷三),上海:华东师范大学出版社,2011年,第153页。
⑤ 陈受颐《费次者洛德的中国文化小史(书评)》,载《独立评论》1936年第189号,第19页。
⑥ 王伊同《德氏前汉书译注订正》,载《史学年报》1938年第2卷第5期,第519页。

文章之艰涩枯燥,尤可畏也"①。然而,美国汉学家在组织结构的安排方面极为注意,这亦给民国学者留下深刻印象。卡特的《中国印刷术源流史》之长,"首在组织与结构,实为吾人所当学步"。其书"固皆出之于考证,乃其行文,竟若遇之于无形。其结构或组织,仿佛小说。方其首述背景之时,已将结果暗示。……顾其结构之起伏无常,虽似小说,而其行文之谨严不苟,则又异于小说,求之于国人著述,似尚难得"②。赖德烈的《中国史与文化》,"著者对于组织殆费心思,取料亦颇慎重",故方能"叙述上古史迹,迄于现时,综合政治上、学术上、艺术上等等之发展,成一有统系之著作","就吾国史籍而言,著作家用科学方法编著此类书籍尚可一读者,尚不甚多"。③ 富路德能够在短短230页的篇幅中完整展现一部真实而富动感的中华民族文明发展史,在胡适看来主要在于"熟练且技艺高超的总括性概述",尤其是"坚决而几乎是冷酷无情地去除朝代和政治史,以便留出充足的空间突出有关中国人生活的物质、技术、社会、思想、艺术、宗教等方面发展的故事"。④ 韦慕庭的《前汉奴隶制度》,就汉代奴隶的来源、买卖、地位、数量及其生产进行论述。在聂崇岐看来:"条理颇为清晰","带给我们迄今为止关于这一主题最为全面而透彻的研究"。⑤ 即使是受到陈受颐严厉批评的费子智之《中国文化小史》,在雷海宗看来其组织结构及系统性方面亦有可取之处,"在这样一部短小的书中,这种分段分题的方法大致可称恰当。……三四千年间的主要线索都能指出,使前此对中国全不明了的人也可得一个整个的印象。一本小书能做到这种地步,也就算很满人意了"⑥。

4.冷僻领域和材料之注意

传统中国学者"自昔侧重经史,而忽视杂书。以治史言,喜究朝章国故,而忽视民间生活。至于四夷会同,海外贸易,宗教变迁,奇技淫巧,则鄙

---

① 邓嗣禹《中国印刷术之发明及其西传》,载《图书评论》1934年第2卷第11期,第40页。
② 邓嗣禹《中国印刷术之发明及其西传》,载《图书评论》1934年第2卷第11期,第40页。
③ 陈恭禄《评莱道内德(K. S. Latourette)著〈中国史与文化〉》,载《武大文哲季刊》1934年第3卷第2期,第412页。
④ Hu Shih, "Review A Short History of the Chinese People. By L. Carrington Goodrich", *Pacific Affairs*, Vol. 17, No. 2(Jun., 1944), p.225.
⑤ 聂崇岐《书评:Slavery in China During the Former Han Dynasty, 206B. C. -A. D. 25》,载《燕京学报》1946年第31期,第213页。
⑥ 雷海宗《书评:China: A Short Cultural History》,载《清华学报》1936年第11卷第4期,第1181页。

不足道焉"①。然而,外人之治汉学者则一反其道,他们注重与其有关的中国边疆四夷、中西文明交通等多为国内研究者所忽视之领域。民国学者对此方面的著述尤为关注,并颇多赞赏。富路德的《中华民族小史》,被民国学者认为是"所有用欧洲语言出版的中国史著作中最优秀的一本,相信这本著作中的一些特色将使关注这本著作的中国史家从中获益",因为"整本著作将其重点放在了中华民族与外部更广阔世界之间的历史关系、东西间的文化思想交流等方面,这些有关中国史的全球性一面经常为中国史家所忽略或者没有足够充分的对待"。②卡特的《中国印刷术源流史》"从许多向来不为前人注意的材料中——如印章,摹写,纸牌,释道的典籍等——寻出个很清晰的系统来"③。恒慕义主编的《清代名人传记》,在王重民看来至少有一大优点,即"清代是与欧美交通的时代,还有一部分史料是外国人用外国文字记下来的。我国的学者,许多没有治外国文字的机会,便把这部分史料忽视了。如明清之间的天主教士,在台湾与郑成功争雄的荷兰商人,鸦片战争前后的东印度公司人与基督教的传教士,帮助太平天国与帮助扑灭太平天国的西洋人,对于中国人士都有很深的接触,都有详细的记载。这部传记把这些材料尽量使用了"④。

简而言之,面对域外汉学著述,这些民国学人并未嗤之以鼻,亦未顶礼膜拜、丧失批判反思的能力,而是坚持一种批判研究的态度,在充分注意其局限之同时,尽可能挖掘有助于中国学术发展的可取之处。事实上,对域外研究中国学问的著述展开批评,应是中国学人的职责所在。正如梁容若在20世纪30年代所说:"研究中国历史文化的学术,如果脱离中国人的阅读批评,自成一个世界,实在是最畸形的事!对于我们也是很可耻的事!以历史为生命的中华民族,是不应该懒惰到有如此'雅量'的。"⑤正是因为将对域外汉学著述的评议视为一种应尽的职责,民国学人不仅对域外汉学保持密切的关注,还积极撰著书评予以评述,这或许就是民国学术呈现活跃之景象并取得令人瞩目之成就的原因所在。

---

① 梁盛志《外国汉学研究之检讨》,载《再建旬刊》1940年第1卷第9期,第19页。
② Hu Shih, "Review A Short History of the Chinese People. By L. Carrington Goodrich", *Pacific Affairs*, Vol. 17, No. 2(Jun., 1944), p.225.
③ 张其昌《书报春秋:中国印刷术发明及其西渐》,载《新月》1933年第4卷第6期,第15页。
④ 王重民《书评:清代名人》,载《图书季刊》1944年新第5卷第1期,第60页。
⑤ 梁容若《中日文化交流史论》,北京:商务印书馆,1985年,第85页。

第四章
客居美国前中国史家与美国汉学家的交游

"由于美国在东亚的政治、商业和文化使命以及这一地区所发生的事件,已经使美国与东亚的关系日渐紧密。"①自 20 世纪二三十年代以来,美国学术团体理事会、太平洋学会、社会科学研究委员会、哈佛燕京学社以及洛克菲勒基金会等机构和组织开始资助从事汉学研究的研究生或年轻学人来华学习或访学。哈佛燕京学社自 1928 年成立后,派遣赴华留学的研究生及学者即有魏鲁男(James Roland Ware)、舒斯特(Carl Schuster)、毕乃德、施维许(Earl Swisher)、顾立雅、卜德、戴德华、西克门(Laurence Sickman)、嘉德纳、芮沃寿(Arthur F. Wright)、饶大卫(David Nelson Rowe)、倪维森(David Shepherd Nivison)等,这些以汉学研究为专业的研究生或学人先后来华进行为期两三年的学习或不定期研究。② 除他们之外,恒慕义、孙念礼(Nanc Lee Swann)、富路德、费正清、拉铁摩尔(Owen Lattimore)、韦慕庭、毕格(Cyrus H. Peake)、宾板桥(Woodbridge Bingham)、柯睿格(Edward A. Kracke)、嘉德纳、柯立夫(Francis W. Cleaves)、芮玛丽(Mary C. Wright)等亦通过其他途径来华访学或进修。留学回国后,他们对在华的这段留学生活充满了美好回忆。毕乃德晚年回忆道:"北京的时光真是美好。我们随时向中国学者请教,翻阅各类参考书和档案文献,练习从华文

---

① Kenneth Scott Latourette, "Far Eastern Studies in the United States: Retrospect and Prospect", *The Far Eastern Quarterly*, Vol. 15, No. 1(Nov., 1955), p.5.

② 关于哈佛燕京学社的历史和汉学贡献,可参见张寄谦《哈佛燕京学社》,载《近代史研究》1990 年第 5 期;陶飞亚、梁元生《〈哈佛燕京学社〉补正》,载《历史研究》1999 年第 6 期;樊书华《燕京大学与哈佛——燕京学社的建立》,载《美国研究》1999 年第 1 期;张凤《哈佛燕京学社 75 年的汉学贡献》,载《文史哲》2004 年第 3 期。

学校学来的口语,游览各种宫殿、庙宇、书店、市场,在城墙上漫步,到西山远足,偶然还去北京之外的地方参观。"①卜德则因这段生活将中国称之为"曾经是现在也是我们许多人的初恋"②。

第一节 美国汉学留学生与中国史家的结识

年轻的美国汉学留学生初入中国时,多是住在北京的华语学校。③ 费正清抵达北京后即是先入华文学校学习,一年后方在北京租房子④;毕乃德、孙念礼、韦慕庭、富路德、卜德等人也皆在华语学校居住过。究其原因,一方面是因为这所学校"专为教授西人华语",另一方面则因为这里大多是美国人,加之住宿方便舒适,因此很多美国人到北京后乐意居此。在华语学校教授过的冯友兰曾回忆道:"华语学校是美国人为在北京的外国人(其中多数是美国人)学习中文而办的一个机构","名义上叫学校,其实是可以长期居住的旅馆。初到北京的外国人,住进去,比住在北京饭店便宜,没有自己租房子的麻烦,而且这里还设有学习班,可以学习中文"。⑤ 当然,也有如嘉德纳这样的美国学人,家境富裕,来华后全家居住在北平南池子,并请周一良帮他看中文书、日文书。⑥

在加紧学习中文的同时,他们彼此之间亦因此而熟识。韦慕庭就此言道:"在那里,我们和许多未来的中国问题学者变得熟悉起来——宾板桥、顾立雅、拉铁摩尔、卜德、西克曼、卡特思、戴德华、毕格和几个像柯乐博(Edmund Clubb)、戴维斯(John Paton Davies)和谢伟思(John Service)等年轻的外交文职官员。"⑦这主要源于他们居住在一起,并常举行聚会。德国汉学家傅吾康(Wolfgang Franke)曾于1937年至1950年期间在北京生活,

---

① Sherman Cochran and Charles A. Peterson, "Knight Biggerstaff(1906-2001)", *The Journal of Asian Studies*, Vol.60, No.3(Aug., 2001), p.934.
② [美]保罗·柯文、默尔·戈德曼主编,朱政惠、陈雁、张晓阳译《费正清的中国世界:同时代人的回忆》,上海:东方出版中心,2000年,第10页。
③ 有关华语学校的具体情况,可参见李孝迁的《域外汉学与中国现代史学》(上海古籍出版社,2014年)之第七章"北京华文学校"。
④ [美]费正清著,陆惠勤等译《费正清对华回忆录》,上海知识出版社,1991年,第168页。
⑤ 冯友兰《三松堂自序》,北京:人民出版社,2008年,第58页。
⑥ 杨联陞著,蒋力编《哈佛遗墨》,北京:商务印书馆,2004年,第51—53页。
⑦ [美]保罗·柯文、默尔·戈德曼主编,朱政惠、陈雁、张晓阳译《费正清的中国世界:同时代人的回忆》,上海:东方出版中心,2000年,第12页。

他在自传中就提到:"大概是紧接着叶理绥教授的访问以后,逐渐地来了许多美国汉学家,特别是从哈佛大学到北京来做研究的人,我有时能碰到他们。第一个出现的是负责继续清理钢和泰遗产的柯立夫。接着来了嘉德纳、柯睿格、顾立雅等人。1939年,嘉德纳常常邀请所有汉学家包括在北京的汉学家到他家里去,每月一次,所以大家能够碰面。"①

除了彼此之间的交游外,他们最为重要的是与中国学人的结识。为此,他们想方设法通过各种渠道或途径同中国学人建立联系。费正清通过其岳父卡侬博士,得以结识胡适、陶孟和等中国学人。正如他自己在回忆中所说,到中国后不久,"我有幸拜会了学术界的领袖人物。我未来的岳父卡侬博士写信把我介绍给他所认识的北京协和医学院的生理学家。1932年5月10日,他的介绍有了效果,他的熟人邀请我到东兴楼饭庄会见一些我应当认识的名人。我发现,在座间等候我的人们中多半都是中国问题研究方面的精英。他们中有胡适、陶孟和、丁文江"②。顾立雅在北京留学期间曾与众多中国学者有着学术联系和交往,他之所以能够结识这么多中国一流的学者,主要是依靠梅光迪的介绍和推荐。1929年博士毕业后,顾立雅曾任伦巴德(Lombard)大学英文及心理学助教授,因偶然机遇与在芝加哥自然科学博物馆任职的德籍汉学家劳费博士相识。由于他的推荐,顾立雅获得美国学术团体联合会的奖学金,于1930—1932年入哈佛大学进修,从梅光迪学习中文,开始研读中国古籍。顾立雅晚年回忆说:"刚到哈佛时,我期盼跟随梅先生学习中国传统学问,但他当时并没有注意到我,第一个月的课让我仿佛坠入云雾中。一个月结束后,他对我说:'很好,你能坚持下来,现在让我们开始学习。'在接下来的两年中,在他的指导下,我阅读了大量文献,速度之快让我筋疲力尽。"③在哈佛进修期间,顾立雅撰写了《孔子与荀子》《孔子是不可知论者吗?》二文,发表时他特别说明梅光迪曾通读初稿并帮助疏通字句。④ 此后,两人一直保持着密切联系。1932年,顾立雅前往中国,梅光迪不仅到上海迎接,还将他介绍给南京的朋友;当顾

---

① [德]傅吾康《为中国着迷:一位汉学家的自传》,北京:社会科学文献出版社,2013年,第94—95页。
② [美]费正清著,黎鸣、贾玉文等译《费正清自传》,天津人民出版社,1993年,第56页。
③ H. G. Creel, "On the Birth of *The Birth of China*", *Early China*, 12(1985-1987), p.2.
④ H. G. Creel, "Confucius and Hsun-Tzu", *Journal of the American Oriental Society*, Vol. 51, No. 1(Mar., 1931), p.23; H. G. Creel, "Was Confcius Agnostic?", *T'oung Pao*, Second Series, Vol. 29, No. 1/3(1932), p.55.

立雅北上时,梅又帮忙写介绍信。正是得益于此,顾立雅才能迅速与北平的学术界取得联系。他在专门为梅光迪逝世而撰的纪念文章中这样写道:"1932年我到中国时,他带着家小从南京到上海来迎接,同我在海船上晤面,后又介绍我认识许多南京的学者,并写了好几封信给我,使我有机会同北平的大儒见面。"①还有部分美国汉学留学生则通过毕士博(Carl Whiting Bishop)的介绍同中国学人结识。韦慕庭曾言:"毕士博是我们中一些人的良师益友,在他那里有师大、清华、燕京等学校一些可敬的中国教职员的朋友,我们中的有些人开始认识他们。"②基于哈佛大学与燕京大学的合作关系,这批汉学留学生更多的是通过在燕京大学任教的美国学者而得以结识中国学人。顾颉刚在日记中,多次提及在燕京大学执教的博晨光(Lucius Chapin Porter)③携年轻美国留学生来访。例如,1933年2月9日,"博晨光偕卜德来访";1935年7月21日,"博晨光偕魏戴二西人来,谈中国古史。今日来客:George E. Taylor(戴德华),Dr. K. A. Wittvugel(研究中国经济史者,德人),均住华语学校"。④

在20世纪二三十年代,饭局是当时中国学人社交的重要场所。顾立雅回忆说:"那时中国学者们常在饭馆聚会,有些教授甚至将一半的薪水用于宴请,我几乎每周都受到邀请。这类聚会一般四个小时,八个人左右,很少超过12个人,大家围坐在一张大圆桌边,边吃边聊。参加的人有历史学家、考古学家、文字学家、艺术史家、文献学家,偶尔也有一两位诗人。他们的闲谈实际上都是学术讨论,语速很快,常常一语双关,远处的人只能听到不时发出的笑声。"⑤事实上,饭局亦是美国来华汉学留学生与中国学人相识和交流之重要场合。顾立雅和卜德同杨树达的相识,即是源于饭局。杨树达在1934年9月7日的日记中写道:"刘子植(节)招饮。遇美国人顾立

---

① 顾立雅《梅迪生——君子儒》,载《思想与时代》1948年第46期,第11页。
② [美]保罗·柯文、默尔·戈德曼主编,朱政惠、陈雁、张晓阳译《费正清的中国世界:同时代人的回忆》,上海:东方出版中心,2000年,第12页。
③ 博晨光(1880—1958),出生于天津,其父是公理会来华传教士。在山东德州度过童年后,返回美国接受高等教育。1909年至1918年在通州华北协和大学任教;此后长期在燕京大学教授中国哲学直至1949年。他自1928年哈佛燕京学社建立起即担任干事,至1939年。博晨光在中国工作生活长达40年之久,其间结识了众多中国学者。有关其生平详见燕京研究院编《燕京大学人物志》第一辑,第236—237页,2001年。
④ 顾颉刚《顾颉刚日记》卷3,北京:中华书局,2011年,第13、369页。
⑤ H. G. Creel, "On the Birth of *The Birth of China*", *Early China*, 12(1985-1987), p.3.

雅,能操中语。"① 1934年12月2日的日记中又记有:"燕京大学研究生美国人卜德招饮。同座除冯芝生、许地山、吴宇僧诸君外,有美国人福开森。"② 顾颉刚的日记中,则有更多美国汉学留学生参加中国学人宴请或招饮中国学人的记录,兹择摘几条如下:

  1932年1月1日 今午同席:富路德夫妇 吴文藻夫妇 予夫妇(以上客) 施美士夫妇及其长女主。
  1932年7月14日 今晚同席:富路德 予 宋(以上客)煨莲主。
  1932年7月17日 今午同席:富路德 施美士 洪业 容希白(以上客) 予主。
  1934年3月8日 到希白家吃饭,十一时半归。今午同席:X. Sickman H. S. Creel 张东荪 容希白 予(以上客) 博晨光主。
  1934年5月18日 开哈燕社同学会。……今午同席:Sichman Bodde Creel 亮丞 文如 煨莲 希白 东荪 予 博晨光(以上客),司徒雷登。
  1935年7月13日 今午同席:顾立雅夫妇 寇恩慈女士 煨莲 予 元胎 八爱以上客 希白夫妇主。
  1936年5月31日 今午同席:毕乃德夫妇 博晨光 海松芬 容八爱 谢强 李瑞德夫妇(先行) 薛瀛伯 起潜叔 卜德 朱士嘉 予(以上客) 邓嗣禹(主)。
  1936年6月11日 到西裱褙胡同卜德家吃饭。十时辞出。……今晚同席:福开森 汤用彤 张亮丞 袁同礼 尚有美国人二 予(以上客) 卜德(主)。
  1937年3月26日 今午同席 魏道明 富路德 卜德 鞠清远 马乘风 方志淲 予(以上客) 魏特夫(主)。
  1937年5月30日 到西大陆春赴卜德宴。……今午又同席:芝生 亮丞 汤用彤 佟晶心 罗文达 尚有西人二人 王

---

① 杨树达《积微翁回忆录》,北京大学出版社,2007年,第61页。
② 杨树达《积微翁回忆录》,北京大学出版社,2007年,第64页。

继曾　王君　予(以上客)　卜德(主)。

　　1937年6月16日　到同和居宴客,九时散。……今夜同席:魏特夫夫妇　卜德　刘寿民　汪叔棣　同杲　张铨　林卓园　连士升(以上客)　予(主)。①

需要说明的是,这种餐会在燕京大学尤其频繁,这与其独特的校园文化有关。据吴其玉回忆,燕大教师之间形成了一种定期的交流会,其做法是"把校内的教职员分为若干组,用希腊文字母 Alpha、Beta、Gamma……来命名,每组八人左右,即一桌能坐下的人数。每月聚餐一次,轮流备餐。餐后由一位教师用半小时到一小时的时间报告他或她最近研究的题材及其进度等。一般用英语做报告,但加入与否听便。我记得我所加入的那一组有洪业先生(历史)、博爱理女士(生物)、窦威廉先生(化学)、侯树彤先生(经济)等"②。钱穆曾如是指出:"燕大在课外之师生集会则最多。北大最少,师生间仅有私人接触,无团体交际。"③何炳棣也曾回忆道:"自课业观点看,燕京研究院的一年成绩远远不能令人满意,但课外与洪业、邓文如、齐思和系中三师以及政治系主任吴其玉博士多度谈话,都增广见识,获益匪浅。由于教授并不终日坐守办公室,研究生可趋教授寓所就教,不时且承留饭。"④不管其原因如何,燕大的这种校园文化无疑有利于美国来华汉学留学生与中国学人的交流。正是借助饭局,许多来华的汉学留学生与中国学人相识、相熟。

第二节　美国汉学留学生在华期间的学术研究

美国汉学留学生来华后,除了听燕大教师授课外,他们还到北京其他地方听中国知名学者的讲演。冯友兰在回忆录中言及此事:"有一个荷兰裔的美国人卜德在燕京大学做研究生,来清华听我的课。"⑤海伦·斯诺曾生

---

① 顾颉刚《顾颉刚日记》,北京:中华书局,2011年,卷2,第597、662、663页;卷3,第167、190、366、480、484、623、647—648页。
② 陈远《燕京大学》,杭州:浙江人民出版社,2013年,第92—93页。
③ 钱穆《八十忆双亲　师友杂忆》,北京:三联书店,2005年,第153页。
④ 何炳棣《读史阅世六十年》,桂林:广西师范大学出版社,2005年,第128页。
⑤ 冯友兰《三松堂自序》,北京:人民出版社,2008年,第198页。

动地描述她和卜德等其他五位美国来华留学生到北京各地听中国名家讲座的情形:"我们搬到了海淀,正好赶上我注册参加燕京大学1934—1935年学年的学习。燕京还有五名外国学生。一名是卜德,后来他成了宾夕法尼亚大学的汉学权威。……我们还骑车到附近的清华大学去听冯友兰讲授《中国哲学史》,后来卜德翻译了他写的关于这个问题的一本书。即使在寒风呼啸的日子里,风雪与黄沙使我们睁不开眼,但我们还是骑五英里路的自行车,到北京城里去听苏体山讲授的佛教与道教的专题课,他是这类学科的最好的中国学者。"①

对于二三十年代来华的汉学留学生们来说,北京无疑是理想之地。这里不仅集中有陈垣、陈寅恪、胡适、冯友兰、顾颉刚、汤用彤、洪业、钱穆等一流学者,北京各大图书馆及各类旧书肆也提供了其他地方难以企及的学术资源。钱穆回忆说:"北平如一书海,游其中,诚亦人生一乐事。至少自明清以来,游此书海者,已不知若干人。"②顾颉刚在说明自己为什么一定要在北京时说道:"只因北京的学问空气较为浓厚,旧书和古物荟萃于此,要研究中国历史上的问题这确是最适宜的居住地;并且各方面的专家唯有在北京还能找到,要质疑请益也方便。"③简而言之,北京是一个令人振奋的学习和研究中心。这里不仅有丰富的资料,还可随时随地向中国史家请益。顾立雅回忆说:"每当我遇到一个无法解决的问题时,我便立刻骑上自行车,去找对此问题最有发言权的中国学者,只需一杯茶的工夫,我的问题就迎刃而解了。"④

由于北京有着如此优越的学术资源,美国汉学留学生来北京之后,都致力于各自的课题研究。毕乃德曾言道:"20世纪30年代,对一群精力充沛的西方青年学者包括费正清来说,北京是个令人振奋的学习和研究中心。当时那些西方青年在这里学习汉语,熟悉中国人的生活,并致力于各自课题的研究。"⑤孙念礼于1925年来华留学,1928年回国时即已完成其博士论文《班昭传》;富路德于1930年来北京进修,1932年留学期满返回美国时完成了以《乾隆禁书考》为题的博士论文初稿,后于1934年获得哥

---

① [美]海伦·斯诺著,华谊译《旅华岁月》,北京:世界知识出版社,1985年,第122页。
② 钱穆著《八十忆双亲 师友杂忆》,北京:三联书店,2005年,第181页。
③ 顾颉刚《自序》,《古史辨》第一册,北平:北平朴社,1926年,第56页。
④ H. G. Creel, "On the Birth of *The Birth of China*", *Early China*, 12(1985-1987), p.3.
⑤ Sherman Cochran and Charles A. Peterson, "Knight Biggerstaff(1906-2001)", *The Journal of Asian Studies*, Vol. 60, No. 3(Aug., 2001), p.934.

伦比亚大学博士学位;魏鲁男于1929年来华进修,1932年回国后以英译《魏书·释老志》一文获得哈佛大学博士学位;卜德于1931年来华留学至1937年,当其于1938年返回荷兰时即以《李斯传:从李斯的一生研究秦代》获得莱顿大学博士学位;柯睿格于1936至1940年在华留学,1941年他便以《宋初的荐举保任制度》获得哈佛大学博士学位。

　　基于良好的机缘,部分美国汉学留学生在留学期间还从事其他研究课题。出于"向西方学者初步介绍中国研究领域最为重要的参考书"之目的①,毕乃德在华留学期间与刚从燕京大学历史系毕业留校任讲师的邓嗣禹合作,编撰了《中国参考书目解题》一书。从事中文著述的英译是卜德在北京6年留学期间的一项主要学术研究工作,记录北京岁时风物民俗的专书《燕京岁时记》即是由其英译并于1936年出版;同时,他还完成了冯友兰《中国哲学史》上册的英译。冯友兰在回忆录中详细描述了卜德英译其著的缘起和过程:"我在清华讲中国哲学史的时候,有一个荷兰裔的美国人布德(Derk Bodde)在燕京大学做研究生,来清华听我的课。那时候,中国哲学史上册,已经由神州国光社出版。布德用英文翻译我的《中国哲学史》,请我看他的翻译稿子。到1935年左右,他把上册都译完了。那时候,有一个法国人Henri Vetch,在北京饭店开了一个贩卖西方新书的书店,名叫法国书店。他听到布德有一部稿子,提议由他用法文书店的名义在北京出版。布德和我同意了,他拿去于1937年出版。"②恒慕义于1924—1927年来华留学进修,此时恰是古史辨运动成为中国学界关注的热点话题之时。因此,与顾颉刚结识并译介《古史辨》成为恒慕义在北京进修期间主要从事的学术活动之一。当《古史辨》第一册于1926年6月甫一问世,同年11月恒慕义即在《中国科学美术杂志》第5卷第5期上撰文予以介绍;③读完第一册的自序后,恒慕义"觉得它是现代中国学者的工作及态度的最好介绍,中国文化革新的各大问题,西洋科学方法的运用及本国固有成绩的继续,无不叙述尽致"④,于是他决心将此自序译成英文。对此,《顾

---

　　① Ssu-yu Teng and Knight Biggerstaff, *An Annotated Bibliography of Selected Chinese Reference Works*, Peiping: The Harard-Yenching Institute, Yenching University, 1936, p.iii.
　　② 冯友兰《三松堂自序》,北京:人民出版社,2008年,第198—199页。
　　③ Arthur W. Hummel, "Ku Shih Pien (Discussions in Ancient Chinese History) Volume One", *China Journal of Science and Arts*, Vol.V, No. 5 (Nov., 1926), pp.247-249.
　　④ Arthur W. Hummel, "Introduction", *The Autobiography of a Chinese Historian: Being the Preface to a Symposium on Ancient Chinese History*, Leyden: E. J. Brill, 1931, p.v.

顾颉刚日记》中有记述。1926年7月13日,"恒慕义先生欲以英文为余译《古史辨》序,日来又为余译《秦汉统一》一文,西洋人方面亦渐知予矣"①。在北京留学期间(1932—1936),顾立雅因梅光迪的引荐而结识董作宾、李济、梁思永等学者,从而得以多次前往安阳等考古挖掘现场考察。夏鼐在日记中记述了1935年5月2日顾立雅到安阳考古现场的参观考察:"今日有一外国人H. G. Creel偕妻来参观,这个人名很有趣,自译'顾立雅',我们把他译音成'狗的牙'。下午梁先生正与他谈得起劲,《民声日报》记者聂某来访,不出见,记者大哗,几乎成为僵局,幸亏刘照林君在侧解围。"②借此机缘,他在北京进修期间完成并出版了《中国之诞生》这一重要英文著作。

这些来华留学的美国汉学生,还将相关学术论文投书于期刊。在1928—1931年和1934—1936年两次来华进修期间,毕乃德先后在北京、天津出版的英文刊物上发表了《同文馆考》《崇厚使团访法》《中国常驻外交使团的建立》等论文③;费正清在留学期间将其博士论文中的部分章节以单篇的形式刊发于北京和天津的英文学术刊物上④;卜德在留学期间撰有《〈论语〉中使人困惑的一句》一文刊发于《美国东方学会学报》⑤;顾立雅在北京期间发表了几篇英文论文,其中最值得关注的是发表于《华裔学志》第1期上的《商代青铜器制作和装饰的起源》。在这篇文章中,他用大量的考古资料证明商代青铜器制和装饰基本上利用的是本土资源,而非众多海外学者所认为的是从西方传入。⑥ 恒慕义在留学期间曾为顾颉刚英译《秦汉统一的由来及战国人对于世界的想象》,并为顾氏在华语学校代读论文。顾颉刚在1926年7月12日的日记中记述道:"到华文学校,备演

---

① 顾颉刚《顾颉刚日记》卷1,北京:中华书局,2011年,第768页。
② 夏鼐《夏鼐日记》卷1,上海:华东师范大学出版社,2009年,第318页。
③ 这三篇论文分别刊载于《中国社会及政治学报》1934年第18卷第3期、《南开社会经济季刊》1935年第8卷第3期、《中国社会及政治学报》1936年第20卷第1期。
④ 具体情况如下:《1853—1854年上海的临时体制》分上、下篇刊于《中国社会及政治学报》1935年第18卷第4期和1935年第19卷第1期,《上海税务司的建立》刊于《中国社会及政治学报》1936年第19卷第4期和1936年第20卷第1期,《1854—1855年对外国税务司职位的界定》则刊于《南开社会经济季刊》1936年第9卷第1期。
⑤ Derk Bodde, "A Perplexing Passage in the Confucian Analects", *Journal of the American Oriental Society*, Vol. 53, No. 4(Dec., 1933).
⑥ H. G. Creel, "On the Origins of the Manufacture and Decoration of Bronze in the Shang Period", *Monumenta Serica*, Vol. 1, No. 1(1935).

讲质询。……余前作《秦汉统一的由来及战国人对于世界的想象》一文,承恒慕义先生完全译出,代予诵之。予往,备听者质询耳。"①另外,他还与冯友兰合作翻译王国维1926年7月26日到华文学校的讲演稿《中国历代之尺度》(英译稿发表于《皇家亚洲文会北中国支会会报》)。②特别值得一提的是,卜德和顾立雅在留学期间还撰有中文论文。卜德撰的《左传与国语》一文,刊于《燕京学报》第16期(1934年12月);顾立雅则撰有《原道字与彝字之哲学意义》和《释天》两篇中文论文,分别刊载于《学衡》第79期(1933年)和《燕京学报》第18期(1935年)。

  美国汉学留学生在华留学期间所取得的这些学术成果,在美国学界受到关注和好评。顾立雅的《中国之诞生》于1936年出版后,《美国东方学会学报》《英国皇家亚洲学会学报》《美国人类学》等众多学术期刊都刊发了有关该书的书评③。美国汉学家施赖奥克(John K. Shryock)赞扬顾立雅"用最新的考古文献描绘了上古中国的文化史,为汉学界提供了最新的信息",同时由于"该书写得平实有趣,没有太多专业术语,也非常适合普通读者"。④ 毕士博称赞此书是"迄今西方对于青铜时代中国最好和最完整的描述"⑤。孙念礼的《班昭传》于1932年在美国出版后,受到汉学界的欢迎。恒慕义在书评中写道:"该书向我们展示了中国古代一位才女的创作,并生动描绘了她那个时代的社会和思想状况。"⑥施赖奥克则如是评价:

---

① 顾颉刚《顾颉刚日记》卷1,北京:中华书局,2011年,第767页。
② Wang Kuo-wei," Chinese Foot-Measures of the Past Nineteen Centuries",translated by Arthur W. Hummel and Fung Yu-lan, *Journal of the North China Branch of the Royal Asiatic Society*, Vol. 59 (1928), p.111.
③ John K. Shryock,"The Birth of China by H. G. Creel", *Journal of the American Oriental Society*, Vol. 57, No. 3(Sept., 1937), p.348; Eduard Erkes," The Birth of China by H. G. Creel", *Artibus Asiae*, Vol. 7, No. 1/4(1937), pp.250-254; P. M. Roxby," The Birth of China by H. G. Creel", *International Affairs*, Vol. 16, No. 4(Jul., 1937), pp.646-647; W. Perceval Yetts,"The Birth of China by H. G. Creel", *Journal of the Royal Asiatic Society of Great Britain and Ireland*, No. 4(Oct., 1937), pp.684-686; Theodore D. McCown," The Birth of China by H. G. Creel", *American Anthropologist*, New Series, Vol. 40, No. 1(Jan.-Mar., 1938), pp.160-162.
④ John K. Shryock,"The Birth of China by H. G. Creel", *Journal of the American Oriental Society*, Vol. 57, No. 3(Sept., 1937), p.348.
⑤ Carl W. Bishop," Introduction", *The Birth of China*, New York:John Day, 1936, p.9.
⑥ Arthur W. Hummel," Pan Chao by Nancy Lee Swann", *The American Historical Review*, Vol. 38, No. 3(Apr., 1933), p.562.

"这不仅是作者本人的荣耀,亦是美国汉学的荣耀。"①富路德的《乾隆禁书考》于1935年出版后,《美国东方学会杂志》称富路德的《乾隆禁书考》"证据充分完备,具有很强的学术性,展现了作者的声誉。对于中国和相关文明研究来说,它确立了一个高标准"②。卜德的博士论文《李斯传》出版后,引起德效骞的关注,他认为卜德的研究拨开了历史迷雾,重塑了李斯形象,堪称佳作。③ 他英译的《中国哲学史》同样获得好评,魏特夫在书评中评价道:"西方学术界应感谢卜德博士准确的英译。他所提供的注释、索引以及参考书目是不可或缺的,它们对阅读正文起到了很好的帮助作用。"④

就美国汉学留学生在华期间的学术著述而言,美国汉学界和中国学界的评价并不相一致。如前所述,美国汉学留学生在华期间的著述颇受美国汉学界的赞赏;然而,在中国学者看来,他们的这些著述并不令人满意。孙念礼的《班昭传》出版后,齐思和认为"全书大体考证精密,议论平允,足征作者于汉学造诣之深及其用力之勤。现今西人研究汉学风气多注重上古与近世,两汉之史,治者尚少,作者自谓本书所论,多系未经前人探讨之新域,自西洋汉学言之,固非夸语也。"接着,齐客气地称"亦惟以此故,琐小疏失,亦不能免",他在书评中详细列举了孙念礼在著述中存在未能网罗《幽通赋注》等史料以及谓班昭"为中国唯一帝庭女史家,不知女史之职,由来已久"等知识性错讹。⑤ 对于富路德的《乾隆禁书考》一书,郭斌佳这样评述道:"吾人依次翻阅,觉作者治学之精神十分谨严,令人折服。惜作者对于利用中文材料,常有模糊影响,不能充分了解之苦。"⑥雷海宗对富路德《乾隆禁书考》一书的批评则较郭更为尖锐,他认为此书的上部"综合整理近年来各方面研究的结果,虽没有许多新的贡献,尚可一读","但Goodrich先生读中文的能力太差,以致占本书四分之三篇幅的下部全不可

---

① J. K. Shryock, "Review of Pan Chao, Foremost Woman Scholar of China", *Journal of the American Oriental Society*, Vol. 53, No. 1(Mar., 1933), p.91.
② Carroll B. Malone, Review The Literary Inquisition of Ch'ien-Lung by Luther Carrington Goodrich, *Journal of the American Oriental Society*, Vol. 55, No. 4(Dec., 1935), pp.477-479.
③ Homer H. Dubs, "Review of China's First Unifier", *The American Historical Review*, Vol. 44, No. 3(Apr., 1939), p.640.
④ Karl A. Wittfogel, "Review of A History of Chinese Philosophy", *Pacific Affairs*, Vol. 14, No. 4(Dec., 1941), p.483.
⑤ 齐思和《评〈班昭传〉》,载《燕京学报》第22期(1937年),第315—317页。
⑥ 郭斌佳《书评:乾隆之禁书运动》,载《国立武汉大学文哲季刊》1936年第5卷第3期,第707页。

用。中国人无须去用,不识中文的西洋人若去应用就要吃大亏"。① 卜德的博士论文《李斯传》出版后,燕京大学历史系毕业的王伊同撰写有长篇书评,他在肯定了卜德选择秦代进行研究的眼光和所做贡献后,对李斯的政术是异儒而类法等观点提出了商榷,并指出该书在翻译方面存在诸多不妥之处。②

民国学界与美国汉学界对美国来华汉学留学生著述的评价之所以存在差异,与彼时的美国汉学仍处在叶理绥所说的"荒村"不无关系。创刊于1936年的《哈佛亚洲学报》,常将中国史家的中文论著译成英文后刊载于其中,如陈寅恪的《韩愈与唐代小说》和《顺宗实录与续玄怪录》③、顾颉刚的《明代文字狱祸考略》、冯友兰的《朱熹的哲学思想》等。事实上,遍览20世纪40年代《哈佛亚洲学报》所刊发的文章,其作者多系客居美国的民国学人。从1936年至1950年,《哈佛亚洲学报》共刊发了92篇关于汉学方面的学术论文,其中有近45篇是陈寅恪、顾颉刚、冯友兰、汤用彤等人的论著译文或是由杨联陞、朱士嘉、邓嗣禹、郑德坤、吴光清、裘开明、洪业、赵元任、黄延毓、姚善友、房兆楹、王毓铨等客居美国的民国学人所撰。正是由于美国汉学研究处于开创发展阶段,汉学学术积淀不足,故此来华汉学留学生所撰之著,在美国汉学界看来多属开创之作;加之,他们在中国史家的指点和帮助之下,其著述所引用的中文史料较美国其他汉学者丰富。如此,他们的著述被认为是出色之作,大受美国汉学界肯定和赞誉。与之不同的是,中国的汉学研究积淀深厚,其学术水准与美国汉学界大不相同。所以,他们在对美国汉学家著述的某些方面予以肯定之同时,更多的是指其所存在的问题。

第三节　中国史家对美国汉学留学生的帮助

在与美国来华留学生结识之后,民国学人在生活上给予了他们诸多的帮助。费正清到北京后不久,奖学金因到期被停发。为了解决生活费用,

---

① 雷海宗《书评:The Literary Inquisition of Ch'ien-Lung, Luther Carrington Goodrich》,载《清华学报》1935年第10卷第4期。
② 王伊同《书评:李斯传》,载《史学年报》1939年第3卷第1期。
③ 卜僧慧纂、卜学洛整理《陈寅恪先生年谱长编》(初稿),北京:中华书局,2010年,第173、179页。

他曾两次向哈佛燕京学社申请奖学金,但均告失败。正当费正清夫妇感到拮据时,蒋廷黻伸出援助之手,安排其在清华大学历史系兼课,帮助他度过经济危机。① 顾颉刚则为顾立雅在天津女师院的教职而奔走出力。他在1935年6月17日的日记中写道:"到顾立雅处,晤之。……天津女师齐院长来平聘教员,予因以四人荐:闻在宥(国文)、蒙文通(中国史)、顾立雅(西洋史)、顾立雅夫人(音乐)。"1935年10月5日,他还为顾立雅应聘一事给天津女师校长齐璧亭写信。② 此事虽因其他原因没有成功,但由此亦可知顾颉刚对顾立雅的关照。

中国史家对美国来华汉学留学生的帮助,更多地是在学业上。就学术研究的帮助与指导而言,主要有以下几个方面:

1.帮助美国汉学留学生提高汉语能力

美国汉学留学生来华的目的之一,是提高自身的中文水平。为此,他们抵达北京后便进入华文学校学习汉语口语,同时他们亦不断提高自己的阅读能力。据费正清在北京的邻居回忆:"不管我们干什么或到什么地方去,费正清总是带着装满汉字卡片的盒子,并且不管将会发生什么事情或谈话的内容是什么,他总是不断地翻阅着自己的卡片,专心致志地学习着。"③当费正清离开华文学校后,他继续聘请中国人到家授课,"授课时间为早上两位老师每人一小时,下午则由另一位老师授课"④。1938年,柯立夫到北京留学时,曾请当时在辅仁大学任《华裔学志》编辑的方志彤替他补习中文;除柯立夫外,赫芙(Elizabeth Huff)、海陶玮(James Robert Hightower)、芮沃寿等人也曾受过方志彤的指导和帮助。赫芙晚年回忆道:"柯立夫发现了他,请他做辅导老师。我猜方志彤从前没给人辅导过。我来了,柯立夫就把他介绍给我;海陶玮来了,又介绍给他。所以我们所有人方志彤都教过。"⑤顾立雅到北京后,曾随北平图书馆金石部主任刘节研究中国古文字学、甲骨文及金文。在一篇英文论文中,他特别向刘节致谢:"最近两年中,我们每周讨论两次,每次都能从其指教中获益良多,但他从不索

---

① [美]费正清著,黎鸣、贾玉文等《费正清自传》,天津人民出版社,1993年,第109页。
② 顾颉刚《顾颉刚日记》卷3,北京:中华书局,2011年,第356、397页。
③ Paul. A. Cohen & Merle Goldman, eds., *Fairbank Remembered*, Cambridge, M. A.: Harvard University Press, 1992, p.21.
④ [美]费正清著,黎鸣、贾玉文等《费正清自传》,天津人民出版社,1993年,第49页。
⑤ 转引自高峰枫《"所有人他都教过"》,载《东方早报·上海书评》2012年9月19日。

取回报。借此机会,向他致以深深的谢意。"①

2.为美国来华汉学留学生修改论文

在华留学期间,美国来华汉学留学生大多会围绕自己的课题撰写学术论文。这固然是因为他们勤学好思,但也与申请学术机构或基金会的资助需发表学术论文的要求有关。卜德在北京留学期间,发表的第一篇文章是《〈论语〉中使人困惑的一句》②。据他本人交代,他写这篇文章固然是出于学术兴趣,同时也是为稻粱谋。卜德在北京的第二年收到哈佛燕京学社的通知,如果想要得到以后两年的奖学金,就必须有作品发表。卜德于是赶紧写了两篇文章(另外一篇考证孔子的生父问题),寄给了《美国东方学会学报》主管东亚的责任编辑施赖奥克。施氏认为《论语中使人困惑的一句》不仅观点明确,而且使用了未经翻译成英文的中文资料,这对于一个初出茅庐的研究生来说难能可贵,于是决定录用。这篇文章的及时发表使卜德顺利地获得了奖学金,解决了他的后顾之忧。③

美国来华汉学留学生撰写好论文后,多会请熟识的中国学者帮其修改或审阅。芮沃寿在家信中写道:"我拜访了方志彤教授,把我的论文读给他听。方教授学识渊博,只是名字有点怪,他说一口地道的英语,还教授德文,并正在翻译普鲁塔克和一些拉丁诗人的诗作。此外,他还特别精于他本国那复杂的语言,并给了我很多宝贵的建议。"④卜德刊载于《燕京学报》的《左传与国语》一文得益于顾颉刚的修改,顾氏在日记中记述道:"将卜德所著《左传及国语》汉文本重作,一天毕,约4000字。卜德,哈佛大学派到北平之研究生,来平两年,竟能以汉文作文,其勤学可知。所作《左传及国语》一文,写来已数月,予初托孙海波君改,谢不敏。希白亦谓无办法。予嘱其寄来,今日费一日之力为之,以就稿改削不便,索性猜其意而重作之,居然可用矣。"⑤卜德还曾将《左传与国语》一文寄与杨树达修改,杨在

---

① H. G. Creel, "Bronze Inscriptions of the Western Chou Dynasty as Historical Documents", *Journal of the American Oriental Society*, Vol. 56, No. 3 (Sept., 1936), p.335.

② Derk Bodde, "A Perplexing Passage in the Confucian Analects", *Journal of the American Oriental Society*, Vol. 53, No. 4 (Dec., 1933), pp.347-351.

③ Derk Bodde, *Essays on China Civilization*, Euildford: Princeton University Press, 1981, pp.28-29.

④ [美]史景迁著,夏俊霞等译《中国纵横:一个汉学家的学术探索之旅》,上海远东出版社,2005年,第368页。

⑤ 顾颉刚《顾颉刚日记》卷3,北京:中华书局,2011年,第247页。

日记中写道:"美国人卜德寄所著《左传与国语》论文来,申证高本汉《左传》非伪书之说,颇有心思。"①顾立雅刊发于《燕京学报》上的《释天》一文,同样得益于顾颉刚的修改。1935年1月6日,顾氏在病中仍为顾立雅修改《释天》一文,他在这天的日记中这样写道:"点顾立雅文,未毕。不敢多工作,十时眠。臣疾三日,未多进食,今日始食饭。惟手足仍觉冷。小便烫极,足见内热未清。"1935年2月26日这天,顾氏仍在审修顾立雅的论文,"看顾立雅所作《释天》一文"②。顾立雅的另外一篇中文论文《原道字与彝字之哲学意义》,并非专门为《学衡》所写,而是由一篇已经发表的英文论文改写而成。该文发表于1932年3月号的《美国东方学会学报》,题目为《I(彝)as Equivalent to Tao(道)》。到中国后,在两位中国学者的帮助下,顾立雅将此文改写成中文。对此,他在文前专门有一段说明:"余读中文,每有所得,多以英文达之,虽有志出以中文,因不谙中文做法之故,未敢贸然从事也。客秋来平,从中国学者游,练习为文,因将旧作《I(彝)as Equivalent to Tao(道)》一文……加以补充,遂成此篇,措辞用字,有不明者,多请教于张玉衡先生,文成,复请李翊灼先生(证刚)加以改正。但区区之意,有与李先生不同者,仍用原文。故海内君子,谓此编文意有乖远者,非李先生之过也。兹将付刊,爰缀数语,并谢李张二先生教正之至意。"③

3.向美国来华汉学留学生提供资料和建议

如上所述,美国来华汉学留学生的中文能力还没有达到能够自如阅读中国史籍的水平。受中文能力所限,他们在史料的搜集和审别方面无疑存在困难。故此,美国来华汉学留学生常就史料搜集和解读向中国史家请教。1925年,孙念礼与吴宓结识后,即向吴请教问学,12月3日吴复信说:"拟著中国古来能文学之女子事略,可先写一节略来。当为供给中国旧籍中材料。"12月5日,吴至华文学校访孙,"允为归校代作一应用书目寄来",然吴对此人印象不佳,"其人殊粗鄙"。④ 孙念礼撰写班昭的论文时,

---

① 杨树达《积微翁回忆录》,北京大学出版社,2007年,第64页。
② 顾颉刚《顾颉刚日记》卷3,北京:中华书局,2011年,第294、312页。
③ 顾立雅《原道字与彝字之哲学意义》,载《学衡》1933年第79期,"述学"第1页。
④ 吴宓著,吴学昭整理注释《吴宓日记》(1925—1927),北京:三联书店,1998年,第104、105页。

还曾向顾颉刚请教史料问题,后者并向其赠送刚出版的《古史辨》。① 当顾立雅到河南开封睿县参观出土的周代文物时,主持对河南睿县辛村的周代墓葬卫国墓考古挖掘的郭宝钧将自己的发现和见解和盘托出,而他主持的发掘报告直至1936年才发表,这无疑让顾立雅捷足先登。② 顾立雅在撰写《释天》一文时,孙海波将尚未出版的《甲骨文编》手稿借给他参考,使其获悉"甲骨文中有天字,其字共见十二次"。③ 富路德在其博士论文的注释中,多次提及中国史家在资料方面所给予的帮助和指导。例如,陈垣在1932年5月将自己一篇未刊的关于《四库全书》的文章借给他参考;1932年7月,洪业在和他的谈话中说明自己对乾隆禁书意图的理解;燕大国文系教授马鉴曾提示他《清稗类钞》中有怡亲王收藏钱谦益书籍的材料。④

尤为值得一提的是袁同礼,许多美国汉学留学生都同他建立了深厚的学术友谊。费正清在缅怀袁同礼时深情回忆道:"1932年春天,我首次见到袁守和先生。那时我正为完成牛津大学论文而到北平,先见着胡适之、陶孟和诸先生。他们不久就给我介绍担任国立北平图书馆长的袁先生。……不久他就替我找到一位研究员,来助我使用中文资料。同时,我发现在馆中,袁先生已设立一专门部分由顾子刚先生负责,是特别协助外国学者使用中国史料而创设的。"⑤顾立雅回忆说:"我是1932年抵达北京,袁先生使我有宾至如归之感,很难在西方遇到这样一位学者。我是从事研究一个很偏僻专题的学生,当时毫无头绪。袁先生介绍我认识了馆中一位图书馆员,他是我所从事研究领域少数几位最为出色的学者之一。假如没有这样一位学者的指导,我几乎不能做任何事。接下来的两年间,这位学者每周都抽出几个小时在图书馆指导我。"他又说:"这样的指导建议对我来说是无价的,但袁同礼却极力轻描淡写。我曾将一件并不昂贵的宋瓷作为礼物赠送给他,以酬谢他对我的指导。但他说:'不,这是纯粹的学人友谊。

---

① 顾颉刚《顾颉刚日记》卷1,北京:中华书局,2011年,第745、747、800页。
② H. G. Creel, *The Birth of China*, New York: John Day, 1936, pp.247-249.
③ 顾立雅《释天》,载《燕京学报》第18期,第60页。
④ Luther C. Goodrich, *The Literary Inquisition of Ch'ien-lung*, Baltimore: Waverly Press, 1935, pp. vii, 37, 43.
⑤ 费正清《我所认识的袁守和先生》,载朱传誉主编《袁同礼传记资料》,台北:天一出版社,1979年。

如果你给我任何东西,这种友谊就必须停止。'"①芮玛丽亦如是回忆道:"最难忘的是在内战最激烈的时候……此时我正努力收集所有我能找到的有关战争与革命的稀有材料。我几乎不带任何希望寻求同袁先生见面。这对于一个外国学生要去见他这样地位的人并不容易,再者他的兴趣在传统中国",然而,她立刻得到允许,"他问我研究兴趣是什么,以及最大的困难是什么。我说我关注的是19世纪中期的中国史;对我或任何其他西方人来说,所碰到的最大问题是缺乏一部大清历朝实录人名索引。他微笑着说中国人也同样如此。他表示愿意向我提供一位中国馆员及一间工作室,如果我愿意承担指导索引的编撰工作。我知道他的意思,尽管这只是常见的知识,但他在预算非常紧张的情况下仍愿意安排经费从事此项工作。我拒绝了这一提议,因为我怀疑自己编纂索引的技术知识。但那之后,当他在图书馆看到我时,经常会问我是否要一杯茶"②。

由上可知,无论是在生活上还是学业上,中国学人给予了美国来华汉学留学生们无私的帮助和指导。正因为如此,在美国来华汉学留学生的著述中,我们几乎都能看到他们对中国史家的感谢。富路德在《乾隆禁书考》一书的"前言"中,特别感谢袁同礼、马鉴、马准、陈垣、郑振铎等学者;卜德在其英译的《燕京岁时记》"译者前言"所开列的致谢名单中提到辅仁大学历史系主任张星烺和燕京大学文科主任洪业;在顾立雅《中国之诞生》一书的致谢名单中,出现了傅斯年、李济、董作宾、梁思永、郭宝钧、徐中舒、陈寅恪、顾颉刚、容庚、孙海波、唐兰、汤用彤、袁同礼等人的名字;在邓嗣禹与毕乃德合编的《中国参考书目解题》的致谢名单中,我们同样看到洪业、聂崇岐、顾廷龙、谭其骧、朱士嘉、裘开明、岳良木、张尔田、邓之诚、王力、周一良等中国史家的名字出现在其中。

美国汉学留学生们回到美国后,大多受聘于哈佛大学、哥伦比亚大学、加利福尼亚大学、耶鲁大学、宾夕法尼亚大学等美国知名高校,成为美国汉学研究的中坚力量。更重要的是,他们开辟了美国汉学研究的新时代。正如钱存训所说:"在20世纪30年代以前,美国虽有少数大学开设有关中国的课程,但大都效法欧洲学术传统,聊备一格;而主要教授如

---

① H. G. Creel,"A Confucian Accolade",载朱传誉主编《袁同礼传记资料》,台北:天一出版社,1979年。

② Mary C. Wright,"Dr. Tung-li Yuan: A Personal Reminiscence",载朱传誉主编《袁同礼传记资料》,台北:天一出版社,1979年。

果不是来自欧洲,便是曾在中国居留通晓中国语文的传教士。对中国文化做高深研究而有特殊成就的美国学者,实自30年代才开始。当时,由于美国学术团体的提倡和基金会的资助,美国学者开始前往中国留学访问,从事专业的学术研究。他们回国后在各大学或学术机构从事教学、研究和著述,并培养第二代和以后的青年汉学家,对中美文化交流做出了一定的贡献。"①

对于中国学术在美国学界的传播,这批美国汉学留学生起到重要作用。如前所述,通过与中国学人的交游,他们从中了解了中国学术及中国学界状况。返回美国后,他们中有些人出于学术友谊和学术兴趣致力于向美国学界译介中国学人的著述。恒慕义自1927年回国后,致力于向美国学界介绍古史辨运动,1929年即在《美国历史评论》上撰文介绍古史辨运动②;与此同时,他还继续英译顾颉刚的《古史辨》第一册。1928年1月28日,顾颉刚从冯友兰的来信中闻知恒慕义回美国后拟将《古史辨》第一册全部译成英文在美出版③,他在同年的2月1日给恒慕义写信:"与恒慕义书,劝其节译《古史辨》,因零碎材料或为欧美人士所不易理解也。"④这应该是后来恒慕义只翻译顾颉刚自序,而不是整册的重要原因。1931年,恒慕义凭借《〈古史辨〉自序译注》获得荷兰莱顿大学博士学位。⑤ 由于中日战争爆发,卜德不得不返回美国,《中国哲学史》下册的英译亦被迫中止。抗战结束后,卜德致信冯友兰,申明他已向洛克菲勒基金会申请到一笔款子,拟用此款邀请冯于1946年到其执教的宾夕法尼亚大学任客座教授,讲授中国哲学史,并同他合作继续翻译《中国哲学史》下册。冯友兰应邀前往,到1947年冯的任期已满时,此书的翻译仍没有完成。为此,卜德于1948年秋申请获得富布莱特奖学金,得以作为访问学者再次来到北京,继续下册的翻译工作,直至1949年方返回美国。1952年,卜德

---

① 钱存训《留美杂忆——六十年来美国生活的回顾》,合肥:黄山书社,2008年,第268页。

② Arthur W. Hummel, "What Chinese Historians are Doing in their Own History", *The American Historical Review*, Vol. 34, No. 4 (Jul., 1929), pp.715-724.

③ 顾颉刚在1928年1月28日的日记中记录道:"芝生来信,谓恒慕义君回美国后,拟将《古史辨》译为英文,在美国出版。"见顾颉刚《顾颉刚日记》卷2,北京:中华书局,2011年,第128页。

④ 顾颉刚《顾颉刚日记》卷2,北京:中华书局,2011年,第130页。

⑤ Arthur W. Hummel, *The Autobiography of a Chinese Historian: being the Preface to a Symposium on Ancient Chinese History*, Leyden: E. J. Brill, 1931.

英译的《中国哲学史》由普林斯顿大学出版社出版。① 魏鲁男将陈寅恪的《韩愈与唐代小说》与《顺宗实录与续玄怪录》译成英文,分别刊载于1936年和1937年的《哈佛亚洲学报》②;富路德则将顾颉刚1935年发表于《东方杂志》的《明代文字狱祸考略》一文译成英文,刊登于1938年的《哈佛亚洲学报》;他还将陈垣于1923年出版的《元西域人华化考》一书译成英文,于1966年在美国出版。③

与此同时,不少中国史家正是因美国来华汉学留学生而得以赴美留学、进修或访学。如前所述,当年轻的美国汉学家和汉学研究生涌向北京留学后,他们在与中国学者交流请益中建立起深厚的学术友谊。凭借这种学术友谊,有为数不少的中国史家得以到美留学或进修。杨联陞能够赴美留学,实得益于结识当时在北平留学进修的嘉德纳。在嘉德纳的资助之下,杨联陞才得以赴美国求学,他曾回忆说:"那时嘉德纳是哈佛大学远东语文系助教授,照例有一年休假进修,全家在北平住南池子,请了一位中国青年学人帮他看中文书日文书,就是周一良。……那一年由洪业(业)等推荐,(周一良)得了哈佛燕京学社的奖学金,要到美国读博士学位,想找一个替身,写信问钱稻孙,钱先生就推荐了我。我与嘉德纳一见投缘。除了帮他看学报(如《支那学》《东方学报》——东京、京都两种),用英文做提要之外,还帮他选择各书铺送来的他要替哈佛买的同他自己要买的书。……1939年嘉德纳回国时,知道我要失业,特意留下一部百衲本《宋史》,一部《后汉书》,请我替他用朱笔标点校对,每月仍有酬报。1940年8月,嘉德纳忽然来了一个电报,说他自己肯出钱邀我去美国一年,半时帮他工作,半时在哈佛研究院选课。这真是喜从天降。……嘉德纳供给我全部学费生活费一年有余。1942年夏季,我得到历史系的硕士学位,又得到哈

---

① 冯友兰《三松堂自序》,北京:人民出版社,2008年,第198—199页。
② Tschen Yinkoh,"Han Yü and The T'ang Novel",*Harvard Journal of Asiatic Studies*,Vol. 1, No. 1(Apr., 1936), pp.39-43; Tschen Yinkoh,"The Shih-tsung Shih-lu and the Hsu Shuan-Kuai lu", *Harvard Journal of Asiatic Studies*,Vol. 3(1937)。
③ Ku Chieh-Kang,"A Study of Literary Persecution During the Ming",*Harvard Journal of Asiatic Studies*,Vol. 3, No. 3/4 (Dec., 1938); Ch'en Yuan, *Western and Central Asians in China under the Mongols: Their Transformation into Chinese*, Los Angeles: Monumenta Serica at the University of California,1966。

佛燕京学社的奖学金,以后就读博士学位了。"①朱士嘉、王重民、吴光清等人因恒慕义之邀得以赴美国国会图书馆东方部就职;瞿同祖、冯家升、王毓铨等人则是因魏特夫的邀请而赴美。简而言之,美国来华汉学留学生为中国史家赴美学术交流搭建了桥梁,推进了美国的汉学研究和中美之间的文化交流。

---

① 杨联陞《忆钱稻孙先生——兼忆嘉德纳》,载杨联陞著,蒋力编《哈佛遗墨》,北京:商务印书馆,2004年,第51—53页。

第五章
客居美国的中国史家与美国汉学家的学术合作

年轻美国汉学者来华后,积极同中国史家交流。返美后,这些汉学家成为美国高校的汉学研究中坚力量;与此同时,自20世纪30年代以来,不少曾同美国来华汉学留学生有过交往的中国史家相继赴美。凭借此前所建立的学术友谊,他们开始围绕美国汉学基础性项目开展学术合作。

第一节 客居美国的中国史家与美国汉学家合作概况

当年轻的美国汉学家涌向北京后,他们大多都积极主动地向中国学者请益,并借此建立学术友谊。恒慕义自1924年与胡适在北平相识后,两人维持着终生友谊;此外,恒慕义与蒋梦麟、郭秉文、袁同礼、顾颉刚及其他中国学者亦维系着长久友谊。① 1935—1937年,魏特夫以太平洋学会的研究员身份来华时,陶希圣常与之过从,帮助其搜集资料,并有所讨论,称"他的见解的确定,态度的虚心,很使编者佩服。编者对于他坚持的原则虽不同意,但对他个个事件的评定,有时极感兴趣与钦佩"②;邓之诚为其解释难懂的字义,并推荐训练有素的合作者③;中国社会经济史研究拓荒者之一的冀朝鼎也与之有所交往,他翻译了后者发表于1935年的《中国经济史的基础与阶段》,称魏氏为治该学的先进学者,本文为其在中国经济史上所贡

---

① Edwin G. Beal and Janet F. Beal,"Obituary:Arthur W. Hummel(1884-1975)",*The Journal of Asian Studies*,Vol. 35,No. 2(Feb.,1976),pp.271.

② 陶希圣《编者的话》,载《食货》半月刊第5卷第3期(1937年2月)。

③ 转引自桑兵《国学与汉学——近代中外学界交往录》,杭州:浙江人民出版社,1999年,第76页。

献的理论之总叙,言短而意长,可谓其学说之精髓;① 当时任教于燕京大学的顾颉刚与之谈论中国古史,并几度交往②;据《顾颉刚日记》,魏氏在北平的社交活动甚为频繁,曾与其共席的国内学者有胡适、顾颉刚、傅斯年、王毓铨、连士升、陶孟和、洪业、姚从吾、梁方仲、鞠远清等。③ 富路德在北平期间,结识胡适、洪业、顾颉刚、陈垣等人④。顾立雅于1931—1935年在华期间,从北平图书馆金石部主任刘节学习金文和甲骨文⑤,并参加安阳发掘,结交顾颉刚、陈寅恪、李济、傅斯年、梅光迪、董卓宾、柳诒徵等中国考古学者及古史专家多人。⑥ 1931—1937年来华的卜德,从冯友兰、许地山等几位来自燕京和清华大学的中国知名学者学习。⑦ 杨树达在日记中记述了1934年卜德招饮之情形,同座还有冯友兰、许地山、吴宓及福开森⑧。柯睿格自认为其研究宋史的真正导师,是在1936—1940年访问燕京大学时结识的聂崇岐⑨。

与此同时,一批出身北京的清华、燕京和北大的中国史家相继来美。到美后,他们以不同形式同此前曾到中国访学进修后返美的美国汉学家开展学术合作。恒慕义利用其与美国学术团体理事会之密切关系和洛克菲勒基金会的资助,邀请了一批中国史家到美国国会图书馆东方部工作和研究。例如,吴光清于1938年加入美国国会图书馆东方部,成为其活跃的一员;朱士嘉于1939年应邀赴美,在美国国会图书馆工作三年,编撰了《美国国会图书馆中国地方志目录》一书⑩;王重民于1939年受聘于美国国会图

---

① [美]魏特夫著,冀筱泉译《中国经济史的基础和阶段》,载《食货》1937年第5卷第3期。
② 顾潮编著《顾颉刚年谱》,北京:中国社会科学出版社,1993年,第235页。
③ 《顾颉刚日记》(3),台湾:联经出版事业公司,2007年,第369页。
④ Thomas D. Goodrich, "Luther Carrington Goodrich(1894-1986): A Bibliography", *Journal of the American Oriental Society*, Vol. 113, No. 4(Oct.-Dec., 1993), p.586.
⑤ 钱存训《留美杂忆——六十年来美国生活的回顾》,合肥:黄山书社,2008年,第26页。
⑥ H. G. Creel, *The Birth of China: A Study of the Formative Period of Chinese Civilization*, New York: University of Chicago Press, 1937: preface.
⑦ W. Allyn Rickett, "In Memoriam: Derk Bodde(1909-2003)", *Journal of the American Oriental Society*, Vol. 123, No. 4(Oct.-Dec., 2003), pp.711-712.
⑧ 杨树达《积微翁回忆录积微居诗文钞》,上海古籍出版社,2006年,第91—92页。
⑨ Edwin O. Reischauer, "Obituary: E. A. Kracke, Jr. 1908-1976", *The Journal of Asian Studies*, Vol. 36, No. 3(May, 1977);何炳棣《读史阅世六十年》,桂林:广西师范大学出版社,2005年,第125页。
⑩ Chu Shih-chia, *A Catalog of Local Histories in the Library of Congress*, Washingtons D. C: U. S. Government Printing Office, 1942.

书馆,整理馆藏中国善本古籍,编撰有两卷本的《美国国会图书馆藏中国善本书录》①。尤为值得一提的是,在洛克菲勒基金会的资助下,恒慕义于1934年开始负责组织编撰《清代名人传记》②;为此,恒慕义邀请了50位学者参与,其中相当一部分人是中国学者,如房兆楹和杜联喆(夫妇)、邓嗣禹、冯家升、裘开明、吴光清等。七七事变后,魏特夫在洛克菲勒基金会资助下,于1939年在哥伦比亚大学图书馆开始主持中国历史编纂计划。凭借充裕的资金及其在中国学术界建立的广泛人脉关系,魏特夫招募到一批中国学者与其共同开展此项目,如王毓铨于1938年应魏氏之邀来美负责秦汉史部分;在冀朝鼎和恒慕义的推荐之下,冯家升于1939年离开国会图书馆东方部到魏氏处负责辽史部分③;在吴文藻和费孝通的引荐下,瞿同祖和赵增玖(夫妇)于1945年3月到哥伦比亚大学中国历史编纂处做研究员,主要工作是继续王毓铨先前的任务;摘录、翻译和注释有关秦汉社会经济方面的基本史料④;在完成《清代名人传记》编纂之后,房兆楹和杜联喆(夫妇)亦加盟中国历史编纂处;何兹全进入哥大历史研究院后,为了生活也曾在魏特夫处参与校阅核对英文译稿,并写些专题小文供魏氏使用⑤;此外,在卡内基基金会的资助下,德效骞于1930年开始承担法国汉学家伯希和提议的译注《汉书》之项目。⑥ 为译注《汉书》,他特地聘请 Jen T'ai、C. H. Ts'ui 和潘硌基等三位中国学者担任助手。⑦

除依托大型研究项目开展集体合作,美国汉学家亦与中国史家进行个人间的合作。邓嗣禹先后同毕乃德、恒慕义、费正清、顾立雅等美国汉学家

---

① Wang Chung-min,*A Descriptive Catalog of Rare Chinese Books in the Library of Congress*,Washington, D. C.:U. S. Government Printing Office,1957.实际上,此书初稿完成于1943年,直到1957年才出版。

② Edwin G. Beal and Janet F. Beal,Obituary:Arthur W. Hummel(1884-1975),*The Journal of Asian Studies*,Vol. 35,No. 2(Feb.,1976),p.266.

③ 散木《灯火阑珊处:时代夹缝中的学人》,济南:山东人民出版社,2008年,第122—123页。

④ 瞿同祖《汉代社会结构》,上海人民出版社,2007年。

⑤ 《何兹全学述》,杭州:浙江人民出版社,2000年,第84页。

⑥ The Committee on the Promotion of Chinese Studies,Progress of Chinese Studies in the United States of America,Washington,D. C. :*The American Council of Learned Societies*,1931,p.67.

⑦ L. Carrington Goodrich," Homer Dubs(1892-1969)",*The Journal of Asian Studies*,Vol. 29,No. 4(Aug.,1970),p.889.

进行过学术合作①;为了对哈佛燕京学社有关中国近代史的藏书作一全面调查,费正清同刘广京在1946—1949年的三年时间里,详细调查了1067部著作,结果出版了一部厚达608页的《近代中国:1898—1937年中文著作目录指南》。②富路德亦积极同中国学者进行学术交流与合作,1943年同韩寿萱合作撰写《明实录》一文;③1946年,同冯家升合作撰写《中国火枪的早期发展》,王重民则对此文的撰著提供了非常有价值的参考书目和建议④;1949年,同瞿同祖合撰《隋文帝时期宫廷中的外来音乐》⑤。

中华人民共和国成立后,房兆楹、洪业、陈受颐、邓嗣禹、杨联陞、王伊同、何炳棣、刘广京、刘子健、瞿同祖、罗荣邦、孙任以都等选择客居美国。客居美国后,他们以各种不同形式同美国汉学家进行学术合作。张仲礼自1954年开始即协同华盛顿大学的梅谷编撰《太平天国:历史与史料》,直至其回国;⑥在福特基金会的资助下,包德曼(Howard L. Boorman)于1955年开始主持编撰《民国人物传记辞典》,邓嗣禹、王伊同、孙任以都、唐德刚、刘子健、萧公权、周策纵、朱文长、何炳棣、吴光清等一批客居美国的中国史家都参与了此项目,撰著了数量不等的相关辞条,因而他们全部出现在执笔人名单中。⑦富路德于1962年开始主持编撰《明代人物传记辞典》,在执笔人名单中同样可见一大批客居美国的中国史家名字,如邓嗣禹、房兆楹、王伊同、李田意、罗荣邦、萧公权、孙任以都、吴光清、钱存训等。⑧

德国汉学家海尼士(Erich Haenisch)曾指出:"利用中国助手以解释例证,代寻引证及解决语言困难问题之办法,在东亚居留之西人固常用之,即

---

① J. K. Fairbank,"Obituary:S. Y. Teng(1906-88)",*The Journal of Asian Studies*,Vol. 47,No. 3 (Aug.,1988),pp.723-724.

② [美]费正清著,陆惠勤等译《费正清对华回忆录》,上海知识出版社,1991年,第398页。

③ L. Carrington Goodrich and Shou-Husan Han,"The Ming Shih-Lu",*The Far Eastern Quarterly*,Vol. 3,No. 1(Nov. 1943),pp.37-40.

④ L. Carrington Goodrich and Feng Chia-Sheng,"The Early Development of Firearms in China",*Isis*,Vol. 36,No. 2(Jan.,1946),pp.114-123.

⑤ L. Carrington Goodrich and Ch'u T'ung-tsu,Foreign Music at the Court of Sui Wen-ti,*Journal of the American Oriental Society*,Vol. 69(1949),pp.148-149.

⑥ Franz Michael,*The Taiping Rebellion:History and Documents*,Seattle:University of Washington Press,1966,p.viii.

⑦ Howard L. Boorman,"editor",*Biographical Dictionary of Republican China*,New York:Columbia University Press,1967.

⑧ L. Carrington Goodrich,"Editor",*Dictionary of Ming Biography*,1368-1644,New York:Columbia University Press,1976.

在欧洲方面之汉学家亦尝为之。"①这种情形在美国汉学界更为普遍,拉铁摩尔坦言道:"在美国职业汉学家中流行的姿态是,声称或者有时假装自己的汉字写得如此之好,以致他们亲自做全部的工作。事实上,他们大多数人依靠懂英语或法语的中国人来承担为其搜集材料的主要工作,自己只是将其润色一下。"②由中国史家担任美国汉学家助手,实际上是20世纪30年代以来中国史家与美国汉学家间更为常见的合作形式。1949年,何兹全经陈翰笙介绍到霍普金斯大学国际政治学院协助佛朗西斯(Jhone D. Frances)教授翻译范文澜的《中国通史简编》。何兹全一面译,佛朗西斯一面看译稿,讨论译稿中出现的问题。半年后,何兹全回国,佛朗西斯又找到了王伊同接替。③唐德刚在哥伦比亚大学半工半读之时,曾在中国历史编纂处作编译,魏氏曾嘱唐氏校订《东方专制主义》全稿,并笺注意见。④孙任以都在撰写博士论文期间,曾作为费正清的助理,帮助其查对博士论文,翻译补充中文资料,并替他编的《中国对西方的回应》做一些翻译;博士毕业后的1950年至1952年间,她又担任拉铁摩尔的助理,帮他记录蒙古人的访问稿。⑤珀金斯(Dwight Perkins)坦承,他在从事中国农业发展研究时"倘若没有一些人不断地给予帮助,我是承担不起来的。王业健是一位当之无愧的经济史学研究者,他对这个计划的进行以及在整个过程中提供的指导和关键性的参考资料,给了我极为宝贵的帮助。就算我对中国古代汉语的知识事实上要好得多,但要从成千上万部地方志中找出1900年前的资料,这对我来说,几乎是不可能的。可这项工作却由肖王国璎女士和苏永明小姐出色地替我完成了"。⑥

---

① 王光祈译《近五十年来德国之汉学》,载《新中华》第1卷第17期,1933年9月10日。
② [日]矶野富士子著,吴心伯译《蒋介石的美国顾问——欧文·拉铁摩尔回忆录》,上海:复旦大学出版社,1996年,第41—42页。
③ 何兹全著,潘雯瑾整理《何兹全学述》,杭州:浙江人民出版社,2000年,第84—85页。
④ 唐德刚《告别帝制论》,载朱庆葆主编《南京大学百年学术精品——历史学卷》,南京大学出版社,2002年。
⑤ 孙任以都《孙任以都先生访问纪录》,台湾"中央"研究院近代史研究所,1993年,第58、60页。
⑥ [美]珀金斯著,宋海文等译《中国农业的发展》,上海译文出版社,1984年,第1页。

第二节 史家邓嗣禹客居美国后与美国汉学家的合作

邓嗣禹自中学毕业后,于1926年入燕京大学,受业于洪业、邓之诚和顾颉刚等史学大师;大学毕业后,即入燕京大学史学研究所,于1935年获硕士学位,并留母校任讲师;1937年七七卢沟桥事变爆发后,应同学房兆楹之邀,赴美参加由国会图书馆东方部主任恒慕义主持的《清代名人传记》项目;1937年8月,邓嗣禹在西雅图上岸,随即赴清代名人传记编纂处,任助理编纂;翌年,因获哈佛燕京学社奖学金,乃辞职前往哈佛大学深造,于1942年获博士学位;早在1941年时,因哈佛之学科已告一段落,遂应芝加哥大学之聘,任讲师,开中国历史、史学史及目录学等课程。珍珠港事变后,邓嗣禹代理大学内之中国研究院事务兼远东图书馆务,并主持美国陆军部在该校所设的中国语文、历史特别训练班;抗战胜利后,曾回国在北京大学任教一年,后回芝大;1949年,到哈佛大学作为期一年的访问进修;1950年秋,离开芝加哥大学,应印第安纳大学史学系之聘,任教远东、中国及日本史等课程,从此在该校任教,于1966年荣任该校讲座教授,直到1976年退休①。自抵美以迄退休,前后40年间,邓嗣禹同恒慕义、费正清、顾立雅等一批美国学者进行过学术合作,可谓是中国史家同美国汉学家进行学术合作的典范。

抵美之前,邓嗣禹已与美国汉学家毕乃德进行过学术合作。1929—1931年间,毕乃德曾以哈佛燕京学社研究生身份到燕京大学访学;1934年获得哈佛大学博士学位后,在社会科学研究联合会的资助下,他再次到燕京大学做为期两年的访问学者。彼时,毕乃德与刚留校任讲师的邓嗣禹进

---

① 自邓嗣禹去世后,不少学人相继撰文回忆其生平和学术,如黄培的《追思邓嗣禹教授》(台湾《传记文学》1988年第53卷第1期)和《旅美学人邓嗣禹在学术上的贡献》(《近代中国史研究通讯》1988年第6期)、唐特凡的《一位历史学博士的追求——记邓嗣禹先生的一生》(《常宁文史资料》第五辑,1989年)、王伊同的《邓嗣禹先生学述》(《燕京学报》新四期,北京大学出版社,1998年)、柳无忌的《关于一所美国大学中文图书馆的建立:向邓嗣禹教授致敬》(Chinese American Forum, Vol. 4, No. 4, Apr., 1989)、李学博(Thomas H. Lee)的《邓嗣禹,1906—1988》(CEAL Bulletin, No. 84, June., 1988)和《美国印第安纳大学中文藏书的发现——兼述邓嗣禹和柳无忌教授的贡献》(载《传记文学》2013年第103卷第3期)等。另外,他的两位门生黄培和陶晋生曾将其用中文所写的部分论文收集汇编成册《邓嗣禹先生学术论文选集》(台北:食货出版社,1980年);邓嗣禹的外孙彭靖编撰了《家国万里——邓嗣禹的学术与人生》一书(上海人民出版社,2014年)。

行合作①,这是邓嗣禹与美国汉学家合作的开始。1936年,他们共同出版了《中文参考书目解题》一书。邓嗣禹和毕乃德合编此书的目的,正如该书前言中所说:"是为了向西方学者初步介绍中国研究领域最为重要的参考书。"②该书将中文参考书分为书目、类书、辞书、地理著作、传记著作、表格、年度报告、其他索引等八大类,每一类下又分若干小类。在这八大类中编者介绍了近300种参考书目,每一种书目都是先介绍作者、主要版本,然后对其内容和价值进行简要评述。故此,该书出版后得到了汉学界的肯定与欢迎。美国汉学家施奥赖克评价道:"在这本书之前,这个领域唯一的英文书是伟烈亚力(Alexander Wylie)编写的《中国文献提要》。这两本书内容不尽相似,难以详细比较。但我们完全可以说,最近出版的这一本更有价值。……这本书涵盖的范围很广,对于不知道如何着手寻找资料的学人来说,本书是最好的门径。"③魏鲁男批评此书的作者为英语读者所仔细描述的仅是那些能够阅读中文之人才能处置的参考书,并没有涵盖日本和西方学者的著作;尽管如此,他认为"按照其标准,这是一部出色之书"④。

　　1937年,卢沟桥事变爆发。正在此时,邓嗣禹忽接同窗好友房兆楹的美国来信,邀往华府,参加恒慕义主持的《清代名人传记》的编纂计划。由于当时华北对外交通断绝,无法前往上海乘船,为赶赴任所计,邓嗣禹乃绕道东北、韩国,至日本横滨搭船,沿途备尝日本警察、宪兵、特务之留难,幸得美国友人紧随不舍,得免于难。迟至1937年8月,邓嗣禹在西雅图登岸,随即赴清代名人传记编纂处,任助理编纂。在清代名人传记编纂处的任职期间,邓嗣禹利用各种清代史料完成了洪秀全、洪仁玕、李秀成、杨秀清、石达开、林凤祥、曾国藩、曾国荃、胡林翼等33位清代人物传记的编写工作,在其所完成的33位清代名人传记中,徐广缙、怡良、穆彰阿这三位是

---

① Sherman Cochran and Charles A. Peterson, "Obituary: Knight Biggerstaff(1906-2001)", *The Journal of Asian Studies*, Vol.60, No.3(Aug., 2001), p.933.

② Ssu-Yu Teng and K. Biggerstaff, *An Annotated Bibliography of Selected Chinese Reference Works*, Camb., Mass.: Harvard University Press, 1950.pp.vii、v.

③ John K. Shryock, "Review An Annotated Bibliography of Selected Chinese Reference Works, by Teng Ssu-yu; Knight Biggerstaff", *Journal of the American Oriental Society*, Vol.57, No.3(Sep., 1937), p.350.

④ J. R. W., "Review An Annotated Bibliography of Selected Chinese Reference Works, Yenching Journal of Chinese Studies, Monograph No.12.by Teng Ssu-yu; Knight Biggerstaff", *Harvard Journal of Asiatic Studies*, Vol.2, No.1(Mar., 1937), pp.13-14.

同费正清合作编写的。① 邓嗣禹的参与,一方面为《清代名人传记》增色不少,另一方面也为他日后开展太平天国研究打下了基础。

一年后,即1938年秋,邓嗣禹因获哈佛燕京学社奖学金,乃辞去国会图书馆的编纂工作,前往哈佛大学师从费正清攻读博士学位。自20世纪以来,大量清代档案文献的相继出版,引发了学界无穷无尽的需要。费正清虽然曾运用英国档案完成了题为《中国海关的起源》的学位论文,但中国档案的结构完全不同于英国档案,对于外国人来说,它们似乎杂乱无章。费正清曾言道:"档案文献资料中充满着技术程序名称,五花八门,令人眼花缭乱。"②然而,如果不理解清代文献中的这些专门术语,不了解清代行政方面的主要制度及其运作程序,就不可能真正探讨19世纪中国历史或对这段历史进行任何社会科学分析。③ 故此,费正清感到,"我们需要知道这些公文是如何产生和处理的,传送这些公文需要多长时间"。④ 因为如此,邓嗣禹到哈佛大学后,费正清即同他展开合作研究。他们利用《筹办夷务始末》和《大清会典》作为主要参考书,合作撰写了三篇系列文章,分别论述清代公文的传递、清代公文的不同类型和用途以及清代朝贡体制规则与施行办法。⑤ 美国汉学家普理查德认为,邓嗣禹与费正清合写的《清代朝贡体系》是"对传统中国人的观念及很长一段时间来的夷务实践所做的最为透彻的研究"⑥。美国档案学家恩斯特·波斯纳(Ernst Posner)称,这三篇文章是"关于清代官僚行政体系的开创性研究",其中第三篇文章"向西方读者打开了一个关于中国人行政程序及满族人管理记录的奇怪但迷人的世界","博学作者向中国近代史学生提供这一时期外交轮廓的基本目的毫无疑问已实现,这对于要正确理解和解释清代史料来说是必不可少

---

① 参见 Arthur W. Hummel, ed., *Eminent Chinese of the Ch'ing Period*, Washington, D. C. : Government Printing Office, 1944.
② [美]费正清著,陆惠勤等译《费正清对华回忆录》,上海知识出版社,1991年,第147页。
③ John K. Fairbank and Ssu-yu Teng, *Ch'ing Administration three studies*, Cambridge, M. A. : Harvard University Press, 1971, p.vi.
④ [美]费正清著,陆惠勤等译《费正清对华回忆录》,上海知识出版社,1991年,第147页。
⑤ 1960年,哈佛大学出版社将这三篇论文以《清代行政管理:三种研究》为书名结集出版,即 *Ch'ing Administration: Three Studies*, Cambridge: Havard University Press, 1960.
⑥ Earl H. Pritchard, "Review On the Ch'ing Tributary System. by J. K. Fairbank; S. Y. Teng", *The Far Eastern Quarterly*, Vol. 1, No. 2(Feb., 1942), pp.191-192.

的"。①

　　1941年8月,在博士学位论文还未完成之时,邓嗣禹便应芝加哥大学之聘到该校任讲师,与顾立雅一道教授汉语与中国史。邓嗣禹到芝加哥大学任教后不久,太平洋战争爆发。美国全国总动员,在美华人积极参与到动员当中,以实际行动支持政府。他们或购买国债或到工厂工作,上万人参军。② 由于太平洋战线的开启,陆军和海军急需懂中文的指挥官和士兵。为此,美国陆军在哈佛大学、耶鲁大学、芝加哥大学等十多所美国高校设立中文训练班,专门教授中文及中国历史文化。③ 赵元任即担任哈佛大学美国陆军中文训练班(简称ASTP)主任,杨联陞和赵如兰则作为讲师协助赵元任在特训班讲授中文。④ 在芝加哥大学,邓嗣禹也以他自己的方式做出贡献。在顾立雅和麦克奈尔(Harley McNair)相继到华盛顿的战略情报分析处任职后,邓嗣禹成为芝加哥大学中国研究院的执行院长和远东图书馆的兼职馆长以及该校所办"中文特别训练班"的实际负责人。与此同时,他还与顾立雅一道合作编撰了《中文报刊归纳法》和《中文报刊归纳法翻译与选择练习册》。顾立雅在《中文报刊归纳法》的前言中这样言道:"珍珠港事件后,中文班的高年级学生询问他,他们能为国家做些什么?因此,他们决定编撰一本方便中文学习和阅读中文报纸的书本。于是,他们挑选了40篇报刊文章,并增添了英文翻译、词汇以及练习。其结果是一份中文读本。"这两部快速出炉的书当然是许多人合力之结果,但正如书的前言所说:"无论是书本身还是翻译都主要是由邓嗣禹负责。"⑤至于书的体例结构,则遵循顾立雅的《归纳法中文读本》中的方法,即通过在汉字旁印刷出数字的方式加入大量参考性注释,这样连最基本的汉字都将被解释到。这两本书出版后,有学者评价道:"对于任何一位让其学生从中文报纸

---

①　Ernst Posner, "Review Ch'ing Administration: Three Studies by John K. Fairbank; Ssü-Yu Teng", *The American Archivist*, Vol. 25, No. 1 (Jan., 1962), pp.61-63.

②　Shih-shan Henry Tsai, *The Chinese Experience in America*, Bloomington: Indiana University Press, 1986, pp.113-115.

③　Meribeth E. Cameron, Far Eastern Studies in the United States, *The Far Eastern Quarterly*, Vol. 7, No. 2 (Feb., 1948).

④　赵元任根据陆军特训计划时代的材料扩大写成《国语字典》(与杨联陞合著,1947年)和《国语入门》(1948年),具体可参见杨步伟《杂记赵家》,台北:传记文学出版社,1972年,第136页。

⑤　这四十篇报刊文章选自以下六种报纸:《纽约商报》《新华日报》(多伦多)、《大公报》《新闻报》(上海)、《国民日报》(香港)、《扫荡报》(桂林)。具体可见 H. G. Creel; TêngSsü-yü, *Newspaper Chinese by the Inductive Method*, Chicago: University of Chicago Press, 1943, Preface.

第五章　客居美国的中国史家与美国汉学家的学术合作

开始起步学习汉语的教师来说,目前这部书连同其翻译将被证明是有益的。"①后来,邓嗣禹在这两本书的基础上编写出版了《社交汉语与语法注解》(1947年)和《高级社交汉语》(1965年)。②

第二次世界大战胜利在望之时,同盟国计划筹建联合国以维护世界和平。加利福尼亚大学决定出版一套介绍世界各国历史、文化、政治和经济的丛书,旨在促进不同国家间的理解。为发扬国际合作精神,这套丛书由不同国家的学者撰写。该丛书的第一部是有关中国的介绍,分为6个部分,共34章;麦克奈尔担任主编,由中国和美国的著名学者负责撰写各章。参与该书撰写的美国学者有富路德、卜德、赖德烈、德效骞、魏特夫、史沫特莱(Agnes Smedley)、赛珍珠(Pearl Buck)等;中国学者则有胡适、陈梦家、陈荣捷、王际真、蒋彝、熊式一和李卓敏。邓嗣禹也贡献了两章,其中一章是"周朝末年到唐代后期的历史",另外一章是"西方与中国的考试制度"。③ 这本书的出版是美国汉学界的一件大事。对于美国和欧洲读者来说,它是一部关于中国历史文化的详细而全面的参考书。

1949年,邓嗣禹到哈佛大学作为期一年的访学进修,并由此同费正清再一次进行合作研究。第二次世界大战结束后,美国基于维护其世界霸权之需,大力开展包括中国研究在内的区域研究。然而,此时的美国汉学界缺乏汉学教学方面的教材。有关中国和远东近代史方面的英文教材仅限

---

① W. Simon, "Review Newspaper Chinese by the inductive Method by H. G. Creel; Teng Ssu-yu. Translations of Text Selections and Exercises in Newspaper Chinese by H. G. Creel; Teng Ssu-yu", *Bulletin of the School of Oriental and African Studies*, Vol. 12, No. 1(1947), pp.260-261.

② 邓嗣禹的这两部本书,在美国学界获得肯定。例如,Thurston Griggs 这样评价《社交汉语与语法注解》一书:"这本汉语教材的材料,源自于'二战'期间芝加哥大学美国陆军中文训练班中的合作导师所编,他们当时是在邓嗣禹教授的领导和监督之下。文本本身的作者是 Ouyang 教授,邓嗣禹负责对其进行编辑并提供语法注解。这是第一本完全由中国人编撰的现代汉语教材。《社交汉语》一书提供了实用的、出色的对话,并配有练习;其对话的主题不仅有用、有趣,而且是现代的——流畅的现代中文口语,并有详尽细致的注解。……总而言之,这部教材是对邓嗣禹和其同事双语能力的一种褒奖。[Thurston Griggs, Review Conversational Chinese, with Grammatical Notes by Ssǔ-yüTêng, *Journal of the American Oriental Society*, Vol. 68, No. 4(Oct.-Dec., 1948), pp.204-206.] John De Francis 认为:"这部著作是一部简洁干脆、有才华且普遍满意的教材。"John De Francis, "Review Conversational Chinese. by Ssu-Yu Teng; A Beginner's Chinese-English Dictionary of the National Language(Gwoyeu). by W. Simon; A Concise Dictionary of Spoken Chinese. by Yuen-Ren Chao; Lien-Sheng Yang", *The Far Eastern Quarterly*, Vol. 7, No. 4(Aug., 1948), pp.447-448.

③ Harley Farnworth MacNair, ed., *China*, Berkeley: University of California Press, 1946.

于为数不多的几部通史性著作。① 研究生的英文参考资料就更为稀少。此前,邓嗣禹同毕乃德和费正清的合作使他们认为,中美学者间的合作是解决这一问题的最佳方式。费正清曾就《清代名人传记》这样评价道:"这是中外合作的一部作品,也是美国研究汉学的一次胜利。更重要的是,它显示了中外合作的可行性。"②基于以前同邓嗣禹的愉快合作,费正清决定抓住邓嗣禹到哈佛进修的机会,再次同他进行合作。费正清在其回忆录中对这次合作有过生动而具体的描述:"由于我在1938年至1941年间的合作者邓嗣禹回到了哈佛,准备进行为期一年的战后进修,因此我们决定合作开展重要中文史料和著作的英译工作,记录那段经常被提到且被误称的中国门户开放历史。我们成立了一个顾问委员会,获得了太平洋学会和洛克菲勒基金会的资金赞助,征集了大约30名学者的意见,最终在1950年拿出了一部厚厚的油印初稿,这就是《中国对西方的反应,1839—1923》。两位非常有实力的学者房兆楹和孙任以都作为第二作者共同参与了本书的撰写工作,我们最终在1954年将此书出版。在所收录的65部重要文献中,邓嗣禹完成了大部分译文工作,并负责编制有关文献作者的资料,之后我又写了书的导论以把这些文献材料连成一体。最终由同事们依次进行核查校对,这个过程再一次让我受益良多。"③邓嗣禹和费正清合作编译的《中国对西方的回应》以及《中国对西方回应的研究指南》出版后,引起了美国汉学界的广泛关注。④ 普里查德评价此书:"这本书非常重要,不仅对远东事务方面的专家有价值,对于远东史或国际关系的初学者来说更是有着非凡的价值……作者们及其合作者值得祝贺,因为他们为中国研究领域提供了一部如此至关重要的著作。"⑤林德贝克认为,这本书的"绝大部分

---

① L. Carrington Goodrich, *A Short History of the Chinese People*. New York: Harper and Row, 1943; Wolfram Eberhard, *A History of China*. Berkeley: University of California Press, 1950; Paul Clyde, *The Far East: A History of the Impact of the West on Eastern Asia*. Englewood Cliffs, N. J. : Prentice Hall, 1948; Franz Michael and George Taylor, *The Far East in the Modern World*, New York: Holt, Rinehart and Winston, 1956.
② [美]费正清著,陆惠勤等译《费正清对华回忆录》,上海知识出版社,1991年,第99页。
③ [美]费正清著,陆惠勤等译《费正清对华回忆录》,上海知识出版社,1991年,第329页。
④ 检索统计发现,有关这两本书的书评多达15篇,发表在《哈佛亚洲研究》《远东季刊》《美国历史评论》《世界政治》《政治学季刊》《远东观察》《国际事务》等美国学界重要学术刊物。
⑤ Earl H. Pritchard, "Review China's Response to the West, a Documentary Survey, 1839-1923. by Ssu-yu Teng; John K. Fairbank; Research Guide for China's Response to the West, a Documentary Survey, 1839-1923. by Ssu-yu Teng; John K. Fairbank", *The Far Eastern Quarterly*, Vol. 14, No. 4, Special Number on Chinese History and Society (Aug. , 1955) , pp.568-569.

史料对于任何一位西方读者来说真正是全新的。每一所大学图书馆都应收藏;无论是远东政治还是远东国际关系的课程都应阅读此书"①。戴德华则如是评价道:"对思想史感兴趣的人来说,这本书是近一个世纪以来中国思想史文献与注释的精彩组合。这是第一次尝试对这一长期以来被忽视的主题给出既有联系性又带有解释性的说明。"②此书在美国风行20多年,是研究生必读参考书。

1950年,邓嗣禹离开芝加哥大学,到印第安纳大学执教,讲授中国史、日本史及远东史。在教授中国近代史时,邓嗣禹同样也面临着教材缺乏的问题。当时绝大多数通行的教材都太过于简单。为此,他努力寻找合适的近代中国史教材。最终,他发现李剑农的《中国近百年政治史》是一本不错的选择。他在关于此书的书评中如是言道:"按照西方的标准,这是关于1840年到1928年中国政治史的最好教材。它既没有过多无关的年代日期、人名和史实,也没有太多新术语、野史性解释和奇怪理论,同样也没有只有作者本人或同一领域的少数专家才能理解的深奥书写。它以一种有趣、流畅的风格书写近代中国史。作者紧扣基本框架,并进行了必要的分析、解释和说明,使整个历史简单、明了、生动。"③在邓嗣禹看来,这本书既不太详细也不太简短,且作者的观点中肯客观,是一本理想教材。在拉尔夫·鲍威尔(Ralph Powell)和普理查德的鼓励下,他和罗克福德学院的杰理米·英格尔斯(Jeremy Ingalls)合作,共同英译此书。由于此书的许多段落和引述没有注明文献来源,为此邓嗣禹和他的合作者在英译时——为引文和内容注明其史料来源,并通过删除书中许多累赘的内容以缩短篇幅,还为原文增补了注释、索引、书目及地图,他们的英译本因此受美国汉学界的推崇。理查德·沃克(Richard L. Walker)认为:"在克服中文本的缺陷

---

① Paul M. A. Linebarger, "Review China's Response to the West: A Documentary Survey, 1839-1923. By Ssu-yu Teng, John K. Fairbank, and others", *The Journal of Politics*, Vol. 17, No. 4(Nov., 1955), pp.676-683.

② George E. Taylor, "Reivew China's Response to the West, a Documentary Survey, 1839-1923. by Ssu-yu Teng; John K. Fairbank", *Annals of the American Academy of Political and Social Science*, Vol. 301 (Sep., 1955), p.255.

③ Teng Ssu-yu, "Review Chinese Political History of the Last Hundred years", *Far Eastern Quarterly*, Vol. 9, No. 3(May., 1950), pp.352-353.

方面做得非常出色。"①在大卫·班蓬(David Pong)看来,由于译者"在查明大多数引文来源方面的工作做得出色","邓嗣禹和杰理米·英格尔斯的编译本广受好评"。②韦慕庭这样评价道:"一代西方学者都将对他们充满感激。"③

邓嗣禹还曾同美国汉学家博晨光有过一段交往与合作,其《颜氏家训》英译本能够完成并出版,在一定程度上与他有着密不可分的关系。《颜氏家训》英译本出版时,邓嗣禹在封页写着"这本书专为怀念博晨光,1880—1958"。在燕京大学担任讲师时,邓嗣禹偶尔也同外国教授进行团队教学。1936年,他和博晨光共同讲授中英翻译这门课。当时,正在翻译《颜氏家训》的他,时常同博讨论翻译的技巧和修辞。④ 1937年,邓嗣禹匆忙离开北京时,曾将译稿交给了博。不久后,北京为日本人占领,博被日军关押起来。1947年,当邓嗣禹作为访问教授回到北大执教时,与博在北京重逢。博将译稿还给了邓。为此,邓计划在出版时,由博为他写一篇序言。这一计划未能实现,因为博回到美国后于1958年即去世。由于邓嗣禹早年研究制度史,并对中世纪和近古史感兴趣,故此他的这部有着大量注释、众多参考书目及索引的《颜氏家训》英译本在丁爱博(Albert E. Dien)看来:"译文本身很好阅读……值得高度赞赏。邓的译本将极大地有助于未来的六朝时期研究。"⑤

不能不提的还有,邓嗣禹同日本山口大学的增田键和斯坦福大学经济学系的助理教授Kaneda Hiromitsu的合作。⑥ 基于让西方学者了解日本学

---

① Richard L. Walker, "Review The Political History of China, 1840-1928. by Li Chien-nung; Ssu-yu Teng;Jeremy Ingalls", *The American Historical Review*, Vol. 62, No. 3(Apr., 1957), p.630.
② David Pong, "Review The Political History of China, 1840-1928. by Li Chien-nung; Ssu-yu Teng;Jeremy Ingalls;China and the West by W. Franke;R. A. Wilson", *Modern Asian Studies*, Vol. 2, No. 3(1968), p.282.
③ C. Martin Wilbur, "Reveiw The Political History of China, 1840-1928. by Li Chien-nung; Ssu-yu Teng;Jeremy Ingalls", *Pacific Affairs*, Vol. 30, No. 2(Jun., 1957), p.179.
④ S. Y. Teng, trans., *Family Instructions for the Yen Clan*, Leiden:E. J. Brill, 1968, p. xxxii.
⑤ Albert E. Dien, "Review Family Instructions for the Yen Clan:Yen-shihchiahsun:An Annotated Translation with Introduction by Teng Ssu-yu", *Journal of the American Oriental Society*, Vol. 93, No. 1 (Jan.-Mar., 1973), p.84.
⑥ Marius B. Jansen, "Review Japanese Studies on Japan and the Far East. A Short Biographical and Bibliographical Introduction. by S. Y. Teng", *The Journal of Asian Studies*, Vol. 21, No. 4(Aug., 1962), pp.553-554.

者及其研究成果以便于同日本学者开展国际合作研究之目的,邓嗣禹在日本学者的帮助下致力于编撰一部介绍从事远东研究的日本学者及其研究成果的手册。为了完成这一任务,邓嗣禹利用休年假的机会广泛走访了日本各类大学,并向经过筛选的1000多位学者寄送了询问其个人简历、教育背景、学术专长、目前研究工作及已出版著述的问卷调查函。有三分之二学者填写并返还问卷调查函,其中部分学者提供了以小字书写的六七尺长的出版物清单表。利用两年多的教学业余时间,邓嗣禹同其日本助手完成对问卷整理及所收集信息的英译,然后按照"远东考古学""国际关系""教育发展""政治与政府""经济与经济发展""艺术""日本史""中国史""日本书目""中国书目""韩国研究""远东佛教""印度研究"等29个类别进行编排,这部收录有779位学者近5000部著作的《日本学者的日本与远东问题研究:传略及其著作述略》一书最终得以完成。不可否认,这部手册并不完美,存在诸如许多重要日本学者被遗漏等缺陷。但是,作为一部参考工具书还是有其价值,"毕竟,这部工具书所提到的日本学者及著述中,只有其中的十分之一为西方一小部分学者所熟悉"。正如邓嗣禹所说:"日本学者通常勤奋且多产",然而在许多情况下,"著名的日本学者在西方并不为人所熟知"。因此,这部工具书有助于增进西方人对日本从事远东研究之学者及其成果的了解。①

除上述外,邓嗣禹还曾参与《民国人物传记辞典》《明代人物传记辞典》《宋代人物传记辞典》的编纂与写作。邓嗣禹同美国汉学家的这些合作,对美国汉学家来说可谓收获良多。费正清曾直言道:"在将其汉学技术转移到美国后,邓同几位美国中国研究的开拓者们进行合作,他们(指毕乃德、顾立雅和费正清自身)从其活力与博学中获益巨大。"②对邓嗣禹来说,则因合作收获难得友谊。顾立雅是一个坦率且喜欢争论之人③,但对这位

---

① John Gittings,"Review China:A Critical Bibliography.by Charles O. Hucker;Japan and Korea:A Critical Bibliography.by Bernard S. Silberman;Japanese Studies on Japan and the Far East.By S. Y. Teng",*Pacific Affairs*,Vol. 38,No. 3/4(Autumn,1965-Winter,1965-1966),pp.370-371.

② J. K. Fairbank,"Obituary:S. Y. Teng(1906-88)",*The Journal of Asian Studies*,Vol. 47,No. 3(Aug.,1988),p.723.

③ 韦慕庭曾对顾立雅这样评价道:"他(指顾立雅)是一个脾气古怪但有学问之人";"我认为芝加哥大学的一切都好,除了我不想在他手下工作之外。"C. Martin Wilbur,*China in My Life:A Historian's Own History*,Armonk,New York:M. E. Sharpe,1996,pp.30、78.

勤奋而谦逊的同事却高度赞赏。①费正清称赞邓是"永远保持乐观、谦逊、勤勉不懈的儒家","是一位基督徒君子(a christian gentleman)和乐于助人的老师"。②邓嗣禹还凭借同美国汉学家的良好关系,得以在美国汉学界赢得良好学术环境。③王伊同曾言:"此邦名儒坐镇一方者,如毕乃德、顾立雅、狄培瑞、费正清,咸乐与之游。切磋道艺,历数十年不替。费以近代史权威,操持清议,为一时物望。每有撰述,辄邀君襄赞。虽云合著,而选题取材,诠释论议,唯君言是听。费又创立亚洲学会,延君为董事,首尾三年而后罢。是以四五十年代,治东亚文史者,鲜不知君名。"④当然,邓嗣禹在美国汉学界为人所知晓,并非完全源自同美国本土汉学大家们的合作。正如王伊同所说:"然君治学勤且恒,识见高且远,范围广且邃,著述富且精,谈吐庄且谐,水到而渠成,非徒时彦推戴之功已也。"⑤

第三节 客居美国的中国史家与美国汉学家的合作特点

中国史家与美国汉学家的合作成果,在美国汉学界乃至国际汉学界获得极高赞誉。《清代名人传记》被认为,"对于我们的中国知识无疑是一个非常显著贡献……它是今天人们所能找到的关于中国最近三百年历史最为详细的佳著"⑥,"它将成为任何以近代中国历史和文化为专业的研究者手中所必不可缺的指南和参考书籍……这部颇具学术水准的著作将对西方世界在近代中国历史的研究方面产生不可低估的促进作用"⑦。德效骞与其中国助手合译的《汉书》译注,被认为"准确又非常贴近中文原文……

---

① H. G. Creel; Têng Ssŭ-yü, *Newspaper Chinese by the Inductive Method*, Chicago: University of Chicago Press, 1943: Preface.

② J. K. Fairbank, "Obituary: S. Y. Teng(1906-88)", *The Journal of Asian Studies*, Vol. 47, No. 3 (Aug., 1988), p.724.

③ 例如,亚洲研究学会成立时,邓嗣禹是当选为理事的唯一一位亚洲学者;1955 年,哈佛大学成立东亚研究中心时,邓任执行委员会委员。这主要得益于邓嗣禹的学术和他的合作精神,正是这些赢得亚洲研究领域其他学者的尊重。

④ 王伊同《邓嗣禹先生学述》,载《燕京学报》新四期,北京大学出版社,1998 年,第 1—2 页。

⑤ 王伊同《邓嗣禹先生学述》,载《燕京学报》新四期,北京大学出版社,1998 年,第 1—2 页。

⑥ K. S. Latourette, "Review Eminent Chinese of the Ch'ing Period(1644-1912).By Arthur W. Hummel", *The American Historical Review*, Vol. 50, No. 4(Jul., 1945), pp.803-805.

⑦ Franz Michael, "Review Eminent Chinese of the Ch'ing Period(1644-1912).By Arthur W. Hummel", *The Far Eastern Quarterly*, Vol. 3, No. 4(Aug., 1944), pp.386-387.

体现了译者对其资助者的极大负责"①;富路德主持编撰的《明代人物传记辞典》,"是自恒慕义出版《清代名人传记》以来关于传统中国最为重要的西方参考工具书,它对于明代中国研究领域所做的贡献值得永远感激"②。冯家升与魏特夫合著的《中国社会史——辽(907—1125)》"是一部融学术水准与综合性为一体的著作,这使其在所有关于中国历史的著述中都将永远占有一席之地"③。梅谷与张仲礼合编的《太平天国:历史与史料》一书,在韦慕庭看来:"所有关注中国研究的图书馆都应收入此书,……它是中美学术合作的一座丰碑。"④

美国汉学家与中国史家合作研究的成果能够获得极高赞誉,当然与中国史家的参与有着密不可分的关系。"在《清代名人传记》中,最大贡献者当属房君兆楹夫妇二人,他们俩竟写成了全数800余中的半数。房君的工作,非但占了数量的偏重,又是尽了物质的优胜,凡是最重要的人物的记载,上自帝皇公卿大臣,下至博学鸿儒与一代的诗人,皆出于房君之手;又因为他的国学根底之深,他的记载如炎武、戴震,及纪之尖,更是超人一等;他在这部书内指出了无数硕学的伟人与时代的进退,及他们对于当代学术的影响和中国文化的趋势。"⑤恒慕义在序言中写道:"应该提到编者主要助手房兆楹先生的功绩。房兆楹先生为编辑本书整整辛劳八年,在这期间他所撰写的传记数量远远超过其他任何人","房夫人同他丈夫一样忠心耿耿为这个事业服务,并且小心翼翼地关注许多麻烦的细节问题"。⑥ 富路德主持编撰的《明代名人录》亦同样受益于房兆楹。狄百瑞评价道:"他在这部著作中的角色由其作为合作编者即可知。这意味着作为由美国出版的两部最为不朽的汉学著作的合作编者,他的名字在西方汉学学术史上

---

① Derk Bodde, "Reviewed work(s):The History of the Former Han Dynasty by Pan Ku;Homer H. Dubs", *The American Historical Review*, Vol. 44, No. 3(Apr., 1939), p.642.
② W. S. Atwell, "Review Dictionary of Ming Biography, 1368-1644", *Bulletin of the School of Oriental and African Studies*, Vol. 40, No. 2(1977), pp.421-422.
③ Woodbridge Bingham, "Review History of Chinese Society:Liao(907-1125).by Karl.A. Wittfogel;Feng Chia-Sheng", *The Far Eastern Quarterly.*, Vol. 9, No. 3(May., 1950), p.356.
④ C. Martin Wilbur, "Review The Taiping Rebellion:History and Documents.Volumes Ⅱ and Ⅲ: Documents and Comments. by Franz Michael; Chung-Li Chang", *Modern Asian Studies*, Vol. 8, No. 3(1974), p.424.
⑤ 黄维廉评《清代名人传记》,载《申报》1947年5月8日,第9版。
⑥ [美]A. W. 恒慕义主编,中国人民大学清史研究所《清代名人传记》翻译组译《清代名人传记》(上),兰州:青海人民出版社,1990年,第6页。

将成为不朽。"①德效骞英译的《汉书》被誉为"标准的中国史著英译本,在西方汉学界应处于一流地位",其中很重要的一个原因正如杨联陞所言:"潘铬基作为其中国合作者。"②魏特夫与冯家升合著的《中国社会史——辽(907—1125)》一书之所以获得交口称赞,冯家升在其中的作用至关重要。拉铁摩尔高度肯定冯氏之作用,他说:"尽管带有非常明显的魏氏理论之标记,但如果没有作为辽史之权威的冯家升多年来所做的贡献,是不可能撰著出这样一部高水准著作的。"③魏氏自己亦承认:"冯家升先生对于《辽史》的精湛知识和他所补充的原始资料,对于我们核对事实的准确性和理解制度程序具有头等重要的意义。他在这两个方面的不知疲倦的兴趣,为人们树立了志趣相投的合作典范。"④张仲礼之于《太平天国:历史与史料》的作用,梅谷如是评价道:"张仲礼多年来一直参与此项研究项目,他承担了相当一部分史料的翻译。他深刻的学识、对于史料的严谨评估,对大量史料英译的修订和注释,对这几卷著作来说做出了无价的贡献。"⑤由此可见,客居美国的中国史家对美国汉学的意义。杨联陞曾言:"稍有识见的西人,已知治中国文史之学不与中国同行学人商量参阅而一意独行者,只是胆大妄为而已。"⑥

20 世纪 30 年代以来中国史家同美国汉学家的合作研究,具有与众不同的特点。概括而言,主要有如下几个方面:

1. 合作研究项目多集中于汉学基础领域

20 世纪 30 年代以来,美国汉学基础仍十分薄弱,处于奠基发展时期。以有关中国历史的英文通史教材为例,"在英语界唯一的教材是卫三畏的《中华帝国》,对于整整一代人来说它一直是一本权威的教科书。……赖

---

① Theodore de Bary, "Obituary: Chao-ying Fang (1908-1985)", *The Journal of Asian Studies*, Vol. 45, No. 5 (Nov., 1986), p.1127.

② Lien-sheng Yang, "Review The History of the Former Han Dynasty by Pan Ku: Translation, Volume Three: Imperial Annals XI and XII and The Memoir of Wang Mang", *Havard Journal of Asiaticstudies*, Vol. 19, No. 3/4 (Dec., 1956), p.437.

③ Owen Lattimore, "Review History of Chinese Society: Liao (907-1125). by Karl A. Wittfogel; Feng Chia-Sheng", *The Pacific Historical Review*, Vol. 19, No. 1 (Feb., 1950), p.85.

④ 魏特夫、冯家升《中国社会史——辽(907—1125)·总论》,见王承礼主编《辽金契丹女真史译文集》,长春:吉林文史出版社,1990 年,第 59 页。

⑤ Franz Michael, *The Taiping Rebellion: History and Documents*, Washington, D. C.: University of Washington Press, 1966, p.viii.

⑥ 杨联陞《追怀叶师公超》,载《传记文学》1982 年第 41 卷第 1 期。

德烈于1934年出版的《中国史与文化》,作为一本大学的中国史教科书就没有遇到过任何竞争对手"①。苦于缺乏英文教材,韦慕庭在哥伦比亚大学教授中国近代史时最常依赖的是恒慕义主编的《清代名人传记》。② 故此,美国汉学家与中国史家的合作多集中于书目、名人传记辞典、资料汇编或汉学教材等工具类或基础性项目。毕乃德与邓嗣禹合作编撰的《中文参考书目解题》一书,属于"为人之学"的目录指南,成为美国汉学发展不可缺少的基础,对每一位从事汉学研究的学人而言都是必备参考书,正如其前言中所说:"是为了向西方学者介绍中国研究领域最为重要的参考书。"此书1936年初版后,因"众多学者的迫切需求以及书商发现初版已绝版很多年"而于1950年修订后再次出版,由此亦可见毕乃德当初同邓嗣禹合作此项目时,实是有感于美国汉学界急需此类参考书。③ 费正清与邓嗣禹合撰《论清代官方公文的递送》《论各种公文的程式及其使用》《论清代纳贡制度的规章及其实施》,虽是关于清代行政方面的研究论文,但实属于清史的基础性研究。20世纪以来大量清代档案文献的相继出版,引发了学界无穷无尽的需要;当费正清等美国汉学家在阅读这些档案文献时,发现"在档案文献资料中充满着技术程序名称,五花八门,令人眼花缭乱";故此,费正清同邓嗣禹合撰关于清代行政方面的研究论文,梳理解释清代公文的类型、作用及传递方式,以使"我们知道这些公文是如何产生和处理的,传送这些公文需要多长时间"④。如果不理解清代文献中的这些专门术语,不了解清代行政方面的主要制度及其运作程序,就不可能真正探讨19世纪中国历史或对这段历史进行任何社会科学分析。⑤《清代名人传记》《民国人物传记辞典》《明代人物传记辞典》等治汉学者所必备的参考工具书亦是因当时学术界之所需而编撰。恒慕义组织包括中国史家在内的50位学者编撰《清代名人传记辞典》之初衷在于,"一方面借此项目使中国研究专

---

① S. Y. Teng,"Review A Short History of the Chinese People by L. Carrington Goodrich", The Journal of Religion, Vol.24,No.4(Oct.,1944),p.294.

② 周明之《萧公权与美国汉学》,李又宁主编《华美族研究集刊》(创刊号),台北:天外出版社,2000年,第68页。

③ Ssu-Yu Teng and K. Biggerstaff, An Annotated Bibliography of Selected Chinese Reference Works, Camb.,Mass.:Harvard Univ. Pr.,1950.pp.vii、v.

④ [美]费正清著,陆惠勤等译《费正清对华回忆录》,上海知识出版社,1991年,第162页。

⑤ John K. Fairbank and Ssu-yu Teng, Ch'ing Administration Three Studies, Cambridge, M. A.: Harvard University Press,1971,p.vi.

业的青年人在中国史料方面得到训练,另一方面满足美国汉学界对这种参考工具书的迫切需求"①。富路德组织编撰的《明代名人传记辞典》,是因为"1950年代亚洲学会的各种不同学术圈越来越强烈地呼唤一部关于明代的基础性著作的问世"②。顾立雅同邓嗣禹合作编写汉语教材,"这是珍珠港事件的直接结果"③。太平洋战争爆发后,美国政府为使被派驻远东的人员对这一地区的语言文化和民族风俗有所了解,在多所院校开设为期6个月的"外国区域与语言课程"短期培训班④。正是基于这种专门训练所需,顾立雅同邓嗣禹专门编写了此套汉语教材。

2.研究理念及框架结构的设置皆出自美国汉学家

赖德烈在20世纪30年代曾如是言道:"学术的热点集中在周代和周代之前的历史、周代和宋代的思想史及艺术史。欧美汉学家极少注意前汉至清代这段时期中国历史的内部发展。"⑤太平洋战争爆发后,基于现实社会所需,在费正清等人倡导下,美国汉学开始摆脱欧洲汉学模式,由注重传统中国转向明清以来的近现代中国,尤其侧重探讨西方入侵如何左右中国历史,所关注的主要是鸦片战争、太平军起义、中外贸易、通商港口的生活与制度、义和团、孙中山、外交关系、传教事业、日本侵略等西方自身最关切的问题。⑥ 故此,美国汉学家与中国史家的合作多是关于清代名人传记、民国人物传记、明代人物传记、中国对西方的反应、太平天国起义的历史与史料、清代行政公文的类型及传递等方面的研究。

就合作研究项目框架而言,亦主要是由美国汉学家所设计。魏特夫、冯家升合著的《中国社会史——辽(907—1125)》一书,阐述研究方法和目的的总论部分是由魏特夫负责,而史料的收集、分析、综合和解释则是由冯

---

① Edwin G. Beal and Janet F. Beal,"Obituary:Arthur W. Hummel(1884-1975)",*The Journal of Asian Studies*,Vol.35,No.2(Feb.,1976),p.269.

② L. Carrington Goodrich. ed.,*Dictionary of Ming Biography*,1368-1644,New York:Columbia University Press,1976,p.vii.

③ W. Simon,"Review Newspaper Chinese by the Inductive Method by H. G. Creel; Teng Ssu-yu"; Translations of Text Selections and Exercises in Newspaper Chinese by H. G. Creel; Teng Ssu-yu. *Bulletin of the School of Oriental and African Studies*,Vol.12,No.1(1947),pp.260-261.

④ Meribeth E. Cameron,"Far Eastern Studies in the United States",*The Far Eastern Quarterly*,Vol.7,No.2(Feb.,1948),p.117.

⑤ Kenneth S. Lattourette,"Chinese Historical Studies During the Past Nine Years",*The American Historical Review*,Vol.35,No.4(July 1930),p.796.

⑥ [美]柯文著,林同奇译《在中国发现历史》,北京:中华书局,2002年,第53页。

家升负责;梅谷与张仲礼合编的《太平天国:历史与史料》,亦是按照梅谷关于太平天国历史的理解来挑选和编排史料;①顾立雅同邓嗣禹合编的两部汉语教材,虽是由邓嗣禹负主要责任,但其框架结构则是遵循顾立雅教授的《归纳法中文读本》中的体例方法来编排。②

3. 史料搜集、挑选、英译及注解等任务多由中国史家承担

由于美国汉学者的中文修养不够,故在合作研究中多由中国史家承担史料的搜集、挑选、英译及注解等任务。邓嗣禹与毕乃德合编的英文《中文参考书目解题》一书,虽然在1936年初版的导言没有介绍两者的分工,但在1950年的修订版中却明确说明了两者的分工:新增的大约130部著作由邓嗣禹负责挑选并由其撰写有关描述这些著作的注解,而毕乃德则通读了这些新材料并就版本的变化提出了一些建议。③ 魏特夫、冯家升合著的《中国社会史——辽(907—1125)》,其第二部分为资料汇编,主要由冯家升搜辑和甄选,并加以注释。正因为如此,魏氏在该书的总论中高度评价了合作者冯家升的出色工作,"他在文字材料方面的非凡知识,使他非常适合于作选择、翻译和注释等学术工作,而这些工作则是进一步开展一切工作的依据"④。在梅谷主持编撰的《太平天国:历史与史料》一书中,收集的391份太平天国原始文献中相当一部分由张仲礼英译,并且他还负责对所有翻译进行审校。⑤ 费正清与中国史家合著的著述,亦主要由中国史家负责材料的收集、整理和英译。《中国对西方的反应》共65篇重要文献,邓嗣禹"起草了其中大部分的译稿","后来又有两个非常能干的学者房兆楹和

---

① Franz Michael, *The Taiping Rebellion: History and Documents*, Seattle: University of Washington Press, 1966, p.vii.

② W. Simon, "Review Newspaper Chinese by the Inductive Method by H. G. Creel; Teng Ssu-yu"; Translations of Text Selections and Exercises in Newspaper Chinese by H. G. Creel; Teng Ssu-yu. *Bulletin of the School of Oriental and African Studies*, University of London, Vol. 12, No. 1 (1947), pp. 260-261.

③ Ssu-Yu Teng and K. Biggerstaff, *An Annotated Bibliography of Selected Chinese Reference Works*, Camb, Mass.: Harvard Univ. Pr., 1950.p.v.

④ 魏特夫、冯家升《中国社会史——辽(907—1125)·总论》,见王承礼主编《辽金契丹女真史译文集》,长春:吉林文史出版社,1990年,第59页。魏特夫发表于1947年《哈佛亚洲研究》的《辽代公职与中国考试制度》一文的注释中,亦坦承冯家升的贡献以及有关不同朝代考试制度的重要资料都是由瞿同祖收集。具体见"Public office in the Liao Dynasty and the Chinese Examination System", *Harvard Journal of Asiatic Studies*, Vol. 10, No. 1 (Jun., 1947), p.13.

⑤ Franz Michael, *The Taiping Rebellion: History and Documents*, Seattle: University of Washington Press, 1971, p. ix.

孙任以都参加进来,担任部分翻译工作"。①

　　由上可见,在这一时期的中美学术合作中,美国汉学家可以说完全居于主导地位,而中国史家则仅仅是美国汉学家的学术助手,服务于美国汉学家。究其原因,当然是因为客居美国的中国史家迫于生计,别无选择。从另一角度而言,这亦是美国汉学能够快速发展的原因所在。为推动美国汉学发展,美国汉学家对于外来知识移民不仅多加利用,且善于利用,以使其按照自身的理念发展汉学。对于今天中国学术发展而言,我们亦应借鉴美国汉学发展经验,即借助国际学术合作以推动我们的学术发展,同时在合作中积极掌握主导权。因为只有真正掌握主导权,才能充分而有效地将国际学术资源为我所用,以解决自身领域所迫切需要提高或急待解决之问题。国际学术合作的落脚点应是"掌握自己的立场、建立自己的标准、厘清自己的目标、把握自己的价值"。

---

①　[美]费正清著,陆惠勤等译《费正清对华回忆录》,上海知识出版社,1991年,第398—400页。

第六章
客居美国的中国史家与美国汉学的基础建设

美国汉学始于19世纪来华传教士,到20世纪三四十年代已有上百年历史。经过百年发展,无论是研究队伍还是研究规模都取得了一定进展,但美国汉学仍处于奠基发展时期。正因为如此,当美国汉学家在与中国史家合作时,合作研究多集中于书目、名人传记辞典、资料汇编等工具类或基础性项目。事实上,客居美国的中国史家还以其他方式致力于美国汉学基础的建设。

第一节　客居美国的中国史家与美国的汉学图书建设

美国的中文图书资料建设始于国会图书馆。早在1869年,美国国会图书馆即开始了中文图书的收集与收藏。1867年,美国国会通过《国际出版物交换法》,从此美国与外国图书的交换开始频繁起来。美国于1868年向清政府赠书后,清朝同治皇帝遂于1869年向美国还赠了10种933册明清刻本,并在每本赠书上题写"中国皇帝赠美国政府"。清朝所赠予的这批书,成为国会图书馆中文典藏的开始。国会图书馆的中文部成立于1928年,到1930年关于远东方面的藏书约有14.893万册,1964年增加到83.1575万册。① 耶鲁大学、哈佛大学、加州大学伯克利分校的中文图书收藏分别始于1878、1879、1896年,它们在20世纪30年代的中文藏书大都在2.5万到15万册不等,然而到20世纪60年代其中文藏书则增加到几十

---
① Tsuen-Hsuin Tsien and Edwin G. Beal, Jr., "East Asian Collections in America", The Library Quarterly, Vol.35, No.4, p.265.

万册。① 具体见下表：

美国 12 家主要东亚图书馆发展情况表

学校名称	中文图书收藏起始年	1930	1935	1940	1945	1950	1955	1960	1964
加利福尼亚大学（伯克利）	1896	22541	35000	50000	75000	100000	130000	237000	263946
加利福尼亚大学（洛杉矶）	1948					20000	40000	55000	80200
芝加哥大学	1936			50000	91324	112148	117148	128341	160894
哥伦比亚大学	1920	40000	80000	113000	159391	173743	185880	209008	240700
康奈尔大学	1918	700	7785	21435	24500	44300	44650	70000	85200
哈佛大学	1879	46186	100471	157969	183620	219508	276696	344102	384707
夏威夷大学	1925	2000	4000	27670	54713	57207	70029	71458	118945
国会图书馆	1869	148930	183367	232663	249000	624507	702133	777636	831575
密歇根大学	1948					12538	60694	91480	131149
普林斯顿大学	1926	80000	90000	100000	110000	130000	135451	146644	175155
华盛顿大学（西雅图）	1947					20000	50000	86595	105963
耶鲁大学	1878	7000	15000	25000	35000	50000	62608	89781	111000

美国各大图书馆中文藏书之所以增加得如此快，当然主要是得益于太平洋战争的爆发以及第二次世界大战后美国基于冷战和地区霸权的需要。

---

① Tsuen-Hsuin Tsien and Edwin G. Beal, Jr., "East Asian Collections in America", *The Library Quarterly*, Vol. 35, No. 4, p.265.

1958年国防教育法的颁布实施,则为美国的中国研究提供了雄厚的财政资助,极大地推动了包括中文图书资料在内的美国中国研究。① 担任过亚洲协会主席的贺凯(Charles O. Hucker)就认为,"最为重要的是得益于国防教育法的推动"②。然而,不容否认的是,美国汉学图书资料的快速发展与裘开明、袁同礼、吴光清、钱存训等客居美国的中国史家是分不开的。裘开明从1931年始至1965年长期担任哈佛燕京图书馆馆长;图书馆学家、目录学家袁同礼于1949年到美后,就任于斯坦福大学研究院编纂主任及美国国会图书馆;钱存训于1949年被聘任为芝加哥大学远东图书馆馆长;吴文津在斯坦福大学修完中国近代史博士课程后,出任斯坦福大学胡佛研究所图书馆馆长,1965年又开始接掌哈佛燕京图书馆;等。这些中国学人任职美国各大图书馆后,无不致力于汉学藏书建设。

早在哈佛大学求学期间,哈佛大学图书馆长已委任裘开明管理中日文图书兼任中文教职。从1927年起至1965年,裘开明服务哈佛燕京东亚图书馆将近40年,中日文书籍从7000册增至40万册,为西方世界大学图书馆中之最大、最佳与管理最善者。裘开明精研目录学,创立哈佛燕京中日文书分类法,融合中西目录学之优点,为欧美各国所采用。第二次世界大战时,他提倡编纂美国各图书馆所藏中日韩文联合目录,并校印哈佛燕京中日文书籍目录,以供世界学林之参考。由于裘开明精明能干,他校争相礼聘为顾问。受其指导者,书籍大增,寻检便利,数年之后,皆成为著名收藏者。退休后,他荣任明尼苏达大学中日图书馆顾问。从无到有,不到10年,明尼苏达大学图书馆收藏之富,即可与美中十大学并驾齐驱。③

自1949年留在芝加哥大学担任远东图书馆馆长后,钱存训以一人之力历时10年将接手时的7万册线装书和从芝加哥纽柏利图书馆购得的已故汉学家劳费从中国购回的2万余册中、日、满、蒙、藏文图书全部整理编目,从而使得这些重要的收藏得以方便师生及研究者使用。在此后的20年时间里,借1958年国防教育法案之东风,钱存训大力采购有关近代中国

---

① 具体参见吴原元《隔绝对峙时期的美国中国学》,上海辞书出版社,2008年。
② Charles O. Huker, *The Association for Asian Studies: An Interpretative History*, Seattle: University of Washington Press, 1973, pp.43-44.
③ 邓嗣禹《纪念裘开明先生——一位毕生为学术界服务的中国图书馆专家》,载黄培、陶晋生主编《邓嗣禹先生学术论文选集》,台北:食货出版社,1970年,第429页。亦可参见程焕文编《裘开明年谱》,桂林:广西师范大学出版社,2008年。

的资料,尤其是报刊、官报、地方行政资料以及中国战乱期间的文献和出版物。在发展有关近现代中国藏书之同时,他继续搜集古籍善本和与教研相关的特藏,并陆续购进近200种明版和抄稿本的善本书,约500种日本所藏中文善本书影以及地方志、官修会典、则例和供教学研究中国书史所用的汉代封泥、居延汉简、敦煌写经、雕版、活字、纸币和早期印刷等珍贵样品多种。当钱存训于1978年退休时,芝大远东图书馆的中文收藏在美国各大学中跃居第三位,以在古代经典、哲学、考古、文学、历史、艺术史和地方志的收藏丰富而著称。①

1950年到印第安纳大学任教以来,邓嗣禹便致力于该校亚洲研究的发展。自他到印第安纳大学后,该校从没有汉语、东亚历史等课程到逐渐开设有汉语、日语、中国史、东亚历史课程,并在1962年成立东亚语言文学系。印第安纳大学图书馆的中文藏书,则从1950年的4本中文书发展到20世纪70年代成为美国东亚藏书的一大重镇。在这中间,凝结着邓嗣禹的辛劳与心血。他在给时任印第安纳大学东亚图书馆馆长李学博(Thomas H. Lee)的长信中描述了20世纪50—80年代印大东亚图书馆的发展经过及退休后他如何以"书丐"(Book Beggar)自称奔走四方为印大筹购图书的艰辛历程:"1950年印大图书馆只有四本中文书,英文的有关东亚的书籍也很少。我和内子编了一个36页单行的书目,都是从哈佛的维德纳图书馆抄来的。我把这个书单给了历史系前系主任班哈教授,表示如果他能买这些书和一些中文参考资料,我就会考虑接受他的聘请;否则我宁愿留在哈佛履行我三年访问讲师的合同,那里我可以做更多的研究和出版更多的著作。班哈教授人很好,答应尽力而为。结果,大部分研究东亚历史、语言、哲学、宗教、经典和文学的英法德文书籍都主要用历史系的经费订购了。大部分中、日文基本典籍也在以后的十年内陆续买到。像《二十四史》《四部备要》《古今图书集成》《大日本史料》《大藏经》等基础研究资料和一些韩国史料都是用历史系经费购买进来的诸多书籍的一部分例子。大约来说,目前我馆图书有三分之一是前十年内经我手买进来的。"②

---

① [美]周原《书海耕耘乐不疲——钱存训教授小传》,载庆祝钱存训教授九五华诞学术论文集编辑委员会《南山论学集——钱存训先生九五生日纪念》,北京图书馆出版社,2006年,第142页。

② 李学博《美国印第安纳大学中文藏书的发现——兼述邓嗣禹和柳无忌教授的贡献》,载《传记文学》第103卷第3期,2013年9月。

得益于裘开明、钱存训、邓嗣禹等中国史家们的努力,美国各大图书馆的中文图书资料发展迅速。1965年,当裘开明从哈佛燕京图书馆荣休时,《哈佛亚洲研究》为纪念这位伟大图书馆学家,特别将第25卷献给他以表达敬意,并题写谢词:"感谢40年来他为图书馆、学者、学生及其在图书馆管理方面所做的真诚奉献。"①鉴于钱存训对芝加哥远东图书馆的杰出贡献,前芝加哥大学负责学术资源的副校长哈里斯(Chanucy D. Herris)在他退休时致函称:"我能与你共事多年,不胜荣幸,同时谨代表学校对于你建设芝大远东图书馆所做出的杰出贡献,深表谢意。你将原有规模很小的中文藏书发展成为一个主要的、国家一级的远东图书馆的过程中,起了关键性的作用。"②1977年出版的《印第安纳大学校史》在描述该校战后区域研究发展时,特别强调邓嗣禹成为其教职员的重要意义。③ 1988年,邓嗣禹去世后,由邓嗣禹一手创建的印第安纳图书馆专门在东方书库做了一面纪念碑,上书"纪念邓嗣禹教授(1906—1988),勤奋而又多产的学者,本校东亚图书馆的奠基者和不倦的支援者"④。

除此之外,客居美国的中国史家还以另一种方式致力于中文资料建设,即从中文史籍中摘录史料并将其英译,将中文史籍部分节译或整体英译,以方便美国汉学界使用。如前所述,冯家升、瞿同祖、房兆楹和杜联喆等中国史家曾先后参与了魏特夫主持的中国社会史资料搜译,帮助他从中国历代正史及相关史籍中摘录有关各朝代的社会经济史料并将其英译;陈荣捷参与了哥伦比亚大学狄百瑞(William Theodore de Bary)主持的东亚思想史资料汇编,并在其中做出了重要贡献。⑤ 邓嗣禹同费正清合作,从各种中文文献中选录了反映中国对西方冲击之回应的65篇重要文献,将其英译辑成《中国对西方的回应》一书。与此同时,客居美国的中国史家亦以个人之力致力于中文资料建设。1949年,萧公权到华盛顿大学远东研

---

① "Dedication to Alfred K'aiming Ch'iu", *Harvard Journal of Asiatic Studies*, Vol. 25 (1964-1965), pp.2-3.
② [美]郑炯文《记钱存训先生的生平与事业》,载庆祝钱存训教授九五华诞学术论文集编辑委员会编《南山论学集——钱存训先生九五生日纪念》,北京图书馆出版社,2006年,第135页。
③ Thomas D. Clark, *IndianaUniversity: Midwestern Pioneer*, Vol. III, *Years of Fulfillment*, Bloomington: Indiana University Press, 1977, p.111.
④ Liu Wuji, "On Building a Chinese Library Collection in an American University: A Tribute to Professor Deng Siyu", *Chinese American Forum 4*, No. 4 (April. 1989), pp.7-9.
⑤ 何炳棣《读史阅世六十年》,桂林:广西师范大学出版社,2005年,第264页。

究所执教后不久,发现"许多研究生阅读中文书籍的能力不高,做研究工作时感困难";"若干颇负时誉的美籍大学教授所著关于中国历史的书籍论文,因为作者的中文修养不够充分,时有误会误解的论断",他便向学校建议开设"中国政治思想及制度资料阅读"课程,"以帮助学生培养阅读原始资料的能力"。在撰著《19世纪的中国乡村》一书时,他特意将从各种中文文献中斟酌摘录的史料一一注明出处,译成英文,"以使读者稽考、覆按,或引用"。① 饶有意思的是,客居美国的中国史家中有不少人在哈佛大学攻读博士学位时,其论文多是对中文史籍或文献进行译注。邓嗣禹在哈佛大学师从费正清攻读博士学位,其博士论文《张喜与南京条约》,首先介绍张喜的生平,并对张喜《抚夷日记》中所描述事件作适当介绍和评论,随后对张喜《抚夷日记》的真伪及其突出点进行讨论,最后是对《抚夷日记》进行注释性翻译。在翻译时,他常在文本中插入来自其他中文和英文文献中有价值的史料,以扩展、解释或补充张喜在日记中所提到的问题。② 杨联陞的博士学位论文题目是《晋书·食货志译注》,主要是对《晋书·食货志》进行翻译并注解,正如杨联陞在与胡适通信时所说:"除译注之外,加一两章引论,论《晋书》本身同几个经济史上的重要问题,大约不至于超过300页。"③杨联陞给胡适的信函中道出了选择将译注《晋书食货志》作为博士论文的原因,"有时候想起自己的论文,系里的规定是以翻译为主。可是很难找适当的材料。想译《宋史·食货志》的一部分,全译太长又似乎没有意思"。"后来忽想起一段简短而自成片段的文字,就是《晋书·食货志》,同 Ware、Elisseeff 商量,都觉得还可以,暂时就算定了。"④

客居美国的中国史家对中文资料的摘录节译或译注中文史籍,这对于美国汉学发展来说有着重要意义。哈罗德·诺布尔(Harold J. Noble)在评论邓嗣禹于1944年出版的《张喜与南京条约》时这样写道:"东亚史专业的许多学生都无法阅读中文,因此这一重要日记的翻译出版对于历史学来说是最受欢迎的贡献","希望邓教授将来能有时间翻译其他文献和日

---

① 萧公权《问学谏往录——萧公权治学漫忆》,合肥:黄山书社,2008年,第222、209、212页。

② Ssu-yu Teng, *Chang Hsi and the Treaty of Nanking*, *1842*, Chicago: University of Chicago Press, 1944.

③ 胡适纪念馆编《论学谈诗二十年——胡适杨联陞往来书札》,合肥:安徽教育出版社,2001年,第50—51页。

④ 胡适纪念馆编《论学谈诗二十年——胡适杨联陞往来书札》,第2、50—51页。

记",同时也"希望有更多的中国学者能以邓嗣禹教授为榜样"。① 要对中国文化做深入研究,必须要有充实的图书资料作为基础。客居美国的中国史家们致力于汉学图书资料建设,为美国汉学发展奠定了坚实的基石。余英时就此总结道:"60 年来北美汉学或中国研究的突飞猛进,我恰好是一个见证者。我可很负责地报告,汉学或中国研究之所以能取得今天的成就,主持各大图书馆东亚部门的华裔学人是最大的功臣。正由于他们建立了完善的支援系统,北美的研究队伍才能迅速地成长起来。这一支援系统并不限于图书的收集、分类、整理等,而且包括华裔主持人所提供的关于目录学、版本学以及一般文史方面的知识。这种知识上的点拨往往能对青年研究者产生催化作用,使他们提前进入掌握中心论题的状态。在 20 世纪50—60 年代,哈佛燕京图书馆首任馆长裘开明先生对于许多博士研究生都曾给予启蒙和指引,这是我亲眼所见的事。因此,1964 年费正清和赖肖尔特别把他们合写的《东亚:传统变迁》献给裘先生,感谢他为美国好几代学人提供了研究便利。这一献词富于象征意义,可以一般地适用于所有北美东亚图书馆界的华裔主持人。最近读到钱存训先生的自传,我觉得他在芝加哥大学东亚图书馆任上所做出的贡献,和裘先生之于哈佛恰如先河后海相得益彰。裘先生是第一代,钱先生是第二代,而后者通过教学又培养出好几代的人才。"②

第二节 客居美国的中国史家与美国的汉学书目编纂

1849 年,《中国丛报》在其第 8 期和第 12 期上刊发了由卫三畏(Samuel Wells Williams)编纂的包含有 402 条有关中国的西文文献之书目③,这被认为是西方最早的中国书目。在卫三畏之后,西方关于中国的重要书目当属 1876 年在上海出版的《中国书目手册:涉华西文书目总览》。这部书目是由德国汉学家穆麟德和莫伦道夫·穆林德夫编撰,分中国语言和文学(语法、词典、对话、手册、英译典籍、论文、文学、汉字及印刷、刊物及

---

① Harold J. Noble, "Review Chang Hsi and the Treaty of Nanking, 1842 by Ssu-Yu Teng", *Pacific Historical Review*, Vol. 14, No. 2 (Jun., 1945), pp.223-224.
② 余英时著,邵东方编《史学研究经验谈》,上海文艺出版社,2010 年,第 204—205 页。
③ *Chinese Repository*, XVIII, No. 8 (August, 1849), 402-444; No. 12 (Dec., 1849), pp.657-661.

多卷本)、中华帝国(历史与编年史、地理、自然史、中国与华人、同西方交流史)、中国边地(满族、蒙古、西藏、高丽语言与文学、地理、历史)等三大部分,汇集17世纪至1876年间总计4639条文献,编者对其中许多书目都做了简要说明,书后并附作者索引。西人编纂的最为全面的中国书目当属法国东方学家、目录学家和地理学家考狄(Henri Cordier)①的五卷本《中国书目》。《中国书目》是考狄庞大著述中最重要的著作,可以说是毕生心血之结晶。全书分为五个部分:第一部分,有关狭义的中国;第二部分,在中国的外国人;第三部分,外国人与中国的关系;第四部分,在外国的中国人;第五部分,中国的附属国。考狄的《中国书目》收录了16世纪到1923年西方关于中国的总计约6万条书目,包括用多种欧洲语言写成的有关中国之专著和文章,广及小启事和书评。自其出版以来,该书目以其长远的时间跨度、巨大的容量、可靠的材料、丰富的语种和合理的编排开创了西文综合性中国书目的先河,成为中国研究不可或缺的标准参考工具书。

自考狄《中国书目》出版后的近40年间,正是美国汉学快速发展的时期,出版了大量关于中国的期刊论文和专著。然而,自考狄的《中国书目》之后,一直以来都没有在规模上与之相似的继承者,许多汉学家迫切感到缺乏这样的参考工具书,承担并完成这一使命的正是1949年客居美国的中国学人袁同礼。客居美国后的袁同礼,历时5年完成了《西方文献中的中国:续考狄中国书目》一书,该书目收录包括自1921—1957年以英法德文所发表的有关中国之著作1.8万余种,于1958年由耶鲁大学出版。之所以编纂此书目,正如袁同礼在书目的《前言》所说:"目前,对考狄书目续编的需求是明显的,因为数十年来,这里有巨大的汉学研究成果,这些研究对专家来说也是陌生的,这本续编就是要填补这个空白。"袁同礼为编纂此书付出了艰辛的努力,其子袁澄在《劳碌一生的父亲》一文中,对其父默默从事调查工作之艰苦情形有详细描述:"父亲总站在国会图书馆前楼近千余万张'联合目录室'的卡片柜前,从 A 到 Z 一张张卡片都仔细翻阅。每见一张关于中国的书名,他立刻写在随带的卡片上。这项工作,父亲永远是站着做的,每等到他手里卡片堆积到二三十张时,他便自己步入书库,把

---

① 考狄(Henri Cordier,1849—1925),法国人,出生于美国新奥尔良。于1869年来到上海,1876年离开中国,在中国的这段生活令考狄对中国文化产生了浓厚的兴趣。回国后考狄创办著名的汉学研究刊物《远东杂志》《通报》,一生著述甚丰,有《中国书目》《中国通史》《日本书目》《印度支那书目》等,晚年还补订亨利·裕尔《马可波罗游记译注》和《东域纪程录丛》。

这些书一一找出来翻阅。这第二步工作也全是站着做的。……"①袁同礼常说:"编目录的工作,有一本书自己没查到都不放心。"为此,"每在联合目录上查出国会图书馆所无书籍,便写信到欧美各大图书馆询问关于此书的基本形态,如著者、页数、目次、内容、印行年、印行人等,以便进一步去访求"。袁同礼以通讯方法询明概要后,每遇假期便至各地图书馆查阅原书;1953年,由罗氏基金会资助,专程赴欧洲研究汉学西文书目,期年而返。② 由于袁同礼如此艰辛而细致的付出,该书目所收文献之信息非常全面准确,恒慕义在该书的《序》中如是评价说:"书目中所有条目都一一亲自考订其准确性,而非录自其他数据。为了防止缺失,美国和欧洲的重要亚洲图书馆他大都一一访问到了。因此他的续编无论在语种还是在年代的覆盖面上,比任何一家图书馆都要全面。"

除完成《西方文献中的中国:续考狄中国书目》外,袁同礼还利用国会图书馆藏书之便编纂了《俄文汉学书目》《德文汉学著作选目》《新疆研究丛刊》《中国留美博士论文目录1905—1960》《中国留英及爱尔兰博士论文目录1916—1961》《中国留欧大陆博士论文目录1907—1962》《现代中国社会经济发展资料指南》《中国数学书目》《胡适先生西文著作目录》《中国艺术考古西文书目》(未竟,Harrie A. Vanderstappen续辑完成),并续辑了王重民的《美国国会图书馆中国善本书目》。其中,《现代中国社会经济发展资料指南》专为研究现代中国问题者编集,该指南收集有关统计、经济、金融、地区调查及社会发展之英、法、德文专书、期刊及参考书;《中国艺术考古西文目录》收录了西欧及俄文有关书画、建筑、雕刻、陶瓷、铜器、版刻及工艺之专著及论文1500条。③ 袁同礼晚年在美国国会图书馆当一个普通的编目员,用唐德刚的话说很"屈就"。袁同礼对唐德刚说其理由,第一是养家活口,第二是为了将来的养老金,以保晚年。然而,从国立北平图书馆馆长到编目员,隐忍淡定的工作成就了一个目录学家。傅安明在纪念袁同礼的文章中曾说:"终身忙碌,终身快乐。即在快乐忙碌之中,完成一生之志业。"④

---

① 袁澄《劳碌一生的父亲》,载《传记文学》第8卷第2期,1966年。
② 袁澄《劳碌一生的父亲》,载《传记文学》第8卷第2期,1966年。
③ 钱存训《袁同礼先生对国际文化交流的贡献》,载中国图书馆学会辑印《袁同礼先生百龄冥诞纪念专辑》,台北中国图书馆学会,1995年,第10—13页。
④ 傅安明《悼念袁守和先生》,载朱传誉主编《袁同礼传记资料》,台北:天一出版社,1979年。

到美后的刘广京,在师从费正清从事中国近代史研究之同时,致力于汉学书目的编纂。从1946年开始,费正清在刘广京的通力协助下编纂了《近代中国:1898—1937年中文著作目录指南》,该书目指南厚达608页,耗时3年完成,于1950年出版。编纂该书的主要目的是为西方的近代中国研究者更为充分地利用中文史料,尤其是为哈佛中国研究中心的高年级研究生使用而设计的。为此,这一书目的编者决定采用简单的权宜之计,"把书从书架上拿下来并浏览一下"。具体而言,编者从哈佛燕京学社的中日图书馆藏书中选取了1898—1937年间出版的1500部中文著作。除了少数几部例外,这部书目中所列著作都是哈佛燕京学社的中日图书馆所能找到的重要著作。编者将这些著作分为参考工具书、通史性著述、政府与法律、历史研究和史料、外交事务、经济数据和研究、社会问题、文化运动和教育、知识分子与文学史、报纸和学报等九大类,每一大类之下再细分为若干类别。为了方便学生和研究者的使用,每一条目下都有作者的名字和罗马拼音、书名的英译名、出版商、出版地点和时间,哈燕社的馆藏号,并附有相关作者、书名的索引。值得一提的是,每一条目下都有编者关于此著内容和价值的简短描述说明。在通常情况下,编者的描述说明多是对该著的粗略浏览,但这些描述说明却被证明是无价的,因为这些描述说明可帮助初学者以及研究者快速确定此书是否正是他所要找寻之书。对于那些使用中文史料能力有限的美国学者来说,这部书目指南具有显而易见的价值。

完成《近代中国:1898—1937年中文著作目录指南》后,刘广京在哈佛大学的美国远东政策研究委员会支持下,历时5年之久与艾文博(Robert L. Irick)、余英时共同编纂了《中美关系,1784—1941:哈佛大学所藏中文史料调查》,该书是 K. C. Kiu 主编的"美国远东政策研究之研究辅助工具"丛书的第三部①,主要内容是调查哈佛大学馆藏的中美关系方面的中文文献,以供对中美关系史感兴趣的哈佛大学研究生使用。除非另有说明,书中所有作品集和著作都有馆藏号,以便能在哈佛燕京学社的中日图书馆找

---

① Robert L. Irick, Ying-shih Yu and Kwang-ching Liu, *American-chinese Relations*, 1784-1941: A Survey of Chiese-Language Materials at Harvard, Cambridge, Mass: Harvard University Press, 1960; 前两部分别是 Valentin H. Rabe, *American-Chinese Relations*, 1784-1941: Books and Pamphlets Extracted from the shelf lists of Widener Library; Clayton H. Chu, *American Missionaries in China*: Books, Articles and Pamphlets Extracted from the Subject Catalogue of the Missionary Research Library.

到。全书共分研究工具和史料指南、经济与文化关系以及政治与外交关系等三大部分,并附有1909—1956年中美关系方面的博士论文目录、1948—1960年哈佛研讨班的毕业论文目录以及1935—1959年的学报和杂志目录。其所收文献大多出版于1941年之前,且绝大多数都是关于1912年之前的历史;当然,该书亦收录了100部1941年之后出版的中共出版物。由于这些文献并非都能在哈佛大学图书馆找到,许多只能摘录中文期刊索引。为此,编者核查了所挑选的《清华学报》《今日评论》《甲寅》《国闻周报》《不忍》《世界知识》《生活》《社会科学》《社会科学季刊》《申报月刊》《时事月报》《大中华杂志》《独立评论》《太平洋》《文哲季刊》《外交季刊》《外交周报》《外交评论》《外交研究》《外交月报》《庸言》等21份期刊,并广泛搜寻了中日图书馆的书架目录、谭卓垣的中文杂志索引、中国史学论文索引以及21份学报杂志等文献。该书所收录的档案出版物、专著和私人收藏文献中,包含非常有价值的原始史料,这为专题性研究提供了绝好的机会。正因为如此,编者在前言中写道:"在编辑这本书目时,我们最为深刻的印象是其中的史料为研究者提供了大量机会。我们希望这份目录能激励研究者就中国对美政策背景、中国排外运动的起源、美国贸易和传教活动的影响、在美的中国劳工和留美学生对近代中国发展之作用等专题展开研究。"①

此外,刘广京于1964年出版的《美国人与中国人:历史性短评与书目》,在很大程度上亦可视为一部书目性著作。该书的第一部分是一篇仅有37页的导论性论文,它对过去150年间中美经济和文化关系的各个方面做了富有启发性的介绍,尤其是关于贸易商、传教士和到美国留学或工作的中国人对中美关系之影响的介绍发人深省。柯文(Paul A. Cohen)在关于此书的书评中说:"将来的研究生如能开采刘关于这些主题的导论性介绍,他们将会收获颇丰。"②书目构成了此著的主体部分,约有150页。这些目录绝大部分由鲜为人知的西文文献组成,分为四大类:收藏在美国的非官方手稿和档案;在中国服务过的美国人和在美中国人的传记、回忆

---

① Robert L. Irick, "Ying-shih Yu and Kwang-ching Liu", *American-chinese Relations*, *1784-1941*: *A Survey of Chiese-Language Materials at Harvard*, Cambridge, Mass: Harvard University Press, 1960, p.xviii.

② Paul A. Cohen, "Review Americans and Chinese: A Historical Essay and a Bibliography by Kwang-ching Liu", *The Journal of Modern History*, Vol. 36, No. 2(Jun., 1964), p.208.

录及信函；美国、中国及香港出版的英文报纸期刊；参考文献。其中，收藏的手稿最为重要——这份名录列出了19世纪以来美国所保存的极为丰富的未出版史料。为便于研究者使用，编者不仅标明了所有手稿和档案汇编的存放处，以便研究者知晓在什么图书馆或收藏机构能找到这些史料，而且还为导论性文章和书目中提到的人物、机构及组织之名称制作了一份索引。

七七卢沟桥事变爆发后，应同学房兆楹之邀赴美的邓嗣禹于1950年出版了《太平天国史新解》一书。此著旨在向并不熟悉中文的西方读者介绍中国学者关于太平天国的研究情况。邓嗣禹首先评述了诸如简又文、谢兴尧、罗尔纲等人的通史性著作，并列出了日本学界出版的最新研究成果以及英、法、德语界等欧洲学者关于太平天国的早期研究成果；然后，以"关于几个棘手问题的新见解"为题，介绍了之前所提及学者各自在诸如洪大全主张的真实性、太平军与秘密会社之间的关系等具体问题的观点。这部专论的主体是介绍学者关于太平天国运动性质、原因、早期发展史及其宗教、政治和社会体制所做的研究，邓指出了近代中国学者关于这些问题的相互矛盾之观点，并提供了许多他自己的结论。事实上，它不仅是一书目参考，更是关于这一课题研究的指南，为西方读者提供了关于太平天国研究的大量新信息；尤为值得注意的是，这些信息大都来自中文著作以及散落于中文学报中的学术论文。从事近代中国史研究的学者会发现它非常有价值，因为它为研究者提供了找寻有关太平天国史料文献的路径。

钱存训在芝加哥大学教授中国目录和历史学课程多年后，于1978年出版了《中国：书目解题汇编》一书。此书分为总论与特定书目和专题书目两大部分，每一部分各十章；所解题的条目超过2500部，主要是英语、中文和日语的文献，亦有一些俄语、法语和德语以及其他欧洲语言的文献，其所收文献包括1977年末出版的著作；每一条目都有关于作者、标题、版本、页码和内容等描述性质的注释，并偶有评论；另外，每一中文和日语条目都附有英译标题、拼音和中文。此书出版以前，中文学界常用的是何多源主编的《中文参考书指南》和郑行林编撰的《中文参考书举要》，它们都出版于1936年；在英语界使用最广泛的则是由邓嗣禹和毕乃德合编的于1936年出版的《中文参考书目解题》。钱存训的书不同于这三部书之处在于，它是"书目之书目"，没有涵盖这三部书所收入的百科全书、年鉴、各类辞典、个人著述索引等类型的参考书，但是诸如参考书之书目却是竭尽所能收入其中。它收入了不少于 2500 部书目、书目论文以及关于特定时期或特定领域的文献调查,其所收条目总数超过了其他三部中的任何一部。这部书最为独特的地方在于,它包含了从期刊、系列出版物和专论中搜罗出来的书目。钱存训搜罗了 147 种中文期刊和 105 种日文期刊,将其所刊载的书目一一收入这部书之中。这些散落的书目信息非常有价值,因为包含有这些书目的期刊并不容易在某一图书馆获得。

中国史家的这些书目性著述,颇受美国汉学界的好评与重视。吴光清在书评中曾言:"毫无疑问,研究中国的学者将会因为其有价值的贡献而对袁同礼充满极大的感激,这部书目将在参考工具书架上占据突出位置,并将证明是一不可或缺的资料信息来源。"①胡应元曾提到袁同礼所编的这些书目成为富路德教授所开授课程的主要参考教材,"笔者在若干年前,曾选习一课,中国书目学,系哥伦比亚大学中日文系及图书馆学系合开,由该校系主任富路德教授等讲授,旨在指导图书馆学系学生如何解答问题及担任书目工作,及指导中文系学生如何寻找资料,以做深入研究,上列守和先生之《近代中国经济及社会》和《研究中国之英法德文书》即被列为该课之主要课本"②。施维许如是评价刘广京与费正清合编的《近代中国:1898—1937 年中文著作目录指南》:"这部富有开拓性和启发性的书目,事实上是'对近现代以来美国中国研究的一直接挑战'。它的编者为卓有成效的研究打开了宽广领域。每一位从事近代中国研究且能阅读中文的美国学者都将欢迎这种具有实用性的指南,那些无法阅读中文的人将受其激发而将其作为学术研究的一必不可少工具。"③毕乃德亦这样评价道:"对于每一位从事近代中国研究的西方学者来说,这部书目指南是必不可少的。"④在杜润德(D. C. Twitchett)看来,刘广京的《美国人与中国人:历史性短评与书目》是"关于中美关系之史料的小指南,对于从事 19 世纪

---

① K. T. Wu, "Review China in Western Literature: A Continuation of Cordier's Bibliotheca Sinica by Tung Li Yuan", *The Library Quarterly*, Vol. 29, No. 3(Jul., 1959), pp.225-226.

② 胡应元《袁守和先生与学术研究工作》,载朱传誉编《袁同礼传记资料》,台北:天一出版社,1979 年。

③ Earl Swisher, "Review Modern China: A Bibliographical Guide to Chinese Works, 1898-1937. by John K. Fairbank; Kwang-ching Liu", *Pacific Historical Review*, Vol. 19, No. 4(Nov., 1950), pp.448-450.

④ Knight Biggerstaff, "Modern China: A Bibliographical Guide to Chinese Works, 1898-1937. by John K. Fairbank; Kwang-ching Liu", *The Journal of Modern History*, Vol. 23, No. 4(Dec., 1951), p.384.

中国史的研究者来说非常有用"①。柯文认为:"中美关系领域的所有学者都将感激他编得如此详尽的书目目录。"②邓嗣禹的《太平天国史新解》一书,被认为是"非常学术化并有大量文献资料证明的著作"③。在韦慕庭看来,其价值不仅"为西方读者提供了关于太平天国研究的大量新信息资料",而且"它丰富了西方读者关于19世纪中期中国的历史知识"。④ 钱存训的《中国书目解题汇编》"毫无疑问将是未来许多年里中国研究方面最为重要的参考工具之一"⑤;詹姆士·哈格特(James M. Hargett)则认为,钱的此书作为"书目之书目"的潜在价值是非凡的,"研究者和普通读者都将欢迎钱这部有价值的参考工具"⑥。

  客居美国的中国史家所编纂的这些书目,之所以受到美国汉学界的好评,美国汉学基础薄弱是其中原因之一。施维许就美国汉学界的中文著述利用情况如是描述道:"目录学家和图书馆学家远走在历史学家的前面,现在到了这一领域的历史学家该忙碌的时候了。同样的荒费也出现在其他有着丰富中文藏书的国会图书馆、哥伦比亚、耶鲁、芝加哥大学等图书馆。令人好奇的是,直到今天,崭露头角的美国汉学家都曾有令人沮丧的经历,即他们不得不面对无尽的中文著述,而且他们对其中绝大多数的著述可说是一无所知,甚至连书名都无法领会或理解。"⑦基于此种状况,哈佛燕京学社从20世纪40年代末开始,致力于出版一套包括书目编纂、语法、参考工具、译著以及其他研究辅助物等在内的系列丛书,刘广京和费正清合编

---

① D. C. Twitchett, "Review Americans and Chinese: A Historical Essay and a Bibliography by Kwang-ching Liu", *Bulletin of the School of Oriental and African Studies*, Vol. 27, No. 3(1964), p.687.

② Paul A. Cohen, "Review Americans and Chinese: A Historical Essay and a Bibliography by Kwang-ching Liu", *The Journal of Modern History*, Vol. 36, No. 2(Jun., 1964), p.208.

③ Shu-Ching Lee, "Review New Light on the History of the Taiping Rebellion.by Ssu-Yu Teng", *American Sociological Review*, Vol. 16, No. 3(Jun., 1951), pp.409-410.

④ C. Martin Wilbur, "Review New Light on the History of the Taiping Rebellion. by Ssu-yu Teng", *Far Eastern Survey*, Vol. 19, No. 10(May 17, 1950), pp.103-104.

⑤ Eugene W. Wu, "Review China: An Annotated Bibliography of Bibliographies.by Tsuen-Hsuin Tsien; James K. M. Cheng, Notable Books on Chinese Studies: A Selected, Annotated, and Subject-Divided Bibliographic Guide.by C. H. Lowe; Jess H. Shera", *The Journal of Asian Studies*, Vol. 39, No. 1(Nov., 1979), pp.159-160.

⑥ James M. Hargett, "Review China: An Annotated Bibliography of Bibliographies by Tsuen-Hsuin Tsien", *World Literature Today*, Vol. 54, No. 1(Winter, 1980), p.169.

⑦ Earl Swisher, "Review Modern China: A Bibliographical Guide to Chinese Works, 1898-1937.by John K. Fairbank; Kwang-ching Liu", *Pacific Historical Review*, Vol. 19, No. 4(Nov., 1950), pp.448-450.

的《近代中国:1898—1937年中文著作目录指南》即是其中第一册。费正清和刘广京在《近代中国》一书的前言中坦言编纂此书目的原因:"美国汉学的一反常之处在于,图书馆学家在书籍收藏方面所做的工作要远好于使用它们的历史学家。过去20年间,在挑选和组织收藏已知中文著述方面,哈燕社无疑是其中最好之一。然而,多年来所收藏的中文著述的使用率是如此之低,每两万册中文著述仅有一位严谨的研究者。"①正是因为如此,客居美国的中国史家编纂这些书目可谓是恰逢其时,满足了当时美国汉学界所需。托马斯(S. B. Thomas)在评论《近代中国》一书时就呼吁道:"那些对这一时期感兴趣的研究者将欢迎这部著作的出现,并迫切期待未来学院提供更多的研究工具,希望其他收藏有大量中文著述的大学在不远的将来能提供相类似的指南。"②

书目的编纂是件苦差事,被认为是"无害的苦力工作"③。然而,目录是治学的基础,研究的指南。利用目录是做任何研究的第一步,从选题、拟定大纲、搜集资料、写作,以至编制参考书目,都必须首先检查目录。借助目录,既可以确定前人有无做过相同或相近的著作,又可提供相近的著述以丰富内容,同时亦可依靠各种目录以尽可能搜集完备的资料。伴随着美国汉学界利用中文史料之能力的日益增长,客居美国的中国史家所编纂的这些书目著述,既为他们提供了学术信息资料,打开了搜寻中文史料的方便之门,同时亦为他们选择可研究的领域提供了富有启发性的提示。费正清在评价其与刘广京合纂的《近代中国》时这样说道:"读着这卷书,我至今仍感到兴奋不已。只要我手头持有这本书,我就能随时告诉我的任何一个学生他应找的中文原始资料的有关情况,并让他知道如何去找。它就像使人多了一部分大脑一样,不仅可以随身携带,而且还要来得可靠得多。"④刘广京的《美国人与中国人》,不仅提供了中美关系史的资料指南,还"为对某些被忽略领域作进一步研究提供了非常有价值的起点,对于年

---

① John K. Fairbank;Kwang-ching Liu, *Modern China:A Bibliographical Guide to Chinese Works*,1898-1937, Cambridge:Harvard University Press,1950:preface.
② S. B. Thomas, "Review Modern China:A Bibliographical Guide to Chinese Works,1898-1937. by John K. Fairbank;Kwang-ching Liu", *Pacific Affairs*, Vol. 23, No. 2(Jun., 1950), pp.198-199.
③ James M. Hargett, "Review China:An Annotated Bibliography of Bibliographies by Tsuen-Hsuin Tsien", *World Literature Today*, Vol. 54, No. 1(Winter, 1980), p.169.
④ [美]费正清著,陆惠勤等译《费正清对华回忆录》,上海知识出版社,1991年,第398页。

轻学者寻找一可做原创性研究的领域特别有用"①。邓嗣禹的《太平天国史新解》同样如此,"在呈现最近太平天国研究趋势以及为从事太平天国史研究的学者指出可作进一步研究的领域方面,具有突出的意义和价值"②。简言之,客居美国的中国史家所编纂的书目指南,对美国汉学界来说有着不可替代的价值,是美国汉学发展所不可缺少的基础。

---

① Joungwon Kim, "Review Americans and Chinese: A Historical Essay and a Bibliography by Kwang-ching Liu", *World Affairs*, Vol. 127, No. 3(Oct., Nov., Dec., 1964), pp.184-185.

② Laai Yi-faai, "Review New Light on the History of the Taiping Rebellion by Ssu-yu Teng", *The Far Eastern Quarterly*, Vol. 10, No. 4(Aug., 1951), pp.385-387.

第七章
中国史家客居美国后的史学研究及其影响

中国史家客居美国后,不少人迫于在美国学术界立足之需,将自己的研究方向转至近代中国。比如,萧公权即由中国政治思想史转向从事近代中国研究;邓嗣禹的研究方向由原来的中国文化和制度改以中国近代史为主,不仅其博士论文是以《张喜与南京条约》为题目,而且此后亦潜心于太平天国和秘密会社研究;瞿同祖则由两汉社会研究转向致力于探研清代地方政府的组织,出版《清代地方政府》一书;从事五朝史研究的王伊同,以《中日间的官方关系》为题获得哈佛大学博士论文;刘广京客居美国后,致力于晚清经世、传教和自强运动等方面的研究,其最为世人所称道的是在中外航行史、招商局及剑桥中国近代史的著作;何炳棣在以英国的土地问题研究获得博士学位后,主要致力于明清史研究,出版有《中国人口史论》《明清社会史论》等;张仲礼在客居美国期间,主要著有《19世纪的中国绅士》《中国绅士的收入》,并与梅谷合编《太平天国:历史与史料》等。与此同时,亦有不少中国史家在抵美后,并没有追随当时美国汉学界注重中国近代史研究的大潮,仍然坚守着自己此前的研究领域,或是开辟中国近代史以外的其他学术领域。钱存训在1947年抵美后,主要致力于中国古代书史方面的研究;刘子健到美后,在洪业的鼓励之下开辟了此前不为美国学人所关注的宋史研究;杨联陞在抵美前,主要侧重的中古经济史研究,虽因教学之所需而致研究领域非常的庞杂,但主要还是围绕帝制中国时代的制度史展开研究。这批客居美国的中国史家,无论是否追随美国学界潮流,毫无疑问的是与此前在国内的学术研究有着很大不同。

第一节　杨联陞和他的帝制中国研究

1947年,原打算在获得博士学位后即回国的杨联陞,在赖肖尔、柯立夫、叶理绥等人的邀请和挽留下,尤其是在胡适和嘉德纳的建议下,接受了哈佛大学的聘约,开始了在哈佛大学长达30余年的执教生涯。留校任教后,杨联陞所担负的课务相当沉重。日本学者宫崎市定曾于20世纪60年代到哈佛大学访学,据他回忆:"当时杨教授所担任的课程,在星期二、四、六的上午10点有中国史,星期一、三、五的午后2点有中国古典。此外,星期三下午4点他在法学部还有关于中国法律及社会的课程。合计一周共要上7回14小时的课……实在是负担太重……我心中不免升起这种待遇太不公平之想法,心想如果向学院主管提出申请,分担一些杨教授的授课时间,或许可以减轻一些杨教授的负担。为着此事,我找杨教授商量,杨教授立刻毫无遮掩地说,美国向来如此,既给予教授很优渥的待遇,就尽可能地役使他们。"①繁重的教学任务在杨联陞的日记中体现得相当明显,以1950年10月的课程为例,星期一、三、五下午2时上文白著作选读,星期二、四、六上午10时讲授中国通史,星期二、四还要进行中文教学,其他时间大都被各种系会、研讨会及学位口试、笔试等占用。②

在繁重的教学之余,杨联陞主要致力于中国古史研究,撰述和发表了大量的学术研究成果,除与赵元任合编的《国语小字典》、博士论文《晋书·食货志译注》及《中国史专题讲授提纲》《中国货币与信贷简史》等之外,在《哈佛亚洲研究学报》等美国知名汉学期刊和重要研讨会上发表了许多学术含量极高的论文,如《侈靡论——传统中国一种不寻常的思想》《佛教寺院与国史上的四种筹措金钱的制度》《国史上的人质》《二十四名称试解》《帝制中国的作息时间》《中国经济史上的数词与量词》《国史诸朝兴衰刍论》《报——中国社会关系的一个基础》《从经济角度看帝制中国的

---

①　[日]宫崎市定《悼杨联陞教授记交游》,载《历史月刊》1991年第37期。
②　转引自刘秀俊著,王学典指导《中国文化的海外媒介——杨联陞学术探要》,山东大学博士论文,2010年,第76页。

公共工程》《从历史看中国的世界秩序》等。① 杨联陞的这些著述,甚至让日本、西欧各国的权威学人都深怀仰之意。据刘子健所言:"日本年轻的学人告诉我说,他们的老师对于杨先生极为敬重。凡是他的著述,都觉得无懈可击,奉为规范。"②杨联陞正是凭借其学术研究得以在哈佛连升三级,荣膺讲座教授。③ 有关杨联陞的生平及其学术研究,学界已多有介绍和评述④,因此本书主要侧重于探讨杨联陞在中国古史研究方面的特点及其对美国汉学界的影响和贡献。

1.杨联陞的帝制中国研究之特点

杨联陞的著述多为论文和书评,涉及的领域则有经济、社会、政治、文化、宗教,以至考古、艺术等部门,由此难免会给人琐碎之感。杨联陞与其

---

① 1960年,哈佛大学出版社曾从杨联陞在1946年至1957年间刊发于《哈佛亚洲研究学报》的论文中选取了9篇,以《中国制度史研究》为名出版;1983年,台湾亦曾从杨联陞的重要英文论文中选取14篇,以《国史探微》为名出版;他的中文论文则被收入《中国语文札记》。另外,台湾还曾将杨联陞的重要书评及部分论文收集成册,名为《汉学散策》于1969年出版。

② 刘子健《斯学传斯风——忆杨联陞先生》,载《历史月刊》1991年第37期。

③ 杨联陞的成功除其自身的资质外,与其勤奋是分不开的。据刘子健的观察,杨联陞时刻不忘研究工作,晚上还常跑研究室看书,"有时晚间穿过校园经过那里,四周都黑了,只有他那间屋子的灯光亮着。遥见他的人影,在架前桌前,忙个不停"。白天,他翻看图书馆的书籍,也往往都能看见铅笔轻写得行书眉批,这都出自杨联陞的笔迹。详见刘子健《斯学传斯风——忆杨联陞先生》,载《历史月刊》1991年第37期。

④ 20世纪90年代之后,伴随着杨联陞的去世,一批学者相继撰写纪念或回忆的文章,如周一良的《纪念杨联陞教授》(载周一良《周一良集第五卷:杂论与杂记》,辽宁教育出版社,1998年)、余英时的《中国文化的海外媒介》(余英时《钱穆与现代中国学术》,广西师范大学出版社,2006年)、刘广京的《挽杨联陞先生》(《历史月刊》1991年第36期)、刘子健的《斯学传斯风——忆杨联陞先生》(《历史月刊》1991年第37期)、李弘祺的《海滨拾贝壳的学者——怀念杨联陞教授》(《历史月刊》1991年第36期)、宫崎市定的《悼杨联陞教授记交游》(《历史月刊》1991年第37期)、张凤的《一怀孤月映清流——追怀汉学大师杨联陞教授》(张凤《哈佛心影录》,上海文艺出版社,2000年)、吴兴文的《花果飘零哪是家——一九四八年后的董作宾、杨联陞与钱端升》(《印刻文学生活志》2005年第1卷第9期)以及葛兆光的《正晌午时说话,谁也没有家——1977年杨联陞回国记》(《读书》2014年第3期)等。对杨联陞的学术研究进行评述的则有李显裕的《试论杨联陞的史学及其精神之涵义》(台湾中央大学历史所《史汇》1996年创刊号)和《博雅的通人杨联陞史学精神再探》(彭明辉、唐启华主编《东亚视角下的近代中国》,台湾政治大学历史系,2006年),考察了杨联陞的成学过程与学术思想;林郁婷的《敢比仰山杂货铺 何堪舜水再来人——杨联陞及其史学思想研究》(台湾辅仁大学,2006年硕士学位论文),主要是探寻追索杨联陞的学术脉络、史学思想,并重建其治学路径;徐小玲的《论杨联陞的中国社会经济史研究》(华东师范大学,2009年硕士学位论文),探讨了杨联陞治中国社会经济史的特点与史学精神;刘秀俊的《"中国文化的海外媒介"——杨联陞学术探要》(山东大学,2010年博士学位论文),在林郁婷论文基础上,借助尚未整理出版的《杨联陞日记》对杨氏与国际汉学界的交往进行了较为翔实的考察。

他客居美国的中国史家不同之处即在于此,做学问似乎没有完整详尽的系统,有点"陪公子读书"之味,他自己曾以"杂货铺"自我解嘲。在1963年9月10日给周法高的信中,他如是写道:"我因在外国教书关系,只能开杂货。歧路亡羊,常常引以为戒。说不上什么成就,绝不敢与在各部门卓尔成家的诸位前辈相比。"①1965年,在同何炳棣交游时,他亦坦率地对何说:"你是历史学家,我是汉学家。什么是汉学家?是开杂货铺的。"何立即回应:"可是你这杂货铺主人的货源,确实充足,连像我这样'傲慢'(故意用此形容词)的历史学家还非向你买货不可。"②1985年,他受邀到香港新亚书院为"钱宾四先生学术文化讲座"作三场论坛;论坛讨论结束后,他将一封致谢函寄至新亚,信中附录了两首打油诗以作结尾,其中一首即为"瓦砾沙金杂货铺,也谈儒释也谈玄。三原关系人情味,四海交游结胜缘"③。1987年,杨联陞作联自嘲"瓦砾沙金 敢比仰山杂货铺;探微识小 何堪舜水再来人"。④ 杨联陞的研究之所以如此庞杂,与其所处的情势有关。他在美数十年,受其指导的学生亦多,研究的问题复杂多样。杨联陞自己曾言道:"在美国讲中国学问,范围很难控制。因为学生的兴趣各有不同,先生也就不能不跟着扩大研究的领域。"⑤他在法国得奖的学术名著《中国货币信用小史》,就是因教学没有适当的教材,为学生的需要而完成的一本书,他的《中国史专题讲授提纲》也同样如此。⑥

  杂货铺或许只是外在的表象,其实骨子里是"会通"之境的企及。⑦ 法国汉学大师戴密微(Paul Demieville)在为杨联陞的《汉学散策》所撰导言中曾指出:"杨联陞的学问是出于把一己的才性灵活运用在中国最好的博雅传统上面。因此,他擅长于对浩博的资料进行精密的分析并从而得出综

---

① 周法高《汉学论集》,台北:正中书局1965年,第26页。
② 何炳棣《读史阅世六十年》,桂林:广西师范大学出版社,2005年,第339—340页。
③ 杨联陞《中国文化中"报""保""包"之意义》,贵阳:贵州人民出版社,2009年,第167页。
④ 杨联陞著,蒋力编《哈佛遗墨——杨联陞诗文简》,北京:商务印书馆,2004年,第303页。
⑤ 余英时《中国文化的海外媒介》,载余英时著《钱穆与现代中国学术》,桂林:广西师范大学出版社,2006年,第140页。
⑥ 张凤《一怀孤月映清流——追怀汉学大师杨联陞教授》,载张凤《哈佛心影录》,上海文艺出版社,2000年,第5页。
⑦ 这里的"会通"一词,借用的是何兆武先生的概念:"人文学科发展的途径,就只能是会通古今、会通中外、会通文理。既是会通,就不是简单的非此即彼……而是融会和贯通……正反双方不断朝着更高一层的综合前进。"详见徐耕葆《释古与清华学派》,北京:清华大学出版社,1997年,第6页。

合性的结论。"①正像戴密微所指出的那样,杨联陞的诸多学术论文无不是在"浩博的资料"基础上,通过"精密的分析"从而"得出综合性的结论"。《从经济角度看帝制中国的公共工程》涵盖的时代起自秦朝统一天下而以1912年清室覆亡为止,围绕公共工程从宗教、劳动力、资金、经济思想以及公共工程与国家和社会之性质的关系等角度展开综合性探讨,涉及《汉书》《梁书》《通典》《宋会要稿》等几乎各个时代的文献。在文中,杨联陞专门指出:"在思想的领域里,作划地自限的研究并没有什么好处。因为人们思考的时候,总不会把自己限制在某种学科或那一门科学所界定的特殊范围内。我主张将经济思想放入整个历史背景中讨论。"②他的《中国文化中"报""保""包"之意义》一文中,结合文字学、考古学、宗教学、社会学、文学、哲学及人类学等知识理论,对报、保、包三个字进行了详细的训诂考据,认为"报"具有包括鬼神报祭、天人感应、因果报应乃至于社会关系上的报施德怨、礼尚往来等宗教意义;"保"在宗教上有天保、神保之意,在政治思想上有保民,在制度上具有保甲连从与科考的廪保,社会经济则有买卖借贷的中保、人质的保任等;"包"指保任、负全责。对此,金耀基感叹道:"只有像联陞先生那样具有文字学、史学和社会科学的修养,才能做到触类旁通,揭微抉隐。"③李弘祺认为:"杨联陞显然在做学问上已然达到'横通'的气魄(甚或是境界)。"④对比视之,美国汉学家的研究都集中在相当短的一个时期内,尽管魏斐德的研究范围是从17世纪到现今。但是,不管他们撰述多丰厚,他们的著作都集中在短时期内,而且研究的题目也比较狭窄。反之,杨联陞的研究范围就非常广泛,从古到今都包括在内,这在美国研究中国历史的学者中非常少见。⑤

周一良曾这样评价杨联陞的治学特点:"他善于发现问题,从大处着

---

① Lien-Sheng Yang, "*Sinological Studies and Reviews*", Taipei: Shih-Hjo Publisher, 1982, p.8.
② 杨联陞《从经济角度看帝制中国的公共工程》,载《国史探微》,北京:新星出版社,2005年,第171页。
③ 金耀基《中国文化中"报""保""包"之意义》,贵阳:贵州人民出版社,2009年,第163—167页。
④ 李弘祺《海滨拾贝壳的学者——怀念杨联陞教授》,载《历史月刊》1991年第36期。
⑤ 周武、李德英、戴东阳《中国中心观的由来及其发展——柯文教授访谈录》,载《史林》2002年第2期,第11页。

眼,从小处着手,由小以见大。论著每多创获,深得陈寅恪先生学风的三昧。"①周的上述概括,用杨联陞自己的话说就是"训诂治史"。杨联陞曾就"训诂治史"这样解释道:"'训诂'一词即西文 phiology 语文","中文一字多义(西文亦多如此)有其妙用。语文与思想,关系甚密,有人说:不会德文则不能了解康德哲学。同样也可说不会古汉语,很难了解古代思想"。② 因此,训诂即"彻底掌握史料的文字意义,尤其重要的是能扣紧史料的时代而得其本义",对于史料中的歧漏错谬,则需要运用方法加以考证。只有通过对史料的严格鉴定和精确理解,比较可靠的客观史实才能建立起来。在他看来,所谓的"训诂治史"如果落在史学研究的基层工作上头,对任何理论、观点而言都是中立的。治史者假使在文献方面发生严重的错误,则其所构建的历史图像无论采行何种观点,充其量只是空中楼阁。故此,杨联陞认为治史者必须通训诂,"要研究中国史的人必须具有起码的训诂学素养。够不上这种要求的研究者,只能算是玩票性质,而不会成为一个全健的汉学家。毕竟中国史的主要资料仍旧是典籍,虽然考古材料与口耳相传的掌故也很重要。训诂学的一大法宝——典籍考证学能够使研究工作者在使用文献的时候,保持高度的谨慎。一旦有了一份典籍,其他训诂学的技巧就能够帮助研究者正确地去了解它的意思。我得承认这些东西并不就构成汉学的全部,但它们确实是汉学的基础"③。

杨联陞在其著述中,反复提示:中国的各类历史文献都有其耐人寻味的"训诂"问题,治史之士首先要深探到中国文献的内核,尽其一番曲折,然后才进一步提出一己之所得。在译注《晋书·食货志》时,杨联陞注意到这段话,"男子一人占田七十亩,女子三十亩。其外,丁男课田五十亩,丁女二十亩,次丁男半之,女则不课"。他提出应特别注意这段文字中的三个关键词,即"占田""课田"和"其外"。结合当时的历史及晋以后朝代的土地分配制度,他经考订认为"占田"与"课田"不同,前者指法令允许每丁男、丁女占有田亩的极限,而不是政府授田的亩数,而后者则是政府指定丁男、丁女、次丁男必须耕种一定亩数的田,包括公田和私占的田在内。据此,杨联陞驳斥了陈焕章及部分日本学者将占田解释为授田、课田理解为

---

① 周一良《纪念杨联陞教授》,载周一良《周一良集·第五卷:杂论与杂记》,沈阳:辽宁教育出版社,1998年,第259页。
② 杨联陞《中国文化中"报""保""包"之意义》,贵阳:贵州人民出版社,2009年,第2页。
③ 杨联陞《国史探微》,北京:新星出版社,2005年,第137页。

纳税地的错误观点。① 在《中国货币与信贷简史》这部具有开创性的著作中，他对中国历史上有关货币和银行的大约300个左右的关键性术语着重做了考订分析。周一良认为这本书成功的原因在于："一、此书以类别为经，时间为纬，叙述历史上货币与信贷的演变，脉络分明；二、探讨经济问题时，很好地结合了时代的政治、军事、社会等方面的背景，这应与作者本人深厚的史学根基分不开；三、具有批判性的观点在书中随处可见，颇具启发性。"②周氏的评价非常敏锐，尤其是他认为特定的经济名词在不同时代里会有其不同的意义，必须还原到历史环境中方能真正理解它们所代表的意义。语言或文字名词若抽离掉当时的社会情境，便会有使用与认识上的问题，正如杨联陞在《中国经济史上的数词和量词》一文中所考订的那样。他在文中对"千金""半"等词进行了详细的训诂，指出"千金"并非实数，通常仅用来指一大笔财富，而"半"看起来像是虚数，实际上却是实数；至于"太半"和"少半"，它们在近代文献中都用来表示比一半大或比一半小，但在汉代或者汉代以前它们却是用来表示三分之二和三分之一。③ 在《从经济角度看帝制中国的公共工程》一文中，杨联陞在从劳力角度讨论帝制中国的公共工程时，他首先详加讨论的是"卒"和"徒"的差别以及曾困扰许多学者的术语"无任"之含义。经过严密的考订，他认为"卒"指的是征集自服兵役或力役中的平民，而徒是被判处一年至五年徒刑的罪犯，而"无任"指的是没有保证人之意。在厘清了这些关键性术语后，他再就各个历史时期的公共工程之劳动力来源、人数等问题进行宏观性讨论。④ 再如，在《佛教寺院与国史上四种筹措金钱的制度》一文中，杨联陞围绕"长生库""唱衣""关扑""闹姓"等汉籍文献中的术语进行考订，对国史上当铺、合会、拍卖、出售彩券这四种筹措金钱的制度进行了梳理。⑤

---

① Lien-sheng Yang, "Notes on the Economic History of the Chin Dynasty", *Harvard Journal of Asiatic Studies*, Vol. 9 (Jun., 1946), pp.107-185.
② 周一良《哈佛大学中国留学生的"三杰"》，载周一良《郊叟曝言：周一良自选集》，北京：新世界出版社，2001年，第41—42页。
③ 杨联陞《中国经济史上的数量与量词》，载《国史探微》，北京：新星出版社，2005年，第110—117页。
④ 杨联陞《从经济角度看帝制中国的公共工程》，载《国史探微》，北京：新星出版社，2005年，第145—157页。
⑤ 杨联陞《佛教寺院与国史上四种筹措金钱的制度》，载《国史探微》，北京：新星出版社，2005年，第188页。

杨联陞主张的"训诂治史"绝不仅仅只是训诂和考证,他紧守"训诂考据"的关口,无非是提醒治史者注意到审查和运用史料的复杂性。正如余英时所说,"杨先生考证精到而取材广博,但并不是传统意义上的考证学家,他的训诂和考证都是为更大的史学目的服务"。① 他在《帝制中国的作息时间表》中,对中国帝制时代21个世纪中的作息时间表进行考察,所要揭示的是"帝制时代中国的各个团体觉得遵行规律的作息时间表是很自然的,古代传统所强调的美德是勤",并借此驳斥了现代西方人时常批评中国人在日常事务上缺乏时间观念。由此,他告诉人们:"在机器时代以前,中国是一个农业国家,没有特殊的需要去注意一分一秒的时间。传统对勤劳的强调及遵守作息时间表的习惯,大概有助于中国这一个长久的帝国的维持,而这些因素无疑地将会证明有助于中国的工业化和现代化。"②《从经济角度看帝制中国的公共工程》一文中,杨对帝制时代与公共工程有关的经济因素进行考据梳理,旨在强调帝制时代中国就已出现了"工赈""发商生息""保固"等近代西方在经济领域方面的常见做法。③ 杨联陞在《中国文化中"报""保""包"之意义》一文中对"报""保""包"三个字进行了非常详细的考订,其意旨在告诉人们,中国人相信行动的交互性,在人与人、人与超自然之间都有一种确定的因果关系存在,这种交互补偿在中国是其来久远,并高度意识到其存在。《国史上的女主》一文,讨论了中国从公元前221年至1912年历史上曾出现过的女主现象。他讨论这一现象的目的在于"或可提出一些关于中国及邻近社会妇女地位及其互相影响之可能的假设","比较而言,以华北东部为根据地的商代王室妇女地位较高,商朝兄终弟及比率之高,可能是早期母系社会的遗留。……加上其他证据,显示早期中国文化,至少其东方的一支,可能是母系,或甚至是女酋长制的"。④ 他在《佛教寺院与国史上四种筹措金钱的制度》一文中,详细介绍了国史上当铺、合会、拍卖以及出售彩券这四种起源于佛教寺院的金钱筹措制度,最后要告诉我们的是:"由于有关这四种筹措金钱之制度初期的资料都恰巧与佛教组织有所牵连,因此我们可以暂且假定它们都是起源于寺

---

① 余英时《钱穆与中国文化》,上海远东出版社,1994年,第170页。
② 杨联陞《帝制中国的作息时间表》,载《国史探微》,北京:新星出版社,2005年,第59页。
③ 杨联陞《从经济角度看帝制中国的公共工程》,载《国史探微》,北京:新星出版社,2005年,第180—187页。
④ 杨联陞《国史上的女主》,载《国史探微》,北京:新星出版社,2005年,第73—74页。

院。但这也并不意味着说它们都是从印度传进来的。中古寺院中的拍卖只不过是其中可以完全确定受到印度影响的一项。其他三种制度则可以说是中国人的发明。因为借贷、互助、拈阄等一般观念和方式在佛教传入之前,中国人无疑已是相当熟悉了。更具意义的一点是佛教寺院及丛林之财富确确实实为融资制度的发展提供了一个很有利的条件,因而对俗界的社会、经济生活产生不可磨灭的影响。"①

需要注意的是,杨联陞的学术论文之所以能够"多有创获",其原因就在于"以训诂考证的微观与社会科学的宏观相互阐发"所致。杨联陞的《帝制中国的作息时间表》,从长时段考察帝制中国时代官方的办公时间和假日以及包括农人、商人、工匠、仆役、奴隶在内的营业劳动时间和假日节庆。他指出,节日的产生与运作背后有社会权力的影响与变化。杨联陞对传统中国社会的心态、时间观及庶民社会生活史所做的考察,实际上正是法国年鉴学派在从事"文化"或"文明"研究时所采取的心态历史这一研究取向②。在《中国文化中"报""保""包"之意义》中,他运用韦伯、牟斯(Marcel Mauss)和帕森思(Talcott Parson)等多位西方社会学思想巨擘的理论,讨论道德的普遍主义和分殊主义的概念,认为"还报"的观念是普遍的,原则的行使则是分殊的,是建立在两个个别的个人或家族上。在他看来,语文与思想有密切的关系,报、保、包的字、音义的变化所考究的是中国社会运作背后的法则。金耀基对此评价说:"这篇文章虽然是史学家之笔,却充满了社会学的慧见,是一篇把人文学与社会科学细针密缝的佳构。"③在《国史诸朝兴衰刍论》中,杨联陞在论及兴衰的衡量尺度时,提出可否从文化活动的角度来描述盛世。对此,他借用人类学家柯瑞伯(Alired L. Kroer)关于文化成长形态的研究结论,即"国家的统一与文化的成就,两者之间只有部分的相关",并提出应定义文化的质与量的关系问题。由此

---

① 杨联陞《佛教寺院与国史上四种筹措金钱的制度》,载《国史探微》,第203—204页。

② 这种研究取向注重对一般群众的普遍心态、世界观、生活经验的观察与研究,与传统文化史家或思想史家的最大不同就在于所关注的对象已从"精英的文化"转至"一般人的文化";另外,这种研究取向重视器具之使用、人的行为与活动等"历史实体",企图从"物质实体""社会结构""时代环境中抽离并捕捉时代的集体心态与思想习惯"等"心理实体"。换而言之,就是要透过心态的研究,去呈现所有人类社会活动中各个结构之间的"内在相互关系"。关于年鉴学派的影响,具体可参见赖建诚《年鉴学派管窥》,台北:麦田文化出版社,1996年。

③ 金耀基《中国文化中"报""保""包"之意义》跋,贵阳:贵州人民出版社,2009年,第163—167页。

可见,杨联陞对社会科学理论动向及观点的娴熟。

2.杨联陞的帝制中国研究之贡献

杨联陞的著述虽不多,但由于其既博雅又具深度,因此成为在国际汉学界享有盛誉的著名汉学家,无论是在海峡彼岸还是新旧大陆以至港澳等地都蜚声驰誉。贺凯称"在传统中国研究方面没有人比杨联陞更具权威和博学"①。1969 年,杨联陞接受圣路易斯华盛顿大学颁授荣誉文学博士学位,赞词说:"杨联陞:汉学宗匠,其博学明识所树立之楷模,已为学人所矜式,而其于东西大同之旨,深有领会,则尤为爱好和平诸人士所更宜矜式者也。"1976 年,接受香港中文大学颁发荣誉博士学位,赞词称:"杨教授博闻强记,学贯中西,尤精研中国制度史及中国经济史,其有关此等专史之论著,备受国际学术界之推崇。"②杨联陞去世时,哈佛大学为他发的讣告说:"杨联陞教授在国际上以学术辨析能力与才思敏捷著称,是几代学生所亲切怀念的好老师,是协力培育与造就美国汉学的先驱者之一。"③杨联陞的学术研究不仅广受国际汉学界赞誉,而且对美国汉学发展起到了至关重要的作用。具体而言,其价值或贡献主要体现在以下几个方面:

其一,矫正美国汉学界对汉文献的误解误译。中古史名家严耕望曾这样评价他的同辈:"莲生天分极高,学问极博,自己谦称杂家,其实他的学术触觉灵敏,境界很高,常能贯通各方面的知识,提出新颖论点,岂止他自谦的'杂货摊'而已!他通晓数国语文,凡中外学人讨论中国学术问题,他发现谬论,必直言批驳,不留情面,为国际公认的汉学批评名家。"④确如其所言,杨联陞在其研究著述中常指正包括美国汉学家在内的国际汉学界对汉文献的错误理解。他在《中国经济史上的数词与量词》中,即指出由于沙畹(Edouard Chavannes)不了解"太半"(大半)和"少半"(小半)在汉代或者汉代以前表示的是三分之二和三分之一,故此将居延汉简中大半误理解成"大的度量",将"长四寸大半寸"误解成"四寸长,半寸大",其实应当指

---

① Charles O. Hucker,"Reivew Studies in Chinese Institution History. By Lien-sheng Yang",*The Journal of Asian Studies*,Vol. 21,No. 2(Feb.,1962) ,p.224.

② 林聪标《迎杨联陞教授到新亚书院讲学》,载杨联陞《中国文化中"报""保""包"之意义》,贵阳:贵州人民出版社,2009 年,第 63 页。

③ 周一良《纪念杨联陞教授》,载周一良《周一良集·第五卷:杂论与杂记》,沈阳:辽宁教育出版社,1998 年,第 251 页。

④ 严耕望《钱宾四先生与我》,台北:商务印书馆,1992 年,第 133 页。

的是"四又三分之二寸长"。① 同时,他还在《佛教寺院与国史上四种筹措金钱的制度》中指出,沙畹曾将元代流行的"解典库"误解成了"图书馆"。② 在《晋代经济史释论》中,他则指出白乐日(E. Balazs)忽略了在唐代前半叶大部分时期人民同时缴纳"租"(每人两石)和"地税"(已耕地每亩两升),因而对杜佑关于租及地税收入所做的估计无法加以满意的解释,同时指出他将763年诏令中的地税误以为了租,且对该诏的断句也不正确,应该断作"一户之中,三丁放一丁庸、调;地税依旧每亩税二升"。在该文中,杨联陞还认为劳费对《魏书》卷66第18页上有关水碓的翻译"错误百出",并给出了他所理解的正确翻译。③ 在《从经济角度看帝制中国的公共工程》一文中,他就德效骞和韦慕庭对《汉书》"惠帝本纪"中"徒隶"的翻译指出,德将其当成"罪犯与家臣"是错误的,而韦慕庭将此名词译成"罪犯与侍仆"亦是错误,并认为他们"真是译得含糊笼统"。他以翔实的文献考据指出,在汉代被判处劳役的人一般仅叫作"徒",不过也有叫"徒隶"这种复合名称的,徒和隶是同义的,其意为"囚徒奴隶"的意思。此外,他在该文中还就白乐日的《隋书》"刑法志"的译文指出,白将"五任"译作"五种工艺"显然是错误的。杨联陞基于文献认为,此处的"五"即是"伍",意指受连带责任所约束的五人群体。对于华兹生(Burton Watson)英译《史记·陈涉列传》时所存在错误,他则坦率地指出将"骊山徒奴产子"诸字译成"卒、奴隶以及他们在骊山的儿子们"是错误的,其实此处所指的乃是骊山的囚徒和可能来自帝国境内各地的奴隶之子,并感慨道:"这种对制度史的无知实在不可原谅,何况韦慕庭、何四维等人的扎实作品一点都不难得到呢!"④

其二,批驳美国汉学界关于帝制中国的错误观念。自明末清初以来,伴随着西方传教士涌入,他们在将西方新知引入中国之同时,亦开启了西方的汉学研究。然而,由于工业革命的展开,西方不仅在物质文明方面得

---

① 杨联陞《中国经济史上的数词与量词》,载《国史探微》,北京:新星出版社,2005年,第113页。
② 杨联陞《佛教寺院与国史上四种筹措金钱的制度》,载《国史探微》,北京:新星出版社,2005年,第191页。
③ 杨联陞《晋代经济史释论》,载《国史探微》,北京:新星出版社,2005年,第228页。
④ 杨联陞《从经济角度看帝制中国的公共工程》,载《国史探微》,北京:新星出版社,2005年,第147—148页。

到前所未有的提高,而且在思想领域亦正在发生一场重要的变革,由此一度为西方所称羡的中国开始被西方视为一个过时的社会。正如有学者所说:"越来越多的西方人士,对一度被视为样板的中华帝国产生了轻蔑和敌视的态度,以侮辱和谩骂取代了以前的尊敬和颂扬,贫穷而野蛮,落后而停滞,闭塞而傲慢,道德败坏,极度虚弱,再加上腐败的专制主义政治制度,构成了新的,但显然是否定性的西方人的中国观。"①受这种中国观的影响,包括传教士在内的西方人在看待和评价帝制中国时,采用的是以近代西方文明为判别文明的唯一标准和以西方近代化模式为文明发展唯一模式的二极思维。这种以西方文明作为衡量其他非西方文明的思维方式,使得他们在理解帝制中国时产生了诸种流行的错误认知和观念。比如,关于中国的世界秩序观,西方人常认为中国之世界秩序是一个以中国为中心的层级体系,在这一体系内中国是内的、大的、高的,而蛮夷是外的、小的、低的;又如,西洋学者论中国史,常用"朝代循环"一词,认为中国以往缺少进步、进化观念,中国人理想中的黄金时代是上古;再如,关于中国传统史学,西洋人多认为中国传统史学实为儒家史学,而儒家史学旨在为道德服务,故是有史而无学;没有史学观念的中国史学,只能收集与编排史料,缺少辨别真伪的能力;只知编年,而缺乏综合与解释的技艺,以至于史学意识停留在相当低的层次;对于中国的史官制度,则认为官修代表官方立场,史官为政府所雇用,必具官方的意识形态与偏见,且往往有违真实,无从具有个人独立的观点与立场。简而言之,中国传统史学受到儒家思想的深切影响,把重点放在褒贬上,沦为道德工具,而历代中国政权雇用史官,为其政治目的服务,又沦为政治工具,以至于没有独立的史学意识,在方法上亦因而停滞在编排与剪贴的层次。②

  对于西方人关于帝制中国的这些错误且流行的观念,杨联陞在研究著述中常进行有针对性的批驳。比如,在《从历史看中国的世界秩序》一文中,杨联陞开篇即指出:"对整个中国历史加以观察,即可发现这个多面的中国中心之世界秩序,是在不同的时间,从许多程度不一甚至有时几近于

---

① 吴义雄《在宗教与世俗之间——基督教新传教士在华南沿海的早期活动研究》,广州:广东教育出版社,2000年,第454页。
② 具体参见杜维运的《与西方史学研究者论中国史学》(台北:东大图书有限公司,1981年)和汪荣祖的《西方史学研究者对中国传统史学的理解与误解》(载汪荣祖《史学九章》,北京:三联书店,2006年,第91—99页)。

零的事实上建立起来的一个神话。"①他在该文中考订了"蕃""番"与"藩"三字在中国国际体系上的认识差异,认为"中国的内服、外服是一个值得注意的重要观念",但"内、外只是比较而言","由于军事、文化扩张的结果,一些外服可以被并入内服,所有诸藩都有变成外藩的可能,或者更通俗地说,所有生蕃都可能变成熟蕃"。更重要的是,"内外相对的用法,并不意味着中国和邻邦或藩属之间没有疆界"。最后,杨联陞特别指出:"讨论中国的世界秩序,尽可能分清神话与事实,当属重要,两者都可彼此影响。一个人可以说神话是一个文化的或心理的事实,但是无论如何要和政治事实分别清楚。"②在《国史诸朝兴衰刍论》和《朝代间的比赛》两文中,杨联陞则针对西方学界所流行的"朝代循环论"进行批驳。他在《朝代间的比赛》中指出,中国虽有崇古思想,但并不是说事事今不如古,"宋朝以来,更常常有人列举若干条'本朝事胜前代'之事"。为此,他在该文中搜罗了大量有关朝代间比赛的记录或后人的评论,并加以分析。在《国史诸朝兴衰刍论》中,他则就朝代循环问题提出首先应加考虑的是这几个问题:第一,应包括哪些朝代,因为中国历史上的朝代有长有短,有汉族的也有异族的,有正统朝代与僭伪朝代之分;第二,朝代的终始应如何确定,因为朝代的终结既牵涉到"中兴"这样有趣的问题,同时还存在各朝代在时间上重叠的问题;第三,衡量的尺度是什么,最为明显的两组标准是统一与扩张,和平与繁荣,即文治与武功,但这两种功绩多少是互相对立的。杨联陞特别提出,在对标准进行界定之后,还需用界定过的标准透过正史的本纪对各个朝代的基本面貌进行多重检查。在他看来,"只有在做完所有必要的检查之后,我们才可以对不同的形态加以得体的比较与解释。也只有如此,我们才可能断定,就那一层意义而言,中国历史上各朝各代间是重复着同样的循环,还是展开着不同的循环。……此外,讨论朝代循环而置形态于不顾,也显得太过玄虚,反而可能一点用处也没有"③。简言之,杨联陞认为"研究历史,除掉兴亡之外,还要看全部的盛衰得失,从各方面分看,再合拢起来看,这样画成若干条或再简化为一条起伏线,代表一朝的大势,才好作精细的

---

① 杨联陞《从历史看中国的世界秩序》,载《国史探微》,北京:新星出版社,2005年,第1页。
② 杨联陞《从历史看中国的世界秩序》,载《国史探微》,北京:新星出版社,2005年,第2—3页。
③ 杨联陞《国史诸朝兴衰刍论》,载《国史探微》,北京:新星出版社,2005年,第29页。

比较"①。再如，杨联陞在《官修史学的结构》一文中，对唐朝至明朝间正史撰修的原则与方法进行了详细的梳理说明，借此批驳西洋学者对中国传统史学的错误认知和观念。他在文中指出，正史所具体呈现的原则中，最重要的是环绕在"为何"与"如何"等问题上。在回答"为何"这个问题上，记录的连续性与传达有用的参考资料为两个主要的原则；至于"如何"的问题，最重要者为两套相互矛盾的原则：忠实记录的原则之于伦理的偏见或专事掩饰（讳），以及称颂与谴责（褒贬）的原则之于共同的评价。与此同时，杨联陞认为官修史学所常采用的集体修史及纪传体的方法可弥缝因官修史学原则导致减低对中国官修史书的信心与兴趣。② 他曾向西方学界这样评述中国官方史学，"白乐日曾经一针见血地指出，大多数中国史书，都是'官僚所写，写给官僚看的'。不过，这并不意味着中国的历史记载因此就一点用处也没有。即使在提供有用的历史参考，或说'资治之鉴'的有限目标里，中国史家也信守保存信而有征之记载的信条，而且在记注之时，对成败得失全加报道，无所偏颇。他们为近代史家留下一笔丰富的材料。用经济史的术语来说，这不仅让历史学家们能够重建一个相当清楚的公共财政图像，而且也能重建一些民众生活史的外貌与细节"。③

其三，推进美国汉学界对帝制中国的理解。杨联陞常就史籍名称、史籍中的数词等问题著文介绍，以使美国汉学家能够正确理解帝制中国时代的史籍文献。如前所述，他曾撰文介绍唐朝至明朝间正史撰修的原则与方法，以厘清帝制中国时代中国官方史学的结构；在《二十四史名称试解》一文中，他向美国汉学家解释了中国史学上一个有趣的问题，即"在二十四史的名称中，除《史记》与《三国志》之外，为何有十三部称书，九部称史"④。另外，杨联陞还撰有《中国经济史上数词与量词》一文，向美国汉学家介绍了在使用中国文献中的数词与量词时所需留意之处：首先要留心的就是要查出印刷及抄写上的错误，正是为避免这种错误，谨慎的中国人采用了一

---

① 杨联陞《朝代间的比赛》，载《国史探微》，北京：新星出版社，2005年，第31页。
② Lien-sheng Yang, *The Organization of Chinese Official Historiography: Princeples and Methods of the Standard Histories from T'ang through the Ming Dynasty*, In Lien-sheng Yang, *Excursions in Sinology*, Cambridge, Mass.: Harvard University Press, 1969, pp.101-108.
③ 杨联陞《从经济角度看帝制中国的公共工程》，载《国史探微》，北京：新星出版社，2005年，第186—187页。
④ 杨联陞《二十四史名称试解》，载《国史探微》，北京：新星出版社，2005年，第239页。

种或许可以叫作防变的数字形式即大写;第二个要留心的是要区分虚数与实数的不同,如千金通常仅用来指一大笔财富而不一定指一千个单位的黄金或白银,而半这个看起来像是虚数的数字实际上却是实数,且在不同时代有着变化;第三点要留心的是在国史上我们以为是实数的数字,其可靠的程度很可能不同,只有对其背景做过仔细的检查,才能确定它的可靠性有多少,人口数字与耕地的数字可能是其中最著名的例子;第四点要注意的是同样的量词在不同的时、地,可能也代表不同的数量。①

不仅如此,杨联陞还通过其著述让美国汉学界对帝制中国的复杂性有了清醒而深刻的认识。在《侈靡论——传统中国一种不寻常的思想》一文中,他让美国汉学界了解到在中国历史上的某些时期还曾存在着"奢侈不一定是浪费而是在整个流通过程或经济流动中有其重要性"的思想,这种"奢侈浪费造成繁荣"或"节俭的矛盾性"这类思想即使在西方也都是相当新的。② 又如,在《国史诸朝兴衰刍论》中,他在讨论如何界定朝代的终始时,对"中兴"这一词及朝代的时间重叠问题所存在的复杂性进行详细说明,由此让西方学人明了即使是在朝代终始的确定这一看似简单的问题亦如此复杂。再如,在《明代地方行政》一文中,杨联陞在就明代地方政府与以前各代,尤其是汉唐宋的地方政府做了一些比较之后,结合瞿同祖的《清代地方政府》一书对明清两代在地方行政方面进行了详细的比较,借此让西方学人了解清代的地方行政制度虽大多也适用于明代,但是两代之间毕竟还是有些值得注意的不同之处。③

杨联陞曾以"拾贝"自嘲,将自己的帝制中国研究比作是海潮退后的拾贝活动,"确实,中国制度史这一领域就像是退潮过后的一片广阔的海滩。无论这些文章的价值如何,它们都只不过是一位海滩漫游者在十来年的历程中所捡拾到的卵石或贝壳"④。对此,戴密微这样解释道:"杨教授喜欢拿他的学问与在历史汪洋大海的海滨拾贝壳相比。我必须说,挑选细石或贝壳必须对海滨有全盘的视野和认识,这并不是人人能做到的。但是

---

① 杨联陞《中国经济史上的数词与量词》,载《国史探微》,北京:新星出版社,2005年。
② 杨联陞《侈靡论——传统中国一种不寻常的思想》,载《国史探微》,北京:新星出版社,2005年,第119—120页。
③ 杨联陞《明代地方行政》,载《国史探微》,北京:新星出版社,2005年,第99页。
④ 杨联陞著,彭刚、程刚译《中国制度史研究》,南京:江苏人民出版社,2007年,前言。

杨联陞教授的识见却是既高明又辽阔。"①通览杨联陞关于帝制中国的研究著述,给我们最为深刻的印象是既高明又辽阔,尤其是他借由某些关键术语的训诂考据从经济、政治、社会等各个角度对帝制中国内部充满活力的变化进行了详细而富有洞见的揭示,"有些外貌可能显得一成不变,然而另一些外貌则一再地变迁"②。杨联陞著述所揭示的这种变化,打破了美国汉学家对帝制中国缺乏历史根据的想象和迷思,认为"中国社会是一个长期处于停滞状态的传统社会,其自身缺乏发展的内在动力";与之同时,他的研究亦毫无疑问有助于推进美国汉学界对帝制中国的理解,让他们领略帝制中国的复杂及中华文明的高深和魅力。

第二节 钱存训和他的中国书史研究

抗日战争胜利后,当时的国民政府教育部委派钱存训于1947年赴华盛顿接运战前寄存在美国国会图书馆的古籍回国③,一切手续都已办好,但因国内战争爆发,交通断绝,未能成行。同年秋季,经袁同礼的推荐,获芝加哥大学主持中国研究的顾立雅教授之邀请,以北平图书馆交换馆员的身份赴芝加哥大学,主要任务是在整编芝加哥大学远东图书馆自1936年以来购置积存的中文古籍之同时,在图书学研究院进修。原定两年后回国,并在北京大学筹设的图书馆学系任教;但一年后,因政局变迁而滞留美国。幸运的是,在顾立雅和袁同礼等人的提携和帮助下,钱存训最终客居美国。④

---

① 林聪标《迎杨联陞教授到新亚书院讲学》,载杨联陞《中国文化中"报""保""包"之意义》,贵阳:贵州人民出版社,2009年,第63页。
② 杨联陞《从经济角度看帝制中国的公共工程》,载《国史探微》,北京:新星出版社,2005年,第136页。
③ 因日本侵华,当时的国民政府决定将故宫国宝南迁,北平图书馆的重要藏书也同时转移,其中上海办事处是北平图书馆重要藏书南迁所设的分馆之一。在珍珠港事变前不久,上海租界内的情形日紧,时任北平图书馆馆长的袁同礼深恐这批书迟早又将不保,便与当时驻美大使胡适和美国国会图书馆取得联系,拟将存沪的善本古籍运美保管,待和平恢复,再物归原主。
④ 钱存训之所以能够留美,实得益于顾立雅和袁同礼的大力帮助,尤其是顾立雅。正因为如此,钱存训在其回忆录的师友怀念篇中,专门撰文详述顾立雅和袁同礼的功业。有关钱存训的生平介绍,具体可见钱存训《留美杂忆——六十年来美国生活的回顾》,合肥:黄山书社,2008年;吴格编《坐拥书城 勤耕不辍——钱存训先生的志业与著述》,北京:国家图书馆出版社,2013年,等。

第七章 中国史家客居美国后的史学研究及其影响

自1949年始,钱存训开始了在芝加哥大学的客居生活,直至1978年退休。在美期间,图书馆的建设、管理和教学是钱存训的主要工作。如前所述,正是在他的努力之下,芝加哥大学东亚图书馆成为西方的重要汉学图书馆之一,给人们提供了一个研究中国以至其他东亚国家的宝库,芝加哥大学主管学术资源的副校长哈里斯教授的赞语最足以概括其贡献:"你在将原有规模很小的中文藏书部门发展成为一个主要的、国家一级的远东图书馆过程中,起了关键性作用;你在推动全美国的远东馆组织工作中,领导超群,成绩卓著。"① 钱存训在建立一个文化宝库的同时,也把自己造就成一个善于利用这个宝库而充分发挥自己所长的学者。在美国期间,他以中英文发表的专著、论文、序跋、书评等达100多种,涉及图书馆学、目录学、书史、印刷史、中外文化关系、历史、传记等方面。当然,就其学术研究的成就和影响而言,最重要的当属对中国书史的研究。他的《书于竹帛》和《纸和印刷》两书,影响深远,先后被译成中、日、韩等文字出版。许倬云曾对钱存训的中国书史研究这样评价道:"钱先生研究中国书史,其成就举世无人能出其右。金石、竹帛、纸张、印刷、出版、流传,一切有关中国文字书籍的题目,钱先生都有深入的探讨。他研究的许多大小专题,有的是拓荒的开创,有的是综合前人的意见及自己的衡量做出结论,为中国书史写下了一部又一部足以传世的经典之作。中国文化中的载体,亦即文字与书籍,其发展过程,因为钱先生数十年研究的积累,有了详尽而清晰的记录。"② 有关钱存训的中国书史研究,中文学术界已多有论述。③ 本书仅将钱存训的中国书史研究置于当时的美国汉学研究环境下,考察其中国书史研究的缘起、特点及贡献,尤其是对当时美国汉学研究及中美文化交流的影响和贡献。

---

① 郑炯文《记钱存训先生的生平与事业》,载《庆祝钱存训教授九五华诞学术论文集》编辑委员会编《南山论学集》,北京图书馆出版社,2006年,第135页。
② 许倬云《温良正直 博厚高明——钱存训先生〈留美杂忆〉序言》,钱著《留美杂忆》,合肥:黄山书社,2008年。
③ 张秉伦、黄世瑞《新作问世 巨著增辉——评英文版〈纸和印刷〉及其中有关安徽历史上造纸和印刷的成就》,载《安徽史学》1986年第6期;叶再生《钱存训先生有关中国书籍纸墨及印刷史的著述》,载《中国出版史研究》第三辑,1987年;陈翔华《中国书籍及有关印刷史研究的重要收获》,载《中国图书馆学报》1993年第2期;别立谦《论钱存训先生对中国书史研究的贡献》,北京大学硕士学位论文,1998年;张志强《钱存训先生对中国出版史研究的贡献》,载《出版科学》2010年第6期,等。

1.钱存训的中国书史研究之缘起

钱存训之所以对中国书史研究情有独钟,这与其求学经历有关。1927年夏季,钱存训在其大哥的安排下考入金陵大学。在金陵大学就读期间,他主修历史,副修图书馆学,选习了贝德士(M. S. Bates)的"欧洲史""俄国史""印度史""日本史",陈恭禄的"中国近百年史",刘继宣的"中日交通史"以及胡光炜的"中国文字学",方东美的"哲学",刘崇本的"政治学",吴景超的"社会学""人口学""社会调查",刘国钧的"书史学",李小缘和陈长伟的"图书馆学"等课程。他所修读的专业及选习课程,对其此后的学术研究产生了重要影响,尤以刘国钧主讲的"书史学"和李小缘的"图书馆学"对其特别有启发,使其对书史产生兴趣。正如钱存训自己所说:"图书和历史二者的结合,对我一生的工作和研究都产生了很重要的影响。后来,我能终身坐拥书城以及进修、教学、研究和写作,一直环绕在书史这一主题,也都和我在大学时代所修习的课程有关。"①

正是在金陵大学选习刘国钧博士主讲的"书史学"时,钱存训发现这一门的主要参考书只有卡特的《中国印刷术源流史》以及田中敬的《图书学概论》,而没有类似的中文著作可供参考。为此,1949年到芝加哥大学后,在攻读硕士学位时即决定主修图书印刷史。其硕士学位论文《译书对中国现代化的影响》,运用统计学方法对中国翻译史进行综合分析,指出近代各时期译书的来源、类别、性质和数量,反映出当时译书的动机及知识分子的思想和动向。硕士学位论文完成后,钱存训原本拟继续将中国翻译史作为其博士论文选题,但后来放弃了这一设想,改以《印刷发明前的中国书和铭文》为博士论文选题。②

导致钱存训改变博士论文构想的重要原因在于,芝加哥大学远东图书馆所藏中国古代文化和考古资料特别丰富,却没有收藏西文著作的中译

---

① 钱存训《留美杂忆——六十年来美国生活的回顾》,合肥:黄山书社,2008年,第11页。
② 史华慈的《寻求富强:严复与西方》一书,与钱存训的构想有异曲同工之妙。不过,史华慈对于严复的翻译问题之关注较钱氏为晚。1960年3、4月份,史华慈在致友人的信中,才明确谈及关于严复研究的计划,而刚开始时他并没有注意到严复翻译中所可能存在的误读等问题,只是比较"发达"的日本与"不发达"的中国,以及同在东方的中国、日本和印度等应对外来冲击的异同情况时才开始关注严复(朱政惠编《史华慈学谱》,上海辞书出版社,2006年,第27、28页)。史华慈是否就中西方语言之间的翻译及相关解读问题与钱存训有过交流,现在并不清楚;但是,钱氏20世纪50年代中期这一非常具有前沿感的论文选题,既显示了其扎实的学术潜力,更形象地表明其独到的学术眼光。

本。芝加哥大学于1936年设立远东图书馆,主要目的是为配合中文教学之需要。在顾立雅教授的主持下,当时芝大的中文教学从文言开始,注重阅读,由《孝经》启蒙,两年内读完《论语》和《孟子》,以后再选读《左传》《史记》和其他古书,然后方可利用古典资料从事专题研究。基于此,芝大远东图书馆在古典方面,尤其经部的收藏特别丰富,其他如方志、家谱、考古、丛书、类书以及全套学术期刊,也多搜罗完备。① 另外,由于顾立雅教授是当时芝加哥大学汉学研究的顶梁柱,他偏重于中国古史研究②,这对钱存训选择致力于中国书史研究亦有影响。当钱存训于1947年秋间应顾立雅之邀来到芝加哥大学,在整编图书馆10余年来积存的古籍约10万册以供研究咨询之余,他因在校选课进修之故,曾从顾立雅教授作专题研究,如以《战国策》版本传承问题写作论文,并对《战国策》英译本误译处加以评正。钱存训对其博士论文改以中国书史方向的原因曾如是坦言道:"在我写作博士论文时,本拟继续中国翻译史的研究,计划对照原文,查找因误译而导致读者误解的原因和结果,加以分析。可是国外图书馆一般不收藏西文著作的中文译本。因此,没有原始资料,就无法写作博士论文。而芝大远东图书馆所藏中国古代文化和考古资料特别丰富,同时受到顾立雅教授对中国古代史研究的影响,因此改以《印刷发明前的中国书和铭文》为题,写作博士论文,借以补充卡特的经典之作《中国印刷术源流史》所未及,并供西方学者在研究书史时的参考,了解中国古代文字记录在世界文化史中应有的地位。"③

不能不提的是,钱存训之所以致力于中国书史研究,还与美国社会对中国文化的无知和傲慢有着密不可分的联系。1959年夏季,钱曾应邀到夏威夷大学举办的"亚洲研究暑期讲习班"担任访问教授,在为讲习班所做的公开演讲中,他认为美国一般人对亚洲文明多无知和误解。他指出,第二次世界大战以来美国教科书内关于中国的报道虽已有显著的增加,但这些资料仍旧微不足道:质的方面又不平衡,缺乏公正的眼光,而且陈腐过

---

① 钱存训《留美杂忆——六十年来美国生活的回顾》,合肥:黄山书社,2008年,第272页。
② 顾立雅是美国最早从事中国古史研究的第一代汉学家,曾在哈佛燕京学社的奖助下于1932年至1935年到中国留学,1936年回美后受聘为芝加哥大学东方语言文学系及历史系任教,著有《中国之诞生:中国文明的形成期》《孔子:其人及神话》等著述,对于商周历史至先秦诸子都有独到的见解。
③ 钱存训《留美杂忆——六十年来美国生活的回顾》,合肥:黄山书社,2008年,第52页。

时,"亚洲的故事通常被描写成落后的大陆,西方才意味着进步"。在他看来,美国教科书中对中国和亚洲的肤浅、无知、误解、曲解和傲慢,实际上深深影响了一代又一代美国人民。① 正因为如此,钱存训感到有必要让包括美国公众在内的西方人认识中国文化的独特性及其对世界文明的贡献,这也成为钱存训致力于中国书史研究的重要原因。他在介绍《书于竹帛》一书的写作缘起时这样写道:"当初写作这书的动机,主要是使西方学者在研究世界图书发展史时,对中国文化在这一方面的贡献增加了解。"②

另外,钱存训之所以致力于书史研究还源于他对中国文化的强烈热爱。钱存训曾言道:"中国文字记录的丰富、延续与普遍性是世界文化史上所独具的特色,没有其他民族或国家的文献可以相比。"③在其宽广的学术视野与深沉的文化关怀中,竹帛并不仅仅只是一种实用性的工具,更是一种寄托着民族灵魂与文化命脉的载体,"中国文字记录的一个重大特点,便是它独有的持久性和延续性。这一特点使得世界上一个有创造性的远古文化,得以继继绳绳,绵延至今。中国文字……超越了时间上的变化和空间上的限制,团结了中华民族,更造成了世界上一个最伟大的文化整体……中国文字的悠久历史,不仅保存了中国人的理想和抱负,记录了历史上的盛衰与兴亡,更使得这代代相传的文化传统能长存于天壤之间"。在他看来,假如没有中国文字这样的载体,中国文化不可能如此绵远流长,"中国古代书籍和文字记录的多彩多姿、源远流长,乃是中国民族精神之所寄,也是世界文明中特有的奇迹。可是由于近代中国所受的外侮和屈辱,使中国人对自己固有的文化传统,丧失自信而盲目自贬。甚至现在还有人认为废除汉字、采用拼音是文字演进的规律和迎合世界潮流,却没有深思汉字的功能和拼音文字的后果。假使没有汉字形体所独具的延续性和凝固性相维护而采用拼音文字,中国早已成为以方言立国而分崩离析的国家了"。④ 正是基于深沉的中华文化情结,钱存训才致力于中国书史研究。他在《书于竹帛》的"写作缘起"中指出:"一般西方学者所写书籍通史,对中国古代书籍制

---

① 钱存训《美国对亚洲研究的启蒙》,载钱存训《东西文化交流论丛》,北京:商务印书馆,2009年,第31页。
② 钱存训《〈书于竹帛〉写作缘起》,载钱存训《中国古代书籍、纸墨及印刷术》,北京图书馆出版社,2002年,第315页。
③ 钱存训《钱存训文集》第1卷,北京:国家图书馆出版社,2012年,第6页。
④ 钱存训《〈书于竹帛〉写作缘起》,载钱存训《中国古代书籍、纸墨及印刷术》,北京图书馆出版社,2002年,第317页。

度的叙述,不是空白就是十分简略。对中国书籍演变的个别问题,中外学者曾作过专深的研究,但综合性的全面考察之作,迄今尚付阙如。因此,综合讨论中国古代书籍制度的专书,除了能作为一般学者修习图书目录学和书籍史的参考外,亦对研治中国文化、科技史、考古学及古文字学等其他学科的专业研究,提供中国古代文化传播和继承的资讯。"①

2.钱存训的中国书史研究之特点

钱存训的中国书史研究,在美国汉学界获得了高度肯定。他的《书于竹帛》,在美国著名汉学家薛爱华(Edward H. Schafer)看来,"是关于唐代印刷术发明以前中国书写的一部有价值的研究之作,严谨且极富条理,无论是对技术史家还是汉学家都非常有价值"②。专事中国绘画艺术研究的索伯(Alexander Coburn Soper)认为:"这部关于商代刻甲骨文至汉末伟大书法出现期间中国书写工具及书写材料发展演变的著作,史料极为翔实且严谨,并有着令人印象深刻的中文、日文和西文书目。"③李约瑟在书评中则这样评价道:"这是一部值得钦佩的专著,范围包括了人类传播思想和经验的各种铭文及其技术,以至于纸的发明和改进及其运用于书写,直到印刷术发明为止。从本书的性质和分量来看,显然是卡特的经典之作《中国印刷术源流史》的姊妹篇。我们可以断言,钱著和卡特的名作完全可以媲美而并驾齐驱。……除了这些细节以外,钱氏和卡特一样,全书行文清晰利落、要言不烦。"④钱存训的另外一部中国书史研究专著《纸和印刷》,同样获得美国汉学界的赞誉。美国汉学家卜德认为这部著作令人想起卡特的《中国印刷术源流史》,"这两部著作虽然在规模上并不相同,但都非常

---

① 钱存训《留美杂忆——六十年来美国生活的回顾》,合肥:黄山书社,2008年,第222页。
② E. H. S. ,"Review Written on Bamboo and Silk:The Beginnings of Chinese Books and Inscriptions by Tsuen-hsuin Tsien", *Journal of the American Oriental Society*, Vol. 82, No. 4(Oct.-Dec, 1962), p.618.
③ Alexander Coburn Soper, "Review Written in Bamboo and Silk by T. H. Tsien", *Artibus Asiae*, Vol. 28, No. 4(1966), p.317.
④ Joseph Needham, "Review Written on Bamboo nd Silk:The Beginnings of Chinese Books and Inscriptions.by Tsuen-hsuin Tsien", *The Journal of Asian Studies*, Vol. 23, No. 4(Aug., 1964), pp.604-605。正是因为此著有着如此高的学术水准,以致李约瑟专门写信给钱,邀请钱参加他的中国科学技术史第5卷第1册中有关造纸、制墨和印刷术一章的写作。他在信中说:"你对纸和印刷方面的专门知识,正是我们在这世界上追求的对象,希望你能慎重考虑我们的请求。"钱存训经考虑后接受了邀请,于1968年开始收集资料写作,前后共花费15年时间完成。出版时,这一册的封面仅由钱存训一人具名,不是像其他分册那样由李约瑟与其他作者合署名。具体可详见钱存训《悼念中国科技史大师李约瑟博士》,载钱存训《东西文化交流论丛》,北京:商务印书馆,2009年。

精彩。卡特的著作显然仍将是一部经典,钱存训的著作同样也将成为一部经典"①。美国学者安德生(James Reardon-Anderson)则认为:"它是一部很有价值的著作,不仅为这一主题的写作建立了一个新的标准,而且在纸与印刷的历史研究方面为将来的学者提供了一个试金石。"②在美国学者埃德温·比尔(Edwin G. Beal)看来,由于钱存训充分利用了早期著作以及最新考古发现和当代中国学者的研究,"其结果是一部关于纸和印刷这一宏大课题的精彩且富可读性的著作。"③美国学者马若孟(Ramon H. Myers)则在《美国历史评论》上刊发书评认为,钱著虽没有就李约瑟问题提供令人满意的答案,但由于其丰富的细节以及提供了有关中国造纸和印刷的技术方法及各种产品的新知识,"可看作是近年来关于造纸和印刷的标准参考书"。④

钱存训的中国书史研究之所以能够获得美国学界的高度赞誉,主要源于他非常注重资料的搜集和考证。他不仅对各种文献中的记载详加梳理归纳,而且特别注重追溯时间最早、最具说服力的考古实物证据。《书于竹帛》即充分利用了各种资料证据,尤其是考古资料,从20世纪初斯坦因的探险一直到1959年中国在无为的考古挖掘报告,所有相关的考古资料几乎网罗殆尽。《纸和印刷》一书同样如此,依据考古发现、文献记录、科研报告以及手工实物等资料探讨了纸和印刷的演进过程,所参考引用的资料达2000多种,涉及多种语言。钱存训自己在回忆时也曾提到:《纸和印刷》一书原本计划两三年内完成,但由于遍访世界各地搜集资料,资料愈集愈多,以致前后花费15年始完成。⑤ 更重要的是,他对这些资料进行了考订、筛选、综合。吴光清在评述《书于竹帛》时这样评价道:"作者以翔实的

---

① Derk Bodde,"Review Science and Civilisation in China. Volume 5: Chemistry and Chemical Technology/Part I: Paper and Pritng. by Tsien Tsuenhsuin", *Pacific Affairs*, Vol. 59, No. 4 (Winter, 1986-1987), pp.690-692.

② James Reardon-Anderson, "Review Science and Civilisation in China. Volume 5. Part I. Paper and Printing by Tsien Tsuen-hsuin", *The China Quarterly*, No. 108 (Dec., 1986), pp.733-735.

③ Edwin G. Beal, Jr., *Paper and Printing*. Vol. 5, Part I. of Science and Civilisation in China by Tsien Tsuen-Hsuin; Joseph Needham, *The Library Quarterly*, Vol. 58, No. 1 (Jan., 1988), pp.93-96.

④ Ramon H. Myers, "Review Science and Civilisation in China by Francesca Bray; Science and Civilisation in China by Tsien Tsuen-Hsuin", *The American Historical Review*, Vol. 92, No. 1 (Feb., 1987), pp.189-190.

⑤ 钱存训《悼念中国科技史大师李约瑟博士》,载钱存训《东西文化交流论丛》,北京:商务印书馆,2009年,第213页。

材料和敏锐的洞察力追溯了在这 2000 年间各种书写材料的起源和演变。他充分利用了各种证据,既有文献也有考古,并综合了现代学者的研究发现。所有这些证据,作者都进行了权衡和筛选。"①美国汉学家夏含夷(Edward L. Shaughnessy)则这样评价道:"他将这些资料综合归纳成为其一家之言,用以说明中国古文字的发展和古代书籍的制作。这部刊于 1962 年的著作,是此后十年间这一领域内最重要的出版物之一。"②

研究多具有综合性和系统性,是钱存训的中国书史研究获得美国学界好评的另一原因所在。《书于竹帛》是依据文献资料和考古实物证据,对中国古代典籍制度之流变做综合性研究,上自公元前 14 世纪,今日所见最早的中国文字起始,迄公元 7 世纪即印刷术发轫之期。这 2000 多年中国书史的滥觞时代,所有各种材料、内容、记载方法、编排以及若干中国书籍所特有的形式都有涉及。《纸和印刷》则旨在追溯中国文化上造纸与印刷术的起源和发展,上自有关二者最早的文字记载,下迄 19 世纪末叶,即这两种传统工艺逐渐为现代技术所取代的时期。作者根据文献记载、考古发现、科学报告以及可供查考的实物,力求对造纸和印刷术的整个历史,尤其在工艺、美学、应用以及对全世界的传播和影响等方面,做详尽而深入的探讨。正是因为如此,卜德感慨道:"似乎唯有中国学者方能够以鲜活而客观的态度对这一主题的漫长历史进行系统考察。"③

鲜明的问题意识及比较的分析方法,亦是钱存训的中国书史研究能够为美国学界所肯定的重要原因所在。钱存训认为,中国文化源远流长,其所流存的文献丰富而多产。要理解中国文化为什么能够如此源远流长,在他看来就必须了解中国文化的载体。换而言之,钱存训撰著《书于竹帛》所要解答的是为什么能够在文化上如此具连续性和丰富性?正如他自己所说,"要了解中国文化的起源、发展和传承的过程,主要便得从这些古代

---

① K. T. Wu, "Review Written on Bamboo and Silk: The Beginnings of Chinese Books and Inscriptions by Tsuen Hsuin Tsien", *The Library Quarterly*, Vol. 33, No. 1 (Jan., 1963), p.144.
② 夏含夷《1960 年以来中国古文字的发展——钱存训著〈书于竹帛〉英文本第二版后序》,载吴格编《坐拥书城 勤耕不辍——钱存训先生的志业与著述》,北京:国家图书馆出版社,2013 年,第 169 页。
③ Derk Bodde, "Review Science and Civilisation in China. Volume 5: Chemistry and Chemical Technology/Part I: Paper and Pritng. by Tsien Tsuenhsuin", *Pacific Affairs*, Vol. 59, No. 4 (Winter, 1986-1987), pp.690-692.

文字记录的遗产中去探索"。①《纸和印刷》的问题意识则更为鲜明,他在此著中所要解答的是:为什么造纸术和印刷术在中国发明,而不是在西方或其他文明古国最早出现;虽然发明的技术条件在东方和西方都同时存在,为什么西方对二者的应用却落后很久;纸和印刷在西方的出现,引起整个社会、政治和文化上的激烈变动,这二者在中国文化中的地位和功能以及在学术和社会上所产生的作用和影响,与西方相比有什么相同或不同。用美国学者马若孟的话说,钱存训的这部《纸和印刷》所要试图解答的是李约瑟提出的"为什么科学和技术在中国进步得比其他地方要快,但后来却落后于西方?"②

为了更好地理解所提出的问题,钱存训注重运用比较分析的方法,并不就事论事、孤立地看问题,而是将同类事物放置在一起进行比较。比如,他在探讨中国造纸和印刷先于欧洲的原因时,即从造纸术所需要的条件和印刷术发明的技术前提以及社会文化的影响等角度进行中西方的比较分析,由此解释中国是因为具备了造纸所需要的物质条件以及对更好书写材料存在普遍需求,从而导致中国比西方更早发明和利用纸;印刷术则主要是由于中国很早发明了纸,对印章和墨拓的运用奠定了印刷技术的基础,科举及宗教对大量复印品的社会需要则为印刷术发明提供了动力。又如,在研究"欧洲印刷术起源的中国背景"时,他搜集西方学者的各种观点意见,加以比较综合说明,指出印刷术发明原理的重要,强调欧洲印刷术的中国背景。再如,关于纸和印刷对中西方文化的影响,作者亦采用对比的方法进行比较性总结,认为纸和印刷术在东西方虽同为类似的目的服务,但对两种社会所产生的影响并不相同。在西方,印刷术和机械相结合,逐渐形成一种势力强大的出版工业,激发欧洲各民族的理智思潮、促进民族语言及文字的发展和民族国家的建立;在中国,印刷一直维持在手工业阶段而没有再向前推进,但有助于中国文字的连续性和普遍性,成为保存中国文化的一种重要工具,又因与科举制度相结合,成为维持中国传统社会相对稳定的重要因素和维护中国民族文化统一的坚固基础。正如钱存训自己所说:"因原作的对象为国际读者,因此内容多分析

---

① 钱存训《钱存训文集》第 1 卷,北京:国家图书馆出版社,2012 年,第 6 页。
② Ramon H. Myers, "Review Science and Civilisation in China by Francesca Bray; Science and Civilisation in China by Tsien Tsuen-Hsuin", *The American Historical Review*, Vol. 92, No. 1 (Feb., 1987), pp.189-190.

和比较,注重二者在文化史上的功能和贡献。"①简而言之,通过在比较中进行综合分析的方法,进而得出令人信服且具启发性的结论和见解。

钱存训的中国书史研究能够受到欢迎,与其写作风格亦有不可分割的关系。大凡读过钱存训的中国书史研究著述之人,无不感到其著述结构严谨、语文流畅。虽是为专家撰写,却能深入浅出,以致一般读者也能看得津津有味。李约瑟即认为,钱氏的《书于竹帛》"行文流畅、要言不烦,是写作的典范"②。布莱恩·R. 约翰逊(Bryan R. Johnson)对于钱氏的《纸和印刷》一书同样认为:"钱氏以简洁与精确的叙述向西方读者传播有关该主题的知识,具有很强的可读性。"③之所以能如此,他在一次访谈中道出了秘诀所在:"至于写作的文体,大概是从每日读报的新闻体裁中得到的一些启发和领悟。因为新闻报道的文体,一般是简洁明了,文字通俗,叙述清楚,尤其是开头的主题和摘要,提纲挈领,继之是详细的事实说明,最后做出结论或批评,这种三段式的体裁,也是一般写作论文所采取的方法。因此,无意中学到了字句简洁、行文流畅、避免重复,使文字的组织有层次、有条理和有系统等。"至于写作的内容和体例,"凡与主题有关的著述,我都全部收集,再加选择,编成参考书目,以供阅读。关于结构,我通常在写作之前,对全书的分章、分节、分段都预作通盘的筹划,初稿写成后,再对每个章节加以修饰和调整,使各部的长短适中"。④ 正是因为如此,钱存训的中国书史研究著述得到了中外许多学者不约而同的相类似之评价。

3.钱存训的中国书史研究之贡献

如前所述,钱存训的中国书史研究著述出版后,颇受国际汉学界的欢迎,许多学者都曾撰写书评予以评介和推荐。就其对美国汉学的价值或贡献而言,主要有如下几个方面:

其一,驳斥了许多传统的但错误的观点。关于中国书史,西方学界有不少研究,最知名的为卡特的《中国印刷术源流史》;劳费、沙畹、高本汉等

---

① 钱存训《留美杂忆——六十年来美国生活的回顾》,合肥:黄山书社,2008 年,第 242 页。

② Joseph Needham, "Review Written on Bamboo nd Silk: The Beginnings of Chinese Books and Inscriptions.by Tsuen-hsuin Tsien", *The Journal of Asian Studies*, Vol. 23, No. 4 (Aug., 1964), pp.604-605.

③ Bryan R. Johnson, "Review Science and Civilisation in China by Francesca Bray; Science and Civilisation in China by Tsien Tsuen-Hsuin", *Fine Prints*, Vol. 12, No. 1 (Jan. 1986).

④ 张宝三《访钱存训教授谈中国书籍史之研究及治学方法》,载《汉学研究通讯》2003 年第 2 期。

西方汉学家也都曾就中国书史的某一问题作过研究。但是,他们此前的探讨并不太令人满意,且存在有争议的结论。基于文献和考古证据,钱存训驳斥了许多由来已久且被广为接受的错误观点,并就书史的某些难题提出了更为合理和可接受的解释。

美国考古学家怀特(W. H. White)认为商代所大量使用的甲骨文是古代中国文化独一无二的特点。然而,古代一词太过于富有弹性而难以有真正的意义。钱存训基于在占卜中所使用的石器材料,认为可追溯到新石器时代的中国,并延续到公元前 500 年。① 卡特认为私人印章,约始于秦代一统以前,而浮雕的阳文印章和拓印的技术,约始自公元 500 年。与之相反,钱存训引用大量文献及考古证据认为,私人印章的使用和阳文印章的雕刻可追溯至商代早期,至墨拓印则大约是在公元 100 年。② 另外,对于"摹写"一词,卡特认为是一复制过程,即拓印那些于公元 2 世纪竖立的石刻儒家经典铭文。对此,钱存训认为摹是模仿,而写即手抄,此词融合有"通过模仿而手抄写"之意。③ 中外许多学者都认为中国墨的历史是按照漆、石墨和烟墨的顺序演变的。他们认为这种先自然后人工的进展是理所当然。沙畹认为中国文字的书写,是漆书在先,墨书较晚。劳费推广其说,以为汉代的墨是以矿物制成,公元 3 世纪后才用植物制墨。卡特亦认为上古用漆书,真墨是由韦诞发明的。在透彻的研究现存材料、文献和考古发现后,钱认为如果漆曾用以书写,也只是一种次要的用品;同时,没有任何实物能证明漆书早于烟墨。④ 对于丝帛之用于书写,沙畹认为应与毛笔发明的时代相当,因为只有毛笔方能在缣帛上书写,故此他认为缣帛用作书写材料当始于秦始皇的时代。钱根据考古发现和研究认为,毛笔早在商代就已使用,缣帛用于书写至迟当在公元前 5 世纪至前 4 世纪,其后继续使用将近千年。⑤ 高本汉根据《说文》等古籍,论述各种丝帛的名称共有 15 种,但最重要的书写材料,如"帛""绢""缯"这三个却未道及。钱因此对古代中国各种丝制品进行彻底的研究,特别强调它们的性质、大致的重量以

---

① 钱存训《钱存训文集》第 1 卷,北京:国家图书馆出版社,2012 年,第 29 页。
② 钱存训《钱存训文集》第 1 卷,北京:国家图书馆出版社,2012 年,第 52—56 页。
③ 钱存训《钱存训文集》第 1 卷,北京:国家图书馆出版社,2012 年,第 83 页。
④ 钱存训《钱存训文集》第 1 卷,北京:国家图书馆出版社,2012 年,第 175—176 页。
⑤ 钱存训《钱存训文集》第 1 卷,北京:国家图书馆出版社,2012 年,第 117 页。

及标准长度。① 诸如此类的还有,关于蒙恬制笔这一传统观点,钱认为文献和考古发现显示商周时即已用毛笔。② 自唐以降,许多学者都误认刀笔是一件工具,用来在简牍上刻字;钱认为刀是用以删改,笔是用以书写。书定后如有错误,删改乃是不可避免之事,故刀与笔为两事,并为书写时不可缺少之工具。③ 纸是由蔡伦于公元 105 年发明,这似乎已成定论。然而,钱基于最近的考古报告认为,蔡伦以前已有植物纤维纸的存在,其时期不仅可上溯至西汉,甚至在战国后期可能就已存在。④ 按照传统观点,韦诞被认为墨的发明者。钱基于考古证据认为早在商代的甲骨文中已出现黑墨和红墨,比韦诞的时间早了约 1000 年。⑤ 如上所述,钱存训对这些已被学界普遍接受的观点进行了修正甚至驳斥,这既是其研究的主要贡献所在,亦为未来的中国书史研究提供了坚实的知识基础。正如有学者所说,"诸如篇和卷的差别以及书写内容与书写材料之间的关系等观点,不仅在今天看来迷人有趣,而且也为进一步的学术研究提供了一个起点"。⑥

其二,让西方读者更深入了解中华文明。众所周知,自 19 世纪中后期以来,"白种人优越论""西方文明中心论"弥漫于美国社会。20 世纪出版的美国中小学历史教科书的前言中,编者这样写道:"唯一有历史意义的人种是白种人,其他人种都不值得记载";同时代另外一本中小学历史教科书的编者亦在前言中如是写道:"古埃及、巴比伦、亚述、希腊、罗马这些古代国家对世界文明的发展做出了杰出贡献。因此,它们是我们研究的中心。他们都属于白种人……推动世界文明发展的是白种人。"⑦对于大多数美国人而言,值得他们学习的"哲学自然是欧美人的哲学;历史是西方人的历史;艺术是欧洲人的艺术";中国文明或东亚文明,是毫无价值的,是一种古老的、已经死去的文明,"东亚根本就是一个不值得关注的区域"。⑧ 受"西

---

① 钱存训《钱存训文集》第 1 卷,北京:国家图书馆出版社,2012 年,第 125—126 页。
② 钱存训《钱存训文集》第 1 卷,北京:国家图书馆出版社,2012 年,第 160 页。
③ 钱存训《钱存训文集》第 1 卷,北京:国家图书馆出版社,2012 年,第 179 页。
④ 钱存训《钱存训文集》第 1 卷,北京:国家图书馆出版社,2012 年,第 135 页。
⑤ 钱存训《钱存训文集》第 1 卷,北京:国家图书馆出版社,2012 年,第 172 页。
⑥ Wang Tao, "Review Written on Bamboo and Silk: The Beginning of Chinese Books and Inscriptions by Tsuen-Hsuin Tsien", *Bulletin of the School of Oriental and African Studies*, Vol. 69, No. 1(2006), pp.164-166.
⑦ Timothy Lew, *China in American School Text-books*, Peking: 1923, p.19.
⑧ Meribeth E. Cameron, "Far Eastern Studies in the United States", *The Far Eastern Quarterly*, Vol. 7, No. 2(Feb., 1948), p.117.

方中心论"的影响,美国社会对中华文明存在颇多无知和误解。

正因为如此,钱存训的中国书史研究之旨趣就在于通过其研究,让美国公众了解中华文明,尤其是中国传统文化在世界文化中的特殊贡献。钱存训曾言道:他在围绕中国图书印刷史和中外文化交流这两大主题展开研究时,"从高度的国际观点考察中国的图书和印刷文化在世界文明中的地位,并指出中国传统文化在世界文化中的特殊贡献"①。许倬云也曾对钱存训的中国书史研究如此总结道:"钱先生又将其在文字系统、书写方式及印刷技术方面的独到观点,放置在中外文化交流与比较的框架内,强调中国的贡献,为人类文化的宏观面提出可为定论的评价。凡此成就,不仅是一般学术研究,而是为中国文化立言的不朽事业。"②基于这样的研究旨趣,他在《书于竹帛》中详细叙述了汉字的结构、书体和字汇,载体的材料、工具和制作以及文字记录的性质、作用和制度。这一翔实的叙述并非仅是资料的梳理,其背后是"以体现中国古代文献的多彩多姿和独具的特色,以及在世界文明中的作用和应有的地位"。③谷登堡1440年采用的欧洲活字印刷术,历来被西方学者认为是完全独立的发明。钱存训在《纸和印刷》一书中不仅叙述了纸和印刷的起源、演进、制作以及用途等,还就印刷术的东渐、南传和西传,尤其是对欧洲的印刷术是否受到中国的影响进行详细说明。为彻底弄清欧洲印刷术起源的问题,他搜集了西方学者的各种意见,指出印刷术发明原理的重要,强调欧洲印刷术的中国背景,驳斥"理念不等于发明"的谬论。简言之,钱存训的中国书史研究不仅丰富了美国社会对中华文化的认识,更让他们深切感受到中国古代文化在世界文明中的独特地位及贡献。

其三,推进了美国汉学界的中国书史研究。对美国汉学界来说,钱存训的研究不仅如上述所言对中国古代书史研究的许多问题提出了令人信服的解释,还填补了美国汉学界在中国书史研究方面的学术空白。1925年,卡特出版了《中国印刷术源流史》一书,对印刷术的发明及其在西方的传播进行了梳理和探讨;1936年,顾立雅出版了其成名作《中国之诞生》,此书根据当时所见资料,对商周社会、政治、经济、文化、艺术等做全面介

---

① 钱存训《留美杂忆——六十年来美国生活的回顾》,合肥:黄山书社,2008年,第50页。
② 许倬云《温良正直 博厚高明——钱存训先生〈留美杂忆〉序言》,载钱存训《留美杂忆》,合肥:黄山书社,2008年。
③ 钱存训《钱存训文集》第1卷,北京:国家图书馆出版社,2012年,第186页。

绍,为最早在西方风行的一部论述中国古代史的权威之作。然而,中国在商周至印刷术发明之前这近2000年间是如何书写的问题却一直未能得到系统而全面的探讨,钱存训的《书于竹帛》则填补了这一学术空白。正如王伊同所说,《书于竹帛》"再一次证明他在传统中国经学、史学、哲学以及诸如语言学文献学、考古学和人类学等现代学科领域的天才学识。事实上,钱存训对于中国人在公元前1400年至公元700年间是如何努力制作、传播及保存他们的书写记录这一问题所做的探讨,是学术界第一次成功且透彻的考察。在某种意义上,这部著作是对中华文明最基本方面做出的实质性贡献,在研究时段上填补了卡特的《中国印刷术源流史》以及顾立雅的《中国之诞生》两书的空白"①。卡特的《中国印刷术源流史》,虽然对中国印刷术在西方的传播做了比较翔实的阐述,但对于印刷技术的材料、工序和工具以及印刷术在西方以外其他各地的传播与影响并未涉及。钱存训的《纸和印刷》则不仅详细描述印刷工序的每一步骤和所使用的各种工具,并对印刷术其后的发展及其东渐和南传进行详细说明。

另外,钱存训亦为美国汉学界的中国书史研究提出了一些值得关注的问题或视角。钱存训在《纸和印刷》一书中,并没有像李约瑟的中国科学技术史丛书中其他著作一样,仅仅从技术史的角度进行梳理,他更为注重从文化史的角度考察造纸与印刷的技术。正如卜德所说:"对于钱存训的著作可能会有两个较为普遍的批评。其中一个就是与李约瑟其他著述相比,此著更多关注的是文化,而科学部分则相对较少。如果这样,我认为这恰恰是其优点而非缺点。没有他们,可以想象它仅是一部具有学术性但却干瘪的技术史。"②更重要的是,钱存训提倡将书写史与社会史、思想史和文化史结合,致力探讨印刷术与社会发展的关系。在《纸和印刷》一书中,他广搜证据,就印刷术对书籍所产生的影响及其在中西方社会上所具有的功能进行统计、分析,阐述造纸和印刷对中西方文明及社会发展的功能意义。他曾就此明确指出:"我想将来的研究方向,应该注意对印刷文化史上各种问题的探索,尤其是印刷术和社会发展的关系",并认为"人类思维的

---

① Yi-T'ung Wang, "The Origins of Chinese Books", *Pacific Affairs*, Vol. 37, No. 4 (Winter, 1964-1965), pp.436-439.

② Derk Bodde, "Review Science and Civilisation in China. Volume 5: Chemistry and Chemical Technology/Part I: Paper and Pritng. by Tsien Tsuen-hsuin", *Pacific Affairs*, Vol. 59, No. 4 (Winter, 1986-1987), pp.690-692.

记录方式与载体的材料、人类思维的能力和文字载体的方式之间的关系问题,是值得我们继续深思的一个重要课题"①。总而言之,钱存训的中国书史研究为美国汉学界未来的书史研究提供了许多值得进一步探索和深思的问题及视角。

第三节 刘子健和他的宋史研究

刘子健,生于贵阳,长于上海,早年就读于清华大学。1937年,日本全面侵华战争爆发,清华大学被迫南迁,刘子健不得已转至燕京大学就读;1941年,日本偷袭珍珠港事件爆发后,燕京大学为日军占领,他和燕京大学的师友多人被日本宪兵收捕,饱受折磨。战争结束后,经洪业推荐②,出任东京远东国际军事裁判中国代表团史料专员。东京远东国际军事裁判法庭工作结束后,在洪业的影响下,刘子健游学美国,担任华盛顿大学及耶鲁大学助理研究员,不久转入匹兹堡大学历史系任助理教授,并于1950年获匹兹堡大学博士学位;博士毕业后,留校创办东亚课程,筹备成立东亚学系,担任主任;1960年,转往斯坦福大学,襄办斯坦福大学语言中心,一度担任理事会主席;1965年,转任普林斯顿大学东亚系教授,主要讲述宋代政治、制度及思想史,于1988年退休,晋升荣誉教授。③

刘子健毕生从事宋史研究,自20世纪50年代以来先后出版的英文著述有《宋代中国的改革:王安石和他的新政》《欧阳修的治学与从政》《中国转向内在》等专著以及《11世纪中国的官僚》《岳飞和中国人关于忠的传统》《新儒家如何成为国家的正统》《宋代关于对政府官僚控制的看法》《马球与文化的变迁:从唐至宋》《中国经典的启蒙读物:三字经及其权威》《中国历史上的一种行政循环:以北宋的皇帝为例》等多篇刊发在《哈佛亚洲

---

① 张宝三《访钱存训教授谈中国书籍史之研究及治学方法》,载《汉学研究通讯》第2期,2003年。

② 据刘子健自己所说,他与洪业相识于日本人监狱之中,"和他(洪业)老先生熟是因为太平洋战争,同拘于旧北大红楼地下室日军的监狱里。夜深人静,低声长谈"。见刘子健《欧阳修的治学与从政》,台北:新文丰出版公司,1985年,"重印自志",第3页。

③ 有关刘子健的生平,可参见《美籍宋史专家刘子健》,载《宋史研究通讯》第4期,1985年;斯波义信《刘子健教授为人和为学》,载《刘子健博士颂寿纪念宋史研究论集》,日本同朋舍出版,1989年;以及Andrew H. Plaks, Willard J. Peterson, Hai-tao Tang and Ying-shh Yu, "Obituary: James T. C. Liu(1919-1993)", *The Journal of Asian Studies*, Vol. 53, No. 3(Aug., 1994), pp.1044-1045.

研究》《亚洲研究学报》《美国东方研究学报》《通报》等国际知名研究期刊上的专论,另有《两宋史研究汇编》《欧阳修的治学与从政》等中文著述。据他自己所说,之所以专注于宋史研究主要是源于两方面原因,"从积极说,教通史的课,发现宋代的确是近代中国定型的时期,很值得从各方面去推究分析。从消极说,学校没书,自己买不了多少。收入少,教完暑校再跑哥伦比亚和哈佛的大图书馆也看不了多少。洪先生久在哈佛,不容易体会这难处。如论唐史,要懂佛经,要熟唐诗,很难。元史要会蒙古文。明清史的书又极多。只有宋史,勉强还能拼得了。洪先生编有47种宋代传记的索引。宋史全部书目,大体上也不过十倍数,四五百种。业余苦读,十年八年,多少会有点眉目"。①

1.刘子健的宋史研究之特点

刘子健曾就"史学"与"科学"的关系这样言道:"史学不算是科学,它可以也应当尽量运用所有合用的科学态度、科学方法和科学知识。但史学本身并不是科学。有的人因为科技时代科学的地位响亮,就说史学也很科学,这是含糊其词,自高身价。"在他看来,"历史是过去的陈述,随时纵逝,无从重演,无法反复观察。历史的因素繁复,过程驳杂,无从隔离起来,做个别片断的试验,怎能和科学等量齐观?"基于此,他认为"历史只是近乎情理的测度。它的实用是有助于思考,使思想活泼起来,从多方面的关系去看,贵于周详细密,使人不至于陷入盲从、轻信、过简化、教条式的武断与误断。……以致造成错误的观念,一误再误地误尽苍生"。正是因为"史学不过是测度",所以刘子健倾向于"多元论",即赞成多次研究,从各方面去推论,再进行比较综合,并不一定"定于一"。他举例言道:"怎样看一颗钻石?没有人会只从唯一的观点,绝不改变的角度去看,都是把钻石转来转去,左看右看,再拿到强光底下,又看个没完。小小的钻石尚且如此,庞大无比的历史,渊源深长,错综复杂,变化不息的潮流,谁敢说一目了然?多几个人来看,多看几次,多用些不同的看法,不多点见识吗?"②基于这样的历史观,刘子健的宋史研究有着有别于其他史学研究者的独特特点。具体而言,其宋史研究主要有以下几个鲜明特色:

其一,主张"因问求法"。刘子健曾言:"治学,非问不可。常觉得中文

---

① 刘子健《欧阳修的治学与从政》,台北:新文丰出版公司,1985年,"重印自志",第3页。
② 刘子健《两宋史研究汇编》,台北:联经出版事业公司,1988年,引言,第3—4页。

的学问二字,含义绝佳。学是先学过去已有的知识,接着就应尝试提问题,最好是提新的问题。有了问题之后,就可以学胡适先生的口号'大胆假设,小心求证',努力去发掘新学识,试求新解释。"①在他看来,学术训练的重点有两层,一是问有意义的新问题,二是提出合理的新解释,其过程就是胡适先生的名言:"大胆假设,小心求证。"看看要用怎样的架构,怎样的假说和怎样的资讯。

这种"因问求法"的史学研究方法,是刘子健在从事宋史研究时最为显著的特点。例如,在《岳飞与中国人关于忠的传统》一文中,刘子健首先提出其问题:岳飞被诬,在狱中被暗杀,这样骇人听闻的大案何以满朝坐视不救?何以熟读圣贤书的士大夫不群起抗议?当秦桧死后,高宗将秦桧一家赶回原籍后,何以无人出头为岳飞说话,直至孝宗即位后才正式平反?平反之后,终南宋一代,为何无人敢追究岳飞,批评号称中兴圣主的高宗?对这些问题,他提出的假设:忠的观念是随着时代的发展,特别是坚韧的民族主义对于环境的反应,在继续不断的演化。其中最根本的问题是忠于谁?或忠于什么?是忠君,也就是说忠于领导人,忠于领导集团还是忠于国,即爱国、爱民族。在北宋,则是以天下为己任,依据自己的学识见解,不为君权相权所屈;但是南宋,士大夫强调只有绝对忠君才能报国,以事君为己任,绝对以君主个人为转移,并非以国家利害为前提。对于这一假设,刘子健从史学史和思想史的角度进行探讨,分析宋代官僚和儒学的忠君观念。② 再如,在《中国转向内在:两宋之际的文化内向》这部闭关之作中,刘子健首先提出"两宋之际存在文化内向"这一重大问题,认为在政治上,北宋士大夫犹能与君主"共治天下",但南宋的君权高涨,或由少数的权相代行,大部分的士大夫都不能参与决策,言官也沦为政治工具;在思想上,北宋堪称"气象博大",而南宋尽管有朱熹等少数杰出学者,但一般都没有开拓新境界;其他方面亦如此,例如文学上为何唐宋八大家中只有北宋而没有南宋?又如经学,南宋是否较北宋流于烦琐狭隘和缺少原创性?再如史学,尽管在数量上南宋超越北宋,但却出现不少互相攻评的作品以及史观凌驾史实的现象。紧接着,他就这种内向是如何产生提出其假设,过去对

---

① 刘子健《两宋史研究汇编》,台北:联经出版事业公司,1988年,引言,第2页。
② James T. C. Liu, "Yueh Fei(1103-41) and China's Heritage of Loyalty", *The Journal of Asian Studies*, Vol. 31, No. 2(Feb., 1972), pp.291-297.

内向的产生曾有四种成说:一是国土的缩小导致自卑与退缩,二是财政困难以致文化事业不得推展,三是马克思主义的地主阶级说,四是政治的黑暗。对于这些成说,刘子健一一指出其可取和不足之处,例如国土的缩减和对金称臣并不妨碍南宋士大夫有着文化的优越感,文化发展的资源仍相当充足,造成北宋文化辉煌的也是地主阶级,而政治黑暗与文化发展的关系则有待澄清。在此基础上,他提出其假设,认为导致内向的关键有二:一是南宋成立初期的政治和思想发展,二是宋末所谓道统的成立。简而言之,北宋的亡于外族和士大夫的变节带来耻辱、震惊和反省,反省的结果却是归罪于北宋的变法,加之在金人虎视眈眈之下也不容许大规模的更张,于是摒弃了制度改革而倾向于道德重建,以为人人守道,制度自成余事,全国载道,天下何患不平? 然而,实际的政治与道德的愿望背道而驰。为了战争的进行和政权的巩固,国家权力高度集中在皇帝一身,最后决定放弃故土,对金称臣,并利用权相驱逐异己和钳制异议,造成白色恐怖,这就是思想遭受禁锢和内向的第一个关键。此后,随着新皇帝的登场,禁锢得到松弛,使这时期的思想较为开放,却也产生了谁是"道统"的争议。到南宋末年,内外危机再次出现,但政府采取包容政策,对理学先黜后崇,尊为道统,形同国教。儒家定于一,本身未必不好,但久于一,就无从多,不多即缺乏新生,文化就随着停滞,从保守变为固守,这就是文化内向的第二个关键。假说即立,此书以后各章则就所提出的观点进行说明和验证。①

其二,倡导"借用的方法"。对于史学研究方法,刘子健认为可以分为三类:一是"沿用的方法",即以考证史实,分析推断或说明史观为重;二是"创用的新法",如用气候土壤的变化来解释社会结构的转移,用心理分析重新研究传记;三是"借用的看法",社会科学之中有许多概念、观点和分析值得用来作借镜,借重它们来重新分析古代的中国往往可以取得新的成果。② 他曾运用"沿用的方法"考证《三字经》并非是宋末元初王应麟所编,因为从内容要点来看此书绝非他的书,极有可能是书商或他人假托其名而作;从潮流来看,南宋理学家注意普及教育,像《三字经》这样的童蒙读本

---

① 刘子健著,赵冬梅译,柳立言校《中国转向内在:两宋之际的文化内向》,南京:江苏人民出版社,2002年。
② 刘子健《史学方法和社会科学——研究宋代的一些例证》,载季啸风、李文博主编,桂霭茹选编《历史研究》第1辑,1987年。

在宋末以前就应当有了。① 他亦曾用"创用新法"即间接旁求法探讨宋史中的相关问题,如他从欧阳修为许多人所撰的墓志铭里,综合其所赞许的行政措施,证实欧阳修以注重行政著名;②通过查考秦桧的亲友,证实秦桧暗通金人的传闻。③ 在这三种史学研究方法中,他更为倡导的是"借用的方法"。在刘子健看来,社会科学是分类的,历史是综合的;社会科学有独具慧眼的分析、一语破的概念,而历史则纵览全局,两者结合可谓相得益彰。故此,刘子健在治史时虽认为传统的考证方法仍然需要沿用,但更为注重借用西方社会科学的概念、观点和方法来研究中国史。与刘子健有着深入交往的邓广铭先生④曾言:"我深切地感受到,他是极为注意上述诸学科对治史者的重要性的。……可见子健先生本人在研究历史的过程当中,在这些学科方面都有其深造自得之处,从而当他发为文章之时,便无处不体现着他的这种触类旁通的本领。"⑤

在关于王安石的研究中,刘子健将史学与行政学结合起来,从政策执行的角度进行考察,由此得出其结论:变法的政策是有眼光的,但不幸的是官僚徇私、胥吏渔利,政府管事愈多,各色弊端愈糟,并由此个案总结出"凡由官僚主持的改革,先决条件是官僚素质和行政机构本身的品质"这一推论。⑥ 在关于宋代君主对官僚的控制等问题上,刘子健运用政治学的方法提出"包容性政治"概念。所谓包容性政治,就是一半拉拢一半牢笼。换而言之,即利用他们的名望,却并不尊重他们的意见,诸如明升暗降、礼遇高而实权少这些手段都是包容式的技巧。当然,这也可说是对于持正论大臣的部分妥协,但大政方针仍然照旧,最好的例子是崇尚道学,很动听闻,

---

① 刘子健《比〈三字经〉更早的南宋启蒙书》,载《文史》第21辑,1984年。
② 刘子健《欧阳修的治学与从政》,台北:新文丰出版公司,1985年。
③ 刘子健《秦桧的亲友》,载《食货》1984年第14卷第7、8期。
④ 据台湾学者宋晞所说,1978年刘子健第二次回大陆到访北京时,经安排与邓广铭会面,两人在沿着未名湖散步时,邓听说宋史座谈会,向刘提出想同样去做,不久后宋史研究会即成立且出论文集;刘子健后来通信与宋晞、邓广铭两先生商议在香港召开国际会议,这便是1984年在香港召开的国际宋史研讨会,邓广铭等六位中国大陆学者参加。具体参见宋晞《刘子健先生提倡国际间研究宋史的贡献》,载《宋史座谈会成立三十周年学术研讨会文集》,台湾中国文化大学,1994年。
⑤ 邓广铭《〈刘子健博士颂寿纪念宋史研究论集〉前言》,载《邓广铭全集》第10卷《书评、序跋、杂著》,石家庄:河北教育出版社,2005年。
⑥ James T. C. Liu, "Reform in Sung China", *Wang An-Shih and His New Policies*. Cambridge: Harvard University Press, 1959.

但只是听闻而已,并不付诸实施。刘子健借助政治学的方法而提出这一极富创造性的"包容政治"概念,并借此对南宋君主与言官、君权与相权的关系做了非常深入剖析。① 在讨论封禅文化时,刘子健运用多学科的方法,借助于民族学、人类学和史学的结合,对封禅和明堂这两种方式在宋代的演变发展进行探讨,由此推论中国宗教的柔和性与近千年来君权的提高致士大夫无从异议。② 美国人类学会会长许烺光提出过"优势的家庭关系"概念,认为这种优势的家庭关系不仅会影响到文化各部门,社会关系也和这模式有关。在传统中国,居于优势的毫无疑问是父子关系,从而服从君权、怕官、畏惧尊长、循规蹈矩,少有冲破障碍,另打天下的勇气,其好处在于能延续持久,坏处是不容个人新发展。刘子健正是借用许先生的概念,从这一视角出发结合史料对南宋道统的成立以及"袁氏世范"的流行进行深入探讨。③ 邓广铭先生曾就史学与社会科学的结合对史学著述的意义这样分析道:"历史学是一种综合科学……一个研究历史的人,既需要使假设和验证相应合,也需要把宏观与微观相结合,更需要和一些相邻学科相联系。前代的学者曾经有人强调研究历史必须旁通文字、训诂、音韵等,过去我在讲课中也曾把地理、职官、年代、目录作为研究历史的四把钥匙向学生提出过,后来且曾一度为此受到批判。其实,认真说来,仅仅借助于我所列举的四把钥匙,以及前代学者所提的文字、训诂等,作为现代的史学工作者的研究工具,也还是远远不够的。例如考古学、政治学、社会学、人类学、民族学、民俗学、心理学等无不与历史学研究有极其密切的关联,在这些学科方面的造诣之深与浅、知识面的广与狭,对于一个史学家的论著质量之高与低、精到与粗浅关系也极要切。"④刘子健正是因为注意并善于借用社会科学的理论、方法和观点,故此常能提出令人耳目一新的问题及发人深省的新观点和结论。

其三,强烈的现实关照。刘子健之所以专注于宋史研究,除了前述的两方面原因之外,强烈的现实关照亦是其中重要原因之一。在刘子健求学

---

① James T. C. Liu, "The Sung Views on the Control of Government Clerks", *Journal of the Economic and Social History of the Orient*, Vol. 10, No. 2/3(Dec., 1967), pp.317-344.

② 刘子健《封禅文化与宋代明堂祭天》,载《中央研究院民族学研究所集刊》第18期,1965年。

③ 刘子健《宋末所谓道统的成立》,载《文史》第6辑,1979年。

④ 邓广铭《〈刘子健博士颂寿纪念宋史研究论集〉前言》,载《邓广铭全集》第10卷《书评、序跋、杂著》,石家庄:河北教育出版社,2005年。

的青年时代,他曾因参加抗日活动而被日本宪兵逮捕入狱,其背上鞭痕烙印终身。后来,他常说:"我什么苦痛都可承受,因为所有苦难在战争期间我都遭遇和承受过。"①正是这段遭遇,奠定了他研究宋代历史的决心,希望从宋代积贫积弱,深受辽金夏侵凌的事实中,唤起人们为振兴中华民族而奋斗的激情。②台湾学者黄宽重先生曾这样回忆他对于刘子健的印象:"刘先生是位感情丰富,乐于助人的长者。刘先生对中国的感情特别深厚,他因现实因素而旅居美国,却始终关心中国、热爱中国,不仅热心协助到美国的两岸学者,更关切中国政治发展,对改革开放以来的中国大陆寄予厚望。"③由于所处的时代环境,尤其是其独特的人生经历和遭遇,使得刘子健极富现实关怀和爱国情怀。他的这种现实关怀和爱国情怀,不仅体现在对当代中国大陆朝着现代化发展的期待,在其学术研究中亦同样有反映。

刘子健在《讨论〈北宋大臣通契丹语〉的问题》一文中,对北宋大臣是否通契丹语这一问题进行详考,指出北宋君主"怕契丹,猜疑臣下,一以巩固君权为重,宁可让有办外交能力的人员不通外语,不能直接通晓外国情形,不能使外交更有成效"。④在对这一问题进行详察后,他颇有感触地言道:"宋代不重外语的习惯,一直传到近代。清末一群名为讲洋务的大臣,有几个通晓外语?在抗战前后,知识分子很少学日文,好像学日文,就有想做汉奸的嫌疑。抗战既不知彼,战后清查日本劫夺的资产,照样糊涂。"⑤在探讨金人对宋的军事侵略时,他指出金人过长江,还没有和他合作的汉军;后来想培植刘豫的伪军,为时已晚。蒙古人虽然军事力量极强,人力还是不够,但蒙古人的策略远胜金人,汉军归附,帮助他征服中原。由此推及清军入关及抗日战争,他不无愤慨地言道:"满清入关,还不是靠吴三桂他们好几支汉军。抗战期间,日本不能征服中国,其中原因之一,也是因伪满和其他伪军有民族意识,多数不愿意中国人打中国人。没有真正汉

---

① Andrew H. Plaks, Willard J. Peterson, Hai-tao Tang and Ying-shh Yu, "Obituary: James T. C. Liu(1919-1993)", *The Journal of Asian Studies*, Vol. 53, No. 3(Aug., 1994), pp.1044-1045.
② 来可泓《美籍宋史专家刘子健教授》,载中国历史文献研究会、贵州历史文献研究会合编《学者笔下的贵州文化:贵州文化国际学术研讨会论文集》,1998年,第255页。
③ 黄宽重《刘子健先生的为人处世》,载《宋史座谈会成立三十周年学术研讨会文集》,台湾中国文化大学,1994年。
④ 刘子健《讨论〈北宋大臣通契丹语〉的问题》,载《大陆杂志》1964年第28卷第12期。
⑤ 刘子健《两宋史研究汇编》,台北:联经出版事业公司,1988年,"引言",第8页。

奸军队,侵略不会成功。"①除了由宋史问题推演至20世纪历史并由此引发感慨外,他探讨宋史问题的背后都承载着对现实的强烈关照。例如,刘子健在《中国转向内在》一书中所要探究的核心问题是"为什么在许多方面都发达和先进的宋代统治阶级,没有向更广阔的领域继续开拓,却反而转向了内向?"其背后要追问的是究竟是什么在阻碍中国,使其陷于沉滞僵化,"直至1898年,在西方的冲击和日本战胜的影响下,中国方才出现近代化改革的迫切要求?"在对这一问题探讨时,他将研究焦点聚焦于中国政治发展与文化发展之间的互动模式,把当时的政治现实作为思想的背景,特别指出专制皇权取向和现实政治考量对中国文化思想的深刻影响。他在余论中这样言道:"不管怎么说,国家权力始终处于传统中国舞台的中心。中国文化的命门在于政府和意识形态(政教)当中,其混合体决定着其他一切。"正因为"有这一套道统,中国思想从此就进入一个新传统的时代。一切生长和改革,跳不出这传统的束缚。先是保存,继而保守,终于硬化。其次,元、明、清三代,特别是清初,都知道怎样利用道统的哲理,以忠孝君父来巩固封建的政权。统治阶级更利用这传统,来保卫他们优越的私利"。如此,"作为意识形态中的官方正统,新儒家不管怎么发展,都无法重塑或改变这个政治—文化的混合体,或者将权力的亚文化转变成为伦理道德的亚文化。不断提高的生产力、日益拓展的贸易、重商主义的张扬和正在发展的城市化,也不能促成这一变化"。② 以今日的社会病态和官场文化视之,他可谓以古证今。更发人深省的问题,就是现代读书人应如何自处?简言之,刘子健借由对宋代政治、思想、社会、文化等相关问题的研究,以解释当前的重大政治问题,为理解现实社会提供洞见。

2. 刘子健的宋史研究之贡献

邓广铭先生曾就刘子健的宋史研究这样评价道:"在王安石写给曾巩的一封信中说:'读经而已,则不足以知经。'把这句话扩而充之,我们可以说,一个研究中国历史的人,对于其他国家的历史如果知之甚少,甚或茫然无所知晓,则他对于中国历史上的各种现象和各种问题的分析、概括和评论,由于缺乏比较,受到局限,必然难以做出适当而确切的表述。而子健先

---

① 刘子健《史学方法和社会科学——研究宋代的一些例证》,载季啸风、李文博主编,桂蔼茹选编《历史研究》第1辑,1987年。
② 刘子健著,赵冬梅译,柳立言校《中国转向内在:两宋之际的文化内向》,南京:江苏人民出版社,2002年,第153页。

生则熟悉东西方的多种文字,并攻治过东西方许多国家的历史,所以他的视野广阔。在这样的基础上,他对于中国历史,特别是宋代历史的研究,不论就其取材的广博,见地的精到和剖析的透辟来说,都超出侪辈,而卓然自成一家。"①邓广铭的评价并非溢美之词,美国汉学界对刘子健的宋史研究同样给予高度肯定和评价。例如,芮沃寿这样评价《欧阳修的治学与从政》一书,"我发现刘的开创性研究非常引人入胜且富有启发性。它打破了许多成见,向西方读者介绍了传统中国真正伟大的人物"。② 对于刘子健的《宋代中国的改革:王安石和他的新政》,柯睿格认为"所有对中国改革运动感兴趣的普通读者甚或专家都应将其作为他们首要的导游";至于其《欧阳修的治学与从政》一书,则"不仅使我们对宋代这样一位被忽略的知识分子有了详细了解,而且使我们注意到一些值得考察的新领域并拓展了我们对中国最有价值的一段政治生活的理解"。③ 在毕士博看来,刘子健的《欧阳修的治学与从政》一书,"将读者带入到中国历史上最为辉煌且富包容的历史时期,使之有了更为深刻的理解"。④ 在受到美国汉学界称许之同时,刘子健的宋史研究亦对美国的中国史研究,尤其是宋史研究有着不可低估的影响和贡献。具体而言,体现在以下几个方面:

其一,丰富美国汉学界对宋史的认识和理解。刘子健倾注毕生精力从事宋史研究,对宋代政治、经济、文化、社会等各个方面都有涉及。作为出生在中国并接受过系统史学训练的学者,他在从事宋史研究时有着美国本土学者所不具备的优势,如拥有固有文化的生活体验,耳闻目睹的领会,熟悉史料,洞察底蕴等。正因为如此,他常提出不同于美国史家的精辟见解,丰富了美国汉学界对宋史的理解和认识。

以往的研究多基于作者所处时代的政治环境来看待王安石,以致绝大

---

① 邓广铭《〈刘子健博士颂寿纪念宋史研究论集〉前言》,载《邓广铭全集》第10卷《书评、序跋、杂著》,石家庄:河北教育出版社,2005年。

② Arthur F. Wright, "Review Ou-Yang Hsiu: An Eleventh-Century Neo-Confucianist by James T. C. Liu", *The American Historical Review*, Vol. 73, No. 3 (Feb., 1968), pp.876-877.

③ E. A. Kracke, Jr., "Reform in Sung China: Wang An-shih and His New Policies. by James T. C. Liu", *The Journal of Asian Studies*, Vol. 22, No. 1 (Nov., 1962), pp.95-96; E. A. Kracke, Jr., "Review Ou-yang, an Eleventh-Century Neo-Confucianist by James T. C. Liu", *T'oung Pao*, Vol. 55, Livr. 1/3 (1969), pp.163-168.

④ John L. Bishop, "Review Ou-yang Hsiu, an Eleventh-Century Neo-Confucianist by James T. C. Liu", *Books Abroad*, Vol. 42, No. 2 (Spring, 1968), p.323.

多数都将王视为一个现代的社会主义者或自由主义者。刘子健则与之不同,他将王同11世纪中国的政治环境、问题和思维模式联系起来进行考察。如此,他为我们描绘了富有变化的思想运动、官僚的力量和薄弱之处,以及这些是如何影响王安石的个性及其信念。① 过去谈及官僚的类别与士风时,多喜欢以道德区分,如君子与小人、循吏与酷吏,俨然壁垒分明。刘子健则从理念及行为入手,指出他们的异同。例如,尽管朱熹多方批评王安石,但他们对政府和教育的态度其实有共通之处,都希望从根本入手,大事改革,但在方向与方法上有所不同。同样,北宋的孙复、司马光、苏轼和南宋的杨时可算一类,倾向重振已有的理想,而北宋的范仲淹、欧阳修、程颐和南宋的陈亮、陈傅良、叶适、陆九渊可算一类,倾向选择性的改良。理学家们屡遭围剿,与王安石当年不相上下,就是因为他们也要求根本的改革,不同的是他们从道德入手,而王安石则从制度入手。用政治行为去看士风,必须注意同一个人可以有前后不同的作风。尤其是一般官僚的行为,受领导人物和政治局势这两个因素的影响:"有才干的士大夫,在有作为的领导之下,表现的是行政型。同一类士大夫,在争权夺利的局面下,很可能一变而为手腕型。至于既无理想,又少才干的士大夫,那就是看风转舵,不妨名之曰随势型,一般作风好,他们也表现得不错,如果江河日下,他们也就随波逐流。换言之,高峰倡风气之先,领导得好,像君子的人就多,振作不了,近乎小人的不免增多。"②刘子健运用这种动态的研究方法,注意客观环境与主体人格的相互作用,借此检讨君主权力的运用范围及其困难、北宋君主的特性,从中归纳其演变轨迹:从创业型变为守成型,当守成型出了问题以后,唯有变法型和倦勤型这两种可能。③ 一般都知道,屡兴文字狱,造成了学术研究上的偏颇。刘子健则指出,南宋史学之胜于经学,未尝不是因为当时的政治局势更不利于经学的发展,北宋变法和党争中对经典的利用和解释可为殷鉴。

尤为值得一提的是,受日本汉学家内藤湖南和宫崎市定的"唐宋变革说"的影响,费正清在其与赖肖尔合编的《东亚:传统与变迁》一书中,认为

---

① E. A. Kracke, Jr., "Review Reform in Sung China: Wang An-shih and His New Policies. by James T. C. Liu", *The Journal of Asian Studies*, Vol. 22, No. 1 (Nov., 1962), pp.95-96.

② 刘子健《王安石、曾布与北宋晚期官僚的类型》,载《清华学报》1960年新2卷第1期。

③ James T. C. Liu, "An Administrative Cycle in Chinese History: The Case of Northern Sung Emperors", *The Journal of Asian Studies*, Vol. 21, No. 2 (Feb., 1962), pp.137-152.

晚唐至宋初时中国通过"文兴复兴"已步入"近代初期",他们在书中从政治、商业革命、思想文化等多方面进行非常精彩的描述①,给西方世界的学生制造了一种强烈的印象,中国从这时起一直到17世纪或18世纪一直领先于欧洲。在刘子健看来,所有这些听起来的确相当"摩登",但这种观点却不无漏洞:宋代中国之后,既没有持续的近代化进程接踵而至,以后也没有出现近代化的发展。近代化的外表之下,却相矛盾地生长出顽固的传统。中国学者雷海宗曾将中国历史分为两大周,即最初至公元383年为第一周的中国称为"古典的中国",从383年至今日为胡汉混合、梵华同化的"新中国",这两大周各自又可分为五个时代,其中南北朝、隋唐、五代为一个大的过渡、综合与创造的时代。② 刘子健对于雷海宗的观点深表赞同,并借用柯睿格的话是"传统内的变化"③;但是,他在雷海宗的观点基础上更进一步,创造性地提出在北宋晚期至南宋时的中国出现大分际,此时中国出现了一个融合有旧传统及新成分的新传统,宋代以后的中国或可称为新传统主义,因为它重新发展了中国文化,在旧的基础之上萌生新的变化,新的变化又融合为悠久传统的一部分。正是两宋之际中国所出现的这种转向,导致中国趋向于停滞,一直无法开启近代化之路。综合而言,刘子健为人们提供了一个宏观的历史解释,它纵览整个宋代的发展,指出两宋的差异,并将问题提升到文化的层次,把专门领域的研究用作证明的材料,可谓是"皆我注脚"。不少史家专研南宋初年的战争和人物,而刘子健注意立国的规模和它对后世的影响。于是赵鼎的遭遇不再限于本人,而是标志着以道德重建国家的努力和失败,也凸显了当时的白色恐怖:假如连一位德高望重的开国功臣也横遭不测,那么从政治入手进行改革还有什么希望?根本的问题在哪里?有没有其他的解决办法?是否应从人的心和意去下功夫?是否应走到社会基层,传播教育,甚或发起社会组织,以填补"齐家"一跃便到"治国",中间少了"社会"的缺陷?正因为这种领悟,精英文化向下植根,转化为普遍的文化观念和道德价值,成为社会稳定的基础,

---

① 费正清著,张沛译《中国:传统与变迁》,北京:世界知识出版社,2001年,第134页。
② 雷海宗《断代问题与中国历史的分期》,载雷海宗著、王敦书选编《历史·时势·人心》,天津人民出版社,2012年,第64页。
③ James T. C. Liu, "The Neo-Traditional Period (ca. 800-1900) in Chinese History: A Note in Memory of the Late Professor Lei Hai-Tsung", *The Journal of Asian Studies*, Vol. 24, No. 1(Nov., 1964), pp.105-107.

却也做成牢不易破的新传统。刘子健紧握时代的特征,并尝试把它们联结成一个整体。于是,理学不再孤立地存在于象牙塔里,而是对北宋亡于外族和对南宋帝权高涨的反响。在君权独运,权相密赞的情况下,理学家直指帝心,要求正心诚意,以君权推行修身齐家治国平天下的理想。结果,道德虽得确立,但君心未必诚正,何况士以得君为己任,根本不合北宋以天下为己任的理想;知识分子应依据自己的学识见解,不为君权相权所屈。理学被政权收编后,儒教国家双重性格中道统抗衡君权的一面逐渐减弱,瓦釜雷鸣,何来社会正义。① 刘子健对宋史的这一深入分析,是不谙于中国传统文化的美国学者所无法做到的。

其二,积极推动国际宋史研究界的合作与交流。刘子健曾就美国的宋史研究现状这样评价道:"无论就成绩,或是就兴趣,或是就人数来说,都比较落后,一二十年来,虽然在生长,还赶不上欧洲。甚至推测可知的未来,也谈不到和日本比。成绩先不说,以兴趣而言,……有志于宋代研究的人,根本不过三四十人,又分数在各别学科,特别是在美术史和哲学方面。……此外,美国的面积相当大,地理上也是分散的。教书的人,在职务上往往需要担任亚东或中国的全面一些普通的课程,几乎是独当一面,博古通今。除了三五个学校,有基础、有规模、图书够、同事多,是不可能专修断代史的。自己有兴趣做宋史的研究,就不得不特地抽出时间来,而且要不怕麻烦,向别的图书馆借书,甚至牺牲假期,跑出去找材料,因为这些情况,在成绩上不免受到限制,更何况还有文字上的困难?"②

基于美国宋史研究界的现状,刘子健积极联络国际宋史研究同仁,为推动宋史研究界的合作和交流而四处奔走。1963年,他约请姚从吾、赵铁寒、方豪、宋晞等四人,发起宋史座谈会;1966年,他与柯睿格、郝若贝(Robert Hartwell)、马伯良(Brian E. Mcknight)等五六个美国学者成立宋史小组会;1971年,由其发起,在德国召开了有美德日三国学者参加的宋史会;③1983年,他发出"请香港中文大学筹办国际宋史学会"修订提案,其

---

① 柳立言《刘子健先生的治学与教学》,载《宋史座谈会成立三十周年学术研讨会文集》,台湾中国文化大学,1994年。
② 刘子健《在美国研究宋史的一些途径》,载《大陆杂志》1963年第28卷第1期。
③ 全汉昇因去欧洲亦非正式参加了此次会议。会后编研究集时,意见不同,主编的人不愿意接受日本学者的论文,刘子健把自己的论文撤掉以示抗议,因为在他看来这违反原来国际合作的宗旨和目标。

宗旨为"宋代兼有复古与创新，其影响远及近代。研究与讨论宋史不但可以促进了解当时的改变，并且可以贯串古今。但是各国学者分处各地，很少有机会谈论。因为香港的地点最便利，所以希望在香港集会，交换研究经验、最近成果和将来研究的动向和方法，以供青年学人的参考"。建议目标是"希望每位出席的学人，能多多少少涉及下列的几个目标：一、除了普通已知的变化，宋代还有什么其他的新发展，影响后代？ 二、北宋仍以黄河流域为重，南宋移到长江下游，两者怎样不同？ 三、两宋文化怎样继续地笼罩蒙古占领下的中原以及明、清的中国？ 四、向年轻学人建议，研究宋史，有些什么新题目？ 新途径？ 尚未充分利用的史料？ 可以提供给社会科学各科的参考？"在他的积极倡导和沟通下，1984年12月在香港中文大学举行了"国际宋史研讨会"，出席的代表有中国大陆邓广铭等六人、中国台湾宋晞等五人、中国香港全汉昇等六人、美国刘子健等六人，还有德国的傅克乐、澳洲的王赓武等，总计25人，每人皆提交论文；在他的倡议和鼓励下，国际宋史研讨会相继在杭州大学（1985）、台湾中国文化大学（1987）等地举办。① 得益于他的积极倡导和联络，宋史研究越来越受到人们的关注，借此亦推动美国汉学界的宋史研究。黄宽重先生这样评价道："可以说由于他的热心而且擅长沟通，因此在海峡两岸及国际宋史界，搭起了沟通的桥梁，增进学术交流与合作，是他在学术研究之外另一贡献。"②

在全汉昇的中国经济史研究座谈会上，刘子健就宋代是不是已经变成一个近代的社会？ 宋代和宋代以后的中国没有产生工业革命，是不是中国文化独有的缺点或失败？ 宋代经济是当时全人类农业社会中物质生活最高的，却何以没发生资本主义等问题提出其观点和看法后③，特别强调为何应重视并倡导座谈会，"这些提到的理论，还有许多没有提到的理论，多

---

① 宋晞《刘子健先生提倡国际间研究宋史的贡献》，载《宋史座谈会成立三十周年学术研讨会文集》，台湾中国文化大学，1994年。
② 黄宽重《刘子健先生的为人处世》，载《宋史座谈会成立三十周年学术研讨会文集》，台湾中国文化大学，1994年。
③ 对于这些问题，刘子健认为从宋代起，中国走入了新传统时期，正是这一新传统使得中国无法依靠自身发展成一个工业社会，而且在不得不走向工业化的时代，一定会遭逢到比其他社会更艰巨、更复杂和需要更长时期才能解决的痛苦；宋代和宋代以后的中国没有产生工业革命决不能算是中国文化特别的缺点或失败，且宋代何以没有发生资本主义和何以没有进展到工业革命是两个有关联的问题；宋代中国已如此繁荣，之所以没有发生资本主义，其原因除了一统帝国的高压、法律制度的不同、官僚的超越地位、平民式家庭的分产制导致资本逐渐分散以及金银铜现货不够等之外，运输货物的安全，尤其是小城之间、城镇之间以及科学思想不太发达亦是重要原因。

半不是真正的定论。最多不过是目前世界上史学界有许多人接受,而不是所有人接受的结论。有许多连暂时的结论都不能算,只是推论。还有许多,只是讨论,只是试论。这正指出很重要的一个任务,我们必须重视讨论,多提理论,彼此交换、启发、切磋。宋代确是极有意思的一个时代。每一个有相当见地的推论,都值得大家分头去找史料,去细心研究,看看这推论是不是可以推翻,或是修正,或是补充,或是成立。这样集思广益,群策群力,研究才有生气。把宋代社会、宋代文化的若干要点、特色、性格把握着,一定能够对于整个中国历史的要点、特色、性格增加许多有关键性、有决定性的认识。我们应该握有这种高超的希望,这种远大的眼光,这种豪放的气魄!用这座谈会来做发动机、原动力,开展活泼的研究,在国史研究上,出现一个'科学革命'"。① 台湾学者朱鸿林在与刘子健的学生埃德蒙·沃西(Edmund Worthy, Jr.)交流中提到:如果将来人们要怀念刘先生作为学术工作者的贡献时,他们"最可能提的一点是刘先生是联络和沟通东西学术界,尤其中国史学界的桥梁,而这座桥梁至今还在发生它的效用"。②

其三,注意对优秀青年宋史研究人才的熏陶培育。如前所述,刘子健非常关心宋史研究人才的培养,他在发起倡议成立国际宋史学会时即提议应为年轻学人指点宋史中可值得研究的领域及新材料。在举办的学术座谈会、报告会及在学术期刊上所开设的专栏中,刘子健不忘为年轻学人提供从事宋史研究多年的心得体会或为年轻学者提供问题构想和研究方法等,以激发他们兴趣。他曾在关于宋代行政研究的一个学术报告中这样告诫年轻学人:"这方面的研究是企图对于上列的大问题,寻求一些部分的解释。大题小做是先找关键的专题去做。大题中做是找一个方面,去做一连串的,希望能达成系统的专题。大题大做就必须期待各方面的群力合作了。"③在关于美国研究宋史途径的座谈会上,他再次就宋史研究选题方法这样介绍道:"有些人觉得整理史料,介绍史实,固然还不够,的确应当注意较切要的大问题。可是另一方面,问题太大,不好着手。运用史料容易有

---

① 全汉昇《中国经济史研究:全汉昇经济史著作集》,北京:中华书局,2011年,第70页。
② 朱鸿林《刘子健教授追悼会发言录》,载《宋史座谈会成立三十周年学术研讨会文集》,台湾中国文化大学,1994年。
③ 刘子健《试论宋代行政难题——在一个学术集会的报告》,载《大陆杂志》1964年第28卷第7期。

许多缺乏。特别是外国学人，要做到熟悉各种史料的地步是相当难的。而推断出来的大结论，可以很动听，可以引起很多兴趣，甚至引起争辩，至少是富于启发作用，然而也绝不容易据为定论。所以这些人主张一个折中的新途径。第一，是大题小做。从大题目里面去找一些较切要的小关节来做。第二，是找史料上比较容易处理的题目，主要的史料太多或太少，内容有疑问还需要细细考校，内容很烦乱或生僻不太好处理的，还是最好暂先避免这类题目。对于青年学生，尤其要指导他们去做很有重要性而史料不算太难的题目，才能对他们有鼓励。第三，题目虽然小，眼光不能小。要从细处来综合政治、经济、社会、思想各大部门中有关的关节，怎样七拼八凑地掺杂在一起。这样做出来的结果，才能不限于本题的窄狭范围。最好是用大的假设来查考小的问题，再以小的结论来补充、修正，甚至于推翻大的看法。这个途径，确易取得收获。"① 对此，他还特别举例予以说明。华盛顿大学的卫德明在《从神话到神话：以岳飞传为例》一文中指出，中国史上有一个特点，即传说加强榜样，榜样引起强烈的模仿，产生新榜样，更加强这传说，这也是中国文化传统的韧性，特别耐久的原因之一。关羽影响了岳飞，而岳飞又配享关羽。三国演义和说岳，不知又影响了多少代的多少人！卫氏在文中还指出，西方虽然也有模仿前人，尊奉宗教上先圣的情形，很少有像岳飞学关公那样全心全意地去做的。② 斯坦福大学的 C. Schrauker，在关于朱熹的研究中就朱熹辞官不就的理论根据和心理状态进行分析。刘子健认为他在文中提出了一个很耐人寻味的问题，即在思想上讲匹夫有责，起而行道，但在实际上考虑政情境环，斟酌出处的得失，顾全自己的名誉声望而用家庭伦理、个人健康的理由来推辞，是不是在性理的理论上能讲得通。如果抓着这问题，又何尝限于朱熹一人？历代多少儒士，往往有些理论上和心理上的矛盾和苦闷。③

不仅如此，刘子健还常向年轻学人提出宋史中可供研究的选题。例如，在他的创议下，《史学评论》从第 12 期开始即开辟了"研究构想"专栏，他为

---

① 刘子健《在美国研究宋史的一些途径》，载《大陆杂志》1963 年第 28 卷第 1 期。
② Hellmut Wilhelm, "From Myth to Myth: The Case of Yiieh Fei's Biography", In A. F. Wright and D. C. Twitchett, eds., *Confucian Personalities*, Stanford: Stanford University Press, 1962; reproduced in A. F. Wright, ed., *Confucianism and Chinese Civilization*, Stanford: Stanford University Press, 1964, pp.211-226.
③ 刘子健《试论宋代行政难题——在一个学术集会的报告》，载《大陆杂志》1964 年第 28 卷第 7 期。

此撰写了《提些可做的题目——以宋史的几个例子,呼吁大家讨论》的文章,提出宋代的财政问题和汉族军力的重要性问题是可以大写的问题。又如,在关于宋代行政难题的学术报告会上,他提出就现代中国文化的整体或许多方面来看,宋代建立了一个新传统,这个新传统的类型是怎样稳定下来?为什么不能有更超越的进展?为什么也不至于衰落,相反却能深入民间,普遍全国维持了千年之久?另外,在这定型的文化中,文治的儒家是很大的特色。非贵族门第出身的士大夫地位之高,兴学出版文风之盛,都是前所未有。但是儒家的理想究竟实现了多少?为什么有许多的限度、失败和流弊?为什么在宋代后期经世儒术不能开展,反倒是退求性理的道学另开了新的境界?经世的儒术虽在政治上不能开展,却用了三字经等家喻户晓的方式渗透,巩固了整个的儒家社会,这如何理解?刘子健认为,这都是值得年轻学人关注的大问题。①

刘子健对年轻学人的关怀与培育,邓广铭曾这样评价道:"子健先生的为学如其为人,为人如其为学,都可用笃厚朴实四字加以概括。因此,他能使得一切受他沾溉的后辈,都具有春风化雨的感觉。"②确如其所言,他对于年轻学人总是尽可能予以启发和引导,以培育宋史研究人才。对此,刘子健的美国学生康豹在回忆时言道:"柳立言先生对于刘老师的教学与治学已经作了很生动的回顾,但是他跟刘老师学习的经验与我们这些美国人有一些差异。像他或黄宽重先生到 Princeton 去上课、写论文时,已读了硕士或博士学位,对中国历史非常精通,而我们美国学生只有大学毕业,对中国历史的了解也很有限。虽然如此,但是刘先生非常有爱心与耐心,用他很严格的训练方式来教我们如何去寻找、分析与中国史有关的一手和二手资料。我敢说,刘老师是对我最有影响力以及给我最多启发的一位老师。"③

简而言之,刘子健对于国际宋史研究,尤其美国的宋史研究有着重要的影响,做出了不可忽视的贡献。正如著名汉学家蒲立本所说,"战后美国的中国研究能够在某一方面有所发展得益于中国学者,我们还不成熟的汉学家们对其必须心怀感激,这些用英文撰著论著的中国学者精通其本国传

---

① 刘子健《试论宋代行政难题——在一个学术集会的报告》,载《大陆杂志》1964 年第 28 卷第 7 期。
② 邓广铭《〈刘子健博士颂寿纪念宋史研究论集〉前言》,载《邓广铭全集》第 10 卷《书评、序跋、杂著》,石家庄:河北教育出版社,2005 年,第 165 页。
③ 康豹《刘老师是给我最多启发的老师》,载《宋史座谈会成立三十周年学术研讨会文集》,台湾中国文化大学,1994 年。

统,并接受过西方学术的训练"。之所以感激,最为重要的原因之一就在于人们切身感受到有些方面已开始起步,"在提供有关传统中国史料方面,其水准已超越了单册通史或是文学消遣"。但是,仍有许多事情还未开始,"除了最近时期以外,即使是在古典或欧洲研究领域内要获得任何像这样复杂而丰富的英文史料文献,我们仍有漫长的路要走"。具体到宋史研究领域,他认为更是如此,"在西语著述中,宋朝在过去一直都特别不受关注。由于各种原因,唐代受到更多的关注。……最近,学界越来越意识到宋代的重要性,但由于其所涉及的问题十分巨大且复杂,有关这一领域的研究令人望而却步。由白乐日所发起的宏大宋史项目,其初衷是能够提供一些有价值的初步参考史料,但却并没有真正地开启。幸运的是,越来越多的学者个人开始对宋史的某些问题作深入探讨,刘子健是最为杰出者之一"①。

第四节　刘广京和他的晚清史研究

　　1943年秋,因申请到哈佛大学奖学金,刘广京便在西南联大尚未毕业时通过自费留学的方式于次年2月正式入读哈佛大学。在哈佛读本科和硕士学位时,他主修英国史,附修美国史;其硕士论文研究的是英国一个唯心派哲学家格林(T. H. Green)。由于自认为哲学根底不够,故在攻读博士学位时改随杨联陞和费正清研习中国历史。1948年通过博士口试后,因一直在校读书颇感疲倦,刘广京便参加联合国秘书处中国翻译员考试,从1948年秋季起即在联合国从事了六七年的翻译工作,直至1955年秋季。正因为在联合国有了工作,他也因此没有回中国大陆。由于翻译工作太过枯燥,刘广京不久即失去了兴趣。从1950年起,他开始撰写博士论文。当他于1956年最终完成博士论文后,便向联合国正式辞职,回到哈佛教学和研究;1962年至1963年,由哈佛大学转至耶鲁大学任教;一年后,又转至戴维斯加州大学执教,直至退休。② 自回到哈佛大学后,刘广京即以晚清史为其研究领域,致力于晚清经世、传教和自强运动等方面的研究,著有

---

① James T. C. Liu,"An Administrative Cycle in Chinese History:The Case of Northern Sung Emperors", *The Journal of Asian Studies*, Vol. 21, No. 2(Feb.,1962), pp.137-152.

② 苏云峰、刘广京《学人专访:刘广京院士》,载《汉学研究通讯》1982年第1卷4期,第160—161页。

《英美航运势力在华的竞争(1862—1874)》,主编《帝制中国晚期的正教》,并与费正清合编《剑桥中国史》第11卷、与朱昌峻合编《李鸿章评传:中国现代化的起始》、与石汉椿合编《帝制中国晚期的异端》,另有《中英轮船航运竞争(1873—1885)》《儒家务实的爱国者:李鸿章事业的形成阶段(1823—1866)》《魏源之哲学与经世思想》《〈皇朝经世文编〉关于经世之学的理论》《晚清督抚权力问题商榷》《作为正统的社会伦理观》等为后世学人所称道的学术专论。

1.刘广京的晚清史研究之路径

当刘广京负笈哈佛大学,追随费正清从事中国历史研究时,正是中国政局处于急剧转变之时。伴随着中国共产党政权的建立,怎样理解"共产主义中国"成为当时美国汉学界的首要论题。许多汉学家进入中国研究领域是因为他们对中国文化的爱好和认同,尤其是其(精英阶层的)"大传统",但中华人民共和国则明显拒绝了那个传统而拥抱了马列(共产)主义,并且是在"冷战"的大环境中做出了那样的选择。由此,这一"中国问题"成为20世纪五六十年代美国中国研究的问题意识之核心。① 在这一问题意识之下,他们迫切想探究"中国为何不能演变成像西方一样的'现代国家'与'现代文明'"②。传统中国到底是如何转型为近代中国,这成为美国中国研究学界中心的问题。身处美国中国研究界的刘广京,深受这一问题意识的影响。他曾这样言道:"就整个中国近代史而言,什么是在解释历史上的中心问题呢?很显然的,中心问题是为什么古代中国会变成近代中国。中国历史这么悠久,宋元以后的历史在思想上和制度上这么稳定,为什么到近代会有急剧的变化呢?在这变化之中又保留了多少传统的成分呢?……这些都是我认为研究中国近代史的人所应该注意到的中心问题。我个人到目前为止,还不能提出全部的解答,但是我对这些大问题,总是不断思考。"③

对于"古代中国如何变成现代中国",或者说中国近代的维新、革命和现代化运动究竟是如何产生这一中国近代史的中心问题,美国史学研究者在20世纪50年代普遍采用"西潮冲击论"来加以解释。他们认为,传统中

---

① 黄宗智《我们的问题意识:对美国的中国研究的反思》,载《开放时代》2016年第1期。
② 许倬云《序》,载张海惠主编《北美中国学:研究概述与文献资源》,北京:中华书局,2010年。
③ 苏云峰、刘广京《学人专访:刘广京院士》,载《汉学研究通讯》1982年第1卷第4期,第160—161页。

国是一个长期处于停滞的传统社会,自身缺乏发展的内在动力,唯有西方的冲击方能促使传统中国社会内部孕育迈向现代社会的新因素。在美国中国研究界,西潮冲击论最为典型的代表是费正清和列文森。1954年,费正清与邓嗣禹合编了《中国对西方的反应》一书。在该书中,费正清提出"冲击与反应"的解释模式,认为近代中国的改革和革命运动基本上是中国对西方的反应。列文森则于1953年出版了《梁启超与近代中国思想》一书,他在书里强调中国近代思想的主题是知识分子如何在面对自身文化的崩解与欲图国家富强的目标这两难困局和紧张中自处。关于中国近代思想的论调,他在《儒家中国及其现代命运》一书里有进一步发挥。受到中国特有的五四反传统思潮和过度简化了的现代化理论之影响,列文森视中国传统文化为落伍且与现代性互相排斥,而西力冲击则是使中国挣脱传统枷锁踏入现代化的唯一动力。简而言之,无论"冲击与反应"还是"传统与现代"都认为西力冲击在近代中国发展中起到至为关键的作用。①

作为费正清的弟子,刘广京自然深受"西潮冲击"这种解释范式的影响。他在20世纪50年代末、60年代初刚涉入晚清史研究之时,所关注的主要是西方对中国的冲击及其对近代中国发展的意义。他于1962年出版的第一部专著《中英轮船航运竞争》,即主要运用旗昌洋行、怡和洋行和太古洋行等商行的原始档案资料,考察英美航运公司在华业务的开展及它们对中国所产生的影响。有关西力冲击对中国的影响,他在该书结论部分写道:"本书记载的事实发生在远离美国的远东水域……当美国商轮在公海上渐趋没落时,纽约与布鲁克林船坞所建造的明轮却在地球另一端——被证明是中国水上运输贸易中最有效的运载工具。但是,轮船在一个世纪之前的中国不仅是一项机械的革新,其背后还代表着西方世界的贸易传统和一种竞争的体系。不论其好坏,这些都被带进了各个通商口岸。"②他的这部"承费正清教授的大力指导和鼓励方写成"的著作,被认为"给费正清的

---

① 有关费正清的"冲击与回应"和列文森的"传统与现代"的解释范式,具体可参见柯文的《在中国发现历史》(中华书局,1984年)以及王尔敏、郑宗义的《中国近代思想史研究的回顾》(载台湾"中央"研究院近代史研究所《六十年来的中国近代史研究》(上册),台湾"中央"研究院近代史研究所,1989年。

② 刘广京著,邱锡荣、曹铁珊译《英美航运势力在华的竞争,1862—1874》,上海社会科学院出版社,1988年,第192页。

《中国沿海通商口岸的贸易与外交》一书贡献了新颖而有价值的一章"。①

在用"西潮冲击论"解释中国近代历史时,刘广京发现存在令人难以满意之处甚或困惑之处。19世纪以来,中国虽然对西方有反应,但是反应的方式和结果并不是如我们所想象的那样。他认为,中国对西方反应的方式和结果实际上在很大程度上是由中国历史遗产所决定的,"因为中国近代史毕竟是中国传统的延续,因此我们必须了解中国历史的遗产,才能更进一步了解中国近代史和中国受西潮冲击以后历史发展的趋势"。② 为此,他开始将其研究转向西潮冲击下诞生并发展起来的轮船招商局以及曾为此效力过的唐廷枢、徐润等买办商人,先后发表了《唐廷枢之买办时代》③《中英轮船航运竞争(1873—1885)》④等学术论文。在关于中国轮船招商局及买办商人的研究中,刘广京侧重于从中国传统阻碍现代化的视角进行探讨。在他看来,唐廷枢"既敢于冒险又长袖善舞,一方面能将中国商人和官府的资源结合起来,另一方面又能利用欧美的技术专长"⑤。虽有唐廷枢这样优秀的实业家,但轮船招商局却陷于衰败之中,其原因既非资本弱于英商企业,也非1883—1884年中法战争之影响。刘广京认为,轮船招商局受益于政府的扶持和贷款,但政府援助和贷款亦存有消极影响,即对"该局内部的人事安排有重大影响","这就促使招商局不可能成为健全的实业机构而大事发展";招商局的另一根本缺陷在于其"繁荣和发展建基在一批开明的并对航运、采矿等现代企业深有了解的商人的财源上"。他在《中英轮船航运竞争》中这样指出,官商关系是轮船招商局在1885年后停滞不前之最为根本的内在因素,"轮船招商局虽然一度享有各种优势,但却成为清代官僚习气的牺牲品"⑥。

---

① Earl Swisher,"Review Anglo-American Steamship Rivalry in Chia,1862-1874.by Kwang-Ching Liu",*The Journal of Asian Studies*,Vol. 22,No. 1(Nov.,1962),pp.98-99.
② 苏云峰、刘广京《学人专访:刘广京院士》,载《汉学研究通讯》1982年第1卷第4期,第162页。
③ 原载《清华学报》新2卷第2期(1961年6月),第143—180页,后收入刘广京著、黎志刚编《刘广京论招商局》,北京:社会科学文献出版社,2012年。
④ Kwang-Ching Liu,*British-Chinese Steamship Rivalry in China*,1873-85.C. D. Cowan. eds.,*The Economic Development of China and Janpan*,London:George Allen & Unwin Ltd.,1964.此文译文原载台湾"中央"研究院近代史研究所编《清季自强运动研讨会论文集》,1988年,第1137—1162页,后收入刘广京著、黎志刚编《刘广京论招商局》,北京:社会科学文献出版社,2012年。
⑤ 刘广京《华商企业家唐廷枢,1832—1892》,载刘广京著、黎志刚编《刘广京论招商局》,北京:社会科学文献出版社,2012年,第185页。
⑥ 刘广京《中英轮船航运竞争,1873—1885》,载刘广京著、黎志刚编《刘广京论招商局》,北京:社会科学文献出版社,2012年,第83—84页。

20世纪60年代末、70年代初,刘广京由招商局转而研究李鸿章,先后在1967年、1970年发表了《李鸿章在直隶:一个新政策的呈现(1870—1875)》①和《儒家务实的爱国者:李鸿章事业的形成阶段(1823—1866)》②等文章。③ 在关于李鸿章的研究中,他详细考察了李鸿章作为政治家的事业形成阶段及其主持开展的自强运动。对于李鸿章及其主持开展的洋务事业,刘广京给予了高度肯定,认为李鸿章在同治年间和光绪初年对中国现代化确有不可磨灭的贡献。在他看来,李的改革方案只限于教育和人事政策、军队规模与训练,以及鼓励部分商人利用西方技术同外人竞争。尽管李提出的革新方案相当温和,"同日本的'国家建设'相比较,显然缺乏近代化的总体方案"。但必须强调的是,李鸿章为了求富强,并与西洋人争利权,发动了中国近代史上第一次的现代化运动,"李不仅提倡近代军事工业,他也鼓励中国商人同西方商行的竞争,而且李是清朝高级官员中鼓吹在官办学校教授西方数学和科学的第一人"。刘广京认为:"在清政府衰朽而难有救药的环境下,他不正是十分务实,的确做了许多当时政治条件所允许的事吗?"④在详述并高度肯定李鸿章的革新事业之同时,刘广京对李所倡导新政策的思想根源更为感兴趣。他认为李鸿章倡导革新虽然可以说是西潮冲击的结果,但由儒家的忠君观念衍生出来的"儒家爱国主义"精神是一个更为重要的因素,"他对于中国外部危机的意识,亦即他在1862年到了上海后产生的意识,"导致他接受了某些新的价值。我们可以将他对中国——他的'中国'或'中土'——的关注,以'儒家爱国主义'一词涵盖之。当他关心土地和人民的安全和独立时,他并未意识到他忠于统治的皇朝——儒家信徒认为最崇高的一种感情——和关心作为一个国家的中国,其间有任何的矛盾。无论如何,李鸿章的爱国情感如此强

---

① Kwang-Ching Liu, *Li Hung-chang in Chihli: The Emergence of a Policy, 1870-1875*, in Albert Feuerwerker, Rhoads Murphey, and Mary C. Wright, eds., *Approaches to Modern Chinese History*, Berkeley: University of California Press, 1967.

② Kwang-Ching Liu, "The Confucian as Patriot and Pragmatist: The Formative Years of Li Hung-Chang, 1823-1866", *Harvard Journal of Asiatic Studies*, Vol. 30(1970).

③ 这两篇文章后收入刘广京与朱昌崚合编的《李鸿章评传:中国现代化的起始》,该书中译本由上海古籍出版社,1995年出版。后又被收入刘广京著,黎志刚编《刘广京论招商局》,北京:社会科学文献出版社,2012年。

④ 刘广京《儒家务实的爱国者:李鸿章事业的形成阶段》,载刘广京著,黎志刚编《刘广京论招商局》,北京:社会科学文献出版社,2012年,第117—118页。

烈,使得他修正了一些他曾希望实现的观念。……对他说来,追求中国的富强,比起学习文学和经书重要得多,而且国家富强问题,就其含意来说,确实也比道德修养问题更为迫切,因此也更加重要。……对于富强与技术的追求,在儒家传统看来,仅仅是表面的、次要的,而对于李鸿章,却是他所关心的最重要的关键问题"。①

在关于李鸿章的研究中,他察觉到儒家传统内部的灵活性,一个像李鸿章这样能通过最高等级科举考试的人却能够毫不费力地成为爱国的军事和教育改革倡导者。在刘广京看来,像李鸿章和左宗棠这些人,采用西洋的技术来图自强,他们的变法思想和19世纪初年的经世运动肯定有关系。正因为如此,他的研究开始转到探讨19世纪初年的经世思想,力图从中国传统中寻找中国现代化注重效验、注重富强与人民福利的思想根源。自20世纪80年代初以来,他就经世思想及19世纪初年的经世运动先后刊发了《魏源之哲学与经世思想》《〈皇朝经世文编〉关于经世之学的理论》《郑观应〈易言〉——光绪初年之变法思想》《商人与经世》等多篇学术论文②,就经世的内涵及魏源等人的经世思想和影响进行探讨。③ 刘广京认为:"经世一词大家常常听到,在19世纪中国历史上应如何解释? 经世有时可以说是做官。但中国传统的经世一词,含义的要点不是做官,而是做事。要真正负责做裨于国家人民的事。经世的概念含有理想主义的成分,要求知识分子对实际事务有贡献。晚清经世之学的一个特点,是不避讳谈富强。所讲求的虽然偏重政府的富强,但认为富强应与仁政同时实现。"④他在考察19世纪初叶魏源等所谓"经世之学"时,发现他们所倡导的经世运动虽牵涉颇广,但实由下列三个原则决定其范围:第一,经世之学或经世思想必须以能致用为目的;第二,以政府施政为立场,特别重视君主与朝廷,但亦不轻视各省及州、县地主行政;第三,以民为本之经世观。经世之学固是当时情势及忧患意识迫成之学术发展,但就历史悠久之儒学入世、经世之基本

---

① 刘广京《儒家务实的爱国者:李鸿章事业的形成阶段》,载刘广京著,黎志刚编《刘广京论招商局》,北京:社会科学文献出版社,2012年,第116—117页。
② 这些文章分别刊载于台湾"中央"研究院近代史研究所《近世中国经世思想研讨会论文集》(1984年)、《近代史研究所集刊》(1986年第15期)、《清华学报》(1970年新8卷第1、2合刊)、《近代中国史研究通讯》(1988年第6期)、《清季自强运动研讨会论文集》(1988年)。
③ 因刘广京在晚清经世思想方面的研究,他被台湾史家王尔敏称为"经世史家",见王尔敏《经世史家刘广京对台湾学界之启导》,载《传记文学》2006年第89卷第5期。
④ 刘广京《经世思想与新兴企业》,台北:联经出版事业公司,1990年,第2页。

取向而言,亦极自然之事。道光朝内忧仍在,而外患渐深,浸成五千年来未有之大变局。经世之学终而扩大为救时之学问,成为鸦片战争以后讲求经济、变法等各种学术政治运动之先驱。就19世纪、20世纪中国整个思想史而言,魏源编撰的《皇朝经世文编》揭橥之经世之学乃一基线,道光初年以后思想学说之发展,皆须凭此基础衡量比较。①

在刘广京看来,中国传统虽有阻碍现代化的一面,但同时也有可推动现代化的方面。晚清革新思想实质上根源于中国传统的经世思想,尤其是19世纪初年的经世运动。换而言之,中国传统中实际上存有可推动现代化之因素。② 然而,中国传统对于现代化的阻碍毕竟很多。刘广京认为,除了前述在轮船招商局研究中所阐述的制度障碍外,政治方面的障碍同样不可忽视,甚至是更为主要的阻碍。他在关于李鸿章的研究中,即注意到李的革新是在忠君也即忠于儒教之下的社会政治秩序之下开展的,这就使其所提倡的改革在性质上是有限度的,"尽管他具有爱国精神,李鸿章的思考看来并没有触到中国社会与政治的基本问题,同时也未具有使他更加关心行政与政治改革的道德感情"。因此,"李所鼓吹的政策在他那个时代的中国影响深巨,而且对于中国近代化的曲折历史的研究意义重大,但是他所做出的妥协纵使事实上代表了一种对儒学原则的损害,却不能说是已具有近代的精神"。③ 在由刘广京撰写的《剑桥中国史》第11卷第九章"清代的中兴"和第十章"自强运动"中,他对专制权威和官僚制度之下的中国政治行为模式进行了更为充分的阐述。刘广京认为:"虽然仍须把曾国藩的一生视为中国士大夫统治阶级经世致用之学的胜利,但他的成就实际上是由于清帝在战时给予的支持和灵活性才取得的。由于传统价值标准的影响,忠君的士大夫在任何特定时期都不得不满足于清帝所给的回旋余地。这一事实对冯桂芬等人所提改革根本制度的建议产生了不利的影响。少数人虽然把注意力转向国际关系和设法获得他们所认为的那种西方强国的秘密,但是他们也面临着同样的限制。"④

---

① 刘广京、周启荣《〈皇朝经世文编〉关于经世之学的理论》,载《近代史研究所集刊》1986年第15期,第86—87页。
② 刘广京《三十年来美国研究中国近代史的趋势》,载《近代史研究》1983年第1期。
③ 刘广京《儒家务实的爱国者:李鸿章事业的形成阶段》,载刘广京著,黎志刚编《刘广京论招商局》,北京:社会科学文献出版社,2012年,第90、118页。
④ 费正清、刘广京编《剑桥中国晚清史》上卷,北京:中国社会科学出版社,2007年,第4/8页。

在关于中国政治文化对中国近代化影响的讨论中,让刘广京颇感兴趣同时也让其感到困惑的是,李鸿章和同时代的士大夫从未怀疑儒家礼教之下的社会政治秩序,在他们心目中"忠于统治的皇朝"与"爱国"之间并不相冲突。他在《晚清督抚权力问题商榷》一文中,即发现咸同之际督抚之权力仍受中央有效之监督与控制,而清廷之所以能有效控制,乃基于晚清政治与文化,其中传统儒家忠君观念之根深蒂固。经宋代以降理学之熏陶,忠君观念已成为人臣者感情生活之最崇高理想,不但官绅甚至连勇营将士亦皆为传统伦理所笼罩。① 为此,他转而探讨中国的礼教传统,以更深入地理解中国历史遗产对中国现代化的影响。1981 年,刘广京组织学术讨论会,详细探究"帝制中国晚期的正教与异端"之间的区别;其成果后集结为两部书,一部由刘广京主编的《帝制中国晚期的正教》,一部由刘广京和石汉椿主编的《帝制中国晚期的异端》。② 在《正教》一书的导言,即刘自己所撰的《作为正统的社会伦理观:一种观点》中,他认为在中国的帝制时代,正教由政治权威而非独立于政权之外的教会权威所拥立,任何长期庚续的正教必须能为主导体制服务,同时国家礼教这一正统观念在中国传统中具有灵活变通性。正因为如此,国家提倡的正统教义可以是非常刻板的礼仪规范与社会道德的典范,也可以在为国家服务的目的之下容忍对其他事物的不同信仰。正教的关键是"礼教",当三纲被认同,佛教、道教等与之不同处便能被国家尊重或是容忍。儒家的正统礼教观念是建立在人际关系之上,而非建立于一种出世的信仰之上。正教虽是以礼教和社会规范为中心,但是正教背后仍有一套信仰系统为支持,这套信仰体系既包括自然宇宙及社会体系,也涵括主宰性的"天"的概念。正是根据这一意识,在中国传统中正教观念绝非仅止于一种官方意识形态,其礼仪保留了神圣精神的元素,其价值与实践被认为是根植于与天相应的良心之上。作为"天"的代表来护卫这一良知者,也许是玉皇大帝或观音菩萨,但在人心中起到主宰力量的则几乎总是孝道、妇德、忠君这些常规德行,而这些德行借由被视为天意的习俗常规,战胜并实现个人的命运。同样,否认天的道德

---

① 刘广京《晚清督抚权力问题商榷》,载《清华学报》1975 年新 10 卷第 2 期。
② Kwang-Ching Liu.ed., *Orthodoxy in Late Imperial China*, University of California Press, 1990; Kwang-Ching Liu and Richard Shek,eds., *Heterodoxy in Late Imperial China*, Honolulu:University of Hawaii Press,2004.

目的以及挑战社会道德及礼仪规范者,即被视为背离正统,近乎异端。①

2.刘广京的晚清史研究之贡献

被韦慕庭称之为"学者中的学者"的刘广京,同杨联陞、钱存训等人一样,在美国汉学界乃至整个国际汉学界享有盛誉,对提高美国的中国历史教学与研究水平起到了重要作用。柯文曾生动回忆当年刘广京帮他解读清代文献时的情形,"虽然教清朝公文这一门课的老师是费正清,但是他请一个已毕业的学生刘广京帮他的忙,刘广京不但帮费正清的忙,也帮我柯文的忙。我记得有一次,写论文时非看一篇文章不可,是19世纪的官员夏燮写的《中西纪事》中的一章。但刚开始看时真是头疼,文章没有标点,而且题材很不容易。有一天下课以后,我跟刘广京谈起这个问题,他说我们一块到图书馆去,他用了三个小时,一行一行的跟我一块看这篇论文,把所有的问题清楚地解决了"。②

就刘广京对美国汉学界的影响而言,最为重要的还是其在晚清史领域的精湛研究。作为晚清重臣陈宝箴的外孙,刘广京利用其优势,将清帝国晚期历史作为自己的学术重心,以严谨的治学态度,并借以近距离式的解读情境,终成国际学界研究晚清史的一流学者。他的晚清史研究修正了美国汉学界的诸多错误观点。具体而言,主要有以下几个方面:

其一,修正并丰富"刺激—反应"说。在冲击与反应的解释范式之下,美国史家通常认为19世纪中国经济的发展必然地受到了西方企业压制;外商企业在条约制度下享有特权,其业务在中国沿海地区长期繁荣兴旺。③刘广京在关于轮船招商局和买办商人唐廷枢的研究中即挑战了这样的观点,并证明中国买办和西方资本主义接触是有竞争力的。他在研究英美航运势力在华的竞争中发现,整个19世纪60年代,手上握有巨资或可从其本国借得低息贷款的在华外商企业并不愿意大量投资于中国水域内的航运业。与此同时,则有很多本地商人,包括依附于英商小洋行的洋

---

① 刘广京著,廖彦博译《作为正统的社会伦理观:一种观点》,载张聪、姚平主编《当代西方汉学研究集萃》,上海古籍出版社,2012年,第324—325页。

② 周武、李德英、戴东阳《中国中心观的由来及其发展——柯文教授访谈录》,载《史林》2002年第4期,第33页。

③ Robert F. Dernberger, *The Role of the Foreigner in China's Economic Development, 1840-1949.* in D. H. Perkins, ed., *China's Modern Economy in Historical Perspective*, Stanford: University of Stanford Press, 1975.

人和中国买办商人,却对于航运业的投资很有兴趣。60年代上海最大的航运企业——旗昌轮船公司是一家地方性的合股企业。虽然这家公司是由当时美国在华最大的商号——旗昌洋行创办和经营,但该洋行股东自己仅认购不及全数三分之一的股份,其余近一半股份由在沪的英国小洋行购存,而另一半则由中国买办商人拥有。① 在《中英轮船航运竞争》中,他则展示了英国和美国的航运公司是如何受到中国轮船招商局这个官办企业的挑战。由政府于1872年创办的轮船招商局,以政府为后盾,借助政府的扶持和贷款,充分利用中国买办丰富的商务经验,不仅买下了竞争者的产权,雇佣了外国员工,并引入了西方的营业方式。在19世纪80年代衰败于经济危机、官僚主义的不当经营以及贪污腐败之前,这家公司一直很成功,创办不到两年就已打破了由英国和美国垄断中国水域航运贸易的局面,并在中国水域主宰了航运。② 在刘广京看来,中国的资本主义企业是受到西方贸易刺激而主动出击的结果;在西方的冲击之下,清政府和中国商人是愿意为那些与外国公司进行有效竞争的企业投入资金和人才,也愿意充分利用中国买办的丰富商务经验,并引进西方的营业方式,以此回应并打击外国竞争者。简而言之,当刘广京开始接受费正清的"冲击与回应"这一范式时,如陈永发所说他保留有中国民族主义的视角和观点。③

其二,修正"儒家文化障碍论"。费正清在1954年出版的《中国对西方的反应》一书中,认为近代中国的改革和革命运动基本上是中国对西方的反应,李鸿章等人倡导的自强运动,其思想源于林则徐、魏源、冯桂芬等一批对西方反应的先知先觉者。④ 列文森从中国知识分子如何解决西方入侵所激起的反西化之民族感情与为追求富强而必须向西方学习这两者之间的矛盾来讨论"西潮冲击论"。他在《儒家中国与其近代的命运》一书中,反复申论儒家文化是中国近代化的障碍。他举倭仁反对西化的言行来讨论近代化过程中体用之间的关系,认为传统与近代化之

---

① 刘广京著,邱锡荣、曹铁珊译《中英轮船航运竞争》,上海社会科学院出版社,1988年。
② 刘广京《中英轮船航运竞争,1873—1885》,载刘广京著、黎志刚编《刘广京论招商局》,北京:社会科学文献出版社,2012年。
③ Kwang-Ching Liu, " Edited by Yung-Fa Chen and Kuang-Che Pan", *China's Early Modernization and Reform Movement*, Taipei:Institute of Modern History, Academia Sinica, 2009, p.v.
④ John K. Fairbank and Ssu-yu Teng, *China's Response to the West*. Cambridge, Massachusetts and London, England:Harvard University press, 1954.

间有不易超越的间隔。① 耶鲁大学芮玛丽在《同治中兴》一书中,根据同治一朝实录、各大臣奏议及几百种中外著作研究同治新政的内政、经济、外交、军事和地方控制等问题。芮氏强调:"中兴失败的原因是现代化的要求与儒家社会追求稳定的要求水火不容。"② 密西根大学费维恺(Albert Feuerwerker)在1958年出版的《中国早期工业化——盛宣怀和官督商办企业》一书中,肯定西方冲击对中国近代工业化运动的促进,但进一步指出李鸿章等地方督抚的工业化政策是督抚自肥和增强势力的手段而已。此外,商人的贪婪更削弱了官督商办企业再投资的资本。费维恺从中国传统思想和官商关系等制度性因素申论中国早期工业化失败的原因,"如果中国的传统社会能适应现代世界的要求,那么从广义上说,工业化应该按所希望的标准发展,但是由于中国对西方冲击的全面反应的不足,使这个决定性领域内的变革缓慢。同时,制度上和思想上以及社会其他部分的障碍,也导致中国在完成其向工业化社会过渡中的无能为力"。③ 总而言之,在20世纪五六十年代美国学者看来,中国传统的儒家文化无疑是中国迈向现代化的最大障碍。④

刘广京在应用"西潮冲击论"进行研究时,却发现中国历史的连续性不容忽视,尤其是思想和制度。他将近代中国历史视为是18世纪一个农业帝国对于其前所未有的国内危机的反应,这种反应为后来持续不断的西方刺激所加深。在18世纪,中国主导的世界秩序见证了人口的激增,僵化的帝国官僚不再能够控制其自身,如此引发了猖獗的腐败。刘广京并没有将其观察仅停留于此,在他看来中国的现代化既包括需要重构中国政治的国内议题,也包括其经济和文化。由于混合有西方的挑战,中国所需要的反应要比对西方挑战的回应更为复杂。正如他并不认为农民起义和共产主义革命是一种有意义的出路一样,他强调中国的改良主义在儒家经世学派中有其意识形态起源,他将近代中国历史看作是一个接一个已觉醒的中

---

① [美]列文森著,郑大华、任菁译《儒教中国及其现代命运》,北京:中国社会科学出版社,2000年。
② [美]芮玛丽著,房德邻、郑师渠、郑大华、刘北成等译《同治中兴:中国保守主义的最后抵抗》,北京:中国社会科学出版社,2002年,第9页。
③ [美]费维恺著,虞和平译《中国早期工业化——盛宣怀和官督商办企业》,北京:中国社会科学出版社,1990年,第9页。
④ 黎志刚《自强运动》,载台湾"中央"研究院近代史研究所《六十年来的中国近代史研究》(下册),台湾"中央"研究院近代史研究所,1989年。

国知识分子改革者努力为使国家走入一条艰苦的改革之路做准备。他强调曾国藩对儒家信仰的忠诚和李鸿章对于中国权利的捍卫,并称赞像洪亮吉和包世臣这类早期的儒家学者对中国国内危机的洞察力。正因为如此,刘广京在其关于李鸿章和晚清经世思想研究中,对李鸿章等人的革新事业给予了高度肯定,并深入挖掘了他们革新思想的内在深层根源。由此,他对于儒教只不过是现代化障碍的观点并不赞同。在他看来,儒家传统文化确有阻碍现代化的一面,他在研究中深刻剖析了以儒家传统为主导的传统政治文化对于现代化所带来的制度性和观念性障碍;但与此同时,他没有将19世纪消极地描述为一种解体过程,而是强调19世纪早期经世思想的遗产及其对曾国藩、李鸿章等人的影响,尤其是魏源经世思想中有丰富的思想源泉可为中国的改革思想家所汲取。比如,他富有洞察力地强调魏经世思想中便民观念的重要性,魏正是借由这种观念而得以在没有利用外来分析模式的情况下提出了近代化性质的变革建议;又如,儒家传统中诸如忠义这类儒家价值,在为中国知识分子向西方学习打开方便之门的同时,亦为一系列值得高度评价的改革提供了推动力。简而言之,刘广京通过其研究向美国学者展示中国历史遗产与中国现代化之间的复杂关系,提醒美国学者应注意历史的多面性。

其三,驳斥"晚清督抚专政"的观点。在美国研究晚清政治史者,多半有一基本假定,即咸丰、同治两朝,因太平天国起事后平乱措施之结果,各省督抚权力扩张,造成"外重内轻"的局面。华盛顿大学的梅谷和斯坦利·斯佩克特(Stanley Spector)即用"区域主义"一词解释晚清历史。他们曾对"区域主义"这样定义道:"区域主义……(乃指)中国若干重要地区军事与政治权力中心之出现,虽仍属国家系统之内,而实已取得若干国家之重要职权……区域领袖在其乡土组织军队,以基于地方之军权与向其效忠之政治组织配合,并在所据有之区域内取得财源。此种区域性之组织乃为其领袖建立自治权力之基础。"① 梅谷和斯坦利所提出的"区域主义",几为一般治中国近代史者所公用,此说在美国一直盛行不衰。实质上,这种观点认为太平军起义破坏了政治上的统一和对清政府统治的忠诚。曾国藩和李鸿章等封疆大吏的崛起动摇了传统的军事、财政制度,为20世纪20

---

① Stanley Spector, *Li Hung-Chang and the Huai Army: A Study of Nineteenth Century Chinese Regionalism*, Seattle: University of Washington Press, 1964.

年代的军阀主义打下了基础。

对于美国学界所流行的这种地方主义和原始军阀的观点,刘广京在20世纪60年代以来的一系列文章中基于具体的历史史实及严谨的分析进行了驳斥,尤其是在《晚清督抚权力问题商榷》一文中进行了专门的驳斥。刘广京提出,关于清末督抚权力之探讨,实可归结为两层问题:其一是咸同之际督抚究竟如何权重,其权重在何处?其二,咸同之后清廷对各督抚是否失去控制权,而听其"专权"或"自治"。他在文中对此两问题进行了详细的论述,认为从19世纪清代全盛时期至19世纪上半期,督抚皆由中央任命,其军权和财产除受中央各部及在省其他任命官员之限制外,同时并受所属各下级政府单位之限制。至于太平天国战争开始以后,各种制度难以照旧维持,因而有督抚权力增加之趋势。尽管咸同以后督抚军权财权增重,在省行政系统中受藩臬两司之牵制亦较小,但其军权财权不仅仍受其下属单位自下而上之限制,而且其权力事实上亦仍受中央有效之监督和控制。咸同之后清廷之所以能有效控制督抚,乃基于晚清政治与文化两个最根本之事实:其一为传统儒家之忠君观念根深蒂固;其二为朝廷对督抚之任免有绝对之权柄。① 总之,刘广京清楚地阐明,在军事组织和财政方面,像曾国藩和李鸿章这样的所谓原始军阀都把权力交给了北京;参与镇压太平军起义的地方武装大部分被解散或重组后充当地方保安力量。更重要的是,忠君这一儒家传统虽容许实用的革新和改良,但却使清廷委任地方官员的权威从未受到过质疑。

其四,质疑并重新阐释韦伯的中国宗教之正教与异端观。马克思·韦伯(Max Weber)在《中国的宗教》一书中,把儒教称为"正教",而把道教和佛教视为"异端"。这种对中国宗教的二分法把儒家正教的追随者局限于士大夫阶层,而把异端信仰限于底层大众。在哲学家赫伯特·芬加勒特(Herbert Fingarette)和人类学家詹姆斯·沃森(James Watson)的新韦伯学派看来,构成中国文化核心的是一些规范做法,是礼仪的奉行,而不是信仰体系的接受;韦伯学派把中国帝制时代的儒教和正统观念归结为阻碍了社会经济进程的礼仪和传统主义。刘广京认为此种观点是错误的,韦伯是把欧洲的正教观念运用于中国,牵强于儒教。他在《正教》一书的导言中提出,在中国的帝制时代,正教的关键是礼教,即"礼和伦理的教义",这种

---

① 刘广京《晚清督抚权力问题商榷》,载《清华学报》1975年新10卷第2期。

"以制度和礼仪为基理的伦理",是以"三纲——父子、夫妇、君臣之道为中心,以祭祖、婚礼和复杂的朝仪仪式化地表现出来"。刘广京认为,正教一方面确实包括了孝、忠等儒家思想的因素,另一方面也包容了命运、天和其他迷信观念。尽管正教的关键点在礼仪和伦理方面,但中国帝制时代的儒教是根植于以阴阳二无观念和对命运及先祖灵魂的信仰为中心的世界观。刘在导论中详细阐明自汉代萌芽以来,礼教正统或者说社会宗教伦理即一直是儒家的基本组成部分;宋明时期,儒教演变为理学的两大主要学派;晚明时期,则表现为三教合一学说。尽管彼此间有对立,并存有教义争论,但中国的佛教徒和道教徒基本上都接受了同样的道德正统观念。刘广京所要论证的是,这种"道德正统观念"构成了儒教、道教和佛教这三种中国主要信仰体系的核心信仰。

建立在这样的论断之上,刘广京主张历史学家在分析中国文化和宗教时应使用"宗教多元论和道德正统观"这样的概念。如此,道教与佛教虽是不同的宗教,却不像韦伯说的那样是异端,两者的传统与儒教的道德正统观念是相通的。如果不考虑特殊时期帝制政府对某些特殊宗教的尊崇,只要接受道德的正统观念,在中国历史上几乎没有因不遵从官方宗教而受到压制和迫害的宗教团体;唯有在教义和礼仪与传统的社会伦理不协调,特别是对自然和社会中贵贱有序这种世界观加以否认时,国家才会加以镇压。中国历史上旨在消灭异端或邪教信奉者的宗教战争和宗教迫害为何比欧洲历史上要少得多?刘广京认为,其答案就在于礼教。正如他在《正教》一书的导言中所说:"(在中国)在统一的社会伦理的基础上,宗教的多元化是被允许的。"刘广京观点的另一重要意义在于,它涉及中国人的特性何在这样一个重大问题。在他看来,中国尽管人口众多,宗教信仰和方言种类如此繁多,但共同的文化因素将中国人结合在了一起。刘认为,礼教是核心的道德正统,这对新韦伯学派所提出的规范做法或者说礼仪的奉行是中国文化核心的观点提出了挑战。他们认为,中国文化的核心是一些规范做法而不是信仰体系的接受。刘则把正统观念定义为一种"信仰体系",这对那种以"礼仪主义"方法来看待中国文化的观点提出了强有力的挑战,因为它解释了为何政府很少因学者在经义注释中"偏离"那个时代具有统治地位的儒家学派而迫害他们。只要道德的正统性没有受到怀疑,哲学的多元性是可以被容忍的。① 刘广京认为宗教的意义虽然注重人与超自然力量的交通，但是如果把宗教的定义稍为调整，可以不管是否跟天或超自然的世界有关系，即在此世而有终极的关怀。中国人的终极关怀可能是孝，可能是忠，可能是节。换而言之，如果宗教是终极关怀，中国人的宗教应该是忠、孝、节、义。西洋学者认为中国人不太注重超自然的民界，祭天祭祖都只是一般仪式而已，因此认为中国人没有宗教，这种错误可以用"orthodoxy"这个词来矫正。简而言之，刘广京认为如果宗教指的是终极关怀，那么中国人的宗教就是社会伦理，而这种伦理主要是儒家的，自宋代以降佛教和道教都接受了儒家的伦理，礼教成为三教合一的基础。②

---

① 有关这部分的内容，参考并借鉴了麦金农、周荣、黎志刚著，吴艳红译《刘广京学术观点举要》，载《近代史研究》2000 年第 6 期。
② 黎志刚《中国近代史若干问题之思考——再访刘广京先生》，载丁日初主编《近代中国》第九辑，1999 年。

第八章
客居美国后中国史家对美国汉学的评述

自近代以来,西方学术界便逐渐形成良好的书评制度。在美国,学术出版社出版一本学术专著后,都要寄给权威的学术期刊,由期刊主编挑选其中值得评的书,去约请与该专著研究领域相关的专家来撰写书评。客居美国的中国史家到美后,除专心学术研究外,还常作为学术期刊特约书评人,就国际汉学界,尤其美国学人出版的汉学著述撰著书评。由于客居美国的中国史家在内心里多将自己定位为寓居美国的他乡之人,他们所撰的学术书评自然不同于美国本土学者;更重要的是,他们的学术书评对于提升美国汉学界的学术水准以及向国际汉学界推介中国学术亦有着重要的作用。

第一节 杨联陞的汉学学术书评及其影响

就学术书评的数量和影响而言,在客居美国的中国史家中首推杨联陞[1]。客居美国后,杨联陞撰著了大量学术书评,仅英文学术书评就有60多篇[2]。学术书评构成了其学术不可缺少的部分,亦为学界和杨联陞本人

---

[1] 有关杨联陞的生平,可参见《杨联陞自传》(杨联陞著,蒋力编《哈佛遗墨——杨联陞诗文简》,北京:商务印书馆,2004年)、关国煊《民国人物小传:杨联陞》(载《传记文学》2001年第79卷第4期)、赵赓扬的《东方伯希和:汉学家杨联陞》(载《中外杂志》1991年第49卷第5期)。

[2] 有关杨联陞的书评之总数,何炳棣曾言:"杨学历上列有'论文'104篇,内约四分之三实系书评。"(何炳棣《读史阅世六十年》,桂林:广西师范大学出版社,2005年,第334页);杨联陞外孙蒋力认为,其书评加在一起估计可达百篇上下(见蒋力《〈东汉的豪族〉杂谈》,载杨联陞《东汉的豪族》,北京:商务印书馆,2011年,第375页)。笔者曾以"L. S. Y.""Lien-sheng Yang"为搜索关键词在西文过刊数据库JSTOR中检索出杨联陞所撰书评61篇;加上其他中文书评,笔者以为杨联陞所撰书评总数应在80篇左右。由于英文书评面向的是西方学界,故此本书主要是以杨联陞所撰61篇英文书评为考察对象。

所推重。刘子健曾言,"他最精彩的学问,多半见于他写的书评"①;余英时认为,"杨先生的博雅,在他的书评中显露无遗"②;何炳棣亦如是写道,"(杨联陞)任教30余年间写作广涉经济史、宗教史及中国语文,尤以七八十篇书评闻于海外汉学界"③;柳存仁回忆道,"我在哈佛半年,杨先生很用功,最大的名气是写书评,能够批评西方人的书,而批评的一定是比较得当,比较靠得住"④;香港中文大学在颁给杨联陞荣誉博士学位时的赞词称,"杨教授除长于著书立说外,兼善评论他人之著作,其书评之精细公允,深为学界人士所乐道"⑤;杨联陞自己也说过,书评是"心血所集"⑥。

1. 杨联陞汉学学术书评的特点

杨联陞的学术书评,涉及语言、官制、考古、地理、边疆史、文学史、科技史、哲学史、经济思想史、书画史、佛教史、史学史、敦煌学、法制史、经济史、社会史、陶瓷史、财政史等领域,可谓包罗中国文化史的全部。遍览其学术书评,有如下几个显著特点:

其一,秉持"训诂治史"之方法。杨联陞在评论李约瑟等人合著的《中国科技史》第一册时,批评李约瑟没有认真对待训诂问题。在杨联陞看来,"相当多的发现或争议都完全取决于中文文献的解读。在总论这一册中,几乎没有什么地方不涉及中文文献。但不幸的是,有大量证据证明作者并没有考虑到训诂问题"。李约瑟在前言中以"刻镂"的翻译为例批评"许多最值得信赖的汉学家尽管理解所使用的技术术语但在使用时却极为粗心",认为"刻镂"适用于装饰由固体材料所制作的物品和纺织品,并认为公元前4世纪在中国即已存在的刻镂毫无疑问指代的是"刻丝"。杨联陞对此指出,批评佛尔克对于刻镂的翻译存在错误这是正确的,但其他汉学家并没有犯这一错误,理雅各正确地翻译了《礼记·哀公问》中的"器不刻

---

① [美]刘子健《斯学传斯风——忆杨联陞先生》,载《历史月刊》1991年第37期,第76—79页。
② [美]余英时《中国文化的海外媒介》,载余英时《钱穆与现代中国学术》,桂林:广西师范大学出版社,2006年。
③ [美]何炳棣《清华史学对我影响深远》,载《清华大学学报》(哲学社会科学版)2005年第5期。
④ 李怀宇《柳存仁:做人与做学问,都是中国的味道》,载《南方都市报》2007年6月13日。
⑤ 林聪标《迎杨联陞教授到新亚书院讲学》,载杨联陞《中国文化中"报""保""包"之意义》,贵阳:贵州人民出版社,2009年,第63页。
⑥ 1984年6月7日,杨联陞致周一良函。引自周一良《周一良集第五卷:杂论与杂记》,沈阳:辽宁教育出版社,1998年。

镂"、沙畹正确地翻译了《史记·礼书》中的"刻镂文章所以养目也"、德效骞正确地翻译了《汉书》中的"雕文刻镂伤农事者也";杨联陞还进一步指出,李约瑟将刻镂译为"cut and engraved"是可以接受的,但这一词仅指适用于器具、运输工具及建筑物等由固体材料所制作物品的装饰,并不包括纺织品,所以将刻镂等同于刻丝毫无根据。杨联陞分析指出,刻丝的技术在中国仅是从宋代才开始有了极大发展,汉文献中最早使用这一词是从1005年开始,这一技术的历史涉及汉族与其他民族之间来回借用。"刻"这一技术名称与"丝"这一材料之间的关系并不清楚,整个问题非常复杂有待公开讨论,但认为刻丝技术在公元前4世纪的中国已存在显然是错误的。杨联陞还以"秦人"为例证明训诂的价值。李约瑟讨论了《史记》卷123中一段著名的段落:公元前101年李广利将军率汉军围攻大秦国都城。中原军队认为城中无井,试图从外部切断水源供应以迫使城中之人投降,但李广利将军得到的情报是大秦国人最近获得通晓打井技术之"秦人"的帮助,城中可能并不缺水。因此,汉军决定接受被围困之大秦国人所提出的和平条约。在关于这一段的讨论中,李约瑟可能参考了夏德和 W. W. Tarn 的研究,故其无法断定"秦人"是中原人(夏德和其他学者提出的观点)还是来自罗马帝国的叙利亚人或希腊巴克特里亚等地的大秦人(Tarn所提观点)。最后,他关于此问题的结论是"神秘依然"。杨联陞指出,事实上伯希和发表在《通报》上的《"秦人"名字的由来》和《关于秦人之名的注释》两文以及王国维的《西域井渠考》都已经翔实地证实了这里的"秦人"指的是汉人,不幸的是伯希和和王国维的研究都被其忽略。①

  杨联陞在其他书评中亦多次强调这一标准:汉学家须通训诂。从关键字词着眼,再还原到原本的历史情境,去深入分析、比较并尝试着再解释,以此揪举出汉学家们的误读之处或者做更进一步的加强补充。在评介怀履光(William Charles White)的《古代中国的青铜文化》一书时,杨联陞指出作者将"龚司女锡商贝于司女用作父乙彝"这段铭文译成"龚氏诸侯王的后宫主管得到一笔贝钱,这位后宫主管即用这笔钱制作了一尊名为父乙的礼器"是不正确的。他结合文献,认为"司女"不是"supervisor of women(女主管)"或"minister of the harem(后宫主管)"。"司女"实际上是一个

---

① L. S. Y., "Review Science and Civilisation in China.by Joseph Needham; Wang Ling", *Harvard Journal of Asiatic Studies*, Vol.18, No.1/2(Jun., 1955), pp.269-283.

字符,代表的是名为"姒"的氏族,因此"龚司"指的是出生于姒氏族中一位嫁给龚姓诸侯王或者龚姓诸侯王公子的女性。基于"龚司女"的重新解释,杨联陞认为这段铭文应理解为"龚姒氏从姒氏家族收到一批贝钱,并用这笔钱制作了一尊父乙礼器"。① 又如,对于汉文献中的"烽"或"蓬"字,传统上将其解释为一种烟的信号。杨联陞在关于马伯乐的《斯坦因第三次中亚探险所发现的文书著录》的书评中,根据居延汉简认为"烽"也表示一种由丝或其他布料制作成的帆状信号。通过对于"烽"或"蓬"字的重新解读,他对法国学家沙畹和中国学者王国维、劳干已讨论过的汉代信号系统增补了许多并不为人所清楚的细节,认为汉代信号站之间所使用的信号包括:燃烧堆在塔外面的木材或积薪,无论是白天还是晚上都可使用;白天烟状信号同帆状信号一同升起,晚上则在一苣火上升起火焰;当晚上被围困时,使用离合火的火焰信号;和平时期则击鼓、升起表或升起火焰。在书评中,杨联陞基于对"长行马"的解读,结合唐代马管理的相关文献以及《唐会要》《通典》等,详细说明了在唐代银钱和铜钱的使用区域及其它们之间的汇率变化情况。② 再如,杨联陞通过对"盐筴"的训诂,批评魏特夫和冯家升在《中国社会史——辽(907—1125)》一书中将"盐筴"译为"salt permits",并认为"(盐筴)盐许可证这一制度开始于太祖"的观点是错误的。他指出,"盐筴"这一表述取自于《管子》,指的是登记盐的消费,是控制盐的政策。《辽史》中的"盐筴"其意应是"盐的控制",而不是"盐的许可证"。在中国历史上,盐的生产者由官府控制,但是否发给他们许可证却是值得怀疑,没有文献表明颁布了"盐的许可证"。对于盐筴的这种翻译很容易与用于买、运输及销售盐的盐引相混淆。然而,盐引始于1103年,其前身是盐钞,但不是在辽太祖时。杨联陞还通过对辽的"云为户"的训诂,指出从公元1世纪的王莽政权开始一直到清时期都存在一种现象,即受官府委托,利用官府的钱放贷获取利息以支付官员薪水或解决政府机构的公共开支,而受委托之人则被免除劳役或免除税赋;他由此联系到金的"营为户"、蒙元的"干脱钱"、宋朝的"捉利钱户"和"俸户",提醒史家应注意"相

---

① L. S. Y. , "Review Bronze Culture of Ancient China, An Archaeological Study of Bronze Objects From Northern Honan, Dating From about 1400B. C.-771B. C. , by William Charles White", *Harvard Journal of Asiatic Studies*, Vol. 20, No. 3/4(Dec. ,1957).

② L. S. Y. , "Notes on Maspero's Les Documents Chinois de la Triosieme Expedition de sir Aurel Stein en Asie Centrale", *Harvard Journal of Asiatic Studies*, Vol. 18, No. 1/2(Jun. ,1955) , pp.142-158.

类似的制度既存在于中原王朝也存在于非中原王朝,全面理解一个既定的制度不可能不对其他王朝相类似的制度进行研究"。① 杨联陞"以小见大""观微知著"的治史风格,由此可见一斑。

其二,直言批驳著述中的误述谬论。自诩为"汉学看家狗"的杨联陞,在其书评中罕见空洞的表扬,更无廉价的吹捧,更多的是以其灵敏的触觉、博通的知识,或商榷问题,或指出误述谬论。杨联陞在评述芮沃寿的《中国历史上的佛教》一书时即指出,作者所认为的范仲淹"先天下之忧而忧,后天下之乐而乐"这种理想是源自于1000多年前的佛教(或者更确切地说是借自于佛教中的菩萨)的观点显然不正确,儒家传统对范仲淹的这种思想有着更早更强烈的启示。另外,"没有城墙的城市,渐成商业和手工业的中心,产生新的财富和渴望权力的新家族"是一种误导,因为一直到19世纪结束,中国的城市仍保留有城墙,没有城墙的商业和手工业中心,绝大多数只能被称之为镇。② 顾立雅在《孔子:其人及神话》一书中认为,"《论语》中关于'正名'是后世一位法家的窜改添写",因为孟子没有提及正名的思想,但标题为正名的论述却在《荀子》中找到,而《荀子》中没有提到孔子或《论语》,这似乎表明荀子自己并不知道它。对此,杨联陞批评其"证据远离其结论",首先《论语》中的正名与《荀子》中的正名存在区别,前者代表的是一个不明确的思想,而后者则代表着关于正名的非常宽泛的理解;更重要的是,经常引用以解释孔子关于正名思想的谚语不仅存在于《孟子》而且出现在《论语》的段落中。同时,杨联陞在书评中还批评顾里雅忽略了为中国学者所强调的"孔子与孟子在雄心抱负上存在差别":孔子所教的是如何为邦,而孟子的目标在于王天下。因此,顾立雅关于孔子像后来的孟子一样认为最好是重建一个新的权威中心以取代周这一猜想是不合理的。③ 再如,在关于杜润德《唐代财政管理》一书的书评中,杨联陞指出作者几个观点需修正,其中一个是他低估了地方行政长官在均田中的作用,"地方长官被认为应亲自监督田地的分配,然而他从来没有处理过此类

---

① L. S. Y. , "Review History of Chinese Society, Liao(907-1125). by Karl A. Wittfogel; Feng Chia-sheng",*Harvard Journal of Asiatic Studies*,Vol. 13, No. 1/2(Jun., 1950), pp.216-237.

② L. S. Y. , "Review 'Buddhism in Chinese History by Arthur F. Wright'",*Harvard Journal of Asiatic Studies*,Vol. 23(1960-1961), pp.215-217.

③ L. S. Y. , "Review Confucius:The Man and the Myth by H. G. Creel",*Harvard Journal of Asiatic Studies*, Vol. 12, No. 3/4(Dec., 1949), pp.537-540.

案件";杨联陞指出,虽然如此,但每一案件都有地方行政长官的签名。另一个是关于780年盐的垄断税占整个政府年财政收入的一半甚至超过一半的观点,杨联陞认为实际上应是在货币收入中占到一半,政府还收到大量以实物交付的税收。① 卫理(Arthur Waly)在《白居易的生平与时代》中将"和籴"误解为"官府在丰年时以高于市场价格买进谷物,在欠收之年则以低于市场价格卖出",并认为"分司"仅限与太子事务有关的职位。杨联陞指出,"和籴"在实践中类似于常平制的买入阶段,但这两个术语不应被混淆,"常平"旨在稳定谷物价格,而"和籴"是保证谷物供应,尤其是前线军队的供应;"分司",并不仅限于卫理所理解的与太子事务有关的职位,它指的是洛阳作为东都理论上与长安有类似的地位,其内有着各种不同类型的官员;另外,唐代的两税法改革并不是始于785年而是780年,要求的不是所有税都以货币形式交纳,唯有户税是以货币形式交纳,而地税仍然以谷物交纳。②

杨联陞亦常指正中国学人著述中的错讹或不足。对于李俊的《中国宰相制度》,杨联陞直言其没有对相关材料进行很好消化,另外也没能利用邓之诚发表在《史学年报》上一篇关于宰相制度的权威论文。③ 对于张光直的《古代中国的考古》,直言批评其关于青铜器时代中国文化的讨论存在明显不足,"很少有古代著作被提及,尤其是没有使用甲骨文、青铜器铭文及其他材料的铭文,事实上这些材料可参考钱存训的《书于竹帛:中国古代的文字记录》一书","著述中在提到布币、铜币、蚁鼻钱时没有作任何解释,实际上这三个例子中的每一个在王毓铨的《中国早期钱币史》一书或他关于相同主题的其他中文著作中都有介绍";另外,书中引用古代中国人的著作时暴露出两个缺陷:一是完全漠视西方学者所做的早期翻译,而他自己的翻译却又在罗马拼音和中文文献的理解上出现错误;另一个缺陷是没有对古代文献和传统神话进行应有的批判。尽管传说中的英雄人物可能反映了文化发展早期阶段的朦胧记忆,但不应将发明或发现的果实归功

---

① Lien-sheng Yang, "Review Financial Administration under the T'ang Dynasty by D. C. Twitchett", *Harvard Journal of Asiatic Studies*, Vol. 24(1962-1963), pp.298-303.

② Lien-sheng Yang, "Review 'The Life and Times of Po Chu-i' by Arthur Waley", *Harvard Journal of Asiatic Studies*, Vol. 15, No. 1/2(Jun., 1952), pp.259-264.

③ Lien-Sheng Yang, "Review Chung-Kuo Tsai-Hsiang Chih-tu.by Li Chun", *Far Eastern Quarterly*, Vol. 9, No. 2(Feb., 1950), pp.261-217.

于传说中的人物,使用这些传说英雄以说明文化发展阶段会被误解为是建立在考古学证据之上。①

即使是师长辈的权威中国学人之著作,杨联陞亦毫不避讳指陈其著述中偶存的错讹。杨联陞在评介洪业的《杜甫:中国最伟大的诗人》一书时,除指出其中存在不正确拼音外,还就书中"一般家庭可能是七口务农之家,有田地300亩,年产谷物160斛左右"这一绝对性观点提出质疑,认为所拥有的土地似乎太大,每亩的产量被夸大,"因为在唐代去壳与不去壳谷物间的比率应是三到五,在汉代也同样如此"。② 王力在《中国语法理论》一书中认为"排行"这种习俗不会早于唐代,杨联陞指出仅就唐宋诗的标题并不能证明它在更早之前的时代就不存在。古代中国人常称其孩子为伯仲叔季即被认为是排行的前身。就诗的标题而言,至少六世纪的诗人庾信为我们提供了两个例子:"别庾七入蜀"和"和庾四",这指的是他兄弟中的两个,庾七和庾四,即庾氏家庭中第七和第四个儿子。另外,杨联陞还指出王力在关于合成词形成的时期方面存在一些失误,如作者两次称合成词"虽则"是现代创造的,事实上"虽则"在《诗经》中出现了不少于七次。③ 在评述卜德英译的冯友兰《中国哲学史》时,杨联陞指出冯友兰对于其所引《晋书》中"(阮瞻)见司徒王戎。戎问曰,圣人贵名教,老庄明自然,其旨同异。瞻曰,将无同"这一段存在误解。冯友兰将"其旨同异"的答复"将无同"理解为"是的,没有答案"。杨联陞则认为,由于那个时代的绝大多数人都认为儒家与道家的区别在于"贵名教"和"明自然"。问者提出"其旨同异"是因为他怀疑这种区别仅仅是表面上的,而其朋友以"将无同"回答意含他们既不能说完全相同也不能说完全相异。另外,合成词"将无"是一种古老的口语表达,是"难道你不同意"的反问。因此,"将无同"这一回答的主要目的是强调相类似的看法,并附合儒家和道家的区别仅是表面的这一观点。④

---

① Lien-Sheng Yang, "Review the Archaeology of Ancient China by Kwang-Chih Chang", *American Anthropologist*, New Series, Vol. 66, No. 1(Feb. ,1964), pp.200-202.

② Lien-sheng Yang, "Review 'Tu Fu, China's Greatest Poet' by William Hung", *Harvard Journal of Asiatic Studies*, Vol. 15, No. 1/2(Jun. ,1952), pp.264-269.

③ Lien-sheng Yang, "Review Chung-kuo yu-fa li-lun by Wang Li", *Harvrad Journal of Asiatic Studies*, Vol. 12, No. 1/2(Jun. ,1949), pp.245-252.

④ Lien-sheng Yang, " Review A History of Chinese Philosophy. Vol. II : The Period of Classical Learning(From the Second Century B. C. to the Twentieth Century) by Fung Yu-lan; Derk Bodde", *Harvard Journal of Asiatic Studies*, Vol. 17, No. 3/4(Dec. ,1954), pp.478-483.

其三,评介错讹时以宽温忠厚为原则。与杨联陞有着50年浓厚情谊的周一良曾去函称:"莲生(联陞)的书评可以媲美法国汉学家伯希和。"杨联陞复信说:"来示以双承寅老与伯希和为说,莫不敢当,廖化作先锋而已。伯公晚年以汉学界之警犬自命,不可相迓。其书评不留余地,非弟所从。"①1984年,杨联陞受邀到台湾"中央"研究院作题为"书评经验谈"的胡适生日纪念讲演;次年,他根据现场讲演纲要补充内容增写为《书评经验谈》一文,特意增补的内容称:"1957年,我代表哈佛燕京学社来台湾组织中国学会。当时张其昀先生召开大会,赠我文化奖章,奖状颂词说有人以我的书评比伯希和,实是称许过实,万不敢当。我的书评很少火气,作风与伯希和大不相同,在《汉学论评集》的自序已有申明,读者可以共鉴。"②杨联陞对于同辈或师友以伯希和相比屡屡表示称许过实不敢担当,其关键之处在于"其书评不留余地,非弟所从"③。一言蔽之,杨联陞的书评与伯希和式书评的差别在于批评学术著作时"留不留余地"的问题。刘子健曾就杨联陞的批评技巧如是总结道:"尤其让人敬服的是他对于西方学人的态度。他以为西方人学中文,本来就难,偶有小误,不必深责。在私人谈话时,顺便提醒他们一下,也就行了。遇见看法不同,尽可在会场上自提正面的意见,无须多发挥反面的批评,其意自明。但是碰到有关大体,就得纠谬。尤其是妄执一词,自以为是的人,不便放过。就在这种情形时,理直而不必气壮。只要抓住要领,点到为止。杨先生在自己正式讨论时,饶于风趣,时常在严正批判之中,加几句诙谐的插话,缓和空气,被批评的人心服口服。这些地方,决非仅是技巧,也不止是风度,基本上是出发于宽温勤学的精神。"④

正如刘子健所说,杨联陞在批驳错讹时,不像伯希和那样兀自批驳,而是尽可能和缓。比如,他在书评中使用数量词时非常的慎重,如果错误是三五个时用 a few 或 only a few;如果是五到七个时,用 several;some,a num-

---

① 周一良《纪念杨联陞教授》,载周一良《周一良集第五卷:杂论与杂记》,沈阳:辽宁教育出版社,1998年,第259—260页。
② 杨联陞著,蒋力编《哈佛遗墨——杨联陞诗文简》,北京:商务印书馆,2004年,第143—144页。
③ 杨联陞曾称,伯希和主编《通报》时,常写书评,对被评者往往失于刻薄,不留余地,自称汉学界之警犬。参见杨联陞著,蒋力编《哈佛遗墨——杨联陞诗文简》,北京:商务印书馆,2004年,第143页。
④ 刘子健《斯学传斯风——忆杨联陞先生》,载《历史月刊》1991年第37期,第76页。

ber of 即表示若干(前者较少)。① 杨联陞在书评中多用 a few 或 only a few,甚少用 some 或 a number of。杨联陞常言,"中国人自己看书,有时不免大体领会,明白这意思就成了。可是翻译成英文,等于切实考验"。② 故此,他在书评中虽常指正作者翻译中文文献时存在的误解误译,但在指正错误之同时会站在作者角度为其错误做些说明。在评介李豪伟(Howard S. Levy)的《黄巢传》时,杨联陞指出"我注意到翻译部分有两打的错误",但"这些错误都是由于没有仔细核对其他文献中相似段落所导致的结果"③;杨联陞对照中文文献核查了法国学者索伯《郭若虚的绘画史》一书中一半以上的翻译,发现一页平均有两到三个错误。对于这些错误,他这样解释道:"索伯教授应该是在翻译上花费了相当长的时间,但没能对其翻译做一总体上的核查","最后,我想说的是,尽管这部著作在改进方面有很大空间,但大量基础性工作已完成,这足以为将来修订本成为标准翻译提供充分保证"。④ 杨联陞在指正了张光直著述中的不足后这样评述道:"上面的这些批评仅仅在于再一次证明,研究古代中国,尤其是史前时期需要史学家、考古学家、古文书学家以及其他学科的专家合作。作为考古学家,张光直在撰述这部引人注目的著作中做出了可信赖的贡献。"⑤华兹生在英译《史记》时所出现的错误,杨联陞认为"主要是没有参考词典或其他参考书的结果,他们反映的仅是偶尔的不细致或草率"⑥。列出戴何都(Robertdes Rotours)在翻译《新唐书》百官志和兵志中的错误后,杨联陞指出"人们如果记得这部著作超过 900 页的话,这个列表(指错误)不能称之为长"。⑦ 杨联陞虽以"汉学的看家狗"自命,遇有误述谬论,一定直言评

---

① 杨联陞《书评经验谈》,载杨联陞著,蒋力编《哈佛遗墨——杨联陞诗文简》,北京:商务印书馆,2004 年,第 148 页。
② 刘子健《斯学传斯风——忆杨联陞先生》,载《历史月刊》1991 年第 37 期,第 76—79 页。
③ Lien-sheng Yang, "Review Biography of Huang Ch'ao by Howard S. Levy", *Artibus Asiae*, Vol. 18, No. 1(1955), pp.84-85.
④ Lien-sheng Yang, "Review 'Kuo Jo-hsu's Experiences in Painting by Alexander Coburn Soper'", *Harvard Journal of Asiatic Studies*, Vol. 15, No. 1/2(Jun., 1952), pp.255-259.
⑤ Lien-Sheng Yang, "Review the Archaeology of Ancient China by Kwang-Chih Chang", *American Anthropologist*, New Series, Vol. 66, No. 1(Feb., 1964), pp.200-202.
⑥ Lien-sheng Yang, "Review Records of the Grand Historian of China. by Burton Watson", *Harvard Journal of Asiatic Studies*, Vol. 23(1960-1961).
⑦ Lien-sheng Yang, "Review Traite des Fonctionnaires et Traite de l'Armee by Robert des Rotours", *Harvard Journal of Asiatic Studies*, Vol. 12, No. 1/2(Jun., 1949), pp.237-245.

论,但并非丝毫不留情面地兀自批驳,毕竟与他待人宽厚热忱的行事作风不甚吻合。

其四,关注"细枝末节"和"大义微言"。周法高曾就杨联陞的书评这样评论道:"以前法国的汉学家伯希和以擅长写书评得名,那是由于他具备广博的学识,特别是对于十几种亚洲语言的知识方面,更加上他对于中国学也有相当的了解……在中国学者中,杨联陞先生的书评也是很有名的,他对于中国方面的知识,也是相当广博的。另一方面,也是相当细心,对于大义微言和细枝末节,都不肯轻易放过。"①杨联陞在评阅戴何都的《新唐书·百官志·兵志》时,注意到作者两次在"抄旁"一词旁边打了一问号,故此他专门考查"抄旁""钞""傍"之意②。又如,在核查索伯教授的翻译时,杨联陞发现官衔"待诏"在文本中出现大约40次,作者有3处没有正确翻译③。再如,杨联陞在评述李约瑟的《中国科技史》时,注意到李约瑟在介绍明朝时有这样一句话,"鸵鸟、长颈鹿、斑马在中国是第一次看到"。④

然而,杨联陞对于细节的关注并非仅仅是为细节而细节,他在关注"细枝末节"之同时往往能从中考察出更大更深之问题,即周法高所说"大义微言"之意。杨联陞之所以关注戴何都在"抄旁"一词旁所打问号,这是因为这个词在中国经济史上有着重要意义。为此,杨联陞在书评中专门考证"抄旁""钞""傍",指出《唐六典》中的"抄旁"与《宋会要稿》中的"钞旁"相类似,都是一种说明已缴税的凭证。在宋代收税时,通常都有四人一组之证人填写并密封的凭证,即所谓的"钞旁",这个词也被简写为"钞",而凭证一直被缴税人称为户钞、县钞、住钞,由官府印刷后卖给百姓;至于"钞旁"与"傍",杨联陞根据《令义解》及日文文献,指出在日文中"傍"是出入宫廷及需要携带武器进入时出示给宫廷侍卫的凭证,考虑到这些日文的使用是复制于中国,故将"傍"解读为"钞旁"即凭证之意是可靠的。由此,杨联陞对诸如"盐钞""茶钞""交钞""钞引"等术语亦加以说明,指出宋代的盐钞、茶钞指的是商人通过凭证方可被官府允许买卖盐茶,这些凭证也称

---

① 周法高《汉学论集》,台北:正中书局,1965年。
② L. S. Y. , "Review Traite des Fonctionnaires et Traite de l'Armee by Robert des Rotours", *Harvard Journal of Asiatic Studies*, Vol. 12, No. 1/2(Jun., 1949), pp.237-245.
③ L. S. Y. , "Review'Kuo Jo-hsu's Experiences in Painting by Alexander Coburn Soper'", *Harvard Journal of Asiatic Studies*, Vol. 15, No. 1/2(Jun., 1952), pp.255-259.
④ L. S. Y. , "Review Science and Civilisation in China.by Joseph Needham;Wang Ling", *Harvard Journal of Asiatic Studies*, Vol. 18, No. 1/2(Jun., 1955), pp.269-283.

第八章 客居美国后中国史家对美国汉学的评述

为"钞引、交引或引";尽管宋代纸币有其他名字如"交钞",但晋朝以来的纸币"交钞"和"钞"明显都是源自于"凭证"之意。① 又如,杨联陞在指出李约瑟所提出的鸵鸟一直到明朝才出现于中国是一错误观点之同时,他详细考证了鸵鸟何时出现在中国及其在中国史书上的名称,指出鸵鸟早在汉代即从帕提亚来到中国,西汉时期一直养在皇家花园中;鸵鸟在中国史书上有着不同名称,如《汉书》中有"大马爵"、《通典》中有"大马大爵"、《册府元龟》中有"大鸟爵"、《汉书》注解中使用的是"大爵"等。劳费对于鸵鸟在汉代以"大马鸟"称呼没有持批判态度,杨联陞通过考证认为在汉代更可能用"大马爵"称呼鸵鸟。② 再如,在评述德效骞译注的《汉书》时,杨联陞注意到译者对于王莽所建政权之所以称为"新"所做的注解,"这个国号取自于王莽之前的领地新都,正如高祖皇帝的称号来自于他以前的汉领地"。对此,杨联陞在书评中用相当大的篇幅阐述王莽取国号为"新",既可能是基于其领地之名,也可能是基于"美号",因为以《论衡》为代表的地名理论和以《白虎通》为代表的美号理论在古代中国都有其传统,故此杨联陞认为这两说宜并存,并称"也许王莽所开心的是他的这一国号是一双关语"。③ 在评述贝塚茂树的《中国古代史学的发展》时,杨联陞注意到作者将西周早期一段金文中的"周公子明保"解释为"明保,周的公子",并根据"明"是周公所取"旦"这一名称的同义词而倾向于认为"明保"是周公自己。中国学者将这些字解释为"明保,周公的儿子",但他们对于明保的身份持有不同看法。对于贝塚茂树的解释,杨联陞在书评中专门指出这一解释是不能成立的,因为至少在春秋时期,公子与太子之间还是存在着明显的区别,没有理由这种区别在西周时期就不再存在了。无论如何,文王的儿子周公不可能被称为公子。当然,人们可能会争辩说,根据文王一生都将自己视为商朝诸侯这一惯例,而认为其仅是一个被册封的王;然而,在周王朝建立后,还称周公这几乎没有任何可能性。④

---

① L. S. Y., "Review Traite des Fonctionnaires et Traite de l'Armee by Robert des Rotours", *Harvard Journal of Asiatic Studies*, Vol. 12, No. 1/2(Jun., 1949), pp.237-245.

② L. S. Y., "Review Science and Civilisation in China.by Joseph Needham; Wang Ling", *Harvard Journal of Asiatic Studies*, Vol. 18, No. 1/2(Jun., 1955), pp.269-283.

③ L. S. Y., "Review The History of the Former Han Dynasty by Pan Ku by Homer H. Dubs; P'an Lo-chi", *Harvard Journal of Asiatic Studies*, Vol. 19, No. 3/4(Dec., 1956), pp.435-442.

④ L. S. Y., "Review Devolpment of the Study of Ancient Chinese History.by Kaizuka Shigeki", *The Far Eastern Quarterly*, Vol. 12, No. 1(Nov., 1952), pp.60-61.

值得注意的是，杨联陞的学术书评多从中国社会经济史这一角度切入。且不论他对于杜润德的《唐代财政管理》、孙念礼的《汉书·食货志》译注、魏特夫与冯家升合著的《中国社会史——辽（907—1125）》以及马伯乐的《大英博物馆藏斯坦因第三次中亚探险所发现的敦煌文书著录》等与中国社会经济史直接相关著作的评述，即使是对诸如洪业的《杜甫：中国最伟大的诗人》、卫理的《白居易的生平与时代》、李约瑟的《中国科技史》这些著述，亦多是从社会经济史的角度切入。杨联陞的治学专长是中国中古时代的社会经济史，正是由于结合个人专长优势，从而使其书评能从容优游于其间。另外，杨联陞在撰写书评时特别注意引述前贤或时贤，尤其是日本学者的研究成果①，以增补作者所遗漏的重要参考文献、佐证其观点亦或做补充说明。关于《论语》真实性的讨论，杨联陞提醒顾立雅应参考日本学者武内义雄的《论语之研究》②；在评论魏特夫的《中国社会史——辽（907—1125）》时，认为关于辽代的综合解释应参考日文著作《异民族的支那统治史》，而关于辽代刑法研究应参考泷川政次郎和岛田正郎的《辽律研究》等。③ 总而言之，"直言批驳谬误""秉持训诂治史之方法""从个人专长入手""关注大义微言和细枝末节"等构成了"杨联陞式书评"之特点。

2. 杨联陞汉学学术书评的影响

杨联陞基于渊博的知识，灵敏的触觉，在书评中常能指出著作的症结

---

① 著述中常引用日本学者的研究成果，这与杨联陞对日本学者的汉学研究甚高评价有关。据周法高回忆，在返美之后的一次燕京学社访问学人的野餐会上，"杨先生提到：假使把汉学各部门分成一百门，每门举出一个第一名，那么日本学者要占过半数。换言之，日本学者占各部门第一位的比中欧美三地的学者都多"。（周法高《论汉学界的代表人物》，载周法高《汉学论集》，台北：正中书局，1965 年，第 17 页。）此文发表后杨联陞即致信周法高，对这种议论予以修正称："说老实话，我已经不记得当时怎么说的了，不过照您记下来的，颇易引起误会。因为把汉学分成一百门（或若干门），有如何分法的问题。每门的第一名，又是非常难决定的。我当时的意思，只是觉得有很多日本学者治中国学问比咱们本国人还认真，也很有成就，不宜忽略。当时随便聊天，矫枉过正措辞失当，想是有的。照我现在的看法，那种比法，不能成立。"并补充道："我想论学问最好不要谈第一人，而谈第一流学人与第一线学人（或学徒）……在汉学可能包括的各部门中，有若干部门，以现在生存的学者而论，日本的第一线学人或学徒，似乎比中国还多。第一流学人，也有不少。算总数则很难说。无论如何，所谓'过半数'，似乎失之过高。理应更正。"（杨联陞《与周法高先生论汉学人物书》，周法高《汉学论集》，台北：正中书局，1965 年，第 26—27 页。）以杨联陞修正后的观点来看，他对日本学者的研究仍给予了高度评价。

② L. S. Y., "Review Confucius: The Man and the Myth by H. G. Creel", *Harvard Journal of Asiatic Studies*, Vol. 12, No. 3/4 (Dec., 1949), pp.537-540.

③ L. S. Y., "Review History of Chinese Society, Liao (907-1125). by Karl A. Wittfogel; Feng Chia-sheng", *Harvard Journal of Asiatic Studies*, Vol. 13, No. 1/2 (Jun., 1950), pp.216-237.

所在;另一方面,他在指正著作中的误述谬论时,往往就事论事,不妄下断语,态度又和缓公允,故此其书评为著者所乐于接受。刘广京曾言:"先生于专著及论文集之外,常为《哈佛亚洲学报》作书评,时人著作由其改正谬误之处甚多,而其态度平和公正,原书著者多为之心折。"①杨联陞评戴何都(Robert des Rotours)译注《新唐书·百官志·兵志》的书评刊发不久,即收到戴的来书作谢,并与杨氏往复论学。② 评论孙念礼译注的《汉书·食货志》时,杨联陞提出疑问及改正三十几处。1946 年过年时,孙念礼给杨去了一封很客气的谢信,并希望杨到纽约时能顺访谈谈。③ 杨联陞曾在书评中指出翟林奈(Lionel Giles)误将 942 年晋皇帝给契丹皇帝耶律德光的这封信理解为是"出帝给北方契丹皇帝耶律德光宣称其前任已被废的信",让杨联陞高兴的是,1951 年参观大英博物馆时发现其所指出的错误都为翟林奈所接受并改正。④ 杨联陞在给女儿杨忠平的信中不无自豪地写道:"虽然写过很多书评,只有一两次作者来信反驳。"⑤由此亦可见,杨联陞的书评为著者所称服,并为国际汉学界所接受。杨联陞自己亦曾提到:"其书评确为人注意,例如德国汉学家福·赫伯特(Herbert France)所著《汉学》一书,就列举我不少书评。"⑥

　　杨联陞曾言道:"杂家遇专家,小巫见大巫,岂敢相比。只我是所谓华裔汉学家(指西洋式),混了几十年,评论别人卖的中国膏药,或有可供参考之处。"⑦然而,杨联陞著述之价值绝不像他自己所说。新儒家杜维明在接受黄进兴访问时指出:"他的功力表现在书评方面,书评的特色是他人做主,评者必须迁就题材及问题,即使如此,杨先生往往能指出许多著作的症结所在。他给我的博士论文初稿八十几个评语,个个经过深思熟虑,极富

---

① 刘广京《挽杨联陞先生》,载《历史月刊》1991 年第 36 期,第 122—124 页。
② 引自杨联陞日记,转引自刘秀俊著,王学典指导《"中国文化的海外媒介"——杨联陞学术探要》,山东大学博士论文,2010 年,第 105 页。
③ 胡适纪念馆编《论学谈诗二十年——胡适杨联陞往来书札》,合肥:安徽教育出版社,2001 年,第 62、74 页。
④ Lien-Sheng Yang, "Review Descriptive Catalogue of the Chinese Manuscripts From Tun-huang in the British Museum. By Lionel Giles", Harvard Journal of Asiatic Studies, Vol. 21 (Dec., 1958), pp.211-213.
⑤ 杨联陞著,蒋力编《哈佛遗墨——杨联陞诗文简》,北京:商务印书馆,2004 年,第 328 页。
⑥ 杨联陞著,蒋力编《哈佛遗墨——杨联陞诗文简》,北京:商务印书馆,2004 年,第 145 页。
⑦ 杨联陞《书评经验谈》,载杨联陞著,蒋力编《哈佛遗墨——杨联陞诗文简》,北京:商务印书馆,2004 年,第 139 页。

启发。他的汉学鉴赏力令我了解什么叫作汉学界的学术庄严,此绝非限于考据之能事而已。"①就书评而言,杨联陞对美国汉学的贡献主要在以下几个方面:

其一,矫正西方汉学界误解误译汉文献的流弊。1960 年,杨联陞在华盛顿大学召开的中美学术合作会议上,借用傅斯年讥讽拉铁摩尔的云林之喻,指出美国人研究中国史往往富于想象力,如果不加以适当控制,他们可能会"误认天上的浮云为地平线上的树林"。② 他在写给女儿的信中亦曾提及说:"西洋人对于古汉语的误解,可以出一本《笑林广记》。"③正因为如此,杨联陞在书评中常揪举出西方汉学家著述中的误读之处,并为其纠正。索伯在《郭若虚的绘画史》中,由于没有正确的理解"都内或入内都知"是皇家总管,而将"刘都知"误理解成"刘者,他知道","入内阁都知"变成"皇家图书馆的监管人";文献中缩写的官职或文学形式的官衔,由于其更难以辨识而为作者所误解,如枢密直学士的缩写"密学"被解为"勤奋学习"、掌管国库的官员"内藏"被误译成"我的收藏"、吏部下级官员的文学称呼"少列"被误解为"在如此不合时宜的年龄就去世";其他理解错误还有,"字则未闻"理解为"称则未:我已听闻","属宫车晏驾"不是"装饰皇宫的工作人员"而是"碰巧皇帝去世","盛传杨胐波斯"其意是"杨胐所画为波斯人熟知"而不是"杨胐是一个为波斯人所广为相信的人",等。④ 华兹生在英译《史记》时,将"旦暮"理解为"早晚","郎中令"解为"宫廷侍卫","南海民王织"理解成"织,南海王","仕宦"理解为"朝臣和太监","长公主"则被理解为一个人名字。⑤ 杜百胜(A. C. H. Dobson)在译注《孟子》时,"府库"被理解为"武器和仓库",应为"金库与仓库";"博弈"被误译为"赌博,下棋",应为"玩六博游戏和围棋";"食色"误解为"食物和味

---

① 黄进兴访问杜维明《儒学的最后先锋》,载《当代》1986 年 7 月第 3 期,第 108 页。
② 杨联陞《关于萧公权、叶公超、赵元任三位老师》,载《传记文学》1982 年第 40 卷第 6 期,第 26—27 页。
③ 黄进兴访问杜维明《儒学的最后先锋》,载《当代》1986 年 7 月第 3 期,第 108 页。
④ L. S. Y. , "Review 'Kuo Jo-hsu's Experiences in Painting by Alexander Coburn Soper' ", Harvard Journal of Asiatic Studies, Vol. 15, No. 1/2(Jun. , 1952) , pp.255-259.
⑤ L. S. Y. , "Review Records of the Grand Historian of China.by Burton Watson", Harvard Journal of Asiatic Studies, Vol. 23(1960-1961) .

道与感觉",应为"食物与美或性",等。① 鲁惟一(Michael A. Loewe)在《汉代行政管理》中,将本意为"赊销"的"赍卖"理解为"租赁或销售",而意为"登记付给官员的薪水"的"吏奉赋名借"理解成"在册官员的薪水和税赋"。翟林奈在著录大英博物馆敦煌文书时,误将"末劫"和"永业"理解为地名,"刺员外散骑朗"误解为一种官衔,"莫懒惰"则被理解为一个印度和尚的名字②。牟复礼在《诗人高启传》中,将意为"银与丝织品"的"银币"理解为"银与现金","索居"理解为"寻找另外一个地方生活","中郎幼女"理解为"他的小儿子和年幼女儿",意为"秋风在鬓角即太阳穴位置的头发上"的"秋风鬓脚"理解为"在你的头和脚上"。③ 李约瑟在其著述中错解了四七二十八、三八二十四这样简单的计算,却说原文四七、三八恐有误字;"六博"这种游戏被理解为"六位博学的学者",并将"泥靴"理解为"泥船"④。Lee E. Serman 误将意为"佛教寺院"的"招提"理解为"堤坝"。⑤ 费正清将利用在身边或现场优势的"就近"理解为"利用第一次机会","爵宫保"误解为"封为继任者的监护人",等。⑥ 杜润德在其《唐代财政管理》中,将意为"免除税赋作为补偿特殊劳役服务的方式"的"以色役免"误解为"逃避特殊的劳役服务",意为"除了征收实物外"的"兼调"理解为"以实物偿付的补充税",而意为"由于所供物品非常轻微,因此他们很容易提供"的"所贡至薄,其物易供"被理解为"所供物品质量非常差,他们可以被交换","吏畏如夏日"其意不是"在夏季他的下属很暴虐"而是"他的下属怕他就像夏季的太阳","无物不取"其意是"没有什么东西他们不想拿走"而不

---

① Lien-sheng Yang, "Review Mencius: A New Translation Arranged and Annotated for the General Reader. by A. C. H. Dobson", *Harvard Journal of Asiatic Studies*, Vol. 25(1964-1965), pp.292-296.

② Lien-Sheng Yang, "Review Descriptive Catalogue of the Chinese Manuscripts From Tun-huang in the British Museum. By Lionel Giles", *Harvard Journal of Asiatic Studies*, Vol. 21(Dec., 1958), pp. 211-213.

③ Lien-Sheng Yang, "Review The Poet Kao-Ch'I, 1336-1374. by F. W. Mote", *Harvard Journal of Asiatic Studies*, Vol. 24(1962-1963), pp.291-297.

④ Lien-sheng Yang, "Review Heavenly Clockwork, the Great Astronomical Clocks of Medieval China by Joseph Needham; Wang Ling; Derek J. deSolla Price", *Journal of the American Oriental Society*, Vol. 80, No. 4(Oct.-Dec., 1960), pp.371-374.

⑤ Lien-sheng Yang, "Review Streams and Mountains Without End: A Northern Sung Handscroll and Its Significance in The History of Early Chinese Painting. by Sherman E. Lee; Wen Fong", *Harvard Journal of Asiatic Studies*, Vol. 18, No. 3/4(Dec., 1955), pp.494-497.

⑥ Lien-sheng Yang, "Reivew Ch'ing Documents, an Introductory Syllabus. by John K. Fairbank", *Harvard Journal of Asiatic Studies*, Vol. 16, No. 1/2(Jun., 1953), p.284.

是"如果没有东西,他们就不能拿走什么",等。① 1951 年,剑桥大学退休的 Moule 教授面对前来看望他的杨联陞问道:"你想我们西洋人真能读懂中文吗?"杨联陞委婉地言道:"焉有不能之理,只有深浅之别而已。"②

杨联陞在书评中谦称这些错误并不太重要,但我们不应忽视这些小错误,因为治史者假使在文献理解方面发生严重的错误,则其所构建的历史图像无论采行何种观点,充其量只是空中楼阁。魏特夫在《东方专制论》曾提及,汉代某件碑刻记载了一条驿道的修筑动用了 76.68 万人,其中 2690 人是刑徒,以此证明汉代人民迫于服役之劳动力比刑徒大得多。然而,杨联陞指出,76.68 万这个数字是 2690 位刑徒乘上工作日的总和。换言之,这些刑徒已经构成全部劳动力,因此这件石碑不足以证实汉代公共工程使用了徒刑以外的大量劳动力。③ 卫理由于未能正确理解圣或圣人只是唐代对皇帝的一种称呼,虽可以说是敬称但不一定表示真的敬意。故此,他在《白居易的生平与时代》中称中国史家将安禄山称之为土匪、背信弃义之人这一说法不可取,并认为他的部下一定很敬服他,因为他们称他为神圣的人物(Holy man)。④ 由此观之,杨联陞在书评中直斥著述者之误解与误读,弥患西方汉学对汉文献误解与富于想象之流弊于无形,这是他对西方汉学一种看不见的贡献。

其二,推进了专门领域内的知识发展。杨联陞的书评,虽然一般人不见得有兴趣和看得懂,却构成了其高度学术化的特色。余英时认为,杨联陞的书评是"高度学术化的书评","更难能可贵的是他的书评篇篇都有深度,往往能纠正原著中的重大失误或澄清专家困惑已久的关键问题,其结果是把专门领域内的知识向前推进一步"。⑤

关于陶瓷的制作,明清文献中常提到一种青料叫作"苏泥勃"或"苏勃泥",又有"苏麻离""撒卜泥""撒孛尼"种种异称。由于这种青料来自回

---

① Lien-sheng Yang, "Review Financial Administration under the T'ang Dynasty. by D. C. Twitchett", *Harvard Journal of Asiatic Studies*, Vol. 24(1962-1963), pp.298-303.
② 杨联陞《书评经验谈》,载杨联陞著,蒋力编《哈佛遗墨——杨联陞诗文简》,北京:商务印书馆,2004 年,第 147 页。
③ 杨联陞《国史探微》,北京:新星出版社,2005 年,第 139—140 页。
④ Lien-sheng Yan, "Review 'The Life and Times of Po Chu-i' by Arthur Waley", *Harvard Journal of Asiatic Studies*, Vol. 15, No. 1/2(Jun., 1952), pp.259-264.
⑤ [美]余英时《中国文化的海外媒介》,载余英时《钱穆与现代中国学术》,桂林:广西师范大学出版社,2006 年,第 143 页。

教国家,因此一般也称之为"回回青"。但究竟这是一种什么样的"青料",专家之间在20世纪50年代中期还没有取得定论。一般的意见是以"苏泥勃"为外国地名,例如傅振伦的《明代瓷器工艺》即将"苏泥勃青"解释为"苏门答腊的泥"和"婆罗洲的青"。杨联陞在评论波普(John Alexander Pope)的《伊朗阿尔达比勒所藏中国瓷器著录》一书时对这个问题进行了系统的研究,他考察了中英日文现代专著中的各种说法,断定日本专家之说最为合理,即"苏勃泥"是一种石质的外语译音。但日本学者追溯"苏勃泥青"一词仅到1591年高濂的《遵生八牋》为止,且未明言其为"石"。杨联陞则在1587年周梦旸所编《水部备考》中找到了"回回青又名苏嘛呢石青"的记载。《水部备考》不但年代更早,而且明著"石青"两字。由于此书是官方编纂,这条证据因此也更具有权威性。① 又如,有关唐朝末年即公元877—878年叛军在攻陷"广府"后屠杀外国人之事,一般学者认为这支叛军是在黄巢领导下,"广府"这座城市被权威学者伯希和和桑原骘藏认为是广州。杨联陞在评述李豪伟的《黄巢传》时指出,根据中文史料广州是于879年才陷落,并指出叛军领导者不是黄巢而是广西起义者庞勋。阿拉伯文本的作者在记载此事时,有可能将庞勋与黄巢搞混淆了,尽管他们在文本中的描述主要与后者领导的起义有关。② 再如,杨联陞在评论孙念礼译注的《汉书·食货志》时,不仅专门讨论了争讼纷纭的井田制,还讨论了中国古代税赋名目和汉代兵役和劳役的问题。他通过训诂指出,"赋"在各个时期确实有着如周代指"兵役税"、秦汉时指"人头税"这些特定的含义,但基本上亦可以肯定的是它也有着像"税、敛;征税,敛取"这样一般性的含义。③《辽史》中的"杖有二,大者重钱五百,小者三百",杨联陞指出法律条文通常会具体规定杖的长度和直径而不是它们的重量,这项规定可能与辽管理杖即当鞭挞数超过50时即用沙袋的实践有关。④ 这些虽都是些偏僻的小问题,其实许多历史上的大问题都是要靠无数小问题的解决才

---

① Lien-sheng Yang, "Review Chinese Porcelains From the Ardebil Shrine. By John Alexander Pope", *Harvard Journal of Asiatic Studies*, Vol. 21(Dec., 1958), pp.214-220.

② Lien-sheng Yang, "Review Biography of Huang Ch'ao by Howard S. Levy", *Artibus Asiae*, Vol. 18, No. 1(1955), pp.84-85.

③ Lien-sheng Yang, "Notes on Dr. Swann's Food and Money in Ancient China", *Harvard Journal of Asiatic Studies*, Vol. 13, No. 3/4(1950), pp.524-557.

④ L. S. Y., "Review History of Chinese Society, Liao(907-1125). by Karl A. Wittfogel; Feng Chia-sheng", *Harvard Journal of Asiatic Studies*, Vol. 13, No. 1/2(Jun., 1950), pp.216-237.

能得到答案。

另外,杨联陞在书评中还就某些领域的进一步研究提出了富有价值的建议。在评论瞿同祖的《传统中国的法制与社会》一书时,杨联陞即指出法与政府、法与经济仅是偶有涉及。事实上,这两个问题都包含了许多有价值的问题,每一个都值得成为一部专著。①"招"或"招地"指的是"拉萨"或"拉萨"地区。至于"招"或"召"的含义,魏源在《圣武记》中将其解释为寺庙,称"大招寺"和"小招寺"指的就是大寺庙、小寺庙。杨联陞在评述意大利藏学家毕达克教授(Luciano Petech)的《18世纪初期的中国与西藏》一书时,通过对相关文献和学者研究成果的梳理,认为美国藏学家柔克义将"招"解释为"如来"即指佛的观点是正确的;并在书评中进一步指出,大招小招不可能来自于蒙古人对这些寺庙所取名字的音译;蒙语中的 Jun 反过来应是源自于藏语的 Jo-bo;至于藏语中 Jo-bo 或 Jo-wo 的词源学问题,杨联陞认为这是一个难题但却是一个有意思的问题。传统观点认为中文名大招小招可能是藏语 Jo-bo 的音译,藏语中的 Jo-bo 则可能是源自中文官衔"主簿"的音译。杨联陞认为"主簿"可能是藏语 Jo-bo 的音译,但碰巧与中文官衔相同,因为在其他相关语言中也能找到对应藏语 Jo-bo 的词语。② 再如,列维(Marion J. Levy)在《近代中国的家庭革命》中偶有提到仆人问题,杨联陞认为应将诸如奶妈、看妈、女仆纳为妾、女仆收为养子或养女以及陪嫁丫鬟等收集为专门的一章予以讨论,这对于理解士绅家庭非常有必要,也有助于增强作者关于角色分化之模式的论述。③

其三,形成有益"舆论监督"和"公共批评"。中古史名家严耕望曾言,"莲生(联陞)亦自谓为'汉学的看家狗,看到人家胡说,必高叫一声',不啻为胡说的一股吓阻力量。"④正是杨联陞权威而内行的书评使一些假冒伪劣的产品,特别是一些"隐瞒证据"的论著得以曝光,如此使美国汉学界的一些"伪著作"得以现其原身。杨联陞在 1956 年致胡适的三封书信中,曾谈及 Reifler 及其发表在《华裔学志》上讲"无念尔祖"的这篇文章。Reifler

---

① L. S. Y.,"Review Law and Society in Traditional China by T'ung-tsu Ch'u",*California Law Review*,Vol. 49,No. 5(Dec.,1961),pp.1018-1019.

② L. S. Y. ,"Review China and Tibet in the early 18th Century by Luciano Petech",*Harvard Journal of Asiatic Studies*,Vol. 14,No. 3/4(Dec.,1951),pp.655-660.

③ L. S. Y. ,"Review The Family Revolution in Modern China by Marion J. Levy",*Harvard Journal of Asiatic Studies*,Vol. 12,No. 3/4(Dec.,1949),pp.541-544.

④ 严耕望《钱宾四先生与我》,台北:商务印书馆,1992 年,第 133 页。

此篇文章投给《哈佛亚洲研究》,为杨联陞所退并被告知傅斯年在《性命古训辨证》中已说"胡适之先生谓:'王子荩臣,无念尔祖'云云,皆对殷遗士言,勉此辈服事新朝无怀祖宗荣光之想,但求应天之新命自求多福耳。其说甚当。"Reifler 后将此文刊载在《华裔学志》上,并在文末加一小注,言傅斯年书中已及此点,又言 1955 年在美国东方学会年会曾面询胡适而胡适已不记得,而且向他要 reference。杨联陞对 Reifler 所加这一小注极为不满,"第一注(即全文末尾之注)最后一句,可恶之极!一个人研究到殷周之际而不读《说儒》及其他有关文字,是'愚'!听了先生的话不懂假装懂,还要像煞有介事的主,To my surprise 是'妄'!此君有些小聪明,但太喜卖弄,例如他大讲形声字声中有义,仿佛是他的空前发现,而不知(或假作不知)古人早有'右文'之说,清儒及近代学者又已大加发挥,真是可笑亦复可哀也"。①

杨联陞不仅在私人书信中做如此批评,在公开的书评中亦同样如此。他在评论冯家升和魏特夫的《中国社会史——辽(907—1125)》时,即对魏特夫所撰总论部分毫不客气地批评道,魏特夫有关辽代社会是一种"双重体系"的概念并不完全是新的。早在 1918 年,津田左右吉即出版了《满鲜地理历史研究报告》,其中有一篇题为《辽代制度的二重体系》的论文,这是研究辽史的一部经典。这篇论文虽在书的附录部分被标示为"哲学上有分量的研究",亦被认为"是对更全面理解契丹社会的一项重要贡献",但在总论中却并没有提到,也没有出现在综合性的参考书目中。很有可能,双重体系概念是作者依赖于津田论文而得出。毕竟,阅读辽史的学者不会为像"北面南面、北院南院这类词打动而将其认为是双重体系,辽史中使用这些词是令人困惑的"。② 在评介石田干之助于 1952 年出版的《唐史丛钞》一书时,对于石田干之助引用唐代的几个故事以证明和解释唐代仍保存着吃饭与饮酒分开以及依次饮酒这一古老的习俗,杨联陞在书评中指出尚秉和在 1938 年出版的《历代社会风俗事物考》一书中有着相同的发现,尚不仅引用了相同的唐代故事,还引述了更早的文献来说明;并且,尚引用

---

① 胡适纪念馆编《论学谈诗二十年——胡适杨联陞往来书札》,合肥:安徽教育出版社,2001年,第 301—313 页。
② Lien-sheng Yang., "Review History of Chinese Society, Liao(907-1125). by Karl A. Wittfogel; Feng Chia-sheng", *Harvard Journal of Asiatic Studies*, Vol. 13, No. 1/2(Jun., 1950), pp.216-237.

《老学菴笔记》以说明这一习俗一直延续到宋代。① 在评论郝立庵(Leon Hurvitz)的《魏书·释老志·释部》英译本时,杨联陞特意将其译本同魏鲁男发表在《通报》第30卷上的《魏书·释部》译本、周一良关于魏鲁男译本的评论文章进行对照核查,"令人遗憾的是,郝立庵似乎没有足够认真阅读魏鲁男的论文或周一良的评论"。最后,杨联陞还加重说明,"无论什么时候,前人学者已认真将中文文献译成一种西方语言,不管其翻译是20年、30年甚或有时是50年前,后人再译注时,认真细致地参阅前人译本是明智之举"。② 在评论华兹生的《史记》英译时,杨联陞指出作者在英译《陈涉列传》时不应将"骊山徒奴产子"译为"卒、奴隶以及他们在骊山的儿子们",因为卒是指征集服兵役或力役的平民,而徒是指被判处一年至五年徒刑的罪犯,这句话乃指的是"骊山的囚徒和可能来自帝国境内各地的奴隶之子"。卒与徒之区分,在沙畹、德效骞、韦慕庭以及何四维等诸家著作中都提到过或做过具体讨论,故此杨联陞直斥作者:"这种对制度史的无知实在不可原谅,何况韦慕庭、何四维等人的扎实作品一点都不难得到!"③对于西方汉学界而言,杨联陞的书评如严耕望所说"不啻为胡说的一股吓阻力量",使美国汉学界变得干净而有秩序。

其四,向西方汉学界引介中国学术。杨联陞在评述西人汉学著述时,常在书评中引荐中国学人的著述,以佐证其评述或提请著者注意学界已有论述等。卫理在《白居易的生平与时代》一书中有关于"白乐天在仙女山有一座曾为一位商人所拜访并为其向往的庭院"之想象,杨联陞指出"可参看陈寅恪在《岭南学报》第10卷第1期(1949)上有一篇极为精彩的文章"。④ 卜德在英译冯友兰《中国哲学史》时误将"异端造作,大小大费力,非自然也,故失之远"中表示多少的"大小大"这一古老俗语译为"无论是大还是小",杨联陞提醒卜德"可参考徐嘉瑞于1948年出版的《金元戏曲

---

① Lien-sheng Yang, "Review Miscellaneous Notes on the History of the T'ang Period. by Ishida Mikinosuke", *The Far Eastern Quarterly*, Vol. 13, No. 1(Nov., 1953), pp.78-79.
② Lien-sheng Yang and Kenneth Ch'en, "Review Wei Shou, Treatise on Buddhism and Taoism, an English Translation of the Original Chinese Text of Wei-shu CXIV and the Japanese Annotation of Tsukamoto Zenryu by Leon Hurvitz", *Harvard Journal of Asiatic Studies*, Vol. 20, No. 1/2(Jun., 1957), pp. 362-382.
③ 杨联陞《国史探微》,北京:新星出版社,2005年,第146—147页。
④ Lien-sheng Yang, "Review 'The Life and Times of Po Chu-i' by Arthur Waley", *Harvard Journal of Asiatic Studies*, Vol. 15, No. 1/2(Jun., 1952), pp.259-264.

方言考》"。① 讨论德效骞英译《汉书》中所提到的关于"刚卯护身符"这一主题时,杨联陞在书评中提到劳干发表在《"中央"研究院历史语言研究所辑刊》(1956年,第27辑)上的《玉佩与刚卯》一文;关于王莽改匈奴称号及其他匈奴名称,则提请其可参看方壮猷的《匈奴语言考》②一文。评论鲁惟一的《汉代行政管理》时,杨联陞指出关于意指治所或候长总部的"省卒""省作"这类短语中"省"字,张春树1966年发表在《清华国学研究季刊》上的《居延边境的汉代移民和他们的定居者》一文有精彩讨论。③ 在评论华兹生的《中国的早期文学》一书时,杨联陞指出有关《左传》与《国语》的语法及词汇之区别,可参考张以仁发表在《"中央"研究院历史语言研究所辑刊》上的论文。④ 评论郝立庵的《魏书·释老志·释部》英译本时,杨联陞指出有关"调役"和其同义词"课役",陈观胜发表在《哈佛亚洲研究学报》上的《会昌灭佛的经济背景》值得关注。⑤ 讨论"龚司女锡商贝于司女用作父乙彝"中"司女"应是一个词这一观点时,杨联陞指出周法高在其《金文零释》中已讨论过;关于"锡商"所涉及的古汉语语法,则提到沈春晖的《周金文中之双宾语句式》。⑥ 讨论杜润德(D. C. Twitchett)《唐代财政史》一书的主题时,杨认为如与鞠清远的《唐代财政史》中所讨论的主题进行比较将非常有意思,并认为"鞠清远的这部著作是中文学界关于这一主题的最佳著作"。⑦ 评介贝塚茂树的《中国古代史学的发展》一书时,杨亦指出

---

① Lien-sheng Yang, "Review A History of Chinese Philosophy. Vol. Ⅱ: The Period of Classical Learning(From the Second Century B. C. to the Twentieth Century) by Fung Yu-lan; Derk Bodde", *Harvard Journal of Asiatic Studies*, Vol. 17, No. 3/4(Dec., 1954), pp.478-483.

② Lien-sheng Yang, "Review The History of the Former Han Dynasty by Pan Ku by Homer H. Dubs; P'an Lo-chi", *Harvard Journal of Asiatic Studies*, Vol. 19, No. 3/4(Dec., 1956), pp.435-442.

③ Lien-Sheng Yang, "Review Records of Han Administration by Michael Loewe", *Bulletin of the School of Oriental and African Studies, University of London*, Vol. 31, No. 3(1968), pp.636-638.

④ Lien-sheng Yang, "Review Early Literature by Burton Watson", *Harvard Journal of Asiatic Studies*, Vol.24(1962-1963), pp.303-306.

⑤ Lien-sheng Yang and Kenneth Ch'en, "Review Wei Shou, Treatise on Buddhism and Taoism, an English Translation of the Original Chinese Text of Wei-shu CXIV and the Japanese Annotation of Tsukamoto Zenryu by Leon Hurvitz", *Harvard Journal of Asiatic Studies*, Vol. 20, No. 1/2(Jun., 1957), pp. 362-382.

⑥ Lien-sheng Yang, "Review Bronze Culture of Ancient China, an Archaeological Study of Bronze Objects From Northern Honan, dating From about 1400B. C.-771B. C.. by William Charles White", *Harvard Journal of Asiatic Studies*, Vol. 20, No. 3/4(Dec., 1957).

⑦ Lien-sheng Yang, "Review Financial Administration under the T'ang Dynasty. by D. C. Twitchett", *Harvard Journal of Asiatic Studies*, Vol. 24(1962-1963), pp.298-303.

此书没有收录董作宾的《殷历谱》、胡宣厚基于甲骨文所做的关于商代史的三篇论文等最新出版的著述。① 杨联陞在其书评中多提及中国学人的著述及观点,这有助于使中国学人的著述进入到西方学人的视阈中,勾起他们了解中国学人著述的欲望。

杨联陞还常借助书评对批评甚或贬损中国学人研究成果的观点进行驳斥。牟复礼(Frederick W. Mote)曾就富路德翻译的陈垣《元西域人华化考》英译本发表了一篇评论文章。他在此篇书评中指出,陈垣在"中亚人为中华文化同化的狂热中,没有对同时出现的相反趋势做任何评价。中亚文化的形式和标准同样也渗透到中华文化,并影响着许多中国人放弃中华方式"。对于牟复礼的这一批评,杨联陞在为富路德的《元西域人华化考》英译本所写的书评中如是驳斥道:"牟复礼教授在这里可能忽视了此著的中文标题或此书的英文副标题。即使同意他在讨论中提出的陈垣教授有些以中原为中心的观点,我仍然认为没有理由去期待就诸如采用蒙古人的姓名这类'中原文明的蛮夷化(barbarization of Chinese manners)'进行全面的对比,这甚至都不属于关于中亚文化对中原人的影响这样一本专著。不用说,博学的作者绝不可能不熟知这种现象。"② 在关于内藤湖南的《中国近世史》和《支那史学史》这两著的书评中,杨联陞就内藤湖南对同时代中国学者所提出的批评进行了辩护。内藤批评王先谦的《汉学补注》没有什么价值,因为它仅是利用了其他学者的成果。杨联陞对此回应道:"集注的主要价值正在于成为学者方便的工具,内藤似乎忽视了这一点";再如,内藤在关于清代史学结尾处的几行史评中,批评梁启超于1922年出版的《中国历史研究法》,"梁启超,不知其意而妄作者"。杨联陞就此在书评中写道:"此书尽管有一些错误和遗漏,著作至少对入门者仍是有价值的。内藤的批评似乎不必要如此严厉尖刻。"杨联陞在书评中还以注释的方式提醒读者,可参看桑原骘藏关于此书所做的书评,尽管其亦带有批评性,但相对公正客观。③ 另外,在评述英国学者斯图尔特·柯尔比(E. Stuart Kirby)的

---

① Lien-sheng Yang, "Review Devolpment of the Study of Ancient Chinese History. by Kaizuka Shigeki", *The Far Eastern Quarterly*, Vol. 12, No. 1(Nov., 1952), pp.60-61.

② Lien-sheng Yang, "Review Western and Central Asians in China under the Mongols. Their Transformation into Chinese by Ch'en Yuan; Ch'ien Hsing-hai; L. Carrington Goodrich", *Journal of the American Oriental Society*, Vol. 89, No. 2(Apr.-Jun., 1969), pp.425-426.

③ Lien-sheng Yang, "Review History of Early Modern China. By Naito Torajiro, History of Chinese Historiography. by Naito Torajiro", *The Eastern Quarterly*, Vol. 12, No. 2(Feb., 1953), pp.208-210.

《中国经济史导论》一书时,杨联陞不无愤慨地指出:"这部著作的主要贡献在于对众多日本学人有关中国经济史研究成果的总结概括,大量提及日本学人译自中文和西语的著作,然而在关于最近千年的著述时,作者甚至没有提及从事宋代研究的全汉昇、从事明代研究的梁方仲这样一流的经济史家。"①

第二节 邓嗣禹的汉学学术书评及其影响

邓嗣禹到美后,除翻译中文史籍、编撰汉学教材和工具书之外,亦常撰书评,在《亚洲历史季刊》《亚洲研究季刊》《美国历史评论》《美国东方学会季刊》《远东季刊》《太平洋事务》《太平洋历史评论》《美国史季刊》《远东观察》《东南亚史季刊》《宗教季刊》等刊物上发表过40多篇书评。

1.邓嗣禹汉学学术书评的特点

不同于杨联陞,邓嗣禹主要就中国近现代史著述撰著书评。遍览邓嗣禹的书评,有如下几个显著特点:

其一,直言著述中的错讹或所存缺陷。邓嗣禹所写书评,大多简短,很少长篇书评。然而,凡著述存有错误或缺陷,他都会在简短书评中直言指出。韦慕庭的《汉代奴隶制》一书,虽然"是关于汉代奴隶制研究的佳作,有关汉代奴隶的所有方面都认真讨论到。观点合理、所得出的结论严谨。其书写颇具分析性、流畅性和思想性。其翻译也大体准确可靠"。但是,邓嗣禹认为其"奴隶"一词的含义过于宽泛,将工匠、乐师等很多并非奴隶之人也看作是奴隶,而绝大多数是奴隶的太监却并没有太多的讨论。② 在《中国共产党的中国近代史研究》的一书中,费维恺和 S. Cheng 花了相当篇幅讨论邓之诚、孟森、李剑农和李济的著作。邓嗣禹在书评中指出,这些史家没有一个是共产党,他们的著作都撰著于1949年之前。他怀

---

① Lien-sheng Yang, "Review Introduction to the Economic History of China by E. Stuart Kirby", *Annals of the American Academy of Political and Social Science*, Vol. 294(Jul., 1954), pp.160-161.

② S. Y. Teng, "Review Slavery in China During the Former Han Dynasty, 206 B. C. -A. D. 25.by C. Martin Wilbur", *The Far Eastern Quarterly*, Vol. 2, No. 4(Aug., 1943), pp.408-410.

疑标题中的"共产党的研究"这一用词是否合适准确。① 侯服五(Franklin W. Houn)的《中国中央政府,1912—1928:制度研究》,邓嗣禹认为此书在史实上非常准确,但"对'中央政府'的中央没有任何解释和定义,尽管作者说张作霖的政府局限于满洲和河北,却忽略了从1916年至1928年在中国北方和南方各有一个中央政府,忽略这一事实可能会对入门者产生误导";"过度西方主义"是此书的另一缺陷,如作者在书中常交替使用"奉系"和"奉天集团"两词,却对这两个词却没有任何解释"。②

即使是同在美国的华人学者和同事的著作,邓嗣禹同样毫不避讳直指其中所存在的问题。华人学者徐中约的《中国进入国际社会》一书出版后,邓嗣禹在书评中指出,作者在导言中有关中国对外国态度的概括过于简单化并给人夸张的印象。比如,第一章有关外国使馆在中国的建立,作者本应多读一点《第二次中国战争,1856—1860》一书,这样在描述此战争的原因时会更清晰;第二章有关国际法的介绍,没有任何特别新颖之处。作者常提到南京条约,却存在诸如"治外法权和最惠国待遇是条约的一部分"等错误,并错解条约是"有效控制外国人的一种手段",这显示作者对这一条约的性质和过程并不了解。事实上,它是由英国人口述,耆英和其他中国代表并没有参与谈判。作者所做出的一些结论缺乏史料证明。比如,耆英坚持认璞鼎查(Sir Henry Pottinger)的儿子为孙子等。③ 柯睿格曾是邓嗣禹在芝加哥大学执教时的同事④,他于1953年出版了《宋代初期的文官制度》一书。对于这位昔日同事的著作,邓嗣禹在肯定"这是一部非常出色的学术著作"之同时,亦直指此书在时间范围、核心术语的定义、官衔的翻译以及参考书目等方面存在的问题。比如,该书的时间范围如果是整个北宋或是延伸到1085年会更为合理,因为"这样可将王安石的改革包

---

① S. Y. Teng, "Review Chinese Communist Studies of Modern Chinese History.by Albert Feuerwerker; S. Cheng", *The Journal of Asian Studies*, Vol. 21, No. 3(May., 1962), pp.378-379.

② S. Y. Teng, "Review Central Government of China, 1912-1928: An Institutional Study by Franklin W. Houn", *Far Eastern Survey*, Vol. 27, No. 3(Mar., 1958), p.45.

③ S. Y. Teng, "Review China's Entrance into the Family of Nations: The Diplomatic Phase 1858-1880.by Immanuel C. Y. Hsu", *The Journal of Asian Studies*, Vol. 20, No. 1(Nov., 1960), pp.97-98.

④ 曾在芝加哥大学求学并执教的钱存训回忆说:"当时,中文课程分为三级:初级语文课由顾立雅教授主讲,采用他主编的课本《孝经》和《论语》启蒙;中级由柯睿格教授讲授'古籍导读'和'中古史';现代及其他部分由邓嗣禹教授担任。"参见钱存训《留美杂忆——六十年来美国生活的回顾》,合肥:黄山书社,2008年,第74页。

括进去,通过王的批评,人们能够更为清晰地明了文官制和管理体系的力量或薄弱之处";书中所使用的考试、保荐及其他术语的定义应更为清晰,如"考试"一词,在儒家时代之前的意思不同于西汉初年,而公元622年所采用并一直延续到1905的考试又有着完全不同的含义;参考书目部分,大量宋代学者编撰的原始史料并没有提及,如朱弁的《曲洧旧闻》、赵昇的《朝野类要》、吕祖谦的《历代制度详说》、彭百川的《太平治迹统类》等。①

甚至师友著作亦不例外。吴相湘的《第二次中日战争史》出版后②,作为好友的邓嗣禹并没有因此回避其所存在的问题。他在书评中指出,作者"是从一位国民党成员的立场来写作这部著作。其研究很大程度上是基于党派的观点和他自己个人在战争和政治中的经历";"尽管吴的这部关于第二次中日战争的著作能增长见闻,但初入门者会被大量人名和日期所压倒";该书的薄弱之处在于,"对于西方读者来说,它需要更多的解释和分析;对于学术研究来说,它需要更多注解,尽管这会增加其篇幅。这部著作主要记录的是国民党抗战,几乎没有提及中国共产党的对日游击战。尽管在日文材料方面相当翔实,但作者甚少使用英文档案以及德文和苏联方面的史料。"③对于李剑农这样师长辈的著作,邓嗣禹同样不讳言其所存在的问题。在他看来,李剑农的《中国近百年政治史》"并非总是清晰的标明其史料来源。作者的撰述间或来自道听途说或是日期不明的日文报纸;不仅外交事务是以一笔带过的方式简单处理,甚至像1926年三·一八惨案这类政治事件根本就没有提及。"④

其二,关注所评著作的史料与文献。邓嗣禹在所撰书评中,特别关注所评著作的史料,常就这方面指出著作所存在的问题。比如,韦慕庭在《前汉奴隶制度》一书中,虽然其史料翔实,"但宇都宫清吉、滨口重国等日本

---

① S. Y. Teng, "Review Civil Service in Early Sung China, 960-1067, with Particular Emphasis on the Development of Controlled Sponsorship to Foster Administrative Responsibility by E. A. Kracke", *Journal of the American Oriental Society*, Vol. 73, No. 4 (Oct.-Dec., 1953), pp.209-210.

② 曾任美国扬斯敦州立大学历史系教授的黄培,在《追思邓嗣禹教授》一文中提到,1959年自台大史学研究所毕业后,在吴相湘等老师的推荐下,前往印第安纳大学史学系跟随邓嗣禹继续研究历史。参见黄培《追思邓嗣禹教授》,台湾《传记文学》1988年第53卷第1期。

③ S. Y. Teng, "Review The Second Sino-Japanese War. by Wu Hsiang-Hsiang", *The Journal of Asian Studies*, Vol. 34, No. 3 (May, 1975), pp.828-829.

④ TengSsu-yu, "Review Chinese Political History of the Last Hundred years", *The Far Eastern Quarterly*, Vol. 9, No. 3 (May 1950), pp.352-353.

学者所撰的关于汉代奴隶制问题的论文并没有利用。至于中文史料,没有使用《古今文史类注》等百科全书。……甚至忽略了北平历史学会于1933年出版的'奴隶史特辑'"。① 对于史扶林(Harold Z. Schiffrin)的《孙中山与中国革命的起源》,邓嗣禹认为该书的缺陷在于"大量一手和二手史料没有提及",比如孙中山在伦敦被绑架事件,仅反复引述罗家伦的研究,却完全忽略了吴相湘的批驳;另外,使用二手史料以及依靠传闻或"未经证实的报道"是此书的另外一大缺陷和薄弱之处。② 陈志让的《袁世凯传》,"具有可读性,它将无数史料碎片编织成一个好读的故事",但其缺陷在于"以牺牲历史学为代价过于关注小说的流畅性"。如果单从这本书看,"人们会认为作者大学主修的是英语文学而不是史学",因为"其长长的参考书目中并没有将许多论文收入进去,其内容有时是一页接着一页却没有任何史料或注脚。作者自豪宣称袁世凯的日记几乎全部引用,但却没有一句关于其真实性的讨论或注意到其他学者对日记所提出的怀疑。"③ 蒋祥哲(Chiang Siang-tseh)的《捻军起义》展示了作者的"聪明才智和想象力",然而"偶尔读者会感到作者的想象可能强于所提供的史料。著作中所使用的史料似乎远远不够,作者不仅没有使用共产主义中国的学者们所编的史料集《捻军》,甚至没有参考《清实录》";由于史料掌握的缺失,所以在作者看来捻军与白莲教有关联是其一新发现,但"《清实录》和其他著述早已非常清楚地说明这一事实"。④ 梅谷和张仲礼合编的两卷本《太平天国:历史与史料》,在邓嗣禹看来,是"关于太平天国起义最大的史料汇编",对于太平天国起义的研究来说是"真正的杰作",但其所挑选并翻译的391份文献中有部分却是译自于野史和真真假假的其他非正式史料;另外,其综合书目虽包括了中文、日文、英文、法文、德文和俄文著述,内容确是丰富且有价值,然而"它最近显然需要大修,以便将诸如六卷本的《太平天国丛编全

---

① Ssu-yu Teng, "Review Slavery in China During the Former Han Dynasty, 206 B. C. -A. D. 25. by C. Martin Wilbur", *The Far Eastern Quarterly*, Vol. 2, No. 4(Aug., 1943), pp.408-410.

② S. Y. Teng, "Review Sun Yat-sen and the Origins of the Chinese Revolution by Harold Z. Schiffrin", *Journal of the American Oriental Society*, Vol. 90, No. 4(Oct.-Dec., 1970), pp.624-625.

③ S. Y. Teng, "Review Yuan Shih-k'ai(1859-1916) by Jerome Ch'en", *Journal of Southeast Asian History*, Vol. 4, No. 2(Sep.1963), pp.203-205.

④ S. Y. Teng, "Review The Nien Rebellion. by Siang-Tseh Chiang", *The Far Eastern Quarterly*, Vol. 14, No. 3(May, 1955), pp.412-413.

集》和《太平天国资料》等史料汇编收入进去"。① 对于汪一驹的《中国知识分子与西方》,邓嗣禹特别就其第三章指出,该部分"既没有提到《孙中山与中国秘密会社》一文,也没有利用1962年出版的《中华民国开国五十年文选》中关于辛亥革命的史料"。②

2.邓嗣禹汉学学术书评的影响

邓嗣禹抵美后,在美国学界重要刊物上所发表的学术书评,就其数量而言并不算多,而且介绍所评著述的内容和特点往往占书评的很大一部分篇幅。虽然如此,邓嗣禹在书评中常直言著述中的错讹或缺陷,关注所评著述的史料文献,力求客观公允的评述所评史著。这种以学术公心为原则,敢于不受人情和意识形态羁绊直指著述所存问题的书评,对于学术发展来说无疑有着重要意义。就其对美国汉学的意义而言,有以下几个特别值得关注的方面:

其一,澄清有关中国历史文化的错误认知。邓嗣禹所评的史著,尤其是中国近代史方面的著述,多是在美国学界乃至美国社会有很大影响的著作或教材。这些著述存有对中国历史,尤其是中国近代史的错误解释或表述。比如,施友忠在《太平天国的意识形态》一书中即有这样的论述,"中国史总是充满了战争和动乱,偶尔的相对安宁生活和繁荣只是一种点缀","在几乎所有情况中,佛教遭迫害都是道教徒因妒忌而鼓动"③;卡利斯(Helmut G. Callisus)的《中国:儒家与共产主义》认为,"每个省管理着他们自己的财政收入,举行他们自己的竞争性考试","光绪皇帝可能是皇太后的私生子","女子缠足的习俗是性满足的一种形式","对于中国来说,流产的太平天国起义有着革命所有消极和破坏性方面,没有任何丝毫的净化、振兴的效果"等。④徐中约曾英译梁启超的《清代学术史概论》,并由史华慈作序。史华慈在序言中认为梁书仅仅提供了"初步的介绍",并"高度简略","有时读起来像是一部书名目录","一些非常有趣的人物仅提了一

---

① S. Y. Teng, "Review The Taiping Rebellion.Volumes Ⅱ and Ⅲ:Documents and Comments.by Franz Michael;Chung-li Chang", *Pacific Affairs*, Vol. 45, No. 1(Spring,1972), pp.100-101.

② S. Y. Teng, "Review Chinese Intellectuals and the West,1872-1949 by Y. C. Wang", *The Journal of American History*, Vol. 53, No. 3(Dec.,1966), pp.625-626.

③ S. Y. Teng, "Review The Taiping Ideology:Its Source, Interpretations and Influences.By Vincent Y. C. Shih", *The Journal of Asian Studies*, Vol. 27, No. 4(Aug.,1968), p.876.

④ S. Y. Teng, "Review China:Confucian and Communist by Helmut G. Callisus", *The American Historical Review*, Vol. 65, No. 2(Jan.,1960), pp.384-385.

下即给打发了或是根本没提及"①;贺凯在《明代的监察制度》一文中称,"传统儒家是专制的,法家是平等的","洪武皇帝是一位目不识丁的布衣","中国历史上最有权势的太监是魏忠贤"等;②陈志让在《袁世凯传》一书中写道:"1905年,袁世凯所经手操办的公共贷款,是中国历史上第一个地方性贷款","1905年吴樾炸弹的结果是在中国开启了一段暗杀的时期"。③在其他著述中还有,"在汉代,所有的官阶都可以购买"④;在帝制中国时代,"官员无法挑选他们自己的下属"⑤;"厘金是由乾隆发明"⑥,等。

对于这些错误表述或认知,邓嗣禹在书评中进行了有力驳斥。针对施友忠认为中国历史是一部动荡与混乱之史的说法,他反驳道:"汉、唐、明、清不都享有秩序与和平长达数十年吗?"⑦对于史华慈关于《清代学术史概论》的评价,邓在书评中这样解释:"其实,这部书并没有这样糟糕。它是在两周时间写作完成的。但它非常具有可读性且简洁并充满肉香。作者梁启超是20世纪初年一位非常著名的学者,在1902年出版《清代学术史概论》之后,他花了将近20年为此书作准备。在这本书中,他梳理了17世纪到1920年间中国学术思想的总体趋势,讨论了100多位一流的学者并评述了近300部著作,其中许多都是在文学、历史、哲学方面具有代表性的研究。这样一部权威指南对西方汉学家来说应该是有价值的。"⑧在关于陈志让的《袁世凯传》的书评中,邓嗣禹详列史实以纠正其错误表述,如太平

---

① S. Y. Teng, "Review Intellectual Trends in the Ch'ing Period by Liang Ch'i-ch'ao; Immanuel C. Y. Hsu", *The Journal of Modern History*, Vol. 32, No. 1 (Mar., 1960), p.60.

② S. Y. Teng, "Review Confucianism in Action by David S. Nivison; Arthur F. Wright", *Far Eastern Survey*, Vol. 29, No. 2 (Feb., 1960), p.30.

③ S. Y. Teng, "Review Yuan Shih-k'ai (1859-1916) by Jerome Ch'en", *Journal of Southeast Asian History*, Vol. 4, No. 2 (Sep., 1963), pp.203-205.

④ S. Y. Teng, "Review Slavery in China During the Former Han Dynasty, 206 B. C.-A. D. 25. by C. Martin Wilbur", *The Far Eastern Quarterly*, Vol. 2, No. 4 (Aug., 1943), pp.408-410.

⑤ S. Y. Teng, "Review China, Japan and the Powers By MeribethE. Cameron; Thomas H. D. Mahoney; GeorgeE. McReynolds", *Far Eastern Survey*, Vol. 21, No. 9 (Jun. 4, 1952), p.96.

⑥ S. Y. Teng, "Review Strangers at the Gate: Social Disorder in South China, 1839-1861. by Frederick Wakeman", *Political Science Quarterly*, Vol. 83, No. 1 (Dec., 1968), pp.658-660.

⑦ S. Y. Teng, "Review The Taiping Ideology: Its Source, Interpretations and Influences. By Vincent Y. C. Shih", *The Journal of Asian Studies*, Vol. 27, No. 4 (Aug., 1968), p.876.

⑧ S. Y. Teng, "Review Intellectual Trends in the Ch'ing Period by Liang Ch'i-ch'ao; Immanuel C. Y. Hsu", *The Journal of Modern History*, Vol. 32, No. 1 (Mar., 1960), p.60.

天国起义期间即开始了从外国列强的公共贷款等。① 邓嗣禹的纠正或驳斥,有助于增进美国学界及读者对中国历史文化的正确认知。

其二,丰富美国汉学界对中国历史文化的解读。邓嗣禹在书评中,常就著述所讨论的问题提出自己的商榷意见或看法。比如,施友忠在《太平天国的意识形态:来源、解释及影响》一书中认为,太平天国运动不是一场革命而是叛乱,其理由是"一场运动要称之为革命,暴力必须是带来变化的手段,而且领导者必须展示出一种渴望变化的意愿",这是革命的先决条件或前提;太平天国并没有尝试去解决土地,也没有将土地分给农民。邓嗣禹在书评中对此观点持有不同的看法,他认为太平天国是一场农民革命,其原因在于太平天国不仅使用暴力清除十多个省份的统治者和将军,而且在经济和政治方面展示出渴望拥有民主形式的政府和性别平等。另外,邓嗣禹认为"农民的参与并不能使一场运动成为农民运动",太平天国运动不同于德国农民战争。他指出,"假如中国女孩参与选美比赛,但他们中没有一位符合西方关于胸围和腰围的标准,难道我们能说中国人既不漂亮也不必参与这样的大赛"②。再如,对于爱德华·弗里德曼(Edward Friedman)的《后退到革命:中华革命党》一书,邓嗣禹表示书中的"20世纪第二个十年出现的大量困难很大程度上是由于'Cultinal lag',皇权体系的中心没有了,因此每个人都想成为总督、军阀或皇帝,旧有的权威失去了力量,而新的力量还没有成为权威"等观点深表赞同;但是,他在书评中更多是直指其存在三大值得商榷的问题:一是"标题有些模糊和误导",它本应先交代"后退到革命的意思是什么? 否则,读者只有翻阅此书并阅读几章后才能选购此书";二是由于作者是政治学者,读者原本所期待的孙中山版宪法与袁世凯版宪法的分析却省略了;三是作者花了相当篇幅描述活跃在安徽、河南、湖北等地的"白狼",但白狼与孙中山和他的革命党没有任何联系。作者的目的是对中国乡村革命进行深度分析并提供一种新视角,但乡村革命实际上应在独立专书中探讨更合理。③ 在书评中,邓嗣禹常就其

---

① S. Y. Teng, "Review Yuan Shih-k'ai(1859-1916) by Jerome Ch'en", *Journal of Southeast Asian History*, Vol. 4, No. 2(Sep., 1963), pp.203-205.

② S. Y. Teng., "Review The Taiping Ideology: Its Source, Interpretations and Influences. By Vincent Y. C. Shih", *Political Science Quarterly*, Vol. 84, No. 4(Dec., 1969), pp.648-650.

③ S. Y. Teng, "Review Backward toward Revolution: The Chinese Revolutionary Party by Edward Friedman", *Annals of the American Academy of Political and Social Science*, Vol. 421(Sep., 1975), pp.159-160.

熟悉的学术问题提出自己的学术见解或主张,尽管是基于其自身的价值观和现实关怀,但为读者呈现了关于中国近代史不同的解释和学术观点,这有助于引导读者认识多面向的中国近代史,启发其对中国近代史作更为深入的理解和探讨。

其三,矫正对汉籍史料的误解误译。对于美国汉学家在史著中出现对汉籍的误解误译,邓嗣禹亦如杨联陞一样在书评中尽可能一一指正。贺凯主编的《中华帝国的职官词典》一书中有这样的解释:"在京官员一年的薪俸从 700 蒲氏耳到 10 蒲氏耳不等①",并将"二千石曹"译为"2000-bushel officials"。对此,邓嗣禹指出没有一个官员能够每年以 10 蒲氏耳的粮食为生,实际上应是 700 石到 10 石,而这个"石"字常读作"担",相当于 120 斤。因此"二千石曹"应译为"2000 piculs"。② 韦慕庭在《前汉奴隶制度》中,将"金"译为"gold",并有"高祖悬赏黄金一千两斤捉拿季布"这样的翻译。邓嗣禹指出,如果是这样的,令人难以相信汉代会富有到拥有黄金 200000 磅!实际上,这个金指的是"金属"或"黄色金属"。另外,"府库"不应译为"treasuries and arsenals"而应译为"treasuries and storehouses";"郎"不应译为"Gentlemen",因为它是一种官衔,应译为"a kind of lieutenant"。③ 对于列文森(Joseph R. Levenson)的《儒教中国及其现代命运》一书,邓嗣禹指出其存在"随意使用中文术语,却没有提供帮助普通读者查找的词汇表"。④ 比如,常将"体"与"用"合起来用,并认为"体用"一词可追溯至宋代哲学家。邓嗣禹在书评中对此指出,并不清楚哪部汉籍文献是将"体"和"用"合为一词使用。宋代新儒家是使用"体"与"用"来表达他们的哲学

---

① 1 蒲氏耳在美国相当于 42 升,换算为重量即相当于 0.0172 吨。
② S. Y. Teng,"Review A Dictionary of Official Titles in Imperial China by Charles O. Hucker",*The American Historical Review*,Vol. 91,No. 2(Apr.,1986),pp.445-446.
③ S. Y. Teng,"Review Slavery in China During the Former Han Dynasty,206 B. C. -A. D. 25.by C. Martin Wilbur",*The Far Eastern Quarterly*,Vol. 2,No. 4(Aug.,1943),pp.408-410.
④ 邓嗣禹对此书高度评价,"列文森深谙社会学、汉学、艺术、哲学,它从社会学的观点探讨了近代中国的儒学、艺术、西方影响以及中华文明的延续。其高度解释性的写作,只有同样合格的读者才能理解他或跟随他的思想旅行。他提出许多发人深省的问题和思想"。列文森在 20 世纪五六十年代的美国汉学界可谓风行一时,其著述受到美国汉学界的高度关注与好评。柯文(Paul A. Cohen)曾这样评价道,"列文森在探讨近代化与文化演变问题上,锲而不舍,富有想像,在美国战后数十年研究中国的史家中堪称首屈一指,在许多读者心中他的著作也许是最有说服力的。今天研究中国的一代年青史家对列文森已不大注意,可是在五六十年代,他却具有巨大魅力——是一位令人不得不正视的人物。"参见[美]柯文著,林同奇译《在中国发现历史——中国中心观在美国的兴起》,北京:中华书局,2002 年,第 58 页。

思想,而冯桂芬、张之洞等清代学者提出的是"中学为体,西学为用"这一短语。即使经过大量解释后,"朱熹无法认识它,冯与张也不可能理解体用";与之相类似的还有"魏唐朝"和"反基督教的主要呼声在于基督教是非现代的"等新术语和新概念。① 柯睿格在《宋代初期的文官制度》一书中的官衔翻译,邓嗣禹虽认为"目前研究阶段会因人而异",但指出将"同中书门下平章事"译为"First Privy Councilors"、"摄官"译为 irregular status、"阁试"译为 examination at the archives、"京朝官"译为 administrative officials 等都欠妥,需要解释或重新考虑。②

颇为值得注意的是,无论是杨联陞还是邓嗣禹,常以相当之篇幅指摘域外汉学著述在诸如史料的甄选或解读等方面存在的缺失,笔者以为这是在"与之角胜"意识刺激下中国学人的学术自尊心使然。众所周知,面对域外汉学之发展,中国学人多有羞愧或焦虑。1921 年,蔡元培在北京大学讲演谓:学术虽然是没有国界的,但中国研究国故学者的成绩,不及外国者,这是何等可耻的事!③ 1931 年,陈寅恪为《清华大学二十周年纪念特刊》撰文时强调:"东洲邻国以三十年来学术锐进之故,其关于吾国历史之著作,非复国人所能追步。……今日国虽幸存,而国史已失其正统,若起先民于地下,其感慨如何?"④ 1931 年,陈垣在《日本文学博士那珂通世传序》中论及日人研究蒙古史者渐多时,谓"吾人若不急起直追,将来势必借日文以考蒙古文献,宁非学界之耻?"⑤ 中国学人所以如此强烈的羞愧或焦虑,仍在于学术承载着民族精神和中国学人的民族自尊。在中国积贫积弱,且备受外来欺凌的时代,学术不仅是一种知识的技艺,还寄托着民族精神。孟宪承曾在讲演中言道:"一个民族的精神寄托在什么上面?一个民族的生存又是靠什么?当然,一个民族的精神寄托在它的文化上,一个民族的

---

① S. Y. Teng, "Review Confucian China and Its Modern Fate: The Problem of Intellectual Continuity by Joseph R. Levenson", *Far Eastern Survey*, Vol. 28, No. 12(Dec. 1959) , pp.189-190.
② S. Y. Teng, "Review Civil Service in Early Sung China, 960-1067, with Particular Emphasis on the Development of Controlled Sponsorship to Foster Administrative Responsibility by E. A. Kracke", *Journal of the American Oriental Society*, Vol. 73, No. 4(Oct.-Dec., 1953) , pp.209-210.
③ 吴文祺《重新估定国故学之价值》,桑兵等编《国学的历史》,北京:国家图书馆出版社,2010 年,第 382 页。
④ 《陈寅恪集·金明馆丛稿二编》,北京:三联书店,2001 年,第 361—362 页。
⑤ 陈垣《日本文学博士那珂通世传序》,载《师大史学丛刊》1931 年第 1 期。

生存要靠它的学术来孕育，就是说，一个民族的生存是要建筑在它的学术上面。"①正因为如此，在其他方面无力与外国相抗衡时，学术即被视为希望所在。1932年，孙楷第曾函告陈垣："窃谓吾国今日生产落后，百业凋零，科学建设，方之异国，殆无足言；若乃一线未斩唯在学术。"②如果学术尤其是汉学，亦输于外人，对于中国学人的民族自尊而言自然是极大打击。郑师许即曾这样感慨道："政治不及别人家，军事不及别人家，经济不如别人家，固然可耻到万分，然而一切的学术都比不上人家，都在水平线以下，连自己的先民所创造或记述下来的学术遗产，都研究得不及人家，这真是顾亭林所谓'亡天下'之痛了。"③或许因为如此，中国学人在书评中详述美国学者对史料的错讹或误读，一方面确因他们著述中存有误读、误解，对其进行指摘当是学术评论所应有之义；另一方面，中国学人亦借此说明治中国学问，端有赖于中国学人之研究；离开中国学人的研究成就，终究是无法真正探知中国学问之真义，或者至少有其缺憾。

---

① 孟宪承讲，虞斌麟记《欧洲之汉学》，载《国学界》创刊号，1937年5月15日。
② 陈智超编注《陈垣来往书信集》，北京：三联书店，2010年，第409页。
③ 龚鹏程主编《读经有什么用？——现代七十二位名家论学生读经之是与非》，上海人民出版社，2008年，第99—102页。

第九章
美国学人评客居美国的中国史家之史学研究

客居美国的中国史家到美后,专注于史学研究,其著述受到美国学界的高度关注。其中,尤以瞿同祖的《清代地方政府》、萧公权的《19世纪的中国乡村》、何炳棣的《中国人口史论》和《明清社会史论》、张仲礼的《19世纪的中国绅士》和《中国绅士的收入》为代表。这些著作甫一出版,美国一流期刊纷纷刊发书评予以评介。① 与此同时,由于客居美国前他们都在国内接受过系统的学术训练,具有深厚的中国学术功底,其著作被认为代表的是"一个比较成熟的、从中国移植美国的史学研究"。② 基于此,透过美国学界对萧公权、瞿同祖、何炳棣、张仲礼的史学著作之评述,我们可管窥美国学人是如何评价中国学人的史学研究。

第一节 客居美国的中国史家之研究优势

在美国学人看来,承继了中国史学传统的这批中国史家,其史学研究无疑具有可取之处。具体而言,主要有以下几个方面:

其一,史料搜集与审别的博雅。受中国传统学术影响,客居美国的中

---

① 据统计,何炳棣的《中国人口史论》出版后,《美国历史评论》《哈佛亚洲研究》《社会学评论》《美国经济学评论》等多达14种一流期刊都刊有对其进行评介的书评;萧公权的《19世纪的中国乡村》出版后,刊载在《亚洲研究季刊》《美国人类学》《社会学评论》等期刊上的书评达10多篇;瞿同祖的《清代地方政府》、张仲礼的《19世纪的中国绅士》和《中国绅士的收入》等亦同样如此,每部著作都有不下10篇书评刊载于《美国历史评论》《美国社会学季刊》《美国人类学季刊》《经济史季刊》等期刊。

② 黄宗智《三十年来美国研究中国近现代史(兼及明清史)的概况》,载《中国史研究动态》1980年第9期。

国史家在研究时特别注重广罗史料及对史料的审别。对此,无论是传统的汉学家还是美国社会科学领域的学者都给予了高度肯定和赞誉。对于瞿同祖的《清代地方政府》,哥伦比亚大学的霍华德(Richard C. Howard)感慨道:"史料之丰富给人印象深刻","为了描述州县长官所肩负的各种职责,他利用了大量的清代法律条文、行政法规、官员手册以及文件汇编;为了论证地方官府的实际运作,他提供了丰富的且富有启发性的细节,这些细节大多来自于地方官员及其幕僚的个人回忆录、书信和其他著述"。① 迈克尔·加斯特(Michael Gaster)同样感慨道:"当我们打开此书时,留有深刻印象的是宏富的注释和文献。"② 萧公权的《19世纪的中国乡村》,所涉及的史料不仅有地方志、家谱、族谱、时人著作等,还广泛参阅了19世纪来华游历或传教的西方人士所撰的见闻、回忆录等。人类学家莫里斯·弗里德曼(Maurice Freedman)感叹道:"这是一本令人敬畏的著作"③;费正清评价说,这本著作为中外学者提供了有关中国乡村研究"详备的中西文资料索引"。④ 卜德则赞叹道:"他将零散且不易获取的史料组织起来的结果是如此有价值,我们对其所完成的惊人史料搜集任务深怀感激。"⑤ 即使对萧著持有批评的施坚雅(G. William Skinner)亦如是评价道:"作为一份有序史料汇编,萧的著作超越了任何其他西语研究。"⑥ 韦慕庭称何炳棣的《明清社会史论》,"是迄今为止最为全面的,所运用的文献超过任何从事这一课题研究的学者"。⑦ 他的《中国人口史论》因"考察了约3000部中国地方志以及许多以前几乎不为西方学者所知的原始材料",被评价为"有着丰富

---

① Richard C. Howar, "Review Local Government in China Under the Ch'ing by T'ung-Tsu Ch'u", *Political Science Quarterly*, Vol. 78, No. 2(Jun., 1963), pp.309-311.

② Michael Gaster, "Review Local Government in China Under the Ch'ing.by T'ung-Tsu Ch'u", *The Journal of Asian Studies*, Vol. 23, No. 1(Nov., 1963), pp.123-124.

③ Maurice Freedman, "Reivew Rural China: Imperial Control in the Nine-teenth Century", *Pacific Reivew*, Vol. 36, No. 1(Spring, 1963), p.88.

④ John K. Fairbank, "Review Rural China: Imperial Control in the Nine-teenth Century", *The Journal of Asian Studies*, Vol. 20, No. 4.(Aug., 1961), p.520.

⑤ Derk Bodde, "Review Rural China: Imperial Control in the Nineteenth Century by Kung-chuan Hsiao", *Annals of the American Academy of Political and Social Science*, Vol. 338 (Nov., 1961), pp.175-176.

⑥ G. William Skinner, "Reveiw Rural China: Imperial Control in the Nineteenth Century by Kung-Chuan Hsiao", *American Anthropologist*, Vol. 63, No. 5(Oct., 1961), pp.1119-1122.

⑦ Ho Ping-ti, *The Ladder of Success in Imperial China, Aspects of Social Moility*, 1368-1911, New York: Columbia University Press, 1962, Foreward.

史料的精湛学术著作"①。张仲礼的《19世纪的中国绅士》和《中国绅士的收入》亦不例外,柯睿格(E. A. Kracke,Jr.)感慨其"展现的宏富史料不能不令人印象深刻"。②

美国学人高度肯定客居美国的中国史家之史料搜集,这与其因受限于汉语言能力而无法广博的搜集史料有关。众所周知,要如此博雅地搜集审别史料,需要娴熟的汉语言能力并熟稔中国史籍。然而,这却是美国学人所无法具备的。林德贝克曾对20世纪60年代美国中国学家的汉语水平如是评价:"没有一个非华裔的美国学者真正精通双语;全美仅有不超过二到三人能够用汉语写出适于刊载在中文期刊上的文章。"③前面所提到的柯文绝非个案,美国汉学界许多人都如此,甚至不少人完全无阅读中文能力。1973年,以599位中国学家为样本调查发现,只有25%的人完全具备汉语能力、40%能够阅读、34%具备较流利的口语能力、9%的人能够用汉语写作。④ 正因为如此,杜润德直言瞿同祖在研究清代地方政府时所使用的史料都是西方史学研究者最感棘手的著述,"他在使用这些史料时却显得从容,这非常令人注目"。⑤ 美国学人在评述张仲礼的《中国绅士的收入》时亦感慨:"唯有出生在中国本土的学者,才希望在从事这类研究课题时应搜罗如此宏富的史料。"⑥移美中国史家所搜罗的宏富史料为美国学人提供了有益的资料指南或"资料宝库",这是美国学人高度肯定其史料搜罗的另外一个原因所在。施坚雅在评述萧公权的《19世纪的中国乡村》时,

---

① L. Dudley Stamp,"Review Studies on the Population of China,1368-1953.by Ping-ti Ho",*International Affairs*,Vol.36,No.4(Oct,1960),p.550.

② E. A. Kracke,Jr.,"Review The Chinese Gentry:Studies on their Role in Nineteenth-Century Chinese Society. by Chung-li Chang;Franz Michael",*The Far Eastern Quarterly*,Vol.15,No.2(Feb.,1956),pp.276-279.

③ Lindbeck,John. M. H,*Understanding China:An Assessment of American Scholarly Resources*,NewYork:Praeger(1971),p.97.

④ Elizabeth Massey and Joseph Massey,"Language Competence of Specialists on China",*Asian Studies Professional Review*,Vol.4(May 1974-75),p.112.

⑤ D. C. Twitchett,"Review Local Government in China under the Ch'ing by T'ung-tsu Ch'u;Rural China:Imperial Control in the Nineteenth Century by Kung-chuan Hsiao;The Income of the Chinese Gentry:A Sequel to the Chinese Gentry:Studies on Their Role in Nineteenth-Century Chinese Society by Chung-li Chang",*Bulletin of the School of Oriental and African Studies*,University of London,Vol.27,No.3(1964),pp.650-655.

⑥ G. W. C. Creighton,"Review The Income of the Chinese Gentry by Chung-li Chang",*The Geographical Journal*,Vol.129,No.3(Sep.,1963),p.348.

就直言不讳言道:西方学者所应感激的是"他将中国所有经验性的史料以完美无瑕的文献形式呈现给西方学者"①,"对于那些研究中国历史、法律、政治或社会的人来说是一个资料仓库",它"为中国社会研究者提供了无价的史料"②。在社会学家伯纳德·巴伯(Bernard Barber)看来,"对东西方社会进行比较分析时,遭遇的最大困难就在于历史资料的缺乏",何炳棣的《明清社会史论》"为我们将来的比较研究提供了基础"③。

客居美国的中国史家在撰著时大多是有意识地广罗史料,以引起美国学人的注意或为其提供原始资料。正如何炳棣自己所言,"在过去几年,我得到的印象是:一些社会科学家比史学家与汉学家更不愿有系统地关注各种性质不同的中国传记资料,而这些资料却是许多现代学者研究传统中国社会流动的依据。造成这个现象的原因无疑是语言文字的障碍,我可以无愧地说:在本书第三章第一节,研究传统中国社会流动,评估所依据的各种中国传记资料,充分目标是要引起那些不熟悉中文文献资料学者的注意"。④ 萧公权也曾在回忆录中提到:有感于"若干颇负时誉的美籍大学教授所著关于中国历史的书籍论文,因为作者的中文修养不够充分,时有误会误解的论断",他在撰著《19 世纪的中国乡村》一书时即有意识地尽可能搜寻原始中文史料并将其一一英译附录在书后。当有专家建议其削减书稿篇幅,并将书中引用的许多原始资料一概删除,改由作者简述其大意时,他当即表示了拒绝,因为"我只想把寻得来的资料经过整理之后贡献给读者。这些资料的绝大多数都是从中文书籍中斟酌摘录,一一注明出处,译成英文,以使读者稽考,覆按,或引用"。⑤

其二,从"局内人"视角探寻传统中国的实际面相。由于出生在中国,并在中国学习、工作、生活多年,客居美国的中国史家对中国传统文化、社会生活有着深刻的认识。因此,他们在研究中国史时注重采用"内部的取

---

① G. William Skinner, "Reveiw Rural China: Imperial Control in the Nineteenth Century by Kung-Chuan Hsiao", *American Anthropologist*, Vol. 63, No. 5 (Oct., 1961), pp.1119-1122.

② Victor Purcell, "Review Rural China: Imperial Control in the Nineteenth Century by Kung-chuan Hsiao", *Journal of the Royal Asiatic Society of Great Britain and Ireland*, No. 3/4 (Oct., 1961), pp.116-117.

③ Bernard Barber, "Review The Ladder of Success in Imperial China: Aspects of Social Mobility, 1368-1911.by Ping-ti Ho", *American Journal of Sociology*, Vol. 69, No. 4 (Jan., 1964), pp.426-427.

④ 何炳棣著,徐泓译《明清社会史论》,台北:联经出版事业公司,2013 年,第二版自序。

⑤ 萧公权《问学谏往录——萧公权治学漫忆》,合肥:黄山书社,2008 年,第 212 页。

向",解读维系传统中国的制度及其内涵,尤其注重探寻制度在实际中的执行,以再现传统中国社会历史的实际面相。萧公权在揭示清代统治者在乡村建立的控制体系时,重点探讨控制体系在乡村的实际效用。瞿同祖在《清代地方政府》一书中,考察了清代法律法令对地方政府人员组成、职能、运作程序等方面所做的规定,但全书重点是清代地方政府在现实生活中的实际运作。何炳棣的《明清社会史论》,则从社会史角度具体论述了中国社会内部存在的等级与层次差别、不同社会等级与层次之间的流动、绅士个人的宦海沉浮与家族地位的关系、社会流动趋势所反映出的人口和经济因素变化等。张仲礼考察的是19世纪中国科举考试体制特点及法律基础,绅士阶层所享有的特权、社会地位、作用以及绅士阶层内部的等级、绅士阶层与政府的关系等,从而大体勾勒出复杂的"绅士世界"。

  对于客居美国的中国史家这一研究取向,美国学人颇为赞赏。霍华德认为瞿著最有价值的是"作者对地方官员为解决其开支而施行的各种漏规以及对幕友重要地位所做的描述和分析",并认为"这是对帝制时代中国地方政府所作的第一部翔实研究之作","对我们迄今为止几乎没有探索过的中国政治制度做出了非常重要的贡献"。① 卫德明亦认为全书"关注的不仅是官员规则还有这套体制的实际运作","是关于中国基层地方政府的第一部有意义和可靠的研究"。② 在迈克尔·加斯特看来,"瞿最为重要的贡献就在于他详细分析了萧公权所提到的'衙门的走卒'","最值得我们感激的是论证官府内那些既非官方亦非绅士甚至是没有受过教育的仆人在现实中是如何操作"。③ 费正清认为萧公权的《19世纪的中国乡村》,"在传统中国政府实际上是如何运行这一问题上,打开了一个比此前任何一位学者都更为开阔的领域"。④ 在罗梅因·泰勒(Romeyn Taylor)看来,何炳棣的《明清社会史论》一书"加深并刷新了关于中国社会的认识,

---

① Richard C. Howard, "Review Local Government in China Under the Ch'ing by T'ung-Tsu Ch'u", *Political Science Quarterly*, Vol.78, No.2(Jun., 1963), pp.309-311.

② Wolfram Eberhard, "Review Local Government in China under the Ch'ing by T'ung-Tsu Ch'u", *The American Historical Review*, Vol.68, No.2(Jan., 1963), pp.464-465.

③ Michael Gaster, "Review Local Government in China Under the Ch'ing.by T'ung-Tsu Ch'u", *The Journal of Asian Studies*, Vol.23, No.1(Nov., 1963), pp.123-124.

④ John K. Fairbank, "Review Rural China: Imperial Control in the Nine-teenth Century", *The Journal of Asian Studies*, Vol.20, No.4(Aug., 1961), p.520.

它值得汉学家们反复阅读"。① 包德曼同样认为,这部著作"提出了中国社会和制度史的一大问题,并为西方理解五个半世纪的复杂社会生活做出了重要贡献"。② 在弗里德曼看来,张仲礼的《19世纪的中国绅士》"让西方人第一次清晰地知道19世纪中国的绅士是谁,他们从事的活动有哪些,他们有多少人,有哪些种类,他们是如何获取社会地位?"③杜润德认为,它为"社会经济史研究开启了一个重要的新时期,并极大地扩展了我们关于晚清历史的知识";萧公权的著作则"大大丰富了我们对于清代乡村生活的理解,尤其是他对于复杂的保甲、里甲和乡约体制的分析"。④

要厘清传统中国制度在现实社会中运行的实际面相,不仅需要遍搜各种史籍文献,更需要对中国传统社会具有深刻的洞见和敏锐的观察,这绝非那些作为"局外人"的西方传教士或学人所能为。卫德明曾直言道:自19世纪以来,西方已有大量关于帝制时代中国政府及其行政管理方面的论著,但它们代表的是"局外人"的观点,"他们无法洞彻帝制时代中国政府,尤其是地方政府的真正运作"。⑤ 与西人相比,瞿同祖、萧公权、何炳棣、张仲礼这些出生于中国本土的学者在对传统中国社会的理解上有着天然优势,加之他们客居美国前已通中国传统学问,故此他们能就传统中国的制度及实际运行做出深入而富有价值的研究。卫德明即认为,瞿的《清代地方政府》之所以超越西人研究,因其"在文献史料方面拥有广博的知识,并具有洞悉内幕的见解"⑥;在费正清看来,萧公权之所以能够撰著《19

---

① Romeyn Taylor, "Review The Ladder of Success in Imperial China: Aspects of Social Mobility, 1368-1911 by Ping-ti Ho", *The American Historical Review*, Vol. 69, No. 1 (Oct., 1963), p.146.

② Howard L. Boorman, "Review The Ladder of Success in Imperial China: Aspects of Social Mobility, 1368-1911 by Ping-ti Ho", *Annals of the American Academy of Political and Social Science*, Vol. 348 (Jul., 1963), pp.219-220.

③ M. Freedman, "Review The Chinese Gentry. by Chang Chung-li", *Pacific Affairs*, Vol. 29, No. 1 (Mar., 1956), pp.78-80.

④ D. C. Twitchett, "Review Local Government in China under the Ch'ing by T'ung-tsu Ch'u; Rural China: Imperial Control in the Nineteenth Century by Kung-chuan Hsiao; The Income of the Chinese Gentry: A Sequel to the Chinese Gentry: Studies on Their Role in Nineteenth-Century Chinese Society by Chung-li Chang", *Bulletin of the School of Oriental and African Studies*, *University of London*, Vol. 27, No. 3 (1964), pp.650-655.

⑤ Wolfram Eberhard, "Review Local Government in China under the Ch'ing by T'ung-tsu Ch'u", *The American Historical Review*, Vol. 68, No. 2 (Jan., 1963), pp.464-465.

⑥ Wolfram Eberhard, "Review Local Government in China under the Ch'ing by T'ung-tsu Ch'u", *The American Historical Review*, Vol. 68, No. 2 (Jan., 1963), pp.464-465.

世纪的中国乡村》这样的巨著,在于他"拥有着无与伦比的中国政治思想和制度史的知识背景,并对制度及其背后的思想有着深刻理解"①。简而言之,在美国学人看来,这些出生于中国本土的学者,由于长期浸淫于直到近代以来并未有太大变化的传统社会,对延续至今的中国传统社会之真实面相有着切身的感触,故此他们往往能洞悉或想象出史料背后的真实含义和情形。正如杜润德在评述瞿、萧、张三人的著述时所说:"有关维系帝制中国的制度及其运行的探讨,实由这些在美国从事研究的中国学者所开创,这些作者已掌握了处理史籍的传统技能,他们对于直到其童年时代几乎都没有变化的社会体系有着近乎天生的本能理解,同时他们兼通现代西方的研究方法。"②

其三,对制度内涵及其演变的深入考订。在20世纪五六十年代,因受语言条件的限制,美国学人多专注于人物传记,因为它可凭借丰富的想象力以弥补史料的不足。与之不同,客居美国的中国史家则更多关注的是传统中国的制度遗产,致力于晚近中国的基层行政制度和社会结构的研究。萧公权的《19世纪的中国乡村》,探讨的焦点虽是封建国家政权如何控制农村这个问题,但它对里甲、保甲和乡约制度的来源、演变和实行情况都做了细致的叙述与分析。何炳棣的《中国人口史论》,中心问题是如何应用历代赋役的数字,他对明清时期赋役中的"丁"这个单位做了有说服力的分析,认为明初以后"丁"逐渐脱离壮丁的原义而成为一种与实际人口没有固定比例的税收单位。他的《明清社会史论》集中讨论的虽是社会流动,亦对明代的户籍制度、社学与私立书院的运作及资助举子应考旅费之地方金库起源作了深入的考察。瞿同祖的《清代地方政府》一书,对幕宾胥役制度有着极为精细的分析。张仲礼的《19世纪的中国绅士》,亦同样是从制度史角度对19世纪的中国绅士作了基础性的梳理和研究。

客居美国的中国史家所做的制度史研究,美国学界予以极高评价。费正清认为,萧著在"控制"这一术语下,追溯了每一种制度的历史演变,尤

---

① J. K. Fairbank, "Review Rural China: Imperial Control in the Nineteenth Century by Kung-chuan Hsiao", *The Journal of Asian Studies*, Vol. 20, No. 4(Aug., 1961), pp.520-522.

② D. C. Twitchett, "Review Local Government in China under the Ch'ing by T'ung-tsu Ch'u; Rural China: Imperial Control in the Nineteenth Century by Kung-chuan Hsiao; The Income of the Chinese Gentry: A Sequel to the Chinese Gentry: Studies on Their Role in Nineteenth-Century Chinese Society by Chung-li Chang", *Bulletin of the School of Oriental and African Studies*, University of London, Vol. 27, No. 3(1964), pp.650-655.

其是厘清了迄今仍让人深感困惑的保甲和里甲之间的关系,"开拓一个全新的领域"。① 普立本(E. G. Pulleyblank)认为何炳棣关于"丁"的分析极为重要,"帝制时期的中国,在史籍和地方志等文献中有着大量与中国人口有关的数字,它们从未激发史学研究者的兴趣。要确定其真正含义以及它所能够告诉我们的意义,其难度非常之大。简单的取其表面字意,如同今天所常作的那样,将导致显而易见的谬论。与之相反,采取极端的怀疑在一定意义上虽安全,但关于中国历史上人口增长问题又非常重要,没有人愿意拒绝它们可能提供的任何线索。细致考察明清人口登记的制度基础,这是何做出的一个主要贡献"。② 在韦慕庭看来,他的《明清社会史论》如同其中国人口史研究一样,在关于明清制度史方面也有着精彩研究。③ 对于张仲礼的《19 世纪的中国绅士》,魏特夫认为是"对晚近中国制度史研究的一大重要贡献"。④

第二节 客居美国的中国史家之研究局限

美国学人在高度肯定之同时,亦基于自身的学术传统和学术观念,认为移美中国史家的研究存有并不令人满意之处。在他们看来,其研究的不足或局限性主要有以下几个方面:

第一,社会科学理论和方法的运用。20 世纪五六十年代的美国社会科学取得空前发展,这一时期被丹尼尔·贝尔(Daniel Beyle)称为"社会科学的时代"。⑤ 社会科学的发展,对历史学产生巨大影响。巴勒克拉夫(Geoffrey Barraclough)如是言道:"社会科学的实际成果以及这些成果所证明的更为有效、更切中目标的方法论具有广阔的前景是推动美国历史学家

---

① J. K. Fairbank, "Review Rural China: Imperial Control in the Nineteenth Century by Kung-chuan Hsiao", *The Journal of Asian Studies*, Vol. 20, No. 4(Aug., 1961), pp.520-522.

② E. G. Pulleyblan, "Review Studies on the Population of China, 1368-1953 by Ping-Ti Ho", *Journal of the Economic and Social History of the Orient*, Vol. 5, No. 2(Jul., 1962), pp.222-224.

③ 何炳棣著,徐泓译《明清社会史论》,台北:联经出版事业公司,2013 年,前言。

④ Karl A. Wittfogel, "Review The Chinese Gentry: Studies on their Role in Nineteenth-Century Chinese Society by Chung-li Chang; Franz Michael", *The American Historical Review*, Vol. 61, No. 2(Jan., 1956), pp.404-405.

⑤ [美]丹尼尔·贝尔,范岱年等译《当代西方社会科学》,北京:社会科学文献出版社,1988 年,第 14 页。

去重新检验他们继承下来的那些观点和方法的主要力量。"①致力于运用社会科学的理论方法分析中国历史,成为美国中国研究界的潮流。美国汉学家贺凯甚至怀疑"对中国的研究是不是会全部都变成'社会学的'研究"。②

受学术环境影响,客居美国的中国史家特别注意运用社会科学的理论方法。瞿同祖的清代地方政府研究,采用了政治社会学的理论。正如他自己所说,"我研究地方政府时,采用政治社会学的观点,认为凡参与治理过程者都应包括在广义的'政府'范围之内。除州县政府外,亦应研究绅士在地方行政上的作用"③。萧公权在《19世纪的中国乡村》一书中,为深入揭示乡村社会控制体系的功能和作用,采用文化人类学的深度描写方法。他在探讨"宗族与乡村控制"之时,对宗族的起源、发展、领导以及族谱记载、祭祖、社会福利、宗族成员教育、族规和防卫等宗族活动进行深度白描。何炳棣运用统计学方法对明清两代进士进行统计分析,以揭示明清时期社会阶层的流动,并借用社会学家伯纳德·巴伯(Bernard Barber)的"机缘结构"理论,以建构分析影响明清社会阶层流动的种种制度性和非制度性因素的"观念的框架"④。张仲礼则采用统计学的定性分析方法,对19世纪中国绅士的人数、来源、构成及其收入等进行考察。

在美国学人看来,历史资料与社会科学理论方法的结合是值得肯定的,但认为客居美国的中国史家在社会科学理论方法的运用上存有诸多不足或缺陷。伯纳德·巴伯认为何炳棣"在运用社会学理论和方法分析历史资料方面总体上是成功的","对社会学家来说,此著同样有价值,它提供了比较分析的案例",但他在"统计数据的样本、数据分析方法以及数据分析本身等依然有缺点"。⑤ 罗伯特·马什(Robert M. Marsh)的批评更为尖

---

① [英]杰弗里·巴勒克拉夫著,杨豫译《当代史学新趋势》,台北:云龙出版社,1999年,第51页。
② [美]郝克欧《中国历史参考文献评论》,载中国科学院近代史研究所资料编译组《外国资产阶级是怎样看待中国历史的:资本主义国家反动学者研究中国近代历史的论著选译》(第一、二卷),北京:商务印书馆,1961年,第384页。
③ 瞿同祖《我和社会史及法制史》,载张世林编《学林春秋》,北京:中华书局,1998年,第221页。
④ 何炳棣《读史阅世六十年》,桂林:广西师范大学出版社,2005年,第299页。
⑤ Bernard Barber, "Review The Ladder of Success in Imperial China: Aspects of Social Mobility, 1368-1911.by Ping-ti Ho", *American Journal of Sociology*, Vol. 69, No. 4(Jan., 1964), pp.426-427.

锐,他认为何既没有挖掘数据所存在的可能性,也没有对数据进行更为复杂的解释,"在关于阶层流动分析方面,何尝试朝着行为方向前进应受到称赞",但对"这种类型的研究要求有人类学、社会学的知识技能",然而"不幸的是,在这部著作中几乎没有找到"。① 对于何炳棣的《中国人口史论》,约瑟夫·格勒(Joseph J. Spengler)认为何在分析讨论影响中国历史上人口增长因素时,"没有关注到影响出生率的因素,史籍中有诸多记载的溺婴、频繁的结婚、结婚年龄的变化、是否频繁流产等都没有讨论"②。乔治·W. 巴克利(George W. Barclay)从其专业角度认为,"试图确定人口规模并测量其增长是不明智的","这种人口统计的努力,是全书的主要部分,也是其最为薄弱的部分";更为严重的是讨论影响中国历史上人口增长因素时,没有对政治制度因素进行专门探讨,"细心的读者会发现,在关于人口登记这一节中,有迄今关于人口登记管理最为透彻的评论和研究,但可惜的是它并没有构成这一研究的主要目标。这种高水平的努力浪费在查明人口总体数字上,没有明智地在制度因素方面进行更多努力,它被轻率地加以处理"。③ 奥尔良(Leo A. Orleans)质疑何在讨论影响人口增长因素时,没有以一种合适的视角去讨论耕地面积、类型、耕地测量及引进作物与人口增长的关系,在他看来"这部著作本应该是一部更有价值的著作,如果作者能考虑到家庭、社会结构和经济组织这些与人口增长直接相关的制度因素,并能够采用比较人口学中若干已被证明的技术和方法的话"。④ 艾克斯坦因(Alexander Eckstein)则批评何炳棣在查明中国历史上的人口规模时,"试图用一种明显矛盾的方式进行量化。在宏观研究中,他反复解构人口、登记的耕地、食物生产等价值极为有限的历史数据。然而,最后却又利用这些来建构不同时期的人口数据"。⑤ 萧公权的《19世纪的中国乡村》,

---

① Robert M. Marsh, "Review The Ladder of Success in Imperial China: Aspects of Social Mobility, 1368-1911.by Ping-ti Ho", *American Sociological Review*, Vol. 28, No. 4(Aug., 1963), pp.647-648.

② Joseph J. Spengler, "Review Studies on the Population of China, 1368-1953. by Ping-Ti Ho", *Comparative Studies in Society and History*, Vol. 5, No. 1(Oct., 1962), pp.112-114.

③ George W. Barclay, "Review Studies on the Population of China, 1368-1953. by Ping-Ti Ho", *Annals of the American Academy of Political and Social Science*, Vol. 331(Sep., 1960), pp.157-158.

④ Leo A. Orleans, "Review Studies on the Population of China, 1368-1953.by Ping-Ti Ho.; Population and Progress in the Far East.by Warren S. Thompson", *Political Science Quarterly*, Vol. 75, No. 4(Dec., 1960), pp.619-621.

⑤ Alexander Eckstein, "Review Studies on the Population of China, 1368-1953. by P. T. Ho", *The Journal of Economic History*, Vol. 21, No. 2(Jun., 1961), pp.252-254.

在施坚雅看来"描述胜于分析,史实多于理论"。他认为萧著最大的价值是网罗了大量历史碎片,但"仅仅好的资料并不意味着就是可以成为一部好书""对于人类学家来说,萧著只是证明了中国记载对人类学所具有的潜能,并表明它对人类学是一重大思想挑战"。①

  第二,对现实中国的关注度有待加强。中华人民共和国的成立,不仅结束了旧中国的战乱和分崩离析,更重要的是对旧制度的改造,宣告了一种新社会制度的确立。正如哈罗德·拉斯韦尔(Harold D. Lasswell)所言,"中国的共产主义革命是人类新石器时代以来最具历史性的革命之一,不仅是因为其人口众多,尤为重要的是它在制度结构、价值观念、权力分配以及政治参与形式等方面所带来的巨大变化,这种变化要比几个世纪以来其他任何人类社会在这些方面所发生的变化都要剧烈"。② 面对现实政治的需要,美国学人对现实中国极为关注,并渴望找到解读共产主义中国的钥匙。戴德华曾这样呼吁道:"毫无疑问,共产主义社会是非常难以理解的。摆在我们面前的问题,是对我们整个社会知识的挑战,它需要我们应用各种学科知识。"③

  在美国学人看来,客居美国的中国史家无论是在语言还是对中国社会的理解上都有着天然的优势,他们的研究著述不仅应对传统中国的历史文化有着深入的分析,也应为理解当代共产主义中国提供线索或答案。然而,由于移美中国史家在关于研究主题的当代意义方面尽可能地克制,这不免令美国学人颇感遗憾,并认为是其一大缺陷。在卜德看来,萧公权的《19世纪的中国乡村》最为薄弱部分是"此著最后关于中国共产主义的讨论部分,这是令人不幸的,尽管从总体上看这部分在著作中并不占主要,但鉴于它对当下具有突出的价值,这部分毫无疑问将引起特别关注"。他还特别评述道:萧有关中国共产主义的讨论过于肤浅,"作者在这部分中本应强调但却未关注的是,为什么到20世纪像共产主义革命这类事情在中国乡村已不可避免?"④对于瞿同祖的《清代地方政府》,政治学家欣顿

---

① G. William Skinner, "Reveiw Rural China: Imperial Control in the Nineteenth Century by Kung-Chuan Hsiao", *American Anthropologist*, Vol. 63, No. 5(Oct., 1961), pp.1119-1122.
② Halpern, A. M., "Contemporary China as a Problem for Political Science", *World Politics*, Vol. 15, No. 3(Apr., 1963), p.362.
③ George E. Taylor, "Communist China: The Problem Before Us", *Asian Survey*, Vol. 1, No. 2(April, 1961), p.34.
④ Derk Bodde, "Review Rural China: Imperial Control in the Nineteenth Century by Kung-chuan Hsiao", *Annals of the American Academy of Political and Social Science*, Vol. 338(Nov., 1961), pp.175-176.

(Harold C.Hinton)认为,瞿在评论研究主题的当代意义方面进行克制自有其理由,但他希望"这部著作应为诸如下列问题提供答案:传统中国地方政府的什么方面或者是它的什么部分为现代所中断,从而使共产主义政权能够对中国乡村进行更为高度的集权控制? 在灾荒及政治恶化的时代,传统体制中什么特征首先瓦解崩溃?"①

第三,史料的组织架构与分析。萧公权、瞿同祖、何炳棣、张仲礼等人接受过西方学术训练,对西方史学的技艺已较为熟稔,并拥有社会科学方面的素养。在西方史学的熏陶和社会科学的影响下,他们在撰著史学著述时,颇为注意分析框架结构的构建以及叙述和分析的逻辑性,美国学界在评述时对此予以了肯定。瞿同祖的《清代地方政府》一书,运用政治社会学的理论构建其框架结构,并按照西方史学的分析范式来"描述、分析和解释清代州县地方政府的结构、功能及其实际操作"。据此,他的著作不仅被认为有着丰富的史料,更被认为是"有着出色的框架结构"。② 鲁惟一这样评价道:"在这部综合性的著作中,瞿巧妙地以丰富的史料再现了地方官府众多功能的细节。……这部著作可谓是一个出色的范本,它在翔实的中文档案和著述基础上,以一种西方史学研究者所能接受的方式对政治环境进行了精彩的分析。"③杜润德亦这样评价道:"他将大量史料组织成关于其研究主题的最为流畅、紧凑且有逻辑的叙述。"④何炳棣在美留学时主修英国史,接受过系统的西方史学训练,加之其受到哥伦比亚大学社会系教授伯纳德·巴伯的影响,他在分析明清社会阶层流动时,借用社会学的"机缘结构理论"搭建其分析框架。正因为如此,其著被认为向"英文读者提供了在所有语文中最精要的明清社会经济史纲。此著能达到第一流水准,是由于他兼通中国传统学问与近代西方史学之长,且具充沛的原创想象力,

---

① Harold C. Hinton,"Review Local Government in China under the Ch'ing by T'ung-tsu Ch'u", *Annals of the American Academy of Political and Social Science*, Vol. 345(Jan. ,1963), pp.177-178.

② Shorter Notices, *Modern Asian Studies*, Vol. 4, No. 3(1970), p.304.

③ Michael A. N. Loewe, "Review Local Government in China under the Ch'ing by T'ung-tsu Ch'u", *Journal of the Royal Asiatic Society of Great Britain and Ireland*, No. 3/4(Oct. ,1963), pp.256-257.

④ D. C. Twitchett,"Review Local Government in China under the Ch'ing by T'ung-tsu Ch'u;Rural China:Imperial Control in the Nineteenth Century by Kung-chuan Hsiao;The Income of the Chinese Gentry:A Sequel to the Chinese Gentry:Studies on Their Role in Nineteenth-Century Chinese Society by Chung-li Chang", *Bulletin of the School of Oriental and African Studies*, *University of London*, Vol. 27, No. 3(1964), pp.650-655.

并能以敏锐的眼光写出动人的案例"。① 在普理查德看来,此著是"关于明清社会阶层流动研究中最优秀之作,部分来自于所使用史料的数量和质量,部分来自于对史料进行了深入分析"。② 包德曼亦认为:"没有人会否认,此著包含有大量没有被使用过的史料,并将其与富有思想和想象力的分析融合在一起,这是作为一部重要著作的标记。"③

然而,美国学界在对符合其史学规范要求给以肯定之同时,对于有别于他们的史学范式则进行严厉的批评。以萧公权的《19 世纪的中国乡村》为例,由于萧先生在撰写方式上采用的是中国国内流行的直接引述原始资料之方式(美国著作极少复述原始材料),他的这部著作在美国学界遭遇到不少学者的批评。施坚雅认为该著"是从无数史籍中采摘的史料碎片组成",但"一位负责任的评论者对付出巨大努力后的最终成果无法不表达其失望";"这部著作重建了几乎所有的事实花絮,并将从原始文献中节录的段落进行了翻译",由于"作者不忍心删掉所收集的哪怕是任何一条史料,无论它是否有助于增强或减弱其观点论证。其结果,这是一部令人乏味生畏的巨著"。在他看来,"或许这本著作的枯燥乏味可归因于更深层次的失败:一种对于作者才智而言令人奇怪的肤浅承诺,一种不愿意进行超越第一步的智力探索,一种对历史来龙去脉的外行方法"④。简言之,施坚雅认为这部著作最大的失败在于只见史料而缺乏超越常识和偏见的深入分析。即使是像瞿同祖的《清代地方政府》这样逻辑结构严密且富深刻分析和洞见的著作,也因以大量注释向读者呈现源自于史料的细节而被美国学人批评过于琐碎。霍华德就如是批评道:"前面几章倾向陷入过于琐碎的细节之中。"⑤

---

① D. C. Twitchett, "Review The Ladder of Success in Imperial China: Aspects of Social Mobility, 1368-1911 by Ping-ti Ho", *Bulletin of the School of Oriental and African Studies*, *University of London*, Vol. 28, No. 3(1965), pp.657-659.

② Earl H. Pritchard, "Review The Ladder of Success in Imperial China: Aspects of Social Mobility, 1368-1911 by Ping-Ti Ho", *Pacific Historical Review*, Vol. 33, No. 3(Aug., 1964), pp.352-354.

③ Howard L. Boorman, "Review The Ladder of Success in Imperial China: Aspects of Social Mobility, 1368-1911 by Ping-ti Ho", *Annals of the American Academy of Political and Social Science*, Vol. 348 (Jul., 1963), pp.219-220.

④ G. William Skinner, "Reveiw Rural China: Imperial Control in the Nineteenth Century by Kung-Chuan Hsiao", *American Anthropologist*, Vol. 63, No. 5(Oct., 1961), pp.1119-1122.

⑤ Richard C. Howard, "Review Local Government in China Under the Ch'ing by T'ung-Tsu Ch'u", *Political Science Quarterly*, Vol. 78, No. 2(Jun., 1963), pp.309-311.

第三节　美国学人评述的启示及其再思考

客居美国的中国史家之史学研究,在美国学人看来虽存在这样或那样的不足或缺陷,但对美国中国研究而言有着极为重要的学术价值。杜润德在评述萧、瞿、张三人的著述时,认为这三部著作"都是出色的研究杰作,值得所有从事传统中国和现代中国研究的学人阅读",并断言"尽管我们的专业有了很大进步,但依然没有一位西方学者能够完成这三部著作中的任何一部"。① 人类学家莫里斯·弗里德曼亦认为,他们的研究为美国学者打开了一扇透视传统中国社会的窗户,"最近几年来,美国大学出版社陆续出版了一些有关近代中国社会的具有革命性的著作。如果集中阅读萧公权的《19世纪的中国乡村》与何炳棣的中国人口研究以及瞿同祖最近出版的关于中国地方政府的研究著作,我们必定会对近代中国社会这一课题有一种非常全新的见解"②。

确如其所言,客居美国的中国史家之研究激发了美国学者作进一步深入研究。在他们的影响下,美国学者对中国社会史产生兴趣,开始寻着这个方向进行研究。孔飞力(Philip Kuhn)选择从事近代中国地方政权武力化的研究,与瞿同祖的地方政府研究和萧公权的乡村研究是分不开的。瞿同祖详细论述了清代地方政府的实际运作情况,指出有关清代地方政府的规定没有得到真正有效的实行,保甲制度从清朝初年开始就是一个没有效力的制度。③ 萧公权在分析帝国后期清代政府对乡村社会控制的实际状况时发现,"由于人员问题难以解决,以及与登记和上报相关的障碍无法消除,保甲制度就不可能像创建此制的皇帝所期望的那样有效地运转。……使保甲制度对帝国统治者显得不可或缺的社会环境,同样也限制了该制度

---

① D. C. Twitchett, "Review Local Government in China under the Ch'ing by T'ung-tsu Ch'u; Rural China: Imperial Control in the Nineteenth Century by Kung-chuan Hsiao; The Income of the Chinese Gentry: A Sequel to the Chinese Gentry: Studies on Their Role in Nineteenth-Century Chinese Society by Chung-li Chang", *Bulletin of the School of Oriental and African Studies*, *University of London*, Vol. 27, No. 3(1964), pp.650-655.

② Maurice Freedman, "Reivew Rural China: Imperial Control in the Nine-teenth Century", *Pacific Reivew*, Vol. 36, No. 1(Spring, 1963), p.88.

③ 瞿同祖《清代地方政府》,北京:法律出版社,2003年,第254页。

的实际使用。这一结论不仅适用于保甲制度,同样也适用于其他乡村控制方式"。① 在萧公权看来,清代政府对于传统中国乡村社会的控制并不成功,因此清代后期乡村社会出现械斗、暴动、盗贼、叛乱等。瞿同祖和萧公权所揭示出来的问题,引发了孔飞力等学者的注意。他们寻着这个方向对中国地方社会史进行了深入的研究。② 孔飞力于1970年出版的《中华帝国晚期的叛乱及其敌人》,所讨论的是19世纪中叶起晚清中国社会出现的团练、地方武装以及由此引起的社会结构变化;1972年,瓦特(John Watt)写成研究清代知县的专书。他在著作中反复征引萧公权、瞿同祖、张仲礼等人的研究结论,将其著作列为重要参考书。值得一提的是,瓦特在其专书的感谢前言中,除了师友之外,还特别提到与其没有直接交往的萧公权、何炳棣、瞿同祖和张仲礼四位华裔学者,感谢他们的研究给其诸多有益启示。③ 柯文曾指出,刺激美国学者从社会史角度开展研究的一个重要因素就是中国历史学家研究的成果。④

众所周知,直至20世纪五六十年代,美国学者的著作往往侧重探讨西方自身最关切的问题:鸦片战争、太平军起义、中外贸易、通商港口的生活与制度、义和团、孙中山、外交关系、传教事业、日本侵略,等。这种侧重中国历史与西方关系较密切的侧面,一部分固然是因为大多数的美国学者都不会使用中文史料,而且也根本无法取得其中的重要资料。但是,另一方面则是由于思想上的偏见,这种偏见认为凡是近代的就是西方的,而西方的就是重要的。⑤ 与"探讨西方入侵如何左右中国历史"的主潮不同,这批客居美国的中国史家将其研究的视角转向对中国社会内部结构及其实际情形进行深入考察,并注意从自身的情况出发加以认识。从这一点来看,他们的研究对柯文"中国中心观"的提出实际上有着重要影响。柯文曾这样言道:"尽管如此,在研究中国近世史中探讨西方入侵如何左右中国历史,仍然占压倒优势。当然也有例外。例如,人们特别会想起何炳棣早年

---

① Hsiao Kung-chuan, *Rural China: Imperial Control in the Nineteenth Century*, Seattle: University of Washington Press, 1960, pp.82-83.
② [美]黄宗智《三十年来美国研究中国近现代史(兼及明清史)的概况》,载《中国史研究动态》1980年第9期,第6页。
③ John R. Watt, *The District Magistrate in Late Imperial China*, New York: Columbia University Press, 1972: Acknowledgements.
④ [美]保罗·柯文《美国的中国近代史研究》,载《历史研究》1980年第2期,第87页。
⑤ [美]柯文著,林同奇译《在中国发现历史》,北京:中华书局,2002年,第53—54页。

关于人口的著作以及关于社会流动性的著作;也会想起张仲礼、萧公权、梅谷以及其他参加50年代和60年代在华盛顿大学开展的中国近代史研究计划的学者,他们在开创中国社会、政治与军事历史研究方面贡献卓著。"①我们无法确证其对"中国中心观"的影响程度究竟如何,但他们毫无疑问既是"中国中心观"的最早践行者,也是最为出色的范例之一。

在评述客居美国的中国史家之研究时,美国社会科学学者与汉学家在某些方面常有不同评价。比如,对于萧公权在《19世纪的中国乡村》中采用中国国内流行的直接引述原始资料之撰写方式,人类学家施坚雅认为此著仅仅只是史料的堆积,缺乏富有洞见的分析,且其史料因交叉而多次重复出现,这使其成为"一部令人乏味生畏的巨著"②。汉学家杜润德的观点与之相反,他认为:"萧以抄录并翻译原文形式提供了丰富多样的史料和富有启发性的注释,这非常宝贵且富有价值,此种方式使其著作鲜活而多彩,在某程度上亦使其避免像瞿著那样干枯的制度性分析,因为瞿将其富有启发性的例子浓缩在注释之中。"③在汉学家卜德看来:"萧氏为制作其巨幅油画,从300多种中文史籍和200种西文文献中精心挑选了无数案例——其中许多都是无删节的翻译或引述。这种不断地从一主题到一主题的反复,虽使本书比采用其他撰写方式的著述显得更为笨重且不易阅读,但他将如此零散且不易获取的史料编织起来的结果却是如此有价值。"④对于有学者批评萧著"描述胜于分析,史实多于理论",费正清则为其辩驳道:"这正是其力量所在,作者是一位史学家,而不是一位社会学家",并认为萧对清代帝国在中国乡村控制体系施行及其效果的描述和评价是"坚实而

---

① [美]柯文著,林同奇译《在中国发现历史》,北京:中华书局,2002年,第53—54页。

② G. William Skinner, "Reveiw Rural China: Imperial Control in the Nineteenth Century by Kung-Chuan Hsiao", *American Anthropologist*, Vol. 63, No. 5(Oct., 1961), pp.1119-1122.

③ D. C. Twitchett, "Review Local Government in China under the Ch'ing by T'ung-tsu Ch'u; Rural China: Imperial Control in the Nineteenth Century by Kung-chuan Hsiao; The Income of the Chinese Gentry: A Sequel to the Chinese Gentry: Studies on Their Role in Nineteenth Century Chinese Society by Chung-li Chang", *Bulletin of the School of Oriental and African Studies*, University of London, Vol. 27, No. 3(1964), pp.650-655.

④ Derk Bodde, "Review Rural China: Imperial Control in the Nineteenth Century by Kung-chuan Hsiao", *Annals of the American Academy of Political and Social Science*, Vol. 338(Nov., 1961), pp. 175-176.

富有说服力"。① 又如,汉学家韦慕庭、柯睿格、杜润德、普里查德、芮玛丽、普立本对何炳棣的《中国人口史论》给予高度评价,认为堪称典范之作。但人口经济学家约瑟夫·格勒、政治学家乔治·W.巴克利、经济学家艾克斯坦虽肯定其在人口登记制度,尤其是"丁"的考证分析非常精彩,但在重建人口数字及讨论影响人口增长因素时并不如人意,尤其是在关于中国历史人口增长因素的分析方面,他们质疑作者没有对诸如抑制出生率的溺婴、结婚年龄、流产次数以及家庭、社会结构和经济组织等制度性因素进行详细分析。再如,对于张仲礼的《19世纪的中国绅士》和《中国绅士的收入》,社会科学学者认为是历史史料与统计学方法相结合的精彩之作,"这两部著作中一些相对有价值的贡献,源自于它们的社会科学取向";当然,如果作者能够"更为正确而充分地运用社会学概念,这两部著作原本应受益更多"。② 然而,汉学家杜润德直指张对绅士的定义以及对绅士类型的划分方法上存在错误,并认为无论是对绅士规模人数的估算还是绅士收入的测算,张都只是基于大量碎片化的历史数据,缺乏可信度,"当他试图计算19世纪晚期中国的国民总收入这一他不可能完成的任务时,其结果只能是凭空臆测以至实质上并无任何意义。同时,它还存在其他许多疏漏和矛盾之处,这部著作给人的印象是极为草率之作"。③ 普立本同样提出质疑,"他尝试使用每一省所可利用的最佳史料。然而,不同时期不同区域的史料是否相对完整依然令人严重怀疑,尤其令人怀疑的是其基于缺失史料的那些观点"。④

从社会科学学者与汉学家在评述时所存在的这些分歧中,我们亦可想

---

① J. K. Fairbank, "Review Rural China: Imperial Control in the Nineteenth Century by Kung-chuan Hsiao", *The Journal of Asian Studies*, Vol. 20, No. 4 (Aug., 1961), pp.520-522.

② S. N. Eisenstadt, "Approaches to the Problem of Political Development in Non-Western Societies", *World Politics*, Vol. 9, No. 3 (Apr., 1957), pp.456-457.

③ D. C. Twitchett, "Review Local Government in China under the Ch'ing by T'ung-tsu Ch'u; Rural China: Imperial Control in the Nineteenth Century by Kung-chuan Hsiao; The Income of the Chinese Gentry: A Sequel to the Chinese Gentry: Studies on Their Role in Nineteenth-Century Chinese Society by Chung-li Chang", *Bulletin of the School of Oriental and African Studies*, University of London, Vol. 27, No. 3 (1964), pp. 650-655; D. C. Twitchett, "Review The Income of the Chinese Gentry. by Chang Chung-li", *Man*, Vol. 63 (Jun., 1963), p.100.

④ E. G. Pulleyblank, "Review The Chinese Gentry: Studies on Their Role in Nineteenth-Century Chinese Society by Chung-li Chang", *Bulletin of the School of Oriental and African Studies*, Vol. 19, No. 2 (1957), pp.399-400.

见社会科学与历史学交融存在的难度。美国汉学之所以能够克服诸多障碍①,推进其社会科学化,当然与美国社会科学的繁荣及其所取得的成就有关,但更为重要的原因在于美国中国研究具有强烈而鲜明的现实关怀之特点。如前所述,自中华人民共和国成立以来,美国渴望从历史与现实两个维度对中国进行深入的研究,以服务于现实政治和国家利益。赖德烈在1955年远东学会的主席演讲中明确指出,"远东研究的目的是什么或者说远东研究应该由什么样的动机来指导? 很显然,一个是非实用性。……这一动机并未一直占支配地位。……远东研究的另一种目的是非常明显的实用主义。它具有许多种形式,其中之一就是通过欣赏其他文明的价值来丰富我们的知识及美国人的生活;另外一种形式就是源自现实社会政治和经济环境的迫切需要。当我们与远东之间的关系变得越来越密切之时,我们对远东研究的这种目的性有着深刻的感受。如果我们回想一下历史,政治和经济的迫切需要事实上一直以来都是驱使美国不断西进的一个因素。……自太平洋战争以来,美国已深深地卷入远东,如果要使我们的行动更为理智,我们就必须对远东有所了解"。② 费正清则更为明确地指出:"我们不仅必须知道中国人在共产主义之下的情况,并且要知道他们的抱负和反应的传统方式,他们由于希望或恐惧而产生的行为类型,他们表示野心、嫉妒、自豪或者喜爱的手段,他们的幸福生活标准,他们对于国家和朋友的责任感的标准,他们对于理想和对人的忠诚标准。我们只有吃透了中国人的意图,才能够真正懂得中国事务,才能够运用智慧把我们自己同他们联系起来。在这方面,我们的第一步工作必须要通过历史、人文科学的门径和各种社会科学准则的门径,从各方面来衡量中国的社会和文

---

① 柯文曾就社会科学与中国史学研究结合存在困难的原因指出:"找出正确的理论——所谓正确是指它既适用又能察觉出西方中心的偏见——并把它卓有成效地和史料结合起来,只是必须解决的难题之一。另一个难题可称之为文体上的难题:即把社会科学的概念与历史叙述相结合时,不像提出这些概念的人常犯的毛病那样几乎完全不顾写文章的艺术。第三个难题,也许是最令人却步的难题,是要求史学研究者的大脑能掌握全然不同的许多学科的理论、方法论与策略(这些学科往往超出社会科学范围,涉及数学,乃至应用自然科学)——而这副大脑,如果恰恰装在一位研究中国的美国史家的脑袋里,则已经花了大量时间和精力,与世界上最令人生畏的一两种语言苦战多年。"见[美]保罗·柯文《在中国发现历史——中国中心观在美国的兴起》,北京:中华书局,2002年,第199页。

② Kenneth Scott Latourette, "Far Eastern Studies in the United States: Retrospect and Prospect", *The Far Eastern Quarterly*, Vol. 15, No. 1(Nov. 1955), p.9.

化。"①正是这种强烈的现实关怀,为汉学与社会科学之间的融合,或者说跨学科研究提供了强大推动力,不断推动二者克服内在阻力走向融合。与此同时,社会科学亦使美国中国研究得以提出对现实社会具有解释力的命题或范式,推动美国中国研究的发展。总而言之,社会科学化与强烈的现实关怀构成了美国中国研究的两大特征,他们之间相互作用共同推进美国中国研究的演进。

---

① [美]费正清著,孙瑞芹、陈泽宪译《美国与中国》,北京:商务印书馆,1973年,第11页。

结　语

　　美国汉学家伊沛霞(Patricia Ebrey)曾就美国从事中国史研究的队伍这样划分:过去40年中在美国从事中国史研究的队伍可划分为以费正清、史华慈、富路德等人为代表的一代,"越战代"或称之为"国防外语奖学金代",以及"中国开放代"这样三代。其中的第一代又由三部分群体组成:一部分曾参加过第二次世界大战或朝鲜战争并在战争期间接受过东亚语言训练,他们一般从冷战的角度看全球态势;一部分是出生于传教士家庭、从小在中国长大,他们在第二次世界大战前即与中国有关联;还有一部分则是萧公权、杨联陞等客居美国的中国史家。对于这批客居美国的中国史家,她这样评价道:"与这些学者(指的是与费正清等参加过第二次世界大战或朝鲜战争那批从事中国史研究的美国史学研究者)年龄相当的美籍华人组成了当时美国最领先的中国史课目的第二批教授。他们中有些是在20世纪30年代或40年代来美国读博士并在1949年后留在美国的,还有些是离开大陆到台湾,然后再来美国留学的。这批学者中不仅有传统的人文学家,还有不少是深切关心中国现状的知识分子,他们希望借助西方理论和观念来探究中国的过去。这类学者包括萧公权、杨联陞、瞿同祖、张仲礼、刘子健、何炳棣等,他们发表了不少有关中国政治、经济制度化以及阶级结构的里程碑式的研究成果。"①

　　如其所言,民国时期客居美国的中国史家不仅是当时美国中国史研究的一支重要力量,而且是最为一流的研究者。他们到美后,有的迫于在美国学术界立足而放弃原来的研究领域,改治中国近代史;有的仍然坚守着自己此前的研究领域;还有的则专注于此前不为美国汉学界所注意的学术领域。无论怎样,他们都以全部的心情投入于学术研究。他们通过学术研究,对美国汉学界关于中国历史的种种错误认知和观念进行批驳。杨联陞

---

① 伊沛霞著,姚平译《美国的中国史研究趋向》,载张聪、姚平主编《当代西方汉学研究集萃:思想文化史卷》,上海古籍出版社,2012年,第2—3页。

在其学术专论中,对美国汉学界所流行的朝代循环论、天下秩序观及中国传统史学为儒家史学、道德史学或政治史学等错误观念进行了驳斥;钱存训在其关于中国书史的研究著述中,对美国汉学界关于中国书史的诸多错误进行了有针对性的纠谬;刘广京则通过其关于晚清史的研究著述,对流行的西潮冲击论范式、儒家文化障碍论及晚清"督抚集权"论等进行修正或重新解释。民国时期客居美国的中国史家亦通过具有里程碑式的研究成果,让美国史家了解中国历史的复杂性和多面性,在推进中国史研究的同时,为美国汉学研究开拓了新领域和新视角。

当然,民国时期客居美国的中国史家之于美国汉学的贡献并不仅于此,他们还积极参与美国的汉学基础建设。在恒慕义、富路德、包德曼等美国汉学家主持的《清代名人传记》《明代人物传记辞典》《民国人物传记辞典》等大型汉学基础研究项目中,无一不见邓嗣禹、房兆楹、王伊同等人的身影;美国汉学界所出版的《中文参考书目解题》《西文汉学书目》《中国书目解题汇编》《近代中国:1898—1937年中文著作目录指南》等重要的大型书目及《中国对西方的回应》、中国社会史资料搜译、东亚思想史资料汇编等重要资料的编译,多是由他们担纲编纂或作为主要成员参与其中;哈佛燕京图书馆、芝加哥大学东亚图书馆、印第安纳大学东图书馆、斯坦福大学胡佛图书馆等美国诸多大学图书馆的汉学图书资料之快速发展,裘开明、袁同礼、吴光清、钱存训、邓嗣禹等人在其中发挥着不可替代的作用。客居美国的中国史家还常作为美国汉学家的重要助手,为他们提供帮助或合作研究。杨联陞曾作为嘉德纳的私人助手,为其搜集整理中日文汉学期刊资料;邓嗣禹与毕乃德、费正清、顾立雅等美国汉学家多次进行学术合作,或合写学术论文,或合作编撰书目、教材和资料集;张仲礼作为梅谷的主要合作助手,编撰太平天国史料集;孙任以都作为费正清的助理,帮助其查对博士论文以补充中文资料,并替他编的《中国对西方的回应》做一些翻译,还曾作为拉铁摩尔的助理帮其记录蒙古人的访问稿。更为重要的是,客居美国的中国史家通过教学、书评、著述等方式,直斥美国汉学家对中文史籍的误解误译及其对中国历史文化的错误认知,对美国汉学界而言"不啻为胡说的一股吓阻力量",弥患美国汉学对汉文献误解与富于想象之流弊于无形,让沉迷于社会科学化的美国治中国史者领略到"训诂"之重要性。正因为如此,美国汉学家林德贝克曾就客居美国的中国史家对美国汉学的贡献这样评价道:"作为既接受过中国和西方学术训练,同时又具有在东西方两个世界从事研究和教学经历的这一代华人学者,他们不仅在美国的中文教学和传统中国研究方面起着不可替代的作用,而且他们在将美国的中国研究提升到专业学术水平方面亦占有独一无二的地位。"①费正清亦曾感慨道:"我们在美国所从事的中国研究主要有两个依靠——其中之一是来自中国的富有才干的学者,他们可以帮助我们完成这一任务。"②

在推进美国汉学研究之同时,客居美国的中国史家亦借由著述、书评、教学、讲座等方式向美国学术界推介中国学术。杨联陞在评述西洋汉学家的汉学著述之时,常会介绍中国学人的著述以佐证其观点,或提醒著者应修订其观点,亦或作为著者将来进一步阐述时可备参阅的文献。在所允许的场合内,邓嗣禹、萧公权、何炳棣等人无不是力尽所能向西方学界推介中国学术。何炳棣在其回忆录中曾披露,他到芝加哥大学任教后,最使他感到不平的是,"他(指顾立雅)对美国博士生的劝告是读了第二年文言中文之后,即可不再读中文,可以不重视近现代中国学人的著述了,只要学习认读两周金文就够了"。③ 在推介中国学术之同时,客居美国的中国史家亦通过他们在美的学术活动致力向美国社会介绍中国文化,让他们了解中国文化之博大精深和它的迷人之处。钱存训的中国书史研究,让美国读者对于中国传统文化的独特性及其对世界的贡献有了深刻的认识;杨联陞关于中国传统的侈靡思想、天下秩序观、作息时间的梳理,则让读者领略到中国传统社会的丰富多样性;何炳棣关于明清社会的人口、社会流动等方面的研究,打破了西方读者对中国传统社会的一些成见和迷思。

就学术研究而言,民国时期客居美国的中国史家到美后,由于与同属于伊沛霞所说的第一代美国本土史学研究者处于大致相同的时代和学术环境,故其在学术研究的方法或问题意识上具有相通之处。例如,在社会科学化的风潮影响之下,尤其是受法国年鉴学派的影响,无论是客居美国的中国史家还是美国本土史家都非常注意在研究中借鉴和运用社会科学的理论与方法。即使是杨联陞这样自喻为"汉学的看家狗"的史家,亦关注西方学界的社会科学理论动向及观点,常"以训诂考证的微观与社会科

---

① Lindbeck, John. M. H., *Understanding China: An Assessment of American Scholarly Resources*, New York: Praeger, 1971, p. 95.
② [美]费正清著,陆惠勤等译《费正清对华回忆录》,上海知识出版社,1991年,第399—400页。
③ 何炳棣《读史阅世六十年》,桂林:广西师范大学出版社,2005年,第352页。

学的宏观相互阐发"。又如,受西方现代学术范式之影响,客居美国的中国史家同美国本土史家一样,在史学撰著的方式上强调对史料的阐释及史著的系统性和完整性。美国史家大多认为清代的考证学和深受考证学风影响的近代中国文史研究没有明确的方向和启发性的操作。费正清从社会科学的观点出发,"对汉学似乎始终没有太大的兴趣或敬意。他认为汉学家的烦琐考证,只不过制造了许多砖石,但是由于汉学家缺乏较有系统的概念结构,这些砖石根本无所施用"。① 客居美国的中国史家对于费氏的批评并不持异议,他们也深感中国传统的思考和学问的方法,在以分析、思辨、综合和批评为特质的近代西方学术比照之下,显得烦琐、细碎而呆板,并认为史学研究不应完全沉浸于万千琐碎的细节考证之中,应强化对史料的分析和史学问题的阐释。刘广京对自己的研究曾这样总结道:"因为我对哲学有点兴趣,因此研究历史时,希望不仅注重考证事实与叙述事实,更注意'概念'的问题。"②不仅如此,他们还特别注意史著篇章结构的安排。钱存训曾就其写作坦言,"关于结构,我通常在写作之前,对全书的分章、分节,分段都预作通盘的筹划,初稿写成后,再对每个章节加以修饰和调整,使各部的长短适中"。③ 正因为如此,美国史家在评述他们的著述时,常称赞其著作结构严谨,富有逻辑性和解释性。

另外,他们在研究中都有着强烈的问题意识;而且,他们所要致力解答的问题在某种程度上亦有其相一致性,即都渴望回答传统的中国究竟能否同西方一样成功转型为现代中国?传统中国又是如何转型为近代中国?其转型的动力来自于哪里?正如许倬云、黄宗智所说,这些问题是20世纪50年代,乃至70年代美国中国研究的问题意识之核心。这些问题同样亦是民国时期客居美国的中国史家到美后所渴望解答的问题。稍有不同的是,客居美国的中国史家在探求这些问题时,其角度与美国本土学者有所不同。美国本土史家多从西力冲击或中国传统的内在障碍角度解释近代中国的转型及其失败原因。客居美国的中国史家则在肯定西力冲击对近

---

① 余英时《费正清与中国》,载余英时著《中国文化与现代变迁》,台北:三民书局,1992年,第127页。
② 苏云峰、刘广京《学人专访:刘广京院士》,载《汉学研究通讯》1982年第1卷4期,第161页。
③ 张宝三《访钱存训教授谈中国书籍史之研究及治学方法》,载《汉学研究通讯》2003年第2期。

代中国有影响之同时,更多的是从中国历史内部去寻求近代中国转型的内在动力及其所存在的深层障碍。杨联陞在关于帝制时代中国研究中,多强调中国传统自身具备并能够孕育向现代转型的因素。例如,他认为传统中国对勤劳的强调及遵守作息时间表的习惯,这将被证明有助于中国的工业化和现代化;刘子健在关于宋史的研究中,强调宋代中国虽出现了欧洲近代前夜的一些特征,但这些被描述为近代化的东西并没有导出中国的近代化,其内在根源在于中国意识形态或文化本身,宋代以后的中国文化只是在旧的基础之上发生新变化,其本身成为传统的一部分;刘广京、邓嗣禹虽一度沿袭西力冲击模式考察中国近代史,但他们很快即发现这种范式并不能完全解释中国历史,因此转向从中国历史自身,尤其是中国传统思想观念去解剖中国在向近代转型中所存在的深层意识形态障碍。

当然,所处时代和学术环境的相同并不必然意味着他们在史学研究上不存在差异。事实上,民国时期客居美国的中国史家与美国本土汉学家在史学研究上的差异较之其相通处更为明显,史料的搜集与审别即是其中之一。受汉语能力所限,美国本土汉学家无论是在史料搜集还是材料审别方面都难以博雅。对此,无论是在客居美国之前还是客居美国之后,中国史家在评述美国本土汉学家著作的书评中都毫不隐讳地直言批驳。与之相反,客居美国的中国史家受中国传统学术之影响,特别注重广罗史料及对史料的审别,故此美国汉学家常在书评中称赞他们的著述史料丰富,感慨其展现的宏富史料令人印象深刻。或许正是因为此,美国本土汉学家所选择的研究课题多侧重于中西交流,尤其是侧重于探讨近代以来与西方有着紧密关系的传教士、通商口岸、鸦片战争等课题。如此,他们则可以尽可能少涉及中文史料。柯文在回忆中坦承,受到语言条件的局限,最初的研究课题是关于传教士在中国的传教工作,毕竟有许多传教士们留下的英文传教资料可资参考,他选择《中国与基督教——1860—1870 年间中国的传教运动及排外情绪的增长》作为其博士论文即是基于这样的考虑,"因为传教士的资料是西文,又涉及中国,利用这样的研究机会可以比较快地进入对中国问题的探讨"。① 客居美国的中国史家所选择的研究课题,则多关

---

① 具体可参见朱政惠《柯文教授的清史研究》,载《江西师范大学学报》2004 年第 6 期;周武、李德英、戴东阳《中国中心观的由来及其发展——柯文教授访谈录》,载《史林》2002 年第 2 期。

注传统中国和中华文化本身的面相,尤其是内部的动态变化。他们在研究中国历史时注重采用"局内人"的视角或者说"内部的取向",解读维系传统中国的制度、文化及其内涵,注重探寻制度在实际中的执行以及文化在漫长历史时段的演变发展,以再现传统中国社会历史的实际面相。无论是杨联陞、刘子健、钱存训的中国古史研究还是瞿同祖、萧公权、何炳棣、刘广京的明清史研究,都莫不如此。美国本土汉学家在为客居美国的中国史家著述所撰的书评中慨叹,这些课题是他们所无法胜任的,唯有中国史家才能承担。因为这些课题需要涉略大量的中文史籍,这是美国学者所无力承担的。更重要的是,要厘清传统中国历史及文化的实际面相,不仅需要遍搜各种史籍,更需要对中国传统社会具有深刻洞见和敏锐的观察,这绝非作为"局外人"的西方传教士或学人所能为。客居美国的中国史家由于长期浸淫于直到近代以来并未有太大变化的传统社会,故此他们能就传统中国做出深入而富有价值的研究。

  史学研究的观念不同,是客居美国的中国史家与美国本土汉学家最大的差异。受中文能力限制,大多数美国本土汉学家无法阅读汉文史籍原典;更严重的是,他们中有不少人却又想走捷径以在学术界扬名立万。萧公权曾如是描述美国汉学界的中国史研究景象:各大学里有些研究中国历史的美国学者,不愿(或不能)广参细考中文书籍,但又必须时时发表著作,以便维持或增进他们的声誉,或博取升级加薪的待遇。天资高一点的会从涉猎过的一些资料中"断章取义",挑出"论题",大做文章。只要论题新鲜,行文流畅,纵然是随心假设、放手抓证的产品,也会有人赞赏,作者也沾沾自喜。这种作风竟有点像王阳明在《书石中卷》中所说:"今学者于道如管中窥天,少有所见即自足自是,傲然居之不疑。"[①]正是因为如此,美国学者常依赖社会科学的理论和方法。换而言之,美国学者所研究的史学问题不是从阅读中国史籍本身中所申发的问题,而是源自于社会科学的理论和方法。萧公权对此曾这样批评道:美国一般学者研究中国历史或文化时,往往首先设立假定,然后搜寻资料来证明所设的假定。[②] 费正清即曾坦言道:"我仅设想我的职责是阐述事实,而答案则让它自己冒出来。前来听课的研究生不久即粉碎了我那种只讲事实、不提论点的借口。他们只不

[①] 萧公权《问学谏往录——萧公权治学漫忆》,合肥:黄山书社,2008 年,第 225—226 页。
[②] 萧公权《问学谏往录》,合肥:黄山书社,2008 年,第 211 页。

过问些并不简单的问题,但我立刻意识到,任何阐述的事实都已在种种预想的框架中,而事实叙述者的首要之事,就是必须注意自己的设想框架。"① 由此,社会科学化成为美国汉学最为重要而鲜明的特征②,正如有学者所说,美国的汉学研究"钢筋(概念构架)太多,水泥(材料)比较少,个人发挥太多"③。

对此,客居美国的中国史家多难以认同。在他们看来,今天的史学应以一种开明的态度,深切了解社会科学和人文学的方法对史学研究的启发和帮助。④ 但是,史学研究本身应保有其自身的独立性。⑤ 换而言之,客居美国的中国史家多从整体的视角出发,认为社会科学和人文学可为史学研究增添一层理论的基础⑥,但社会科学并不能取代史学研究本身。他们主张,在具体研究中应尽量阅读有关的各种资料,并根据文献的历史情境对史料进行审别和理解,以避免主观偏见的蒙蔽。经过一个广泛而深入的阅读和考据审别阶段,我们才有提出合理假设的可能;有了假设后,又需回到"放眼求证"的书中求证。唯有深入中国文献的内部而尽其曲折,然后才能进一步提出自己的心得。萧公权即主张"放眼看书,认清对象,提出假设,小心求证。这一步工作做得相当充分了,不必去大胆假设,假设自然会在胸中出现,不必去小心求证,证据事先已在眼前罗列。其实假设是证据逼出来的,不是我主观的,随意的构造"。⑦

不可否认,有些西方汉学者在社会科学的辅助下,即使没有使用中文材料的能力,其著述有时也能有所启发和贡献。⑧ 同时,美国汉学家因借助社会科学的理论和方法,常能提出新颖的研究范式和命题,其著作亦常

---

① [美]费正清著,陆惠勤等译《费正清对华回忆录》,上海知识出版社,1991 年,第 167—168 页。
② 有关 20 世纪 50 年代以来美国汉学界的社会科学化趋向,可参见吴原元《隔绝对峙时期的美国中国学》(上海辞书出版社,2008 年)第五章第一节"社会科学介入中国学"。
③ 邵东方《中西学术的分流与同流以及相关问题的思考——以西方汉学之人文学研究为例》,中国社会科学网,2011 年 3 月 9 日。
④ Kung-Chuan Hsiao, "The Twins Shall Meet", *Journal of Asian Studies*, Vol. 24, No. 1(Nov., 1964), pp.112-114.
⑤ 余英时《论戴震与章学诚》,台北:东大图书股份有限公司,1996 年,第 295 页。
⑥ Frederick W. Mote, "The Case for the Integrity of Sinology", *Journal of Asian Studies*, Vol. 23, No. 4(Aug., 1964), pp.531-534.
⑦ 萧公权《问学谏往录》,合肥:黄山书社,2008 年,第 211 页。
⑧ Hu Shih. *Sinological Research at the Present Time.*, in *A Collection of Hu Shih's English Writings*, Compiled by Chih-p'ing Chou, 台北:远流出版事业股份有限公司,1995 年,第 1 卷,第 177—183 页。

给人耳目一新之感。然而,史学研究终究需要对史料的透彻理解为基础。借助社会科学理论和方法,美国本土史家的史学研究虽可不断提出新命题,潮流不断,令人目不暇接,但终归如昙花一现,缺乏持久的学术生命力。对此,何炳棣在晚年时曾这样反思道:"这本《明清社会史论》在我所有的著作里,运用社会科学理论较多,也最为谨慎,曾引起不少学者仿效。但此书问世若干年后,蓦然回首,我对某些社科观点、方法与理论逐渐感到失望与怀疑,最主要是由于其中不少著作不能满足历史学家所坚持的必要数量和种型的坚实史料,以致理论华而不实,容易趋于空诞。因此我自退休以来20余年间,仅求诸己,致力于考证学的更上层楼,欣然颇有所获。此日回想,这本旧著可称我个人学术路程上的一个分水岭。"①

需要指出的是,强烈的社会现实需要亦是美国本土汉学家注重社会科学的重要因素所在。众所周知,实用主义是美国中国研究的传统和特征。正如学者杨念群所说:"美国中国学的诞生与发展始终建立在美国与其他文明不断变化的复杂现实关系基础之上,即明显具有'地缘政治'的形态。"②自太平洋战争爆发后,尤其是中华人民共和国成立后,基于冷战的现实需要,美国渴望对现实的中国有深入了解。在强烈现实关怀意识下,美国汉学界一方面大力倡导对近现代中国的研究,另一方面则倡导对现实社会更具有实用性和解释力的社会科学介入中国研究。正因为如此,近现代中国研究成为20世纪五六十年代美国中国史研究界的主潮;与此同时,美国汉学家亦借助社会科学理论方法提出包含有浓厚意识形态色彩的解释范式和命题。例如,面对民族解放运动蓬勃发展和共产主义国家迅猛的发展势头,美国迫切需要对全球变迁进程做出系统完整并具说服力的解释,以驳斥马克思主义学说,遏制共产主义意识形态的传播和扩张。在现实社会需要及环境的影响下,具有为现实服务情怀的美国汉学家们找到了近代化理论以为美国意识形态做辩护。这种近代化论既能系统阐明美国等西方社会崛起为世界上最现代国家之独特优势,也能解释导致其他社会落后的原因,还能分析马克思主义倾向的社会革命兴起之潜在条件。正如柯文所说:近代化理论作为分析社会的一整套学说,是在第二次世界大战

---

① 何炳棣著,徐泓译《明清社会史论》,台北:联经出版事业公司,2013年,中译本自序。
② 杨念群《美国中国学研究的范式转变与中国史研究的现实处境》,载《清史研究》2000年第4期,第68页。

后几年中开始定型的。当时冷战爆发,这种理论应运而生。它适应了西方的,主要是美国的社会科学家意识形态上的需要,被用以对付马克思列宁主义对"落后"和"欠发达"现象的解释。同时,它也提供了一套完整的说法来解释"传统"社会如何演变为"近代"社会——或者如一套"传统社会近代化"丛书的编者们所称,"一些宁静地区如何会变得生气勃勃"。①

身处美国汉学界的中国史家,除了需要面对学术观念方面的差异乃至冲突外,他们还需面对美国社会对华人的歧视。如前所述,美国虽然废除了《排华法案》,但在像租房此类的日常生活中,美国社会对华人的歧视仍然无所不在。在学术界,美国社会对华人的歧视同样存在。学贯中西的洪业客居美国后,很快就体悟到在这难民拥挤的20世纪50年代之美国,对有色人种还存在歧视,像他这样没有正式博士学位的人是不能找到与他才能相称的职位的。所以,57岁的洪业此时能在美国麻州剑桥定居,而且能够以讲师或研究员终其身,可说是哈佛同仁念旧的结果,已是大幸了。很多与他处境相同的中国人到处流亡,生活失去了方向。② 陈毓贤在撰著《洪业传》时指出,当时在美国教书的华人是相当尴尬的,他们的中文程度远在同侪之上,对中国政治、社会、文学、历史都有较深的认识;可是那年代美国种族成见仍深,一般只请华人做副手,有名望的反而不聘用。③ 何炳棣曾言,"美国一流大学传统上不聘华人为正教授"。④ 孙任以都在回忆录中提到:她在宾州州立大学任教初期即遭歧视,只给她访问讲师的名义,经争取也只给讲师的职衔。⑤ 冯家升、瞿同祖、王毓铨、房兆楹等中国史家曾参与魏特夫主持的"中国历史资料编译计划",让何炳棣愤愤不平的是"所有搜译的各朝代的资料原则上仅供魏氏一人之用"。⑥ 杨联陞在日记中也曾如是描述华人学者群体在美国学界所受排挤与歧视,"李田意来信,云Crump(自名迂儒)不肯在AAS年会文学史节目中加入李文(讲三言二

---

① [美]柯文《在中国发现历史——中国中心观在美国的兴起》,北京:中华书局,2002年,第55页。
② 刘绍铭《燕京·哈佛·洪业》,载《传记文学》第52卷第5期。
③ [美]陈毓贤《洪业传》,北京:商务印书馆,2013年,第7页。
④ 何炳棣《读史阅世六十年》,桂林:广西师范大学出版社,2005年,第325页。
⑤ 张朋园等访问《孙任以都先生访问纪录》,台湾"中央"研究院近代史研究所,1993年,第50—51页。
⑥ 何炳棣《读史阅世六十年》,桂林:广西师范大学出版社,2005年,第264页。

拍),亦因 Crump 自己要讨论此题,怕相形见绌。毛子可恨如此"。①

身处此种学术圈的中国史家,与美国汉学家的人际关系可想而知。不可否认,他们中有部分人与美国汉学家维持着深厚的友情。钱存训与顾立雅两人亦师亦友近 50 年,当顾立雅去世时,钱存训专门撰文回忆,将其视为对自己一生影响最大的五位师友之一;邓嗣禹与费正清亦维持着师友关系,邓嗣禹去世时,费正清专门撰写讣词,称"邓嗣禹是一位乐观、谦虚、勤勉不懈的'儒家',同时也是一位基督教君子和乐于助人的老师"。② 房兆楹与富路德及其弟子狄百瑞同样维持着良好关系,狄百瑞在为房兆楹写的讣词中称,"我们失去了一个优秀的学者,一位讨人喜欢的同事,一位热情的朋友。他极大地丰富了我们的生活"。③ 但是,大多数客居美国的中国史家难以像钱存训、邓嗣禹、房兆楹那样因为特殊的机缘而与美国汉学家维持着良好的友谊。他们与美国汉学家的关系,更多的是充斥着不友好甚或是难以调解的矛盾冲突,这从他们在日记或与友人往来书信中对美国汉学家所表示的不屑和不满中便可推知。萧公权在给胡适的信中如是写道:"我承华盛顿大学约来任教,并参加远东学院 19 世纪中国史的研究工作。到此方知 Wittfogel(魏特夫)被奉为'大师'。因此研究的方法和观点都大有问题。如长久留此,精神上恐难愉快。"④ 杨联陞在日记中表达了对费正清的不满,"费所谓 integration 非奸人盗窃即愚人盲从,决非大学者气象,原定 22 开会,提前一天,似乎故意不等广京,亦属可恶"。⑤ 王伊同在其《读费正清〈五十年回忆录〉》的未刊稿中对费正清则如是评价道:"费君正清,年七十五,皤然老矣。治清史,执美国汉学牛耳,达四纪,号儒宗,而君亦自居而不疑。吁嘻,费君诚儒宗哉!……夫文字之未通,费君诚儒宗哉!其治清史也,典章仰诸邓嗣禹,督抚科道胥吏公廨之制,拱手瞿同祖,清史

---

① 《杨联陞日记》,1957 年 2 月 8 日。转引自刘秀俊著,王学典指导《中国文化的海外媒介——杨联陞学术探要》,山东大学博士论文,2010 年。

② J. K. Fairbank, "Obituary: S. Y. Teng(1906-88)", *The Journal of Asian Studies*, Vol. 47, No. 3 (Aug., 1988), pp.723-724.

③ Theodore de Bary, "Obituary: Chao-ying Fang(1908-1985)", *The Journal of Asian Studies*, Vol. 45, No. 5(Nov., 1986), p.1127.

④ 曹伯言整理《胡适日记全编:1938—1949》(第 8 册),合肥:安徽教育出版社,2001 年,第 33 页。

⑤ 《杨联陞日记》1950 年 7 月 21 日,转引自刘秀俊著《中国文化的海外媒介——杨联陞学术探要》,山东大学博士论文,2010 年,第 84 页。

目录,则唯刘广京是赖……吁嘻,费君岂儒宗哉,盗名欺世已耳!"①何炳棣在其回忆录中透露了他与顾立雅之间不和的关系,"顾里雅为人傲慢,辞色之间不时有鲁莽令人难堪之处"。②刘子健曾对到普林斯顿大学访问的郭廷以大诉其苦,他觉得普大的东方研究为一些洋人学阀所垄断,他们其实没有什么大学问,空有架子,却仗势欺人,独占性和排斥性很强。他提到当时的普大东亚所所长牟复礼(Frederick W. Mote)的名字好几遍,还有其他几个人。③由于资料的原因,虽未对中国史家到美后与美国汉学家的个人间交游关系进行深入而全面的考察,但上述这些中国史家在其日记、书信中所透露的信息,即可想见他们与美国汉学家的交游或者说他们与美国汉学家所主导的学术圈之关系。

或许正因为如此,对于深受中国传统文化熏陶而客居美国的中国史家来说,他们一般都不太愿意长留异邦,其内心充满着对故土和文化的思念。萧公权旅居美国西雅图时,曾填有《少年游》四阕,其一曰:"游人未拟滞天涯,银汉待回槎,莺燕飞时,烟尘定后,重谱洛阳花。高歌何处无明月,何处不宜家,试问从来,可容词客,头白住京华。"④1985年,杨联陞在香港新亚书院钱宾四文化讲座结束之后,也于12月9日写了一首《梦中无路不能回家,甚觉急躁》的诗作:"梦回身尚在天涯,花果飘零那是家。重庆高堂童最乐,儿孙别辈壮勘察。每因长夜怀师友,更假余年念清华。空里游尘何处寄,东西南北总恒沙。"⑤刘子健在美国从事教育和研究多年,但自号"半宾居士",其恋乡之心表露无遗。1968年,刘子健在日本京都停留时,曾赋感怀诗二首,其中一首为:"独游重到洛京边,愈欲吟诗泪竟先。点点青山思故国,悠悠秋水共长天。何堪归雨终分袂,偶有新知且并肩。日月如梭漂泊度,支离忍性乐耕研。"⑥诗的字里行间,流露出游子漂泊在外、思念故乡之情。据陈毓贤所记,洪业死前五天,一度神志昏迷,向身旁的孙儿说起

---

① 王伊同《王伊同论文集》(上编),台北:艺文印书馆印行,1988年,第513—514页。
② 何炳棣《读史阅世六十年》,桂林:广西师范大学出版社,2005年,第352页。
③ 陈仪深等访问,王景玲等纪录《南港学风:郭廷以和中研院近史所的故事》,北京:九州出版社,2013年,第323页。
④ 萧公权《萧公权全集之二:小桐阴馆诗词》,台北:联经出版事业公司,1983年,第366页。
⑤ 杨联陞著,蒋力编《哈佛遗墨:杨联陞诗文简》,北京:商务印书馆,2004年,第290页。
⑥ 《美籍宋史专家刘子健》,载《宋史研究通讯》1985年第4期;斯波义信《刘子健教授为人和为学》,载《刘子健博士颂寿纪念宋史研究论集》,日本同朋舍出版,1989年;李涵《与刘子健君一席谈》,载《宋史研究通讯》1987年第10期。

福州话来①，中国知识分子心怀魏阙的本性可见一斑。正是因为对故土和中国文化的眷恋，他们在寓居美国之时常与港台人文学术圈保持着紧密的联系。同时，他们对于驳斥美国学者对中国文化的误解或歪曲大都表现得异常热切而积极。无论是在书评还是在著述中，杨联陞都极力纠正西方社会对中国历史文化的错误观念；1951年，邓嗣禹在亚洲历史学会年会上宣读了《欧美中国史中的基督教僭妄》，对西方人所写中国史著作中出现的偏见与歧视进行了论述。②何炳棣的《东方文明的摇篮》，被西方学者称为极富民族主义观点之作，原因在于其系统驳斥了西方盛行的旧大陆文化起源于西南亚两河流域之说，论证了中华文明是土生土长的文明。

对于1949年前后毅然选择归国之史家的命运，我们曾生发诸多感慨，感叹个人在历史大潮之中的渺小与无奈。然而，当洪业、邓嗣禹、杨联陞、陈受颐、萧公权、瞿同祖、黄延毓、王伊同、房兆楹和杜联喆（夫妇）等选择客居在心目中的"自由社会"时，可能连他们自己都没有意识到天涯羁旅之痛。客居在美国的中国史家，虽获得了稳定的生活环境和良好的学术环境，并因此取得了较之归国史家更大的学术成就；但是，他们亦有着无奈心境，非但不能继续本土研究的传统，研究特长亦难以充分展现，还需面临普遍的歧视与学术观念的冲突，更有对故土和文化的思念。1981年11月6日，萧公权在美国病逝。隔年的1月4日，杨联陞写给其妻舅缪钺的信谓："萧先生在华盛顿（西雅图）大学任教多年，对西方汉学程度与政治思想史之提高，有卓越贡献。其博士论文《政治多元论》当时已为名著。楚才晋用，终是可惜也，弟心境颇受影响。"③这番话不禁让身为读者的我们亦多感叹！像萧公权、洪业、杨联陞这些学人，因政治原因流落异邦，被迫做一个异乡人，将自己的精华岁月奉献给了不同于本国文化学术传统的异域学术，以致杨联陞生发"楚才晋用"之悲叹！如今，这一时代悲剧已落幕，但这些知识人流落异邦还是令人无限悲怆和萦怀！

---

① ［美］陈毓贤《洪业传》，北京：商务印书馆，2013年，第269页。
② 贝德士作为邓嗣禹此篇论文的评阅人，两人之间为此发生了激烈的争辩。具体可参见章开沅《鸿爪集》，上海古籍出版社，2003年。
③ 杨联陞著，蒋力编《哈佛遗墨：杨联陞诗文简》，北京：商务印书馆，2004年，第391页。

索 引

《18世纪初期的中国与西藏》(China and Tibet in the Early 18th Century) 184

《19世纪的中国绅士》(The Chinese Gentry) 107,199,201,204-206,215,297

《19世纪的中国乡村》(Rural China: Imperial Control in the Nineteenth Century) 96,199-203,205,207-209,211,212,214,245,299

A

阿里夫·德里克(Arif Dirlik) 268
埃德蒙·沃西(Edmund Worthy,Jr.) 149
埃德温·比尔(Edwin G. Beal) 128
艾克斯坦因(Alexander Eckstein) 208
艾文博(Robert L. Irick) 100
爱德华·弗里德曼(Edward Friedman) 195
安德生(James R. Anderson) 128
奥尔良(Leo A. Orleans) 98,208

B

巴勒克拉夫(Geoffrey Barraclough) 206,207,269
《白居易的生平与时代》(The life and Times of Po Chu-i) 172,178,182,186
白乐日(E. Balazs) 117,120,152

《班昭传》(Pan Chao, Foremost Woman Scholar of China) 56,59,60
办理留学生回国事务委员会 3,16
包德曼(Howard L. Boorman) 73,204,211,219
贝德士(M. S. Bates) 124,229
毕达克(Luciano Petech) 184
毕格(Cyrus H. Peake) 50,51
毕乃德(Biggerstaff Knight) 6,50,51,54,56-58,66,72,75,76,80,83,84,87,89,102,103,219,294
毕士博(Carl Whiting Bishop) 53,59,144
宾板桥(Woodbridge Bingham) 50,51
伯纳德·巴伯(Bernard Barber) 202,207,210
伯希和(Paul Pelliot) 7,40,72,167,169,174,176,183,267,268
博晨光(Lucius Chapin Porter) 53,54,82
卜德(Derke Bodde) 6,38,39,42,50,51,53-61,63,64,66,67,71,79,127,129,135,173,186,200,209,214,275
布莱恩·R. 约翰逊(Bryan R. Johnson) 131

C

蔡翘 1

索 引

蔡斯（George H. Chase） 6
蔡元培 197
陈长伟 124
陈恭禄 43,46-48,124,276
陈观胜 10,187
陈翰笙 74
陈衡哲 1,4,295
陈澧 21
陈梦家 1,79,276
陈启云 19
陈荣捷 18,79,95,281
陈受颐 1,12,18,20,21,23,24,30,31, 39,41,44,47,48,73,229,243,245, 246,267,293
陈学霖 19
陈寅恪 10,14,25,26,30-32,34,35,56, 61,66,68,71,112,186,197,265,270
陈毓贤 7,20,23,29,226,228,229,265
陈垣 13,14,25,26,31,56,65,66,68, 71,188,197,198,270
陈志让（Jerome Ch'en） 192,194
《城隍考》 37,246
《传统中国的法制与社会》（Law and Society in Traditional China） 184

D

大卫·班蓬（David Pong） 82
戴德华（George Edward Taylor） 7,17, 50,51,53,81,209
戴何都（Robert des Rotours） 175, 176,179
戴密微（Paul Demiéville） 110,111,121
戴维斯（John P. Davies） 51,152,296
戴闻达（J. J. L. Duyvendak） 45
丹尼尔·贝尔（Daniel Beyle） 206,268

德效骞（Homer H. Dubs） 8,38,39,41, 45,47,60,72,79,84,86,117,169,177, 186,187
邓广铭 140,141,143,144,148,151
邓嗣禹 8,12,15,20,22,24,26,28,29, 36,37,39,40,43-45,47,48,54,57,61, 66,72,73,75-84,87-89,93-97,102, 104,106,107,154,189-197,219,220, 222,227,229,243,244,246,247,251, 266,267,276,278,281,294
邓之诚 26,29,66,70,75,172,189,270
《帝制中国晚期的异端》（Heterodoxy in Late Imperial China.） 153,159
《帝制中国晚期的正教》（Orthodoxy in Late Imperial China） 153,159
《第二次中日战争史》（The Second Sino-Japanese War） 191
丁爱博（Albert E. Dien） 82
丁声树 4
丁文江 52
丁则良 16,17,281
《东方文明的摇篮》（The Cradle of the East） 229
《东方杂志》 14,68,252
《东方专制主义》 74
《东汉的豪族》 30,32,167,245,251
《东亚：传统与变迁》（China: Tradition and Transformation） 145
董作宾 7,44,58,66,109,188,267, 270,276
杜百胜（A. C. H. Dobson） 180
《杜甫：中国最伟大的诗人》（Tu Fu, China's Greatest Poet） 29,30,173, 178,244
杜联喆 8,45,72,95,229,292

杜润德（D. C. Twitchett） 103，171，178，181，187，201，204，205，210，212，214，215

F

范文澜 10，74

方东美 124

方豪 147

方志彤 62，63，247，282

房兆楹 8，9，20，28，45，61，72，73，75，76，80，85，89，95，102，219，226，227，229，276，292，294

费维恺（Albert Feuerwerker） 162，189，268

费孝通 1，9，72，270

费正清（John K. Fairbank） 2，3，6，8，12，40，45，50－53，56，58，61，62，65，72－75，77，79，80，83，84，87－90，95－97，100，103－105，145，146，152－154，158，160，161，181，200，203－205，214，216－221，223，224，227，243，265，268，269，294，296，298

费子智（C. P. Fitzgerald） 44，47，48

冯家升 8，11，45，69，72，73，85，86，88，89，95，170，178，185，226

冯友兰 4，26，51，55－57，59，61，67，68，71，173，186，266

佛尔克（Alfred Forke） 168

佛朗西斯（Johne D. Frances） 74

福·赫伯特（Herbert France） 179

福开森（John Calvin Ferguson） 54，71

《抚夷日记》 96

傅斯年 10，12，13，25，34，35，44，66，71，180，185，267，298

傅吾康（Wolfgang Franke） 51，52，265

傅振伦 183

富路德（Luther Carrington Goodrich） 6，12，39，41－43，47－51，54，56，60，65，66，68，71，73，79，85，88，103，188，218，219，227，251，292

G

钢和泰（Alexander von Stael-Holstein） 52

高本汉（Bernhard Karlgren） 40，64，131，132

高梦旦 22

戈鲲化 274

宫崎市定 108，109，145，265

《古代中国的考古》（The Archaeology of Ancient China） 172

《古代中国的青铜文化》（Bronze Culture of Ancient China） 169

《古史辨》 56－58，65，67，275

顾颉刚 8，14，25，26，35，36，53－59，61－68，70，71，75，266，269，276，278

顾立雅（H. C. Creel） 38，50－54，56，58，59，62，64－66，71，72，75，78，83，84，88，89，122，125，134，135，171，178，190，219，220，227，228，275，298

顾廷龙 66

郭宝钧 65，66

郭秉文 70

《郭若虚的绘画史》（Kuo Jo-hsu's Experience in Painting） 175，180

国防教育法（National Defense Education Act） 93

《国际出版物交换法》 91

《国史探微》 109，111－115，117，119－122，182，186，245，295

《国外留学规程》 4

《国语小字典》 108

H

《哈佛亚洲学报》(Harvard Journal of Asiatic Studies) 61,68,179,294

哈佛燕京学社 7,9,12,19,40,50,53,62,63,68,69,73,75,100,104,125,174,279,280,292,294,295,297,299

哈罗德·拉斯韦尔(Harold D. Lasswell) 209

哈罗德·诺布尔(Harold J. Noble) 96

海伦·斯诺(Helen Foster Snow) 55,265

海尼士(Erich Hanenisch) 73

海陶玮(James Robert Hightower) 62

韩寿萱 5,11,16,73

《汉代行政管理》(Records of Han Administration) 181,187

《汉学散策》(Sinological Studies and Reviews) 109,110

郝立庵(Leon Hurvitz) 186,187

郝若贝(Robert Hartwell) 147

何炳棣 5,12,16,17,20-23,28,35,55,71,73,95,107,110,167,168,199,200,202-208,210,212,213,215,218,220,223,225,226,228,229,243,244,247,248,272,277,280,281,296,300

何多源 102

何四维(A. F. P. Hulsewe) 117,186

何兹全 10,11,17,25,34,72,74,266,277

贺凯(Charles O. Hucker) 93,116,194,196,207

贺麟 26

赫伯特·芬加勒特(Herbert Fingarette) 164

赫芙(Elizabetb Huff) 62

亨培克(Stanley K. Hornbeck) 6

恒慕义(Arthur W. Hummel) 6,8,38,39,43,45,46,49,50,57-59,67,69-72,75,76,85,87,99,219,268,275,292,294

洪业 4,6,7,9,14,15,20,22-24,26,29-31,36,39,54-56,61,65,66,68,71,73,75,107,136,173,178,226,228,229,243,244,248,249,265-267,278,279,297

侯服五(Franklin W. Houn) 190

《后退到革命》(Backward toward Revolution) 195

胡光炜 124

胡适 1,4,11-13,15,17,25,27,32,34-36,43,46,48,52,56,65,70,71,79,96,99,108,122,138,174,179,184,185,227,265,266,269,271,299,300

胡先晋 11

胡宣厚 188

胡应元 103

华美协进社 1,3

《华裔学志》(Monumenta Serica) 58,62,184,185

华语学校 51,53,58

华兹生(Burton Watson) 117,175,180,186,187

怀履光(William C. White) 169

怀特(W. H. White) 132

《黄巢传》(Biography of Huang Ch'ao) 175,183

黄宽重 142,148,151

黄秀玑 18

黄延毓 10,61,229,299

黄宗智 19,153,199,213,221,277

霍华德（Richard C. Howard） 200,
203,211

J

冀朝鼎 8,70,72
嘉德纳（Charles S. Gardner） 6,10,39,
42,43,50-52,68,69,108,219,295
《剑桥中国史》 153,158,296
蒋梦麟 70
蒋廷黻 26,35,62,266
蒋彝 18,79
杰理米·英格尔斯（Jeremy Ingalls）
81,82
《金元戏曲方言考》 187
金岳霖 1
津田左右吉 185
《近代中国的家庭革命》(The Family Revolution in Modern China） 184
《近代中国：中文著作目录指南，1898—1937》(Modern China: A Bibliography Guide to Chinese Works, 1898-1937)
73,100,103,105,219,296
《晋书食货志》 96
《晋书·食货志译注》 108,295
鞠远清 71
瞿鸿禨 22
瞿同祖 9,20,22-24,30,31,45,69,72,
73,89,95,107,121,184,199-201,
203-205,207,209-213,218,223,226,
227,229,244,249,277,296
瞿宣颖 22

K

卡梅伦（Meribeth E. Cameron） 2,3
卡内基基金会（Carnegie Corporation）
7,72
卡特（Thomas F. Carter） 38-40,42,43,
48,49,51,124,125,127,128,131,132,
134,135
考狄（Henri Cordier） 98,268
柯乐博（Edmund Clubb） 51
柯立夫（Francis W. Cleaves） 50,52,
62,108
柯立芝（A. C. Coolidge） 6
柯瑞伯（Alired L. Kroer） 115
柯睿格（Edward A. Kracke） 50,52,57,
71,144,146,147,190,197,201,215
柯文（Paul A. Cohen） 6,51,53,88,101,
104,111,154,160,196,201,213,214,
216,222,225,226,265,269,275,
280,281
孔飞力（Philip Kuhn） 212,213
《孔子：其人及神话》(Confucius: The Man and the Myth) 125,171

L

拉尔夫·鲍威尔（Ralph Powell） 81
拉铁摩尔（Owen Lattimore） 38,40,47,
50,51,74,86,180,219,265,269,
273,295
赖德烈（Kenneth Scott Latourette） 6,39,
43,46,48,79,87,88,216
赖肖尔（Edwin Reischauer） 12,97,108,
145,298
劳费（Berthold Laufer） 7,38,42,52,93,
117,131,132,177
劳干 19,170,187
雷海宗 25,26,30,35,39,41-44,47,48,
60,61,146,271,277,281,296
黎东方 7,40,243,277,278

李方桂 4,17,18,243
李弘祺 109,111,266
《李鸿章评传》(Li Hung-chang and China's Early Modernization) 153,156,244
李济 32,58,66,71,189
李剑农 81,189,191
李俊 172
李思纯 38,278
《李斯传》(China's First Unifier) 39,60,61
李田意 18,73,226
李小缘 124
李学博(Thomas H. Lee) 75,94,278
李又宁 19,87,302
李约瑟(Joseph Needham) 127,128,130,131,135,168,169,176-178,181
李卓敏 79
理查德·沃克(Richard L. Walker) 81
理雅各(James Legge) 168
《历代社会风俗事物考》 185
连士升 55,71
梁方仲 10,71,189,278
梁启超 31,154,188,193,194,271,298
梁盛志 38,42,45,46,49,278
梁思成 4
梁思永 58,66
《两宋史研究汇编》 137,138,142,244
《辽律研究》 178
列维(Marion J. Levy) 184
列文森(Joseph R. Levenson) 154,161,162,196,269
林聪标 31,116,122,168
林德贝克(John M. H. Lindbeck) 80,201,219

林耀华 10
刘崇本 2,124
刘广京 20,24,26,27,32,73,100,101,103-105,107,109,152-166,179,219,221-223,228,243,244,249,250,277-279,296
刘国钧 124
刘继宣 124
刘节 62,71
刘洒诚 1
刘子健 20,29,73,107,109,136-152,168,174,175,218,222,223,228,244,250,265,266,276,277,279,297
柳存仁 168,282
柳诒徵 71
龙彼得(Piet van der Loon) 45
鲁惟一(Michael Loewe) 181,187,210
吕思勉 25
《论语之研究》 178
罗伯特·马什(Robert M. Marsh) 207
罗常培 4
罗梅因·泰勒(Romeyn Taylor) 203
罗荣邦 73,250,293
罗应荣 16,17

M

马伯乐(Henri Maspero) 170,178
马伯良(Brian E. Mcknight) 147
马鉴 65,66
马克思·韦伯(Max Weber) 164
马若孟(Ramon H. Myers) 128,130
迈克尔·加斯特(Michael Gaster) 200,203
麦克奈尔(Harley McNair) 78,79
《满鲜地理历史研究》 185

梅谷(Franz Michael) 17,39,73,85,86,89,107,163,192,214,219

梅光迪 52,53,58,71

《美国东方学会杂志》(Journal of the American Oriental Society) 60

《美国国会图书馆藏中国善本书录》(A Descriptive Catalog of Rare Chinese Books in the Library of Congress) 72

《美国国会图书馆中国地方志目录》(A Catalog of Local Histories in the Library of Congress) 71

《美国历史评论》(The American Historical Review) 67,80,128,189,199,282

《美国人与中国人：历史性短评与书目》(Americans and Chinese: A Historical Essay and A Bibliography) 101,103

美国学术团体理事会(American Council of Learned Society) 7,50,71

蒙思明 10,11

蒙文通 25,62

孟森 25,189

孟宪承 197,198

《民国人物传记辞典》(Biographical Dictionary of Republican China) 73,83,87,219

《明代瓷器工艺》 183

《明代人物传记辞典》(Dictionary of Ming Biography, 1368-1644) 73,83,85,87,219

《明清社会史论》(The Ladder of Success in Imperial China, Aspects of Social Moility, 1368-1911) 107,199,200,202,203,205,206,225,244,296

莫里斯·弗里德曼(Maurice Freedman) 200,212

牟复礼(F. W. Mote) 181,188,228

牟斯(Marcel Mauss) 115

N

《南开双周》 28

内藤湖南 145,188

倪维森(David S. Nivison) 50

《捻军起义》 192

聂崇岐 41,48,66,71,278

O

《欧阳修的治学与从政》(Ou-yang Hsiu: An Eleventh-Century Neo-Confucianist.) 136,137,140,144,244,297

P

帕森思(Talcott Parson) 115

《排华法案》 13,226

潘硌基 8,72,86

珀金斯(Dwight Perkins) 74,269

蒲立本(E. G. Pulleyblank) 151

普理查德 (Earl H. Pritchard) 3,77,81,211

Q

齐思和 10,55,60,279

《前汉奴隶制度》(Slavery In China During The Former Han Dynasty) 39,41,42,48,191,196

《前汉书译注》(The History of the Former Han Dynasty) 39

钱存训 7,11,66,67,71,73,93-95,97,99,102-104,107,122-136,160,172,190,219-221,223,227,243,245,272,280,281,298

钱稻孙 25,28,68,69

钱穆 11,21,25,34,55,56,109,110,114,168,182,266,273

《乾隆禁书考》(The Literary Inquisition of Ch'ien-Lung) 39,42,47,56,60,66

乔治·W.巴克利(George W. Barclay) 208,215

《清代地方政府》(Local Government in China Under the Ch'ing) 107,121,199,200,203-205,209-212,244,296

《清代名人传记》(The Eminent Chinese of the Ch'ing Dynasty) 39,43,45,46,49,72,75-77,80,84,85,87,219,268,292,294

《清代行政管理：三种研究》(Ch'ing Administration: three Studies) 77

《清代学术史概论》 193,194

《清华学报》 30,39,41-44,47,48,61,101,145,155,157,159,164,248-252,277,295

裘开明 6,61,66,72,93,95,97,219,265,291

《去国记》 28,29,246

全汉昇 10,11,19,147-149,189,252,277

R

饶大卫(David Nelson Rowe) 50

任叔永 4

容庚 66

容希白 54

柔克义(William W. Rockhill) 45,184

《儒家中国及其现代命运》(Confucian China and Its Modern Fate) 154

芮玛丽(Mary C. Wright) 50,66,162,215,269

芮沃寿(Arthur F. Wright) 50,62,63,144,171

S

萨义德(Edward W. Said) 30,268

赛珍珠(Pearl Buck) 79

桑原骘藏 183,188

沙畹(Edouard Chavannes) 116,117,131,132,169,170,186

尚秉和 185

邵循正 10,26,296

沈大伟(David L. Shambaugh) 278

沈有鼎 10

《诗人高启传》(The Poet Kao-Ch'I) 181

施坚雅(G. William Skinner) 200,201,209,211,214,271

施赖奥克(John K. Shryock) 59,63

施维许(Earl Swisher) 50,103,104

施友忠(Vincent Y. C. Shih) 193-195,297

石田干之助 185,275

《食货》 30,33,34,38,70,71,140,251,252,275,278,279,295

史扶林(Harold Z. Schiffrin) 192

史华慈(Benjamin I. Schwartz) 124,193,194,218,269,274

史沫特莱(Agnes Smedley) 79

《史学年报》 30,31,38,39,41-43,47,61,172,246-249,251,252,275,280

《史学消息》 39,248,276

《释天》 59,64,65,275

《书于竹帛》(Written on Bamboo and Silk) 123,126-129,131,134,135,298

舒斯特(Carl Schuster) 50

斯坦利·斯佩克特(Stanley Spector) 163
斯坦因(Lorenz von Stein) 128,170,178
斯图尔特·柯尔比(E. Stuart Kirby) 188
《宋代中国的改革》(Reform in Sung China: Wang An-shih (1021-1086) and His New Policies) 136,144,297
宋晞 140,147,148
《隋唐制度渊源略论稿》 32
孙海波 63,65,66
孙念礼(Nanc Lee Swann) 50,51,56,59,60,64,178,179,183
孙任以都 10,73,74,80,90,219,226,267,295
孙毓棠 10,11
《孙中山与中国革命的起源》(Sun Yat-sen and the Origins of the Chinese Revolution) 192
索伯(Alexander C. Soper) 127,175,176,180

T

《太平天国的意识形态》(The Taiping Ideology) 193
《太平天国史新解》(New Light on the History of the Taiping Rebellion) 102,104,106,294
太平洋学会(Institute of the Pacific Relations) 50,70,80
汤用彤 54,56,61,66
《唐代财政管理》(Financial Administration Under the T'ang Dynasty) 171,178,181
《唐代政治史述论稿》 32
唐德刚 25,73,74,99,251,272,298
唐兰 25,66
《唐史丛钞》 185
唐廷枢 155,160
陶孟和 1,10,52,65,71
陶希圣 25,26,30,33-35,70,267,279
田中敬 124
《通报》(T'oung Pao) 98,137,169,174,186,282
《同治中兴》(The Last Stand of Chinese Conservatism) 162
《图书评论》 39,40,43,48,247
《图书学概论》 124

W

瓦特(John Watt) 213
汪敬熙 1
汪荣祖 19,35,118,245,272,279,282
王国维 12,59,169,170
王际真 79
王力 25,66,173
王希玉 22
王业健 18,74
王伊同 10,12,20,22,23,25,30,36,37,39,41,42,47,61,73-75,84,107,135,219,227-229,245,251,267,295
王毓铨 9,11,16,17,45,61,69,71,72,172,226,251,279
王钟翰 10,11,14,15,20,23,26,35,36,267,273,279
王重民 10,11,13,15,43,46,49,69,71,73,99,265,279
韦慕庭(Clarence Martin Wilbur) 39,41,42,48,50,51,53,82,83,85,87,104,117,160,186,189,191,196,200,206,215,269
卫德明(Hellmut Wilhelm) 38,150,203,204

卫理（Arthur Waly） 24,172,178,182,186

卫三畏（Samuel Wells Williams） 86,97,270

伟烈亚力（Alexander Wylie） 76

魏斐德（Frederic Wakeman,Jr） 111

魏鲁男（James Roland Ware） 50,57,68,76,186

《魏书释老志》 280

《魏书·释老志·释部》（Wei Shou, Treatise on Buddhism and Taoism） 186,187

魏特夫（K. A. Wittfogel） 8-10,38,44,45,54,55,60,69-72,79,85,86,88,89,95,170,178,182,185,206,226,227,275,276,278,292,296

闻一多 25,26

闻在宥 62

翁独健 10,20,23,267,279,280

吴光清 61,69,71-73,93,103,128,219,294

吴景超 124

吴宓 1,38,64,71,267

吴文藻 9,54,72

吴相湘 21,23,191,192,267

吴秀良 18

《五朝门第》 30,37

武内义雄 178

X

《西方文献中的中国:续考狄中国书目》（China in Western Literature:A Continuation of Cordier's Bibliotheca Sinica） 98,99

西克门（Laurence Sickman） 50

夏德（Fridrich Hirth） 38,45,169

夏含夷（Edward L. Shaughnessy） 129

夏鼐 42,47,58,267

萧公权 1,7,20,21,23,24,30,31,73,87,95,96,107,180,199-205,207-214,218,220,223,224,227-229,243,245,251,276,277,279,280,299

萧作梁 1

谢伟思（John Service） 51

欣顿（Harold C. Hinton） 209

《新唐书·百官志·兵志》 176,179

新亚书院 19,31,110,116,122,168,228

熊式一 79

徐嘉瑞 186

徐中舒 66

徐中约 190,193,298

许地山 54,71

许烺光 141

许倬云 13,19,123,134,153,221,265

薛爱华（Edward H. Schafer） 127

《学衡》 38,59,64,248,275,278

Y

《亚洲研究季刊》（Journal of Asian Studies） 189,199

严耕望 116,184,186,273

《颜氏家训》 82

《燕京岁时记》 57,66

《燕京学报》 41,48,59,60,63-65,75,84,246,248,249,251,275,279

杨联陞 4,10-12,15,17,19-21,23-28,30-35,39,41-43,45,46,51,61,68,69,73,78,86,96,107-122,152,160,167-180,182-189,196,197,218-220,222,223,226-229,243-245,249-252,

265-267,278,281,295,296,298,300

杨懋春　18

杨庆堃　18

杨树达　8,15,25,53,54,63,64,71,267

杨振声　1

姚从吾　71,147

姚善友　61,299

叶公超　25,180,251

叶理绥（Serge Elisseeff）　40,52,61,108,298

伊沛霞（Patricia Ebrey）　218,220

《异民族的支那统治史》　178

《殷历谱》　188

余英时　11,19,36,97,100,109,110,114,168,182,221,224,243,269,273

俞平伯　25

《元西域人华化考》　68,188

《袁世凯传》（Yuan Shih-k'ai）　192,194

袁同礼　5,22,54,65,66,70,93,98,99,103,122,219,267,273,299,300

《远东季刊》（The Far Eastern Quarterly）　80,189,283,292,294

约瑟夫·格勒（Joseph J. Spengler）　208,215

岳良木　66

Z

翟林奈（Lionel Giles）　179,181

詹姆士·哈格特（James M. Hargett）　104

詹姆斯·沃森（James Watson）　164

张春树　18,187

张东荪　29,54

张尔田　66

张光直　18,172,175

张其昀　1,174

《张喜与南京条约》（Chang Hsi and the Treaty of Nanking）　96,107,294

张星烺　25,66

张荫麟　25,38

张仲礼　5,24,73,85,86,89,107,192,199,201,203-207,210,213-215,218,219,245,252,297

赵如兰　78

赵铁寒　147

赵元任　1,4,17,18,61,78,108,180,251

赵增玖　9,72

整理国故　36

郑德坤　10,38,61,275

郑师许　198

郑天挺　14,15,45,270

郑行林　102

《政治多元论》（Political Pluralism）　229

《支那史学史》　188

《中国参考书目解题》（An Annotated Bibliography of Selected Chinese Reference Works）　57,66,294

《中国丛报》（Chinese Repository）　97

《中国的亚洲内陆边疆》（Inner Asian Frontiers of China）　40,47,269

《中国的早期文学》　187

《中国对西方的回应》（China's Response to the West: A Documentary Survey）　74,80,95,219,292

《中国对西方回应的研究指南》（Research Guide for China's Response to the West）　80

《中国法律与中国社会》　31

《中国封建社会》　31,296

《中国共产党的中国近代史研究》（Chinese Communist Studies of Modern

Chinese History) 189

《中国古代史学的发展》(Deveolpment of the Study of Ancient Chinese History) 177,187

《中国货币与信贷简史》(Money and Credit in China: A Short History) 108,113

《中国进入国际社会》 190

《中国近百年政治史》 81,191

《中国近三百年学术史》 21,271

《中国近世史》 188

《中国经济史导论》(Introduction to the Economic History of China) 189

《中国旧史学》(Chinese Traditional Historiography) 39,42,43,252

《中国考试制度史》 37,243

《中国科技史》(Science and Civilisation in China) 168,176,178

《中国历史上的佛教》(Buddhism in Chinese History) 171

《中国历史研究法》 188

《中国人口史论》(Studies on the Population of China,1368-1953) 107,199,200,205,208,215

《中国:儒家与共产主义》(China: Confucian and Communist) 193

《中国社会史:辽》(History of Chinese Society: Liao) 85,86,88,89,170,178,185

《中国绅士的收入》(The Income of the Chinese Gentry) 107,199,201,215,245,297

《中国史与文化》(The Chinese, their History and Culture) 39,43,46,48,87

《中国史专题讲授提纲》(Topics in Chinese History) 108,110

《中国书目》(Bibliotheca Sinica) 98

《中国:书目解题汇编》(China: An Annotated Bibliography of Bibliographies) 102

《中国书目手册:涉华西文书目总览》(Manual of Chinese Bibliography) 97

《中国通史简编》 10,74

《中国文化小史》(China: A Short Cultural History) 47,48

《中国文献提要》(Notes on Chinese Literature) 76

中国研究促进委员会(The Committee on the Promotion of Chinese Studies) 7,8

《中国印刷术源流史》(The Invention of Printing in China and its Spread Westward) 38-40,42,43,48,49,124,125,127,131,134,135

《中国与基督教》(China and Christianity) 222

《中国语法理论》 173

《中国语文札记》 109,245

《中国宰相制度》 172

《中国早期钱币史》 172

《中国哲学史》 56,57,60,67,68,173,186

《中国政治思想史》 31,245,299

《中国之诞生》(The Birth of China) 58,59,66,125,134,135

《中国制度史研究》(Studies in Chinese Institutional History) 109,121,245,295

《中国中央政府》(Central Government of China) 190

《中国转向内在》(China Turning Inward: Intellectual Political Changes in the Early Twelfth Century) 136,143,297

《中华帝国》(The Middle Kingdom) 86

《中华帝国的职官词典》(A Dictionary of Official Titles in Imperial Chian) 196

《中华帝国晚期的叛乱及其敌人》(Rebellion and Its Enemies in Late Imperial China) 213

《中华民族小史》(A Short History of the Chinese People) 39,49

《中日间的官方关系》(Official Relations between China and Japan, 1368-1549) 107,295

《中文报刊归纳法》(Newspaper Chinese by the Inductive Method) 78

《中文参考书举要》 102

《中文参考书指南》 102

《中西纪事》 160

《中英轮船航运竞争》(Anglo-American Steamship Rivalry in China, 1862-1874) 154,155,161,296

周策纵 73,299

周法高 19,110,176,178,187,274

周一良 10-13,15,25,26,32,51,66,68,109,111-113,116,168,174,186,267,274,280,281

朱士嘉 8,11,14,16,17,39,42,43,54,61,66,69,71,252

朱文长 14,73,252

朱自清 25

《诸蕃志》 45

《左传与国语》 59,63,64,275

参考文献

一、客居美国的中国史家著述

（一）日记、回忆录、书札、学记

（1）何炳棣《读史阅世六十年》，广西师范大学出版社，2005年。

（2）洪业《我怎样写杜甫》，载《中华杂志》1968年第11期。

（3）黄仁宇著，张逸安译《黄河青山》，三联书店，2001年。

（4）黎东方《平凡的我——黎东方回忆录》，中国工人出版社，2011年。

（5）李方桂著，王启龙、邓小咏译《李方桂先生口述史》，清华大学出版社，2003年。

（6）钱存训《留美杂忆——六十年来美国生活的回顾》，黄山书社，2008年。

（7）萧公权《迹园文存》，台北：联经出版事业公司，1984年。

（8）萧公权《问学谏往录》，黄山书社，2008年。

（9）萧公权《小桐阴馆诗词》，台北：联经出版事业公司，1984年。

（10）杨联陞著，蒋力编《哈佛遗墨：杨联陞诗文简》，商务印书馆，2004年。

（11）余英时《师友记往：余英时怀旧集》，北京大学出版社，2013年。

（二）中文著述及译著

（1）陈受颐《中欧文化交流史事论丛》，台北：商务印书馆，1970年。

（2）邓嗣禹《中国考试制度史》，吉林出版社，2011年。

（3）费正清、刘广京编《剑桥中国晚清史》，中国社会科学出版社，2007年。

（4）何炳棣《何炳棣思想制度史论》，台北：联经出版事业公司，

2013年。

（5）何炳棣《黄土与中国农业的起源》，香港中文大学出版社，2001年。

（6）何炳棣《有关〈孙子〉〈老子〉的三篇考证》，台湾"中央"研究院近代史研究所，2002年。

（7）何炳棣《中国古今土地数字的考释与评价》，中国社会科学出版社，1988年。

（8）何炳棣《中国会馆史论》，台北：学生书局，1966年。

（9）何炳棣著，葛剑雄译《明初以降人口及其相关问题研究》，三联书店，2000年。

（10）何炳棣著，徐泓译《明清社会史论》，台北：联经出版事业公司，2013年。

（11）洪业《洪业论学集》，中华书局，1981年。

（12）洪业著，曾祥波译《杜甫：中国最伟大的诗人》，上海古籍出版社，2011年。

（13）黄培、陶晋生编《邓嗣禹先生学术论文选集》，台北：食货出版社，1980年。

（14）瞿同祖《汉代社会结构》，上海人民出版社，2007年。

（15）瞿同祖《清代地方政府》，法律出版社，2003年。

（16）刘广京、朱昌崚《李鸿章评传：中国现代化的起始》，上海古籍出版社，1995年。

（17）刘广京《经世思想与新兴企业》，台北：联经出版事业公司，1990年。

（18）刘广京著，黎志刚编《刘广京论招商局》，社会科学文献出版社，2012年。

（19）刘广京著，邱锡荣、曹铁珊译《英美航运势力在华的竞争，1862—1874年》，上海社会科学院出版社，1988年。

（20）刘梦溪主编《中国现代学术经典：洪业杨联陞卷》，河北教育出版社，1996年。

（21）刘子健《两宋史研究汇编》，台北：联经出版事业公司，1988年。

（22）刘子健《欧阳修的治学与从政》，台北：新文丰出版公司，1963年。

（23）刘子健著，赵冬梅译《中国转向内在：两宋之际的文化转向》，江苏人民出版社，2012年。

(24)钱存训《东西文化交流论丛》,商务印书馆,2009年。

(25)钱存训《中国古代书籍纸墨及印刷术》,北京图书馆出版社,2002年。

(26)钱存训著,国家图书馆编《钱存训文集》,国家图书馆出版社,2012年。

(27)钱存训著,郑如斯编订《中国纸和印刷文化史》,广西师范大学出版社,2004年。

(28)王伊同《王伊同论文集》,台北:艺文印书馆,1988年。

(29)王伊同《王伊同学术论文集》,中华书局,2006年。

(30)萧公权《中国政治思想史》,商务印书馆,2011年。

(31)萧公权著,汪荣祖译《康有为思想研究》,新星出版社,2005年。

(32)萧公权著,张皓、张升译《19世纪的中国乡村》,台北:联经出版事业公司,2014年。

(33)杨联陞《东汉的豪族》,商务印书馆,2011年。

(34)杨联陞《国史探微》,新星出版社,2005年。

(35)杨联陞《汉学书评》,商务印书馆,2016年。

(36)杨联陞《中国文化中"报""保""包"之意义》,贵州人民出版社,2009年。

(37)杨联陞《中国语文札记》,中国人民大学出版社,2006年。

(38)杨联陞著,彭刚、程钢译《中国制度史研究》,江苏人民出版社,2007年。

(39)张仲礼著,费成康、王寅通译《中国绅士的收入》,上海社会科学院出版社,2001年。

(40)张仲礼著,李荣昌译《中国绅士——关于其在19世纪中国社会中作用的研究》,上海社会科学院出版社,2001年。

(三)中文论文及译文

(1)陈受颐《18世纪欧洲之中国园林》,载《岭南学报》1931年第2卷第1期。

(2)陈受颐《〈好逑传〉之最早的欧译》,载《岭南学报》1930年第1卷第4期。

(3)陈受颐《费次者洛德的中国文化小史(书评)》,载《独立评论》

1936年第189号。

(4)陈受颐《鲁宾孙的中国文化观》,载《岭南学报》1930年第1卷第3期。

(5)陈受颐《明末清初耶稣会士的儒教观及其反应》,载《国学季刊》1935年第5卷第2期。

(6)陈受颐《明末维新运动中之徐光启》,载《北京大学四川同乡会会刊》1934年创刊号。

(7)陈受颐《三百年前建立孔教论》,载《"中央"研究院历史语言研究所集刊》1936年。

(8)陈受颐《十八世纪欧洲文学里的赵氏孤儿》,载《岭南学报》1929年第1卷第1期。

(9)陈受颐《西洋汉学与中国文明》,载《独立评论》1936年第198号。

(10)陈受颐《再谈中国的西洋文史学》,载《独立评论》1936年第205期。

(11)陈受颐《中国的西洋文史学》,载《独立评论》1936年第201期。

(12)邓嗣禹《跋学海君道部》,载《图书季刊》1935年第2卷第2期。

(13)邓嗣禹《城隍考》,载《史学年报》1935年第2卷第2期。

(14)邓嗣禹《从粤汉路惨案看中国的公共事业》,载《观察》1947年第2卷第24期。

(15)邓嗣禹《悼远东史权威麦克尼亚》,载《天文台》1947年第1卷第1期。

(16)邓嗣禹《杜甫诗中之宗教》,载《逸经》1937年第28期。

(17)邓嗣禹《馆藏类书目录叙录》,载《燕京大学图书馆报》1935年第74期。

(18)邓嗣禹《河间献王生卒年代考及其与中国文化之关系》,载《新民》1936年第2卷第2期。

(19)邓嗣禹《近50年的中国历史编纂学》,载《山东社会科学》2004年第6期。

(20)邓嗣禹《明大诰与明初之政治社会》,载《燕京学报》1936年第20期。

(21)邓嗣禹《去国记》,载《传记文学》1963年第3卷第4、5期,1964年第4卷第1期。

(22)邓嗣禹《日本的将来》,载《现代知识》1947年创刊号。

(23)邓嗣禹《什么是中国社会真正的病根》,载《现代知识》1947年第1卷第5期。

(24)邓嗣禹《谁说中国人没有自由?》,载《观察》1947年第2卷第19期。

(25)邓嗣禹《唐代矿物产地表》,载《禹贡》1934年第1卷第11期。

(26)邓嗣禹《行省的意义与演变》,载《禹贡》1935年第3卷第10期。

(27)邓嗣禹《中国古代思想中的正统与异端》,载《"中央"研究院历史语言研究所集刊》,1984年。

(28)邓嗣禹《中国科举制度起源考》,载《史学年报》1934年第2卷第1期。

(29)邓嗣禹《中国印刷术之发明及其西传》,载《图书评论》1934年第2卷第11期。

(30)邓嗣禹《周公史说演变考》,载《女师大学术季刊》1931年第2卷第2卷。

(31)方志彤著,闫月珍译《〈诗品〉作者考》,载《文学遗产》2011年第5期。

(32)何炳棣《从〈庄子·天下〉篇首解析先秦思想中的基本关怀》,载《"中央"研究院历史语言研究所集刊》,2008年。

(33)何炳棣《杜思退益夫斯基与俄国民族性》,载《新中华》1944年第2卷第5期。

(34)何炳棣《沦陷区杂忆》,载《当代评论》1944年第4卷第6、7期。

(35)何炳棣《马志尼的思想》,载《自由论坛》1944年第2卷第4、5期。

(36)何炳棣《南宋至今土地数字的考释与评价》,载《中国社会科学》1985年第2、3期。

(37)何炳棣《清华史学对我影响深远》,载《清华大学学报》2005年第2辑。

(38)何炳棣《儒家宗法模式的宇宙本体论》,载《哲学研究》1998年第12期。

(39)何炳棣《苏联与近东》,载《时事半月刊》1940年第4卷第3期。

(40)何炳棣《探索中国文化的起源》,载《农业考古》2008年第1期。

(41)何炳棣《特莱却克的政治思想与纳粹主义》,载《新中华》1944年

第 2 卷第 12 期。

（42）何炳棣《英国与门户开放政策之起源》，载《史学年报》1938 年第 2 卷第 5 期。

（43）何炳棣《张荫桓事迹》，载《清华学报》1940 年第 13 卷第 2 期。

（44）何炳棣《中国现存最古的私家著述〈孙子兵法〉》，载《历史研究》1999 年第 5 期。

（45）何炳棣著，马中译《中国农业的本土起源》，载《农业考古》1984 年第 2 期。

（46）何炳棣著，巫仁恕译《扬州盐商：十八世纪中国商业资本的研究》，载《中国社会经济史研究》1999 年第 2 期。

（47）何炳棣著，张勉励译《捍卫汉化：驳伊芙琳·罗斯基之"再观清代"》，载《清史研究》2000 年第 1、3 期。

（48）洪业《评古得林著乾隆书考》，载《史学消息》1937 年第 1 卷第 6 期。

（49）洪业《驳景教碑出土于盩厔说》，载《史学年报》1932 年第 4 期。

（50）洪业《春秋经传引得序》，载《史学年报》1937 年第 2 卷第 4 期。

（51）洪业《崔东壁莜田剩笔之残稿》，载《史学年报》1934 年第 2 卷第 1 期。

（52）洪业《崔东壁书版本表》，载《史学年报》1931 年第 3 期。

（53）洪业《读清宗室敬徵日记稿本》，载《燕京大学图书馆报》1931 年第 19 期。

（54）洪业《高似孙史略笺正序之一》，载《史学年报》1933 年第 1 卷第 5 期。

（55）洪业《馆藏类书目录叙》，载《燕京大学图书馆报》1935 年第 74 期。

（56）洪业《槐居唱和：奉和文如先生句：望涂可鉴前车覆》，载《学衡》1933 年第 79 期。

（57）洪业《考利玛窦的世界地图》，载《禹贡》1936 年第 5 卷第 3、4 期。

（58）洪业《礼记引得序：两汉礼学源流考》，载《史学年报》1936 年第 2 卷第 3 期。

（59）洪业《明吕干斋吕宇衡祖孙二墓志铭考》，载《燕京学报》1928 年第 3 期。

（60）洪业《清画传辑佚三种序》，载《燕京大学图书馆报》1933 年第 57 期。

（61）洪业《尚书释文敦煌残卷与郭忠恕之关系》，载《燕京学报》1933 年第 14 期。

（62）洪业《史通点烦篇臆补》，载《史学年报》1935 年第 2 卷第 2 期。

（63）洪业《所谓修文殿御览者（附表）》，载《燕京学报》1932 年第 12 期。

（64）洪业《太平洋国交讨论会第二次大会概述》，载《新纪元周报》1929 年第 1 卷第 31—32 期。

（65）洪业《阎贞宪先生遗稿五种》，载《史学年报》1938 年第 2 卷第 5 期。

（66）洪业《再说杜甫》，载《清华学报》新 10 卷第 2 期，1974 年。

（67）洪业《中美邦交：去年十一月一日在燕京大学大礼堂讲》，载《大中》1946 年第 1 卷第 3 期。

（68）瞿同祖《为学贵在勤奋与一丝不苟——瞿同祖访谈录》，载《近代史研究》2007 年第 4 期。

（69）刘广京、周启荣《〈皇朝经世文编〉关于经世之学的理论》，载《近代史研究所集刊》1986 年第 15 期。

（70）刘广京《从曾国藩家书说起》，载中央研究院近代史研究所编《近世家族与政治比较研究论文集》，1992 年。

（71）刘广京《三十年来美国研究中国近代史的趋势》，载《近代史研究》1983 年第 1 期。

（72）刘广京《商人与经世》，载《近代中国史研究通讯》1988 年第 6 期。

（73）刘广京《挽杨联陞先生》，载《历史月刊》1991 年第 36 期。

（74）刘广京《晚清督抚权力问题商榷》，载《清华学报》1975 年新 10 卷第 2 期。

（75）刘广京《晚清人权论初探——兼论基督教思想之影响》，载《公法》1999 年第 1 卷。

（76）刘广京《一八八三年上海金融风潮》，载《复旦学报》1983 年第 3 期。

（77）刘广京《一八六七年同文馆的争议》，载《复旦学报》1982 年第

5期。

（78）刘广京《郑观应〈易言〉——光绪初年之变法思想》，载《清华学报》1970年新8卷第1、2期合刊。

（79）刘子健《比〈三字经〉更早的南宋启蒙书》，载《文史》第21辑，1983年。

（80）刘子健《略论宋代地方官学和私学的消长》，载《宋史研究集》第4辑，1970年。

（81）刘子健《梅尧臣碧云騢与庆历政争中的士风》，载《宋史研究集》第2辑，1964年。

（82）刘子健《南宋君主和言官》，载《宋史研究集》第13辑，1981年。

（83）刘子健《史学方法与社会科学——研究宋代的一些例证》，载《历史研究》1987年第1期。

（84）刘子健《试论宋代行政难题》，载《大陆杂志》1964年第28卷第7期。

（85）刘子健《斯学传斯风——忆杨联陞先生》，载《历史月刊》1991年第37期。

（86）刘子健《讨论"北宋大臣通契丹语"的问题》，载《大陆杂志》1964年第28卷第2期。

（87）刘子健《王安石曾布与北宋晚期官僚的类型》，载《宋史研究集》第3辑，1966年。

（88）刘子健《岳飞——从史学史和思想史来看》，载《宋史研究集》第6辑，1971年。

（89）刘子健《在美国研究宋史的一些途径》，载《大陆杂志》1963年第28卷第1期。

（90）刘子健著，陈信雄译《金代与南宋在思想史上的再估价》，载《宋史研究集》第14辑，1983年。

（91）吕振羽讲，杨联陞记录《周秦诸子的经济思想》，载《劳动季报》1934年第2期。

（92）罗荣邦著，陈希育译《明初海军的衰落》，载《海洋开发与管理》1999年第1期。

（93）苏云峰、刘广京《学人专访：刘广京院士》，载《汉学研究通讯》1982年第1卷第4期。

(94)泰勒著,杨联陞译《"重大史实"解》,载《清华周刊》1936年第45卷第2、3期。

(95)唐德刚《当代中国史学的三大主流》,载《传记文学》1987年第51卷第4期。

(96)王伊同《补魏志何晏传》,载《史学年报》1939年第3卷第1期。

(97)王伊同《德氏前汉书译注订正》,载《史学年报》1938年第2卷第5期。

(98)王伊同《邓嗣禹先生学述》,载《燕京学报》1998年新4期。

(99)王伊同《洛阳伽蓝记札记兼评周祖谟校释》,载《"中央"研究院历史语言研究所集刊》第51卷第2期,1980年。

(100)王伊同《评刘大杰魏晋思想论》,载《斯文》1942年第2卷第14期。

(101)王伊同《前蜀疆域考(节录前蜀考略)》,载《史学年报》1937年第2卷第4期。

(102)王伊同《书评:李斯传》,载《史学年报》1939年第3卷第1期。

(103)王伊同《魏书崔浩传笺注》,载《"中央"研究院历史语言研究所集刊》1987年第45卷第4辑。

(104)王伊同《五季兵祸辑录》,载《史学年报》1936年第2卷第3期。

(105)王伊同《竹汀经史子答问分类辑(潜研堂文集长沙龙氏全书本)》,载《燕京大学图书馆报》1938年第110、111期。

(106)王毓铨《王毓铨先生的生平与学术成就》,载《明史研究》2003年第8期。

(107)杨联陞《从四民月令所见到的汉代家族的生产》,载《食货》1935年第1卷第6期。

(108)杨联陞《东汉的豪族》,载《清华学报》1936年第11卷第4期。

(109)杨联陞《读了"中国前途的障凝物"以后》,载《学生杂志》1927年第14卷第5期。

(110)杨联陞《富路德,中华民族小史》书评,载《思想与时代月刊》1944年第36期。

(111)杨联陞《告境遇不好而有志求学的同学们》,载《学生杂志》1927年第14卷第4期。

(112)杨联陞《关于萧公权、叶公超、赵元任三位老师》,载《传记文学》

1982 年第 40 卷第 6 期。

（113）杨联陞《汉武帝始建年号时期之我见》，载《清华学报》1937 年第 12 卷第 1 期。

（114）杨联陞《剑桥大学所藏怡和洋行中文档案选注》，载《清华学报》1958 年新 1 卷第 3 期。

（115）杨联陞《评全汉昇：唐宋帝国与运河》，载《思想与时代月刊》1947 年第 43 期。

（116）杨联陞《评韦尔柏〈前汉奴隶制度〉（书评）》，载《思想与时代月刊》1943 年第 28 期。

（117）杨联陞《书评：陈啸江〈西汉社会经济史研究〉的一斑》，载《食货》1936 年第 4 卷第 6 期。

（118）杨联陞《司开洛述战争与史学》，载《思想与时代月刊》1945 年第 40 期。

（119）杨联陞《唐代高利贷及债务人的家庭连带责任》，载《食货》1935 年第 1 卷第 5 期。

（120）杨联陞《中唐以后税制与南朝税制之关系》，载《清华学报》1937 年第 12 卷第 3 期。

（121）杨联陞《追怀叶师公超》，载《传记文学》1982 年第 1 期。

（122）张仲礼口述，施扣柱整理《我的学校生活与教研生涯》，载《史林》2004 年增刊。

（123）朱士嘉《我研究方志的历史回顾》，载《文史杂志》1987 年第 4 期。

（124）朱士嘉《中国旧史学》，载《史学年报》1938 年第 2 卷第 5 期。

（125）朱文长《北大与北大人》，载《东方杂志》1944 年第 40 卷第 7 号。

（四）英文专著

（1）Brian E. McKnight; James T. C. Liu, *The Enlightened Judgments*, *Ch'ing-ming Chi*, *The Sung Dynasty Collection*, Albany: State University of New York Press, 1999.

（2）Chu Shih-chia, *A Catalog of Local Histories in the Library of Congress*, Washington, D. C.: U. S. Government Printing Office, 1942.

（3）Chung-li Chang, *The Chinese Gentry: Studies on Their Role in Nine-*

teenth-Century Chinese Society, Seattle: University of Washington Press. 1955.

(4) Chung-li Chang, *The Income of the Chinese Gentry*, Seattle: University of Washington Press. 1962.

(5) Ch'en Shou-Yi, *Chinese Literature, A Historical Introduction*, New York: The Ronald Press, 1961.

(6) Franz Michael, *The Taiping Rebellion: History and Documents*, Vol.1 Seattle: University of Washington Press, 1966.

(7) Franz Michael; Chung-li Chang, *The Taiping Rebellion: Documents and Comments*, Vol.2, Seattle: University of Washington Press, 1971.

(8) Han Yu-Shan, *Elements of Chinese Historiography*, Hollywood: W. M. Hawley, 1955.

(9) Ho Ping-Ti and Tang Tsou, *China in Crisis*, Chicago: University of Chicago Press, 1968.

(10) Ho Ping-ti, *The Ladder of Success in Imperial China, Aspects of Social Moility*, 1368-1911, New York: Columbia university press, 1962.

(11) Ho Ping-ti, *The Cradle of the East: An Inquiry into the Indigenous Origins of Techniques and Ideas of Neolithic and Early Historic China*, 50000-1000 B. C., Chicago: Univ. Press, 1975.

(12) Hsiao Kung-chuan, *A Modern China and a New World: K'ang Yu-wei, Reformer and Utopian*, 1858-1927, Seattle: University of Washington Press, 1975.

(13) Hsiao Kung-chuan, *Rural China: Imperial Control in the Nineteenth Century*, Seattle: University of Washington Press, 1960.

(14) Hsiao Kung-chuan, translated by F. W. Mote, *A History of Chinese Political Thought*, Princeton: Princeton University Press. 1979.

(15) Hsin-pao Chang, *Commissioner Lin and the Opium War*, Cambridge, Mass: Harvard University Press, 1964.

(16) James T. C. Liu, *Ou-yang Hsiu: An Eleventh-Century Neo-Confucianist*, Stanford, Calif: Stanford University Press, 1967.

(17) James T. C. Liu, *Political Institutions in Traditional China*, New York: John Wiley, 1974.

(18) James T. C. Liu, *Reform in Sung China: Wang An-shih (1021-1086)*

and His New Policies, Cambridge: Harvard University Press, 1959.

(19) James T. C. Liu, *China Turning Inward: Intellectual Political Changes in the Early Twelfth Century*, Cambridge: Harvard University Press. 1988.

(20) John K. Fairbank and Ssu-yu Teng, *Ch'ing Administration three studies*, Cambridge: Harvard University Press, 1960.

(21) John K. Fairbank; Kwang-ching Liu, *Modern China: A Bibliographical Guide to Chinese Works, 1898-1937*, Cambridge: Harvard University Press, 1950.

(22) Jung-pang Lo, *K'ang Yu-wei, A Biography and a Symposium*, Tucson: University of Arizona Press, 1967.

(23) Karl A. Wittfogel; Fêng Chia-Shêng., *History of Chinese Society Liao (907-1125)*, Philadelphia: American Philosophical Society, 1949.

(24) Kwang-Ching Liu and Richard Shek, eds., *Heterodoxy in Late Imperial China*, Honolulu: University of Hawaii Press, 2004.

(25) Kwang-ching Liu, *American Missionaries in China: Papers from Harvard Seminars*, Cambridge: Harvard University Press, 1966.

(26) Kwang-Ching Liu, *Anglo-American Steamship Rivalry in China, 1862-1874*, Cambridge: Harvard University Press, 1962.

(27) Kwang-ching Liu, *Americans and Chinese: A Historical Essay and a Bibliography*, Cambridge: Harvard University Press, 1964.

(28) Kwang-Ching Liu ed., *Orthodoxy in Late Imperial China*, Berkeley: University of California Press, 1990.

(29) L. Carrington Goodrich; Chaoying Fang., *Dictionary of Ming Biography, 1368-1644*, New York: Columbia University Press, 1976.

(30) Li Chien-nung. Translated and edited by Ssu-yu Teng and Jerenmy Ingalls, *The Poltical History of China*, 1840-1928, Princeton, N. J. : D. Van Nostrand Company, 1956.

(31) Lien-sheng Yang, *Excusions in Sinology*, Cambridge, Mass.: Harvard University Press, 1969.

(32) Lien-sheng Yang, *Money and Credit in China: A Short History*, Cambridge, Mass: Harvard University Press, 1952.

(33) Lien-sheng Yang, *Sinological Studies and Reviews*, Taipei: Shih-Hjo

Publisher, 1982.

(34) Lien-sheng Yang, *Studies in Chinese Institutional History*, Cambridge, Mass.: Harvard University Press, 1961.

(35) Ping-Ti Ho, *Studies on the Population of China*, 1368-1953, Cambridge, Mass.: Harvard University Press, 1959.

(36) Robert L. Irick, Ying-shih Yu and Kwang-ching Liu, *American-Chinese Relations, 1784-1941: A Survey of Chiese-Language Materials at Harvard*, Cambridge, Mass: Harvard University Press, 1960.

(37) S. Y. Teng, *The Taiping Rebellion and the Western Powers*, New York: Oxford University Press, 1971.

(38) S. Y. Teng, *The Nien Army and their Guerrilla Warfare, 1851-1868*, The Hague: Mouton and Co., 1961.

(39) S. Y. Teng. trans., *Family Instructions for the Yen Clan*, Leiden: E. J. Brill, 1968.

(40) Samuel C. Chu; Kwang-ching Liu, *Li Hung-chang and China's Early Modernization*, Armonk, New York and London, England: M. E. Sharpe, 1994.

(41) Ssu-yu Teng and Knight Biggerstaff, *An Annotated Bibliography of Selected Chinese Reference Works*, Peiping: The Harard-Yenching Institute, Yenching University, 1936.

(42) Ssu-yu Teng, *Chang Hsi and the Treaty of Nanking, 1842*, Chicago: University of Chicago Press, 1944.

(43) Ssu-Yu Teng, *New Light on the History of the Taiping Rebellion*, Cambridge: Harvard University Press, 1950.

(44) Ssu-yu Teng; John K. Fairbank eds., *China's Response to the West, a Documentary Survey, 1839-1923*, Cambridge: Harvard University Press, 1954.

(45) Te-kong Tong, *United States Diplomacy in China, 1844-60*, Seattle: University of Washington Press, 1964.

(46) Tsien Tsuen-hsuin, *Paper and Printing.*, New York: Cambridge University Press, 1985.

(47) Tsuen-Hsuin Tsien, *Written on Bamboo and Silk: The Beginnings of Chinese Books and Inscriptions*, Chicago: University of Chicago Press, 1962.

(48) Tsuen-Hsuin Tsien, *China: An Annotated Bibliography of Bibliogra-*

phies,Boston:G. K. Hall,1978.

(49)Tung-li Yuan,*A Guide to Doctoral Dissertations by Chinese Students in America*,*1905-1960*,Washington,D. C:the Sion-American Culture Society. Inc.1961.

(50)T'ung-Tsu Ch'u,*Local Government in China Under the Ch'ing*,Cambridge,Mass.:Harvard University Press,1962.

(51)T'ung-Tsu Ch'ü,*Law and Society in Traditional China*,The Hague:Mouton and Co.,1961.

(52)T'ung-tsu Ch'ü;Jack L. Dull,*Han Social Structure*,Seattle:University of Washington Press,1972.

(53)Vincent Y. C. Shih,*The Taiping Ideology:Its Sources,Interpretations, and Influences*, Seattle:University of Washington Press,1967.

(54)Wang Chung-min,*A Descriptive Catalog of Rare Chinese Books in the Library of Congress*,Washington,D. C.:U. S. Government Printing Office,1957.

(55) Wang Yi-T'ung, *Official Relations between China and Japan, 1368-1549.*,Cambridge:Harvard University Press,1953.

(56)Wang Yu-Ch'uan,*Early Chinese Coinage*, New York:The American Numismatic Society,1951.

(57) Wen-djang Chu,*The Moslem Rebellion in Northwest China*,*1862-1878:A Study of Government Minority Policy*,The Hague:Mouton & Co.,1966.

(58)Y. C. Wang,*Chinese Intellectuals and the West*,*1872-1949*,Chapel Hill:University of North Carolina Press,1966.

（五）英文论文

(1)C. Liu,Polo and Cultural Change:From T'ang to Sung China,*Harvard Journal of Asiatic Studies*,Vol. 45,No. 1(Jun.,1985).

(2)Chaoying Fang and Lienche Fang,Notes on "Changing the Map of China",*The Far Eastern Quarterly*,Vol. 15,No. 2(Feb.,1956).

(3)Chaoying Fang,A Technique for Estimating The Numerical Strength of The Early Manchu Military Forces,*Harvard Journal of Asiatic Studies*,Vol. 13,No. 1/2(Jun.,1950).

(4)Chaoying Fang,Notes on the Chinese Jews of Kaifeng,*Journal of the*

American Oriental Society, Vol. 85, No. 2(Apr.-Jun., 1965).

(5) Chaoying Fang, Some Notes on Porcelain of the Cheng-T'ung Period, Archives of Asian Art, Vol. 27(1973/1974).

(6) Chou Yi-liang, Notes on Marvazi's Account on China, Harvard Journal of Asiatic Studies, Vol. 9, No. 1(Sep., 1945).

(7) Chou Yi-liang, Tantrism in China, Harvard Journal of Asiatic Studies, Vol. 8, No. 3/4(Mar., 1945).

(8) Chu Shih-Chia, Chinese Documents in the United States National Archives, The Far Eastern Quarterly, Vol. 9, No. 4(Aug., 1950).

(9) Chu Shih-chia, Chinese Local Histories at Columbia University, Harvard Journal of Asiatic Studies, Vol. 8, No. 2(Aug., 1944).

(10) Chu Shih-Chia, Tao-Kuang to President Tyler, Harvard Journal of Asiatic Studies, Vol. 7, No. 3(Feb., 1943).

(11) Chung-han Wang, The Authorship of the Yu-Hsien-K'u, Harvard Journal of Asiatic Studies, Vol. 11, No. 1/2(Jun., 1948).

(12) Ch'ang-Tu Hu, The Yellow River Administration in the Ch'ing Dynasty, The Far Eastern Quarterly, Vol. 14, No. 4(Aug., 1955).

(13) David N. Keightley, Ping-Ti Ho and the Origins of Chinese Civilization, Harvard Journal of Asiatic Studies, Vol. 37, No. 2(Dec., 1977).

(14) Evelyn S. Rawski, Presidential Address: Reenvisioning the Qing: The Significance of the Qing Period in Chinese History, The Journal of Asian Studies, Vol. 55, No. 4(Nov., 1996).

(15) Fêng Chia-shêng, The Ch'i-Tan Script, Journal of the American Oriental Society, Vol. 68, No. 1(Jan.-Mar., 1948).

(16) G. Raymond Nunn and Tsuen-Hsuin Tsien, Far Eastern Resources in American Libraries, The Library Quarterly, Vol. 29, No. 1(Jan., 1959).

(17) H. Y. Fêng, The Origin of Yü Huang, Harvard Journal of Asiatic Studies, Vol. 1, No. 2(Jul., 1936).

(18) J. K. Fairbank and S. Y. Teng, On The Ch'ing Tributary System, Harvard Journal of Asiatic Studies, Vol. 6, No. 2(Jun., 1941).

(19) J. K. Fairbank and S. Y. Teng, On The Transmission of Ch'ing Documents, Harvard Journal of Asiatic Studies, Vol. 4, No. 1(May., 1939).

(20) J. K. Fairbank and S. Y. Teng, On The Types and Uses of Ch'ing Documents, *Harvard Journal of Asiatic Studies*, Vol. 5, No. 1(Jan., 1940).

(21) James T. C. Liu, An Administrative Cycle in Chinese History: The Case of Northern Sung Emperors, *The Journal of Asian Studies*, Vol. 21, No. 2 (Feb., 1962).

(22) James T. C. Liu, Eleventh-Century Chinese Bureaucrats: Some Historical Classification and Behavioral Types, *Administrative Science Quarterly*, Vol. 4, No. 2(Sep., 1959).

(23) James T. C. Liu, Feudalism and Asian Societies: A Review Article, *Pacific Affairs*, Vol. 29, No. 2(Jun., 1956).

(24) James T. C. Liu, German Mediation in the Sino-Japanese War, 1937-38, *The Far Eastern Quarterly*, Vol. 8, No. 2(Feb., 1949).

(25) James T. C. Liu, How Did a Neo-Confucian School Become the State Orthodoxy?, *Philosophy East and West*, Vol. 23, No. 4(Oct., 1973).

(26) James T. C. Liu, On Translation, *The Journal of Asian Studies*, Vol. 36, No. 2(Feb., 1977).

(27) James T. C. Liu, Resurgent Japan: A Chinese View, *Far Eastern Survey*, Vol. 17, No. 23(Dec. 8, 1948).

(28) James T. C. Liu, Sung Roots of Chinese Political Conservatism: The Administrative Problems, *The Journal of Asian Studies*, Vol. 26, No. 3 (May., 1967).

(29) James T. C. Liu, The Classical Chinese Primer: Its Three-Character Style and Authorship, *Journal of the American Oriental Society*, Vol. 105, No. 2 (Apr.-Jun., 1985).

(30) James T. C. Liu, The Neo-Traditional Period (ca. 800-1900) in Chinese History: A Note in Memory of the Late Professor Lei Hai-Tsung, *The Journal of Asian Studies*, Vol. 24, No. 1(Nov., 1964).

(31) James T. C. Liu, The Sung Views on the Control of Government Clerks, *Journal of the Economic and Social History of the Orient*, Vol. 10, No. 2/3(Dec., 1967).

(32) James T. C. Liu, The Tokyo Trial: Source Materials, *Far Eastern Survey*, Vol. 17, No. 14(Jul. 28, 1948).

(33) James T. C. Liu, Yueh Fei (1103-41) and China's Heritage of Loyalty, *The Journal of Asian Studies*, Vol. 31, No. 2(Feb., 1972).

(34) Jung-Pang Lo, Maritime Commerce and Its Relation to the Sung Navy, *Journal of the Economic and Social History of the Orient*, Vol. 12, No. 1 (Jan., 1969).

(35) Jung-Pang Lo, The Controversy Over Grain Conveyance During the Reign of Qubilai Qaqan, 1260-94, *The Far Eastern Quarterly*, Vol. 13, No. 3 (May., 1954).

(36) Jung-Pang Lo, The Emergence of China as a Sea Power During the Late Sung and Early Yuan Periods, *The Far Eastern Quarterly*, Vol. 14, No. 4 (Aug., 1955).

(37) Kung-Chuan Hsiao, A Typeset Edition of the Diary of Weng Tung-ho with Index, *The Journal of Asian Studies*, Vol. 32, No. 3(May., 1973).

(38) Kung-Chuan Hsiao, The Twins Shall Meet, *Journal of Asian Studies*, Vol. 24, No. 1(Nov., 1964).

(39) Kuo-liang Ho, The Grand Council in the Ch'ing Dynasty, *The Far Eastern Quarterly*, Vol. 11, No. 2(Feb., 1952).

(40) Kwang-Ching Liu, Administering a Steam-Navigation Company in China, 1862-1867, *The Business History Review*, Vol. 29, No. 2(Jun., 1955).

(41) Kwang-Ching Liu, Chinese Merchant Guilds: An Historical Inquiry, *Pacific Historical Review*, Vol. 57, No. 1(Feb., 1988).

(42) Kwang-Ching Liu, Early Christian Colleges in China, *The Journal of Asian Studies*, Vol. 20, No. 1(Nov., 1960).

(43) Kwang-Ching Liu, Financing a Steam-Navigation Company in China, 1861-62, *The Business History Review*, Vol. 28, No. 2(Jun., 1954).

(44) Kwang-Ching Liu, German Fear of a Quadruple Alliance, 1904-1905, *The Journal of Modern History*, Vol. 18, No. 3(Sep., 1946).

(45) Kwang-Ching Liu, Imperialism and the Chinese Peasants: The Background of the Boxer Uprising The Origins of the Boxer Uprising by Joseph W. Esherick, *Modern China*, Vol. 15, No. 1(Jan., 1989).

(46) Kwang-Ching Liu, New Views of Ch'ing History: A Symposium, *The Journal of Asian Studies*, Vol. 26, No. 2(Feb., 1967).

(47) Kwang-Ching Liu, Steamship Enterprise in Nineteenth-Century China, *The Journal of Asian Studies*, Vol. 18, No. 4(Aug., 1959).

(48) Kwang-ching Liu, The Confucian as Patriot and Pragmatist: Li Hung-chang's Formative Years, 1823-1866, *Harvard Journal of Asiatic Studies*, Vol. 30(1970).

(49) Kwang-Ching Liu, World View and Peasant Rebellion: Reflections on Post-Mao Historiography, *The Journal of Asian Studies*, Vol. 40, No. 2 (Feb., 1981).

(50) Kwang-Ching Liu, The Confucian as Patriot and Pragmatist: The Formative Years of Li Hung-Chang, 1823-1866, *Harvard Journal of Asiatic Studies*, Vol. 30(1970).

(52) Kwan-Ching Liu, Early Christian Colleges in China, *Journal of Asian Studies*, Vol. 20, No. 1(Nov. 1960).

(53) L. Carrington Goodrich and Ch'u T'ung-tsu, Foreign Music at the Court of Sui Wen-ti, *Journal of the American Oriental Society*, Vol. 69(1949).

(54) L. Carrington Goodrich and Feng Chia-Sheng, The Early Development of Firearms in China, *Isis*, Vol. 36, No. 2(Jan., 1946).

(55) L. Carrington Goodrich and Shou-Husan Han, The Ming Shih-Lu, *The Far Eastern Quarterly*, Vol. 3, No. 1(Nov. 1943).

(56) Lien-sheng Yang, A Note on The So-called TLV Mirrors and The Game Liu-po, *Harvard Journal of Asiatic Studies*, Vol. 9, No. 3/4(Feb., 1947).

(57) Lien-sheng Yang, A Rejoinder to Professor Dubs, *Harvard Journal of Asiatic Studies*, Vol. 20, No. 3/4(Dec., 1957).

(58) Lien-Sheng Yang, A Theory About The Titles of The Twenty-Four Dynastic Histories, *Harvard Journal of Asiatic Studies*, Vol. 10, No. 1 (Jun., 1947).

(59) Lien-Sheng Yang, A " Posthumous Letter " From The Chin Emperor to The Khitan Emperor in 942, *Harvard Journal of Asiatic Studies*, Vol. 10, No. 3/4(Dec., 1947).

(60) Lien-sheng Yang, An Additional Note on The Ancient Game Liu-po, *Harvard Journal of Asiatic Studies* , Vol. 15, No. 1/2(Jun., 1952).

(61) Lien-Sheng Yang, An Inscribed Han Mirror Discovered in Siberia,

T'oung Pao, Second Series, Vol. 42, Livr. 3/4(1953).

(62) Lien-sheng Yang, Buddhist Monasteries and Four Money-raising Institutions in Chinese History, *Harvard Journal of Asiatic Studies*, Vol. 13, No. 1/2(Jun.,1950).

(63) Lien-sheng Yang, Economic Justification for Spending-An Uncommon Idea in Traditional China, *Harvard Journal of Asiatic Studies*, Vol. 20, No. 1/2 (Jun.,1957).

(64) Lien-sheng Yang, Female Rulers in Imperial China, *Harvard Journal of Asiatic Studies*, Vol. 23(1960-1961).

(65) Lien-sheng Yang, Marginalia to The Yuan tien-chang, *Harvard Journal of Asiatic Studies*, Vol. 19, No. 1/2(Jun.,1956).

(66) Lien-sheng Yang, Notes on Dr. Swann's Food and Money in Ancient China, *Harvard Journal of Asiatic Studies*, Vol. 13, No. 3/4(Dec.,1950).

(67) Lien-sheng Yang, Notes on Maspero's Les documents chinois de la troisieme expedition de Sir Aurel Stein en Asie Centrale, *Harvard Journal of Asiatic Studies*, Vol. 18, No. 1/2(Jun.,1955).

(68) Lien-Sheng Yang, Notes on The Economic History of The Chin Dynasty, *Harvard Journal of Asiatic Studies*, Vol. 9, No. 2(Jun.,1946).

(69) Lien-sheng Yang, Numbers and Units in Chinese Economic History, *Harvard Journal of Asiatic Studies*, Vol. 12, No. 1/2(Jun.,1949).

(70) Lien-sheng Yang, The Concept of "Free" and "Bound" in Spoken Chinese, *Harvard Journal of Asiatic Studies*, Vol. 12, No. 3/4(Dec.,1949).

(71) Lien-sheng Yang, The Form of The Paper Note Hui-tzu of The Southern Sung Dynasty, *Harvard Journal of Asiatic Studies*, Vol. 16, No. 3/4(Dec., 1953).

(72) Lien-sheng Yang, Toward a Study of Dynastic Configurations in Chinese History, *Harvard Journal of Asiatic Studies*, Vol. 17, No. 3/4(Dec.,1954).

(73) Lien-sheng Yang, Hostages in Chinese History, *Harvard Journal of Asiatic Studies*, Vol. 15, No. 3/4(Dec.,1952).

(74) Lien-sheng Yang, Schedules of Work and Rest in Imperial China, *Harvard Journal of Asiatic Studies*, Vol. 18, No. 3/4(Dec.,1955).

(75) Lien-sheng Yang, Notes on the Economic History of the Chin

Dynasty, *Harvard Journal of Asiatic Studies*, Vol. 9, No.2 (Jun, 1946).

(76) Ping-Ti Ho, Aspects of Social Mobility in China, 1368-1911, *Comparative Studies in Society and History*, Vol. 1, No. 4 (Jun, 1959).

(77) Ping-Ti Ho, Early-Ripening Rice in Chinese History, *The Economic History Review*, Vol. 9, No. 2 (1956).

(78) Ping-Ti Ho, In Defense of Sinicization: A Rebuttal of Evelyn Rawski's "Reenvisioning the Qing", *The Journal of Asian Studies*, Vol. 57, No. 1 (Feb., 1998).

(79) Ping-ti Ho, Lo-yang, A. D. 495-534: A Study of Physical and Socio-Economic Planning of a Metropolitan Area, *Harvard Journal of Asiatic Studies*, Vol. 26 (1966).

(80) Ping-ti Ho, Some Problems of Shang Culture and Institutions: A Review Article, *Pacific Affairs*, Vol. 34, No. 3 (Aut., 1961).

(81) Ping-Ti Ho, The Introduction of American Food Plants into China, *American Anthropologist*, New Series, Vol. 57, No. 2 (Apr., 1955).

(82) Ping-Ti Ho, The Loess and the Origin of Chinese Agriculture, *The American Historical Review*, Vol. 75, No. 1 (Oct., 1969).

(83) Ping-ti Ho, The Presidential Address: The Chinese Civilization: A Search for the Roots of its Longevity, *The Journal of Asian Studies*, Vol. 35, No. 4 (Aug., 1976).

(84) Ping-ti Ho, The Salt Merchants of Yang-Chou: A Study of Commercial Capitalism in Eighteenth-Century China, *Harvard Journal of Asiatic Studies*, Vol. 17, No. 1/2 (Jun., 1954).

(85) Ping-ti Ho, The Significance of the Ch'ing Period in Chinese History, *The Journal of Asian Studies*, Vol. 26, No. 2 (Feb., 1967).

(86) Ping-Ti Ho, Weng T'ung-Ho and the "One Hundred Days of Reform", *The Far Eastern Quarterly*, Vol. 10, No. 2 (Feb., 1951).

(87) S. Y. Teng, Chinese Historiography in the Last Fifty Years, *The Far Eastern Quarterly*, Vol. 8, No. 2 (Feb., 1949).

(88) S. Y. Teng, Wang Fu-chih's Views on History and Historical Writing, *The Journal of Asian Studies*, Vol.. 28, No. 1 (Nov, 1968).

(89) Ssu-yu Teng, Chinese Influence on The Western Examination

System:I. Introduction,*Harvard Journal of Asiatic Studies*, Vol. 7, No. 4(Sep., 1943).

(90)Tsuen-Hsuin Tsien and Edwin G. Beal,Jr.,East Asian Collections in America,*The Library Quarterly*,Vol. 35,No. 4(Oct.,1965).

(91) Tsuen-Hsuin Tsien, A History of Bibliographic Classification in China,*The Library Quarterly*,Vol. 22,No. 4(Oct.,1952).

(92)Tsuen-Hsuin Tsien,Current Status of East Asian Collections in American Libraries,*The Journal of Asian Studies*,Vol. 36,No. 3(May.,1977).

(93) Tsuen-hsuin Tsien, First Chinese-American Exchange of Publications,*Harvard Journal of Asiatic Studies*,Vol. 25(1964-1965).

(94)Tsuen-Hsuin Tsien,Raw Materials for Old Papermaking in China, *Journal of the American Oriental Society*,Vol. 93,No. 4(Oct.-Dec,1973).

(95)Tsuen-hsuin Tsien,Western Impact on China Through Translation, *The Far Eastern Quarterly*,Vol. 13,No. 3(May.,1954).

(96) Tung Tso-pin and Lien-sheng Yang, Ten Examples of Early Tortoise-Shell Inscriptions, *Harvard Journal of Asiatic Studies*, Vol. 11, No. 1/2 (Jun.,1948).

(97) Vincent Y. C. Shih,Some Chinese Rebel Ideologies,*T'oung Pao*, Second Series,Vol. 44,Livr. 1/3(1956).

(98)Vincent Yu-Chung Shih,Interpretations of the Taiping Tien-Kuo by Noncommunist Chinese Writers, *The Far Eastern Quarterly*, Vol. 10, No. 3 (May.,1951).

(99)Wang Yi-t'ung,Slaves and Other Comparable Social Groups During The Northern Dynasties(386-618),*Harvard Journal of Asiatic Studies*,Vol. 16, No. 3/4(Dec.,1953).

(100) Wang Yü-ch'üan, An Outline of The Central Government of The Former Han Dynasty,*Harvard Journal of Asiatic Studies*,Vol. 12,No. 1/2(Jun., 1949).

(101)William Hung, A Bibliographical Controversy at the T'ang Court A. D. 719,*Harvard Journal of Asiatic Studies*,Vol. 20,No. 1/2(Jun.,1957).

(102)William Hung,A T'ang Historiographer's Letter of Resignation,*Harvard Journal of Asiatic Studies*,Vol. 29(1969).

(103) William Hung, Huang Tsun-Hsien's Poem "The Closure of The Educational Mission in America", *Harvard Journal of Asiatic Studies*, Vol. 18, No. 1/2(Jun., 1955).

(104) William Hung, Preface to an Index to Ssu-k'u ch'uan-shu tsung-mu and Wei-shou shu-mu, *Harvard Journal of Asiatic Studies*, Vol. 4, No. 1(May., 1939).

(105) William Hung, The Transmission of The Book Known as The Secret History of The Mongols, *Harvard Journal of Asiatic Studies*, Vol. 14, No. 3/4 (Dec., 1951).

(106) William Hung, The T'ang Bureau of Historiography Before 708, *Harvard Journal of Asiatic Studies*, Vol. 23(1960-1961).

(107) William Hung, Three of Ch'ien Ta-hsin's Poems on Yüan History, *Harvard Journal of Asiatic Studies*, Vol. 19, No. 1/2(Jun., 1956).

(108) Y. C. Wang, Free Enterprise in China: The Case of a Cigarette Concern, 1905-1953, *Pacific Historical Review*, Vol. 29, No. 4(Nov., 1960).

(109) Y. C. Wang, Intellectuals and Society in China 1860-1949, *Comparative Studies in Society and History*, Vol. 3, No. 4(Jul., 1961).

(110) Y. C. Wang, The Influence of Yen Fu and Liang Ch'i-ch'ao on the San Min Chu I, *Pacific Historical Review*, Vol. 34, No. 2(May., 1965),

(111) Y. C. Wang, Tu Yueh-Sheng(1888-1951): A Tentative Political Biography, *The Journal of Asian Studies*, Vol. 26, No. 3(May., 1967).

(112) Y. C. Wang, Western Impact and Social Mobility in China, *American Sociological Review*, Vol. 25, No. 6(Dec., 1960).

(113) Yi-T'Ung Wang, The P'u-pan Chinese Library at the University of British Columbia, *Pacific Affairs*, Vol. 34, No. 1(Spring, 1961).

(114) Yi-T'ung Wang, The Origins of Chinese Books. *Pacific Affairs*, Vol. 37, No. 4(Winter, 1964-1965).

(115) Yu-Shan Han, Formosa under Three Rules, *Pacific Historical Review*, Vol. 19, No. 4(Nov., 1950).

(116) Yu-Shan Han, The Chinese Civil Service: Yesterday and Today, *Pacific Historical Review*, Vol. 15, No. 2(Jun., 1946).

(117) Yu-Shan Han, The Role of the Historian in China, *Pacific Historical*

Review,Vol. 16,No. 2(May.,1947).

二、与客居美国的中国史家有关的中文著述

(一)回忆录、书札、学记等

(1)[德]傅吾康《为中国着迷:一位汉学家的自传》,社会科学文献出版社,2013年。

(2)[美]保罗·柯文、默尔·戈德曼主编,朱政惠、陈雁、张晓阳译《费正清的中国世界:同时代人的回忆》,东方出版中心,2000年。

(3)[美]陈毓贤《洪业传》,北京大学出版社,1995年。

(4)[美]费正清著,黎鸣、贾玉文等译《费正清自传》,天津人民出版社,1993年。

(5)[美]费正清著,陆惠勤等译《费正清对华回忆录》,上海知识出版社,1991年。

(6)[美]海伦·斯诺著,华谊译《旅华岁月》,世界知识出版社,1985年。

(7)[美]史景迁著,夏俊霞等译《中国纵横:一个汉学家的学术探索之旅》,上海远东出版社,2005年。

(8)[日]宫崎市定《悼杨联陞教授记交游》,载《历史月刊》1991年第37期。

(9)[日]矶野富士子著,吴心伯译《蒋介石的美国顾问——欧文·拉铁摩尔回忆录》,复旦大学出版社,1996年。

(10)[日]斯波信义《刘子健教授为人和为学》,载《刘子健博士颂寿纪念宋史研究论集》,日本同朋舍出版,1989年。

(11)北京大学信息管理系、台北胡适纪念馆编《胡适王重民先生往来书信集》,安徽教育出版社,2009年。

(12)卞僧慧纂,卞学洛整理《陈寅恪先生年谱长编》,中华书局,2010年。

(13)曹伯言整理《胡适日记全编:1938—1949》,安徽教育出版社,2001年。

(14)陈永发、沈怀玉、潘光哲访问,周维朋记录《家事、国事、天下事——许倬云先生一生回顾》,南京大学出版社,2012年。

(15)程焕文编《裘开明年谱》,广西师范大学出版社,2008年。

（16）杜春和、韩荣芳、耿来金编《胡适论学往来书信选》，中华书局，1979年。

（17）冯友兰《三松堂自序》，人民出版社，2008年。

（18）葛兆光《正晌午时说话，谁也没有家——1977年杨联陞回国记》，载《读书》2014年第3期。

（19）耿云志编《胡适遗稿及秘藏书信》，黄山书社，1994年。

（20）顾潮编著《顾颉刚年谱》，中国社会科学出版社，1993年。

（21）顾颉刚《顾颉刚日记》，中华书局，2011年。

（22）顾颉刚《走在历史的路上》，中国人民大学出版社，2011年。

（23）关国煊《民国人物小传：杨联陞》，载《传记文学》2001年第79卷第4期。

（24）何兹全《大时代的小人物》，北京大学出版社，2010年。

（25）何兹全著，潘雯瑾整理《何兹全学述》，浙江人民出版社，2000年。

（26）侯仁之《侯仁之学术文化随笔》，中国青年出版社，2001年。

（27）胡适纪念馆编《论学谈诗二十年——胡适杨联陞往来书札》，安徽教育出版社，2001年。

（28）黄培《旅美学人邓嗣禹在学术上的贡献》，载《近代中国史研究通讯》1988年第6期。

（29）黄培《追思邓嗣禹教授》，载《传记文学》1988年第53卷第1期。

（30）蒋廷黻《蒋廷黻回忆录》，岳麓书社，2003年。

（31）李涵《与刘子健君一度谈》，载《宋史研究通讯》1987年第10期。

（32）李弘祺《海滨拾贝壳的学者——怀念杨联陞教授》，载《历史月刊》1991年第36期。

（33）刘绍铭《燕京·哈佛·洪业》，载《传记文学》1988年第52卷第5期。

（34）彭靖《家国万里：邓嗣禹的学术与人生》，上海人民出版社，2014年。

（35）钱穆《八十忆双亲 师友杂忆》，三联书店，2005年。

（36）全国政协暨北京、上海、天津、福建政协文史资料委员会编《建国初留学生归国记事》，中国文史出版社，1999年。

（37）散木《灯火阑珊处：时代夹缝中的学人》，山东人民出版社，2008年。

(38)唐特凡《一位历史学博士的追求——记邓嗣禹先生的一生》,载《常宁文史资料》1989年第5辑。

(39)陶希圣《潮流与点滴》,台北:传记文学出版社,1979年。

(40)王汎森、潘光哲、吴政上主编《傅斯年遗札》,台湾"中央"研究院历史语言研究所,2011年。

(41)王钟翰《王钟翰学述》,浙江人民出版社,1999年。

(42)王钟翰《我为什么专攻清史和满族史》,载《文史知识》1996年第12期。

(43)翁独健、王钟翰《洪业先生传略》,载《文献》1981年第4期。

(44)吴宓著,吴学昭整理注释《吴宓日记》(1925—1927),三联书店,1998年。

(45)吴相湘《陈受颐精研中西文化交流史实》,载《传记文学》1985年第46卷第6期。

(46)吴兴文《花果漂零哪是家——一九四八年后的董作宾、杨联陞与钱端升》,载《印刻文学生活志》2005年第1卷第9期。

(47)夏鼐《夏鼐日记》,华东师范大学出版社,2011年。

(48)燕京研究院编《燕京大学人物志》,北京大学出版社,2002年。

(49)杨步伟《一个女人的自传》,广西师范大学出版社,2014年。

(50)杨步伟《杂记赵家》,台北:传记文学出版社,1972年。

(51)杨树达《积微翁回忆录》,北京大学出版社,2007年。

(52)袁澄《劳碌一生的父亲》,载《传记文学》1966年第8卷第2期。

(53)张朋园等访问《孙任以都先生访问纪录》,台湾"中央"研究院近代史研究所,1993年。

(54)张世林主编《学林春秋:著名学者自序集》,中华书局,1998年。

(55)赵赓扬《东方伯希和:汉学家杨联陞》,载《中外杂志》1991年第49卷第5期。

(56)赵统《学贯中西的历史学家王伊同》,载《江阴文史资料》1983年第4辑。

(57)周一良《毕竟是书生》,北京十月文艺出版社,1998年。

(58)周一良《天地一书生》,北京大学出版社,2010年。

(59)周一良《周一良致王伊同信》,载《清华大学学报》2005年第1期。

(60)朱传誉主编《袁同礼传记资料》,台北:天一出版社,1979年。

（二）中文著作

（1）［德］马汉茂、汉雅娜；张西平、李雪涛主编《德国汉学：历史、发展、人物与视角》，大象出版社，2005年。

（2）［法］菲利普·弗朗德兰著，一梧译《伯希和传》，广西师范大学出版社，2017年。

（3）［法］考狄编《西人论中国书目》，中华书局，2017年。

（4）［加］保罗·埃文斯著，陈同等译《费正清看中国》，上海人民出版社，1995年。

（5）［美］A. W. 恒慕义主编，中国人民大学清史研究所《清代名人传记》翻译组译《清代名人传记》，青海人民出版社，1990年。

（6）［美］阿里夫·德里克著，王宁等译《后革命氛围》，中国社会科学出版社，1999年。

（7）［美］阿里夫·德里克著，翁贺凯译《革命与历史：中国马克思主义历史学的起源，1919—1937》，江苏人民出版社，2005年。

（8）［美］爱德华·W. 萨义德著，王宇根译《东方学》，三联书店，1999年。

（9）［美］白露、方红、周宪主编《从外部世界看中国：Positions 杂志20年精粹》，南京大学出版社，2016年。

（10）［美］丹尼尔·贝尔著，范岱年等译《当代西方社会科学》，社会科学文献出版社，1988年。

（11）［美］邓鹏《费正清评传》，天地出版社，1997年。

（12）［美］费维恺著，虞和平译《中国早期工业化——盛宣怀和官督商办企业》，中国社会科学出版社，1990年。

（13）［美］费正清著，郭晓兵等译《中国思想与制度》，世界知识出版社，2008年。

（14）［美］费正清著，孙瑞芹、陈泽宪译《美国与中国》，商务印书馆，1973年。

（15）［美］费正清著，张理京译《美国与中国》，世界知识出版社，2003年。

（16）［美］费正清著，张沛译《中国：传统与变迁》，世界知识出版社，2001年。

(17)[美]黄仁宇《万历十五年》,中华书局,2007年。

(18)[美]柯文著,林同奇译《在中国发现历史》,中华书局,2002年。

(19)[美]拉铁摩尔著,唐晓峰译《中国的亚洲内陆边疆》,江苏人民出版社,2005年。

(20)[美]列文森著,郑大华、任菁译《儒教中国及其现代命运》,中国社会科学出版社,2000年。

(21)[美]珀金斯著,宋海文等译《中国农业的发展》,上海译文出版社,1984年。

(22)[美]芮玛丽著,房德邻、郑师渠、郑大华、刘北成等译《同治中兴:中国保守主义的最后抵抗》,中国社会科学出版社,2002年。

(23)[美]史黛西·比勒著,张艳译《中国留美学生史》,三联书店,2010年。

(24)[美]史华慈著,叶凤美译《寻求富强——严复与西方》,江苏人民出版社,2005年。

(25)[美]韦慕庭著,杨慎之译《孙中山:壮志未酬的爱国者》,新星出版社,2006年。

(26)[美]薛龙著,路克利译《哈佛大学费正清中心50年史》,新星出版社,2012年。

(27)[美]余英时《重寻胡适历程》,广西师范大学出版社,2004年。

(28)[荷]施耐德著,梅寅生译《顾颉刚与中国新史学》,台北:华世出版社,1984年。

(29)[英]杰弗里·巴勒克拉夫著,杨豫译《当代史学新趋势》,台北:云龙出版社,1999年。

(30)[英]魏根深著,侯旭东主持译《中国历史研究手册》,北京大学出版社,2016年。

(31)安平秋、[美]安乐哲主编《北美汉学家辞典》,人民文学出版社,2001年。

(32)柴德赓《史学丛考》,中华书局,1982年。

(33)陈建守《燕京大学与现代中国史学发展》,台湾师范大学历史学系,2009年。

(34)陈仪深、黄克武、沈怀玉、潘光哲等《郭廷以先生门生故旧忆往录》,台湾"中央"研究院近代史研究所,2005年。

（35）陈寅恪《陈寅恪诗存》，清华大学出版社，1993年。

（36）陈寅恪《陈寅恪史学论文选集》，上海古籍出版社，1992年。

（37）陈远《燕京大学》，浙江人民出版社，2013年。

（38）陈智超《陈垣先生与中研院史语所》，台湾"中央"研究院历史语言研究所，1998年。

（39）仇华飞《美国的中国学研究》，中国社会科学出版社，2011年。

（40）丛小平《师范学校与中国的现代化》，商务印书馆，2014年。

（41）邓珂编《邓之诚学术纪念文集》，北京大学出版社，1991年。

（42）杜维明《龙鹰之旅：从哈佛回归东海的认同与感悟，1966—1970》，北京大学出版社，2013年。

（43）杜维运《与西方史学研究者论中国史学》，台北：东大图书有限公司，1981年。

（44）杜维运《中国史学与世界史学》，商务印书馆，2010年。

（45）费孝通《中国士绅》，三联书店，2009年。

（46）冯尔康、郑克晟编《郑天挺学记》，三联书店，1991年。

（47）葛兆光《宅兹中国》，中华书局，2011年。

（48）顾长声《传教士与近代中国》，上海人民出版社，1981年。

（49）顾钧《美国第一批留学生在北京》，大象出版社，2015年。

（50）顾钧《卫三畏与美国早期汉学》，外语教学与研究出版社，2009年。

（51）顾明栋《汉学主义：东方主义与后殖民主义的替代理论》，商务印书馆，2015年。

（52）郭沫若《海涛》，北京新文艺出版社，1957年。

（53）郭沫若《李白与杜甫》，中国长安出版社，2010年。

（54）郭胜强《董作宾传》，江苏文艺出版社，2010年。

（55）韩铁《福特基金会与美国的中国学》，中国社会科学出版社，2004年。

（56）胡绳《胡绳全书》，人民出版社，1998年。

（57）胡志宏《西方中国古代史研究导论》，大象出版社，2004年。

（58）季进《另一种声音——海外汉学访谈录》，复旦大学出版社，2011年。

（59）赖建诚《年鉴学派管窥》，台北：麦田文化出版社，1996年。

（60）雷海宗著，王敦书选编《历史·时势·人心》，天津人民出版社，2012年。

（61）李焯然《中心与边缘：东亚文明的互动与传播》，广西师范大学出版社，2015年。

（62）李工真《文化的流亡：纳粹时代欧洲知识难民研究》，人民出版社，2010年。

（63）李怀宇《家国万里：访问旅美十二学人》，中华书局，2013年。

（64）李滔主编《中华留学教育史录：1949年以后》，高等教育出版社，2000年。

（65）李喜所主编，元清等著《中国留学通史》，广东教育出版社，2010年。

（66）李孝迁《域外汉学与中国现代史学》，上海古籍出版社，2014年。

（67）李孝迁编校《近代中国域外汉学评论萃编》，上海古籍出版社，2014年。

（68）梁启超《中国近三百年学术史》，岳麓书社，2009年。

（69）林子勋《中国留学教育史：1847—1975》，台北：华冈出版有限公司，1976年。

（70）刘伯骥《美国华侨史续编》，台北：黎明文化事业公司，1981年。

（71）刘招成《美国中国学研究：以施坚雅模式社会科学化取向为中心的考察》，上海人民出版社，2009年。

（72）刘真主编，王焕琛编著《留学教育——中国留学教育史料》，台湾编译馆，1980年。

（73）柳立言等《宋史座谈会成立三十周年学术研讨会文集》，台湾中国文化大学，1994年。

（74）罗志田《近代中国史学十论》，复旦大学出版社，2005年。

（75）马钊主编《1971—2006年美国清史论著目录》，人民出版社，2007年。

（76）欧阳哲生《欧阳哲生讲胡适》，北京大学出版社，2008年。

（77）欧阳哲生《探寻胡适的精神世界》，北京大学出版社，2012年。

（78）彭明辉、唐启华主编《东亚视角下的近代中国》，台湾政治大学历史系，2006年。

（79）清华大学校史研究室编《清华大学史料选编》，清华大学出版社，

1991年。

（80）庆祝何炳棣先生九十华诞论文集编辑委员会编《庆祝何炳棣先生九十华诞论文集》，三秦出版社，2008年。

（81）庆祝钱存训教授九五华诞学术论文集编辑委员会编《南山论学集——钱存训先生九五生日纪念》，北京图书馆出版社，2006年。

（82）桑兵《国学与汉学——近代中外学界交往录》，浙江人民出版社，1999年。

（83）上海市教育科学研究所教育史志研究室编《上海市学校概况》，上海社会科学院出版社，1990年。

（84）尚小明《北大史学系早期发展史研究，1899—1937》，北京大学出版社，2010年。

（85）孙越生、陈书梅主编《美国中国学手册》，中国社会科学出版社，1993年。

（86）台湾"中央"研究院近代史研究所编《近世中国经世思想研讨会论文集》，"中央"研究院近代史研究所，1984年。

（87）台湾"中央"研究院近代史研究所编《六十年来的中国近代史研究》，"中央"研究院近代史研究所，1989年。

（88）唐德刚《史学与红学》，广西师范大学出版社，2008年。

（89）汪荣祖《史学九章》，三联书店，2006年。

（90）王承礼主编《辽金契丹女真史译文集》，吉林文史出版社，1990年。

（91）王汎森《近代中国的史学研究者与史学》，复旦大学出版社，2010年。

（92）王希、卢汉超、姚平主编《开拓者：著名历史学家访谈录》，北京大学出版社，2015年。

（93）王希、姚平主编《在美国发现历史：留美历史学人反思录》，北京大学出版社，2010年。

（94）吴格编《坐拥书城　勤耕不辍——钱存训先生的志业与著述》，国家图书馆出版社，2013年。

（95）吴善中等著《太平天国史学述论》，社会科学文献出版社，2013年。

（96）吴义雄《在宗教与世俗之间——基督教新传教士在华南沿海的

早期活动研究》,广东教育出版社,2000年。

(97)谢保成《民国史学述论稿,1912—1949》,上海人民出版社,2011年。

(98)徐耕葆《释古与清华学派》,清华大学出版社,1997年。

(99)许冠三《新史学九十年》,岳麓书社,2003年。

(100)严耕望《钱宾四先生与我》,台北:商务印书馆,1992年。

(101)严耕望《治史三书》,上海人民出版社,2011年。

(102)杨海英、邱永君编《王钟翰说清朝》,上海科学技术文献出版社,2009年。

(103)杨诗浩,韩荣芳编《国外出版中国近现代史书目》,上海人民出版社,1980年。

(104)余英时《论戴震与章学诚》,台北:东大图书股份有限公司,1996年。

(105)余英时《钱穆与现代中国学术》,广西师范大学出版社,2006年。

(106)余英时《钱穆与中国文化》,广西师范大学出版社,2006年。

(107)余英时《文史传统与文化重建》,三联书店,2012年。

(108)余英时《余英时文集第五卷:现代学人与学术》,广西师范大学出版社,2006年。

(109)余英时《中国近世宗教伦理与商人精神》,安徽教育出版社,2001年。

(110)余英时《中国文化与现代变迁》,台北:三民书局,1992年。

(111)余英时《中国知识人之史的考察》,广西师范大学出版社,2004年。

(112)余英时著,邵东方编《史学研究经验谈》,上海文艺出版社,2010年。

(113)元青等著《民国时期留美生的中国问题研究》,南开大学出版社,2017年。

(114)袁剑《拉铁摩尔与中国学术》,社会科学文献出版社,2016年。

(115)袁同礼《袁同礼著书目汇编》,国家图书馆出版社,2010年。

(116)张聪、姚平主编《当代西方汉学研究集萃:思想文化卷》,上海古籍出版社,2012年。

(117)张凤《哈佛心影录》,上海文艺出版社,2000年。

（118）张海惠主编《北美中国学：研究概述与文献资源》，中华书局，2010年。

（119）张海鹏、龚云《中国近代史研究》，福建人民出版社，2005年。

（120）张宏生编著《中美文化交流的先驱：戈鲲化的时代、生活与创作》，凤凰出版社，2016年。

（121）章开沅《鸿爪集》，上海古籍出版社，2003年。

（122）中国第二历史档案馆《中华民国史档案资料汇编》，江苏古籍出版社，1997年。

（123）中国科学院近代史研究所资料编译组《外国资产阶级是怎样看待中国历史的：资本主义国家反动学者研究中国近代历史的论著选译》，商务印书馆，1961年。

（124）周法高《汉学论集》，台北：正中书局，1965年。

（125）周一良《郊叟曝言：周一良自选集》，新世界出版社，2001年。

（126）周一良《周一良集：杂论与杂记》，辽宁教育出版社，1998年。

（127）朱庆葆主编《南京大学百年学术精品·历史卷》，南京大学出版社，2002年。

（128）朱维铮编《周予同经学史论著选集》，上海人民出版社，1996年。

（129）朱政惠、崔丕主编《北美中国学的历史与现状》，上海辞书出版社，2013年。

（130）朱政惠《美国中国学发展史》，中西书局，2014年。

（131）朱政惠《美国中国学史研究》，上海古籍出版社，2004年。

（132）朱政惠编《美国学者论美国中国学》，上海辞书出版社，2009年。

（133）朱政惠编《中国学者论美国中国学》，上海辞书出版社，2008年。

（134）朱政惠编译《史华慈学谱》，上海辞书出版社，2006年。

（135）朱政惠主编《海外中国学评论》（第二辑），上海古籍出版社，2007年。

（136）朱政惠主编《海外中国学评论》（第三辑），上海辞书出版社，2008年。

（137）朱政惠主编《海外中国学评论》（第四辑），上海辞书出版社，2012年。

（138）朱政惠主编《海外中国学评论》（第五辑），上海辞书出版社，2015年。

(139)朱政惠主编《海外中国学评论》(第一辑),上海古籍出版社,2006年。

(三)中文论文

(1)[法]马克烈讲《欧洲各国对于中国学术之研究》,载《史学(上海)》1930年创刊号。

(2)[美]保罗·柯文《美国的中国近代史研究》,载《历史研究》1980年第2期。

(3)[美]卜德《史记吕不韦列传荆轲列传蒙恬列传之研究》,载《图书季刊》1941年新第3卷第1、2期合刊。

(4)[美]卜德《中国物品西传考》,载《中外关系史译丛》第4辑,上海译文出版社,1984年。

(5)[美]卜德《左传与国语》,载《燕京学报》1934年第16期。

(6)[美]顾立雅《梅迪生——君子儒》,载《思想与时代》1948年第46期。

(7)[美]顾立雅《释天》,载《燕京学报》1935年第18期。

(8)[美]顾立雅《原道字与彝字之哲学意义》,载《学衡》1933年第79期。

(9)[美]恒慕义著,郑德坤译《近百年来中国史学与古史辨》,载《史学年报》1933年第5期。

(10)[美]魏特夫《中国经济史的基础和阶段》,载《食货》1937年第5卷第3期。

(11)[日]吉川幸次朗著,幻成译《关于中国学之问题》,载《北华月刊》1941年第1卷第4期。

(12)[日]桑原隲藏著,方今兹译《中国学研究者的任务》,载《中国青年》1947年第9期。

(13)[日]石田干之助著,樊哲民编译《欧美研究中国学术之杂志》,载《行健月刊》1940年第6卷第4、5期。

(14)[日]石田刊之助著,汪馥泉译《中国研究在欧美》,载《学术》1940年第1期。

(15)《最近美国对于中国史研究一瞥》,载《史学杂志》1929年第1卷第6期。

（16）Paul Cressey 著,雷震译《科举制度在中国文化发展上之影响》,载《师大史学丛刊》1931 年第 1 卷第 1 号。

（17）陈恭禄《评莱道内德（K. S. Latourette）著〈中国史与文化〉》,载《武大文哲季刊》1934 年第 3 卷第 2 期。

（18）陈恭禄《书评:远东国际关系史》,载《武大文哲季刊》1934 年第 3 卷第 2 期。

（19）陈梦家《美国的汉学研究》,载《周论》1948 年第 1 卷第 10 期。

（20）陈润成《邓嗣禹与第二次世界大战后的美国汉学发展》,载《华美族研究集刊》2004 年第 7 辑。

（21）陈翔华《中国书籍及有关印刷史研究的重要收获》,载《中国图书馆学报》1993 年第 2 期。

（22）陈宗祥《评〈中国的边疆〉》,载《边政公论》第 3 卷第 1 期。

（23）程章灿《岁月匆匆六十年:由〈哈佛亚洲学报〉看美国汉学的成长》,载《古典文学知识》1997 年第 1 期。

（24）墀（等）《中国印刷术之发明及其西传》,载《史学消息》1936 年第 1 卷第 3 期。

（25）党宝海《房兆楹先生和他的学术研究》,载《中国史研究动态》2005 年第 2 期。

（26）丁卫《乡村控制:萧公权对帝制中国晚期社会的探究》,载《华中科技大学学报》2007 年第 4 期。

（27）董作宾《书评:魏特夫,商代卜辞中的气象纪录》,载《华西协合大学中国文化研究所集刊》1943 年第 3 卷第 1 期。

（28）樊书华《燕京大学与哈佛—燕京学社的建立》,载《美国研究》1999 年第 1 期。

（29）顾钧《顾颉刚与美国汉学家的交往》,载《国际汉学》2015 年第 3 期。

（30）桂蔼如《史学方法——因问求法说刘子健》,载《历史研究》第 1 辑,1987 年。

（31）郭斌佳《书评:乾隆之禁书运动》,载《国立武汉大学文哲季刊》1936 年第 5 卷第 3 期。

（32）韩奎章《德国人的汉学研究》,载《东方文化月刊》1938 年第 1 卷第 1、2 期。

（33）何炳棣《清华史学对我影响深远》,载《清华大学学报》2005 年第 5 期。

（34）何汉威《何炳棣院士与〈读史阅世六十年〉》,载《汉学研究通讯》2005 年第 23 卷第 3 期。

（35）何汉威《全汉昇与中国经济史研究》,载《中国经济史研究》2002 年第 3 期。

（36）何兹全《我所经历的 20 世纪中国社会史研究》,载《史学理论研究》2003 年第 2 期。

（37）华五《英国的汉学家》,载《宇宙风》1937 年第 43 期。

（38）黄进兴、杜维明《儒学的最后先锋》,载《当代》1986 年第 3 期。

（39）黄俊杰《萧公权与中国政治思想史研究》,载《台大历史学报》2001 年第 27 期。

（40）黄宗智《三十年来美国研究中国近现代史(兼及明清史)的概况》,载《中国史研究动态》1980 年第 9 期。

（41）黄宗智《我们的问题意识:对美国的中国研究的反思》,载《开放时代》2016 年第 1 期。

（42）姜金胜《在人类学与历史学之间——以瞿同祖为中心的阅读史个案》,载《清华大学学报》2012 年第 4 期。

（43）来可泓《美籍宋史专家刘子健》,中国历史文献研究会、贵州历史文献研究会合编《学者笔下的贵州文化:贵州文化国际学术研讨会论文集》,贵州人民出版社,1998 年。

（44）雷海宗《书评:China:A Short Cultural History C. P. Fitzgerald》,载《清华学报》1936 年第 11 卷第 4 期。

（45）雷海宗《书评:Kenneth Scott Latourette,The Chinese,Their History and Culture》,载《清华学报》1935 年第 10 卷第 2 期。

（46）雷海宗《书评:The Literary Inquisition of Ch'ien-Lung,Luther Carrington Goodrich》,载《清华学报》1935 年第 10 卷第 4 期。

（47）雷海宗《司马迁的史学》,载《清华学报》1941 年第 13 卷第 2 期。

（48）黎东方《历史不仅仅是一种科学》,载《哲学与文化》1975 年第 6 期。

（49）黎志刚《中国近代史若干问题之思考——再访刘广京先生》,载《近代中国》1999 年第九辑。

（50）李秉衡《方法与材料》，载《食货》1935年第9期。

（51）李思纯《与友论新诗书》，载《学衡》1923年第19期。

（52）李显裕撰《试论杨联陞的史学及其精神之含义》，载《史汇》（台大历史系）1996年创刊号。

（53）李孝迁《"他人入室"：民国史坛对域外汉学的回应》，载《华东师范大学学报》2012年第6期。

（54）李孝迁《魏特夫与近代中国学术界》，载《人文杂志》2010年第6期。

（55）李学博《美国印第安纳大学中文藏书的发现——兼述邓嗣禹和柳无忌教授的贡献》，载《传记文学》2013年第103卷第3期。

（56）李亦超译《美国佛学界之中国佛教史观》，载《海潮音》1927年第8卷第4、5、8、10、11、12期。

（57）梁盛志《外国汉学研究之检讨》，载《再建旬刊》1940年第1卷第8期。

（58）梁盛志《外国汉学研究之检讨》，载《再建旬刊》1940年第1卷第9期。

（59）梁怡、王爱云《西方学者视野中的国外中国问题研究——访美国乔治华盛顿大学教授沈大伟》，载《中共党史研究》2010年第4期。

（60）刘开军《洪业对顾颉刚的学术影响》，载《史学史研究》2007年第4期。

（61）刘心勇《非基督教运动述评》，载《复旦学报》（社科版）1989年第2期。

（62）刘修业《清代名人传记样本》，载《图书季刊》1941年新第3卷第1、2期合刊。

（63）刘秀俊《训诂治史的会通之学——杨联陞与"清华学派"》，载《山东社会科学》2010年第4期。

（64）刘志伟、陈春声《梁方仲先生的中国社会经济史研究》，载《中山大学学报》2008年第6期。

（65）卢建荣《黎东方的叙述史学》，载《史学汇刊》2009年第21期。

（66）麦金农、周荣、黎志刚著，吴艳红译《刘广京学术观点举要》，载《近代史研究》2000年第6期。

（67）聂崇岐《书评：Slavery in china during the former Han dynasty,

206B. C-A. D.25》,载《燕京学报》1946年第31期。

(68)齐思和《评〈班昭传〉》,载《燕京学报》1937年第22期。

(69)桑兵《近代中国的新史学及其流变》,载《史学月刊》2007年第11期。

(70)唐敬杲《近世纪来西洋人之中国学研究》,载《东方文化》1942年第1卷第1、2期。

(71)陶飞亚、梁元生《〈哈佛燕京学社〉补正》,载《历史研究》1999年第6期。

(72)陶希圣《编者的话》,载《食货》1937年第5卷第3期。

(73)汪荣祖《传世诗文尽雅言——萧公权先生的生平与学术》,载《中国文化》2001年第6期。

(74)汪荣祖《一个历史学家的历史》,载《传记文学》2004年第85卷第3期。

(75)王尔敏《经世史家刘广京对台湾学界之启导》,载《传记文学》2006年第89卷第5期。

(76)王光祈译《近五十年来德国之汉学》,载《新中华》1933年第1卷第17期。

(77)王静如讲,瞿恩宝记录《二十世纪之法国汉学及其对于中国学术之影响》,载《国立华北编译馆馆刊》1943年第2卷第8期。

(78)王立新《试论美国人中国观的演变(18世纪—1950)》,载《世界历史》1998年第1期。

(79)王毓铨《研究历史必须实事求是》,载《史学史研究》1988年第3期。

(80)王重民《书评:清代史人》,载《图书季刊》1941年新5第1期。

(81)魏泉《洪业与二三十年代中国现代学术的转型》,载《浙江社会科学》2010年第9期。

(82)翁独健、刘子健、王钟翰《洪业先生传略》,载《燕大文史资料》1990年第3辑。

(83)向燕南《20世纪二三十年代中国新社会科学运动与史学发展的新境界》,载《江海学刊》2008年第3期。

(84)肖俊《"融和东西两个伟大学术传统的菁华"——江西籍学人萧公权学术思想管窥》,载《江西社会科学》2005年第5期。

(85)肖俊《萧公权:会通古今中西的典范》,载《学术界》2004年第5期。

(86)忻平《治史须重考据 科学人文并重——南加利福尼亚州何炳棣教授访问记》,载《史学理论研究》1997年第1期。

(87)杨慕冯译《欧美人士对中国学术的研究》,载《民族月刊》1944年第1卷第3期。

(88)杨讷《怀念翁独健先生》,载《文史知识》1998年第9期。

(89)杨念群《美国中国学研究的范式转变与中国史研究的现实处境》,载《清史研究》2000年第4期。

(90)叶再生《钱存训先生有关中国书籍纸墨及印刷史的著述》,载《中国出版史研究》第3辑,1987年。

(91)张宝三《访钱存训教授谈中国书籍史之研究及治学方法》,载《汉学研究通讯》2003年第2期。

(92)张秉伦、黄世瑞《新作问世 巨著增辉——评英文版〈纸和印刷〉及其中有关安徽历史上造纸和印刷的成就》,载《安徽史学》1986年第6期。

(93)张德昌《中国印刷术之发明及其西渐:嘉德著》,载《新月》1933第4卷第6期。

(94)张凤《哈佛燕京学社75年的汉学贡献》,载《文史哲》2004年第3期。

(95)张寄谦《哈佛燕京学社》,载《近代史研究》1990年第5期。

(96)张燕波《黄仁宇与中国历史研究》,载《浙江师范大学学报》2003年第1期。

(97)张志强《钱存训先生对中国出版史研究的贡献》,载《出版科学》2010年第6期。

(98)赵亦民《最近十年关于中国英美俄德文献》,载《新生命》1929年第2卷第12号。

(99)周明之《萧公权与美国汉学》,载《华美族研究集刊》2000年创刊号。

(100)周武、李德英、戴东阳《中国中心观的由来及其发展——柯文教授访谈录》,载《史林》2002年第2期。

(101)周一良《评魏楷英译魏书释老志》,载《史学年报》1937年第2

卷第4期。

（102）周一良《未刊丁则良文集序——纪念两位挚友之二》，载《读书》2000年第3期。

（103）朱政惠《柯文教授的清史研究》，载《江西师范大学学报》2004年第6期。

（104）庄建平《50年来的中国近代史资料出版概述》，载《近代史研究》1999年第5期。

（四）学位论文

（1）别立谦《论钱存训先生对中国书史研究的贡献》，硕士学位论文，北京大学，1998年。

（2）林郁婷《敢比仰山杂货铺　何堪舜水再来人——杨联陞及其史学思想研究》，硕士学位论文，台湾辅仁大学历史系，2006年。

（3）刘秀俊《中国文化的海外媒介——杨联陞学术探要》，博士学位论文，山东大学历史系，2010年。

（五）中文报刊

（1）《美国各大学竞设汉学讲座》，载《申报》1928年4月5日，第11版。

（2）曹雪萍《专访何炳棣：教育、学术及旧日师友》，载《新京报》2005年9月1日。

（3）陈荣捷《美国人对中国文化之新认识》，载《岭南大学校报》1948年10月。

（4）戴逸《评〈中国近代史资料丛刊〉》，载《人民日报》1959年4月11日。

（5）邓嗣禹《儒家之社会政策》，载《北平晨报学园》1931年4月1日。

（6）高峰枫《"所有人他都教过"》，载《东方早报·上海书评》2012年9月19日。

（7）何炳棣《被忽视的雷海宗时代》，载《文汇读书周报》2004年4月16日。

（8）黄维廉《评〈清代名人传略〉》，载《申报》1947年5月8日，第9版。

(9)李怀宇《柳存仁:做人与做学问,都是中国的味道》,载《南方都市报》2007 年 6 月 13 日。

(10)盛韵《汪荣祖谈西方汉学得失》,载《上海书评》2010 年 4 月 18 日,第 2 版。

(11)徐文堪《不应被遗忘的方志彤先生》,载《东方早报》2011 年 1 月 9 日。

三、英文期刊书评

英文书评是本课题的重要史料来源之一。其中,既有移美中国史家评述美国汉学家著述的书评,亦有美国汉学家评述移美中国史家的书评。本课题所搜集的英文书评主要来自以下重要的西语期刊:

(1)《地理学评论》(*Geographical Review*)

(2)《国际事务》(*International Affairs*)

(3)《哈佛亚洲研究学报》(*Harvard Journal of Asiatic Studies*)

(4)《近代亚洲研究》(*Modern Asian Studies*)

(5)《美国东方学学报》(*Journal of the American Oriental Society*)

(6)《美国历史评论》(*The American Historical Review*)

(7)《美国人类学》(*American Anthropologist*)

(8)《美国社会学季刊》(*American Journal of Sociology*)

(9)《美国社会学评论》(*American Sociological Review*)

(10)《美国政治学学会年刊》(*Annals of the American Academy of Political and Social Science*)

(11)《太平洋历史评论》(*Pacific Historical Review*)

(12)《太平洋事务》(*Pacific Affairs*)

(13)《通报》(*T'oung Pao*)

(14)《现代历史季刊》(*The Journal of Modern History*)

(15)《亚非学院院刊》(*Bulletin of the School of Oriental and African Studies*)

(16)《亚洲研究学报》(*The Journal of Asian Studies*)

(17)《英国皇家亚洲研究学会学报》(*Journal of the Royal Asiatic Society of Great Britain and Ireland*)

(18)《远东观察》(*Far Eastern Survey*)

(19)《远东季刊》(The Far Eastern Quarterly)

(20)《政治学季刊》(Political Science Quarterly)

(21)《中国季刊》(The China Quarterly)

四、与客居美国的中国史家有关的英文资料

(一)英文著作

(1) Albert Feuerwerker, eds., *History in Communist China*, Cambridge Mass and London:The M. I. T. Press,1968.

(2) Albert Feuerwerker, Rhoads Murphey, and Mary C. Wright, eds., *Approaches to Modern Chinese History*, Berkeley:University of California Press,1967.

(3) Arthur W. Hummel, *The Autobiography of a Chinese Historian:Being the Preface to a Symposium on Ancient Chinese History*, Leyden: E. J. Brill,1931.

(4) Arthur W. Hummel, eds., *Eminent Chinese of the Ch'ing Period*, Washington,D. C. :Government Printing Office,1944.

(5) C. D. Cowan. eds, *The Economic Development of China and Janpan*, London:George Allen & Unwin Ltd.,1964.

(6) C. Martin Wilbur, *China in My Life:A Historian's Own History*, Armonk,New York:M. E. Sharpe,1996.

(7) Charles O. Huker, *The Association for Asian Studies:An Interpretative History*, Seattle:University of Washington Press,1973.

(8) Ch'en Yuan, *Western and Central Asians in China under the Mongols:Their Transformation into Chinese*, Los Angeles:Monumenta Serica at the University of California,1966.

(9) D. H. Perkins, ed., *China's Modern Economy in Historical Perspective*, Stanford:University of Stanford Press,1975.

(10) David T. Roy; Tsuen-hsuin Tsien, *Ancient China:Studies in Early Civilisation(Essays in Honour of H. G. Creel)*, Hong Kong:Chinese University Press,1978.

(11) Derk Bodde, *Essays on China Civilization*, Guildford:Princeton University Press,1981.

(12) Edward C. Carter, ed., *China and Japan in Our University Curricula*, New York: American Council, Institute of Pacific relations, 1929.

(13) Fleron Frederick, *Communist Studies and The Social Sciences: Essays on Methodology and Empirical Theory*, Chicago: Rand Mcnally, 1969.

(14) Franz Michael and George Taylor, *The Far East in the Modern World*, NewYork: Holt, Rinehart and Winston, 1956.

(15) H. G. Creel, *The Birth of China: A Study of the Formative Period of Chinese Civilization*, New York: University of Chicago Press. 1937.

(16) H. G. Creel; Teng Ssu-yu, *Newspaper Chinese by the Inductive Method*, Chicago: University of Chicago Press, 1943.

(17) Hall, Robert, *Area Studies: With Special Reference to Their Implications for Research in the Social Sciences*, New York: American Council of Learned Societies, 1947.

(18) Harley Farnworth MacNair, ed., *China*, Berkeley: University of California Press, 1946.

(19) Howard E. Wilson, ed, *Treatment of Asia in American Textbooks*, New York: Committee on Asiatic Studies in American Education, 1946.

(20) Howard L. Boorman, ed., *Biographical Dictionary of Republican China*, New York: Columbia University Press, 1967.

(21) James P. Harrison, *The Communists and Chinese Peasant Rebellions*, London: Lowe & Brydone, 1971.

(22) John K. Fairbank, *Ten year report of the Director.* Cambridge, M. A.: Harvard University, EARC, Dec., 1965.

(23) John Meskill, ed., *The Pattern of Chinese History: Cycles, Development, or Stagnation?* Lexington: D. C. Heath and Company, 1965.

(24) John R. Watt, *The District Magistrate in Late Imperial China*, New York: Columbia University Press, 1972.

(25) Kenneth S. Latourette, ed., *Progress of Chinese Studies in the United States of America*, Washington, D. C.: American Council of Learned Societies, 1931.

(26) L. Carrington Goodrich, *A Short History of the Chinese People*, New York: Harper and Row, 1943.

(27) Lindbeck, John. M. H., *Understanding China: An Assessment of American Scholarly Resources*, New York: praeger, 1971.

(28) Luther C. Goodrich, *The Literary Inquisition of Ch'ien-lung*, Baltimore: Waverly Press, 1935.

(29) Paul. A. Cohen & Merle Goldman, eds., *Fairbank Remembered*, Cambridge, M.A.: Harvard University Press, 1992.

(30) Shih-shan Henry Tsai, *The Chinese Experience in America*, Bloomington: Indiana University Press, 1986.

(31) Stanley Spector, *Li Hung-Chang and the Huai Army: A Study of Nineteenth Century Chinese Regionalism*, Seattle: University of Washington Press, 1964.

(32) The Committee on the Promotion of Chinese Studies, *Progress of Chinese Studies in the United States of America*, Washington, D. C.: The American Council of Learned Societies, 1931.

(33) Timothy Lew, *China in American School Text-books*, Peking: American Council of Learned Societies, 1923.

(34) Yung-Fa Chen and Kuang-Che Pan, eds., *China's Early Modernization and Reform Movement*, Taipei: Institute of Modern History, Academia Sinica, 2009.

(二)英文论文

(1) Albert Feuerwerker, China's History in Marxian Dress, *American Historical Review*, Vol. 66, No. 2(Jan., 1961).

(2) Albert Feuerwerker, From "Feudalism" to "Capitalism" in Recent Historical Writing From Mainland China, *The Journal of Asian Studies*, Vol. 18, No. 1(Nov., 1958).

(3) Arif Dirlik, Chinese Historians and the Marxist Concept of Capitalism, *Modern China*, Vol. 8, No. 1(Jan., 1982).

(4) Arif Dirlik, Reversals, Ironies, Hegemonies: Notes on the Contemporary Historiography of Modern China, *Modern China*, Vol. 22, No. 3(Jul., 1996).

(5) Arthur W. Hummel, Ku Shih Pien(Discussions in Ancient Chinese History). Vol. 1, *China Journal of Science and Arts*, Vol. V, No. 5(Nov., 1926).

(6) Arthur W. Hummel, What Chinese Historians are Doing in their Own History, *The American Historical Review*, Vol. 34, No. 4 (Jul., 1929).

(7) Benjamin Schwartz, The Fetish of the Disciplines, *Journal of Asian Studies*, Vol. 23, No. 4 (Aug., 1964).

(8) Charles S. Gardner, The Future of Chinese Studies in America, *The University of Pennsylvania Library Chronicle*, Vol.1 (1944).

(9) Chen Run Cheng, Deng Siyu (Teng Ssu-yu) and the Development of American Sinology After World War II, *Chinese Studies in History*, Vol. 41, No. 1 (Fall, 2007).

(10) Derk Bodde, A Perplexing Passage in the Confucian Analects, *Journal of the American Oriental Society*, Vol. 53, No. 4 (Dec., 1933).

(11) Derk Bodde, Sinological Literature in the United States, 1940-1946, *Quarterly Bulletin of Chinese Bibliography*, Vol.6 (1946).

(12) Donn V. Hart, A Report on the Treatment of Asia in American Textbooks, *The Far Eastern Quarterly*, Vol. 6, No. 1 (Nov., 1946).

(13) Edmund S. K. Fung, Post-1949 Chinese Historiography on the 1911 Revolution, *Modern China*, Vol. 4 No. 2 (Apr., 1978).

(14) Edwin O. Reischauerl; John K. Fairbank, Understanding the Far East Through Area Study, *Far Eastern Survey*, Vol. 17, No. 10 (May., 1948).

(15) Elizabeth Massey and Joseph Massey, Language Competence of Specialists on China, *Asian Studies Professional Review*, Vol.4 (May.1974-1975).

(16) Felix M. Keesing, Problems of Integrating Humanities and Social Science Approaches in Far Eastern Studies, *The Far Eastern Quarterly*, Vol. 14, No. 2 (Feb., 1955).

(17) Frederick W. Mote, The Case for the Integrity of Sinology, *Journal of Asian Studies*, Vol.23, No. 4 (Aug., 1964).

(18) G. William Skinner, What the Study of China can do for Social Science, *Journal of asian studies*, Vol. 23, No. 4 (Aug., 1964).

(19) H. G. Creel, Bronze Inscriptions of the Western Chou Dynasty as Historical Documents, *Journal of the American Oriental Society*, Vol. 56, No. 3 (Sep., 1936).

(20) H. G. Creel, Confucius and Hsun-Tzu, *Journal of the American Orien-*

tal Society, Vol. 51, No. 1(Mar., 1931).

(21) H. G. Creel, On the Birth of The Birth of China, *Early China*, Vol.12 (1985-1987).

(22) H. G. Creel, On the Origins of the Manufacture and Decoration of Bronze in the Shang Period, *Monumenta Serica*, Vol. 1, No. 1(1935).

(23) H. G. Creel, Was Confcius Agnostic? *T'oung Pao*, Vol. 29, No. 1/3 (1932).

(24) Harold Kahn and Albert Feuerwerker, The Ideology of Scholarship: China's New Historiography, *The China Quarterly*, No. 22(Apr.-Jun., 1965).

(25) John K. Fairbank, A Note of Ambiguity: Asian Studies in America, *Journal of Asian Studies*, Vol. 19, No. 1(Nov., 1959).

(26) Joseph R. Levenson, The Humanistic Disciplines: Will Sinology do? *Journal of Asian Studies*, Vol. 23, No. 4(Aug., 1964).

(27) Karl August Wittfogel, Public office in the Liao dynasty and the Chinese Examination System, *Harvard Journal of Asiatic Studies*, Vol. 10, No. 1 (Jun., 1947).

(28) Kenneth S. Latourette, American Scholarship and Chinese History, *Journal of the American Oriental Society*, Vol. 38, No. 1(Feb., 1918).

(29) Kenneth Scott Latourette, Far Eastern Studies in the United States: Retrospect and Prospect, *The Far Eastern Quarterly*, Vol. 15, No. 1 (Nov., 1955).

(30) Kenneth. S. Lattourette, Chinese Historical Studies during the past Seven years, *The American historical review*, Vol. 26, No. 4(July, 1921).

(31) Ku Chieh-Kang, A Study of Literary Persecution During the Ming, *Harvard Journal of Asiatic Studies*, Vol. 3, No. 3/4(Dec., 1938).

(32) L. C. Goodrich, Chinese Studies in the United States, *The Chinese Social and Political Science Review*, Vol. 15, No. 1(Apr., 1931).

(33) Liu Wuji, On Building a Chinese Libray Collection in an American University: A Tribute to Professor Deng Siyu, *Chinese American Forum*, Vol. 4, No. 4(Apr., 1989).

(34) Martin Kern, The Emigration of German Sinologists 1933-1945: Revisiting a Forgotten History, *Journal of the American Oriental Society*, Vol. 118,

No. 4(Oct.-Dec. , 1998).

(35) Mary C. Wright, Chinese History and the Historical Vocation, *Journal of Asian Studies*, Vol.23. , No. 4(Aug. ,1964).

(36) Maurice Freedman, Reivew Rural China: Imperial Control in the Nine-teenth Century, *Pacific Reivew*, Vol. 36, No. 1(Spring, 1963).

(37) Maurice Freedman, What Social Science can do for Chinese Studies, *Journal of Asian Studies*, Vol.23. No. 4(Aug. , 1964).

(38) Maurice T. Price, Sinology and Social Study, *Pacific Affairs*, Vol. 5, No. 12(Dec. ,1932).

(39) Meribeth E. Cameron, Outstanding Recent Books on the Far East, *The Far Eastern Quarterly*, Vol. 4, No. 4(Aug. ,1945).

(40) Meribeth E. Cameron, Far Eastern Studies in the United States, *The Far Eastern Quarterly*, Vol. 7, No. 2(Feb. , 1948).

(41) Rhoads Murphey, Discussant Remarks, *Journal of Asian Studies*, Vol. 23, No. 4(Aug. , 1964).

(42) S. N. Eisenstadt, Approaches to the Problem of Political Development in Non-Western Societies, *World Politics*, Vol. 9, No. 3(Apr. , 1957).

(43) Tschen Yinkoh, Han Yü and The T'ang Novel, *Harvard Journal of Asiatic Studies*, Vol. 1, No. 1(Apr. , 1936).

(44) Tschen Yinkoh, The Shih-tsung Shih-lu and the Hsu Shuan-Kuai lu, *Harvard Journal of Asiatic Studies*, Vol. 3(1937).

(45) Wang Kuo-wei, Chinese Foot-Measures of the Past Nineteen Centuries, translated by Arthur W. Hummel and Fung Yu-lan, *Journal of the North China Branch of the Royal Asiatic Society*, Vol. 59(1928).

(46) William Ayers, Current Biography in Communist China, *The Journal of Asian Studies* , Vol. 21, No. 4(Aug. , 1962).

(47) William H. Nienhauser, Jr. , Once again, the Authorship of the Hsi-Ching Tsa-Chi(Miscellanies of the Western Capital), *Journal of the American Oriental Society*, Vol. 98, No. 3(Jul.-Sep. , 1978).

(三)讣闻

(1) Andrew H. Plaks, Willard J. Peterson, Hai-tao Tang and Ying-shih

Yu, Obituary: James T. C. Liu (1919-1993), *The Journal of Asian Studies*, Vol. 53, No. 3(Aug., 1994).

(2) C. Martin Wilbur, Obituary: Luther Carrington Goodrich (1894-1986), *The Journal of Asian Studies*, Vol. 46, No. 2(May, 1987).

(3) David T. Roy, Obituary: Herrlee Glessner Creel (1905-1994), *The Journal of Asian Studies*, Vol. 53, No. 4(Nov., 1994).

(4) Edwin G. Beal and Janet F. Beal, Obituary: Arthur W. Hummel (1884-1975), *The Journal of Asian Studies*, Vol. 35, No. 2(Feb., 1976).

(5) Edwin O. Reischauer, Obituary: E. A. Kracke, Jr., 1908-1976. *The Journal of Asian Studies*, Vol. 36, No. 3(May, 1977).

(6) Edwin O. Reischauer, Serge Elisséeff, *Harvard Journal of Asiatic Studies*, Vol. 20, No. 1/2(Jun., 1957).

(7) Frank F. Conlon, George Edmond Taylor (1905-2000), *The Journal of Asian Studies*, Vol. 59, No. 3(Aug., 2000).

(8) Herrlee G. Creel, Edward A. Kracke, Jr, 1908-1976, *Journal of the American Oriental Society*, Vol. 96, No. 4(Oct.-Dec., 1976).

(9) J. K. Fairbank, Obituary: S. Y. Teng (1906-1988), *The Journal of Asian Studies*, Vol. 47, No. 3(Aug., 1988).

(10) James T. C. Liu, Obituary: Professor Arthur F. Wright, In Memoriam, *The Journal of Asian Studies*, Vol. 36, No. 3(May, 1977).

(11) James T. C. Liu, Obituary: Professor E. A. Kracke, Jr., In Memoriam, *The Journal of Asian Studies*, Vol. 36, No. 3(May, 1977).

(12) John K. Fairbank, Jonathan Spence and Denis Twitchett, Obituary: Arthur Frederick Wright 1913-1976, *The Journal of Asian Studies*, Vol. 36, No. 3(May, 1977).

(13) John Whitney Hall, Obituary: Edwin Oldfather Reischauer (1910-1990).: An Appreciation, *The Journal of Asian Studies*, Vol. 50, No. 1(Feb., 1991).

(14) Jonathan Spence, Obituary: Mary Clabaugh Wright, 1917-1970, *The Journal of Asian Studies*, Vol. 30, No. 1(Nov., 1970).

(15) Kwang-Ching Liu and Richard J. Smith, Obituary: Jung-pang Lo (1912-1981), *The Journal of Asian Studies*, Vol. 41, No. 2(Feb., 1982).

(16) L. Carrington Goodrich, Homer Dubs(1892-1969), *The Journal of Asian Studies*, Vol. 29, No. 4(Aug., 1970).

(17) Marius B. Jansen, Obituary: John King Fairbank (1907-1991), *The Journal of Asian Studies*, Vol. 51, No. 1(Feb., 1992).

(18) Obituary: Charles O. Hucker (1919-1994), *The Journal of Asian Studies*, Vol. 54, No. 2(May, 1995).

(19) Obituary: Charles Sidney Gardner, 1900-1966, *Harvard Journal of Asiatic Studies*, Vol. 27(1967).

(20) Sherman Cochran and Charles A. Peterson, Obituary: Knight Biggerstaff(1906-2001), *The Journal of Asian Studies*, Vol. 60, No. 3(Aug., 2001).

(21) Theodore de Bary, Obituary: Chao-ying Fang (1908-1985), *The Journal of Asian Studies*, Vol. 45, No. 5(Nov., 1986).

(22) Thomas D. Goodrich, Luther Carrington Goodrich (1894-1986): A Bibliography, *Journal of the American Oriental Society*, Vol. 113, No. 4 (Oct.-Dec., 1993).

(23) Thomas H. Lee, Ssu-yu Teng, 1906-1988, *CEAL Bulletin*, No. 84 (June, 1988).

(24) W. Allyn Rickett, In Memoriam: Derk Bodde (1909-2003), *Journal of the American Oriental Society*, Vol. 123, No. 4(Oct.-Dec., 2003).

(25) Wallace Johnson, Derk Bodde(March 9, 1909-November 3, 2003), *The Journal of Asian Studies*, Vol. 63, No. 1(Feb., 2004).

(26) Walter E. Clark, L. C. Goodrich, A. T. Olmstead and J. K. Shryock, Berthold Laufer, 1874-1934, *Journal of the American Oriental Society*, Vol. 54, No. 4(Dec., 1934).

(27) William S. Atwell, Frederick W. Mote(June 2, 1922-February 10, 2005)., *The Journal of Asian Studies*, Vol. 64, No. 3(Aug., 2005).

(28) William T. Rowe; Joshua A. Fogel; Madeleine Zelin, C. Martin Wilbur(1907-1997), *The Journal of Asian Studies*, Vol. 56, No. 3(Aug., 1997).

(29) Wm. Theodore De Bary, Obituary: Wing-Tsit Chan(1901-1994), *The Journal of Asian Studies*, Vol. 53, No. 4(Nov., 1994).

附录

民国时期客居美国的中国史家及其在美简况表（以赴美时间为序）

序号	姓名	客居美国的时间及缘由	在美简况	在美学术成果	备注
1	裘开明（1898—1977）	1924年赴美国进修图书馆学和经济学，并于1933年获哈佛大学博士学位。	在进修期间，兼在哈佛大学图书馆工作；1931—1965年任哈佛燕京图书馆首任馆长；1965—1970年先后担任美国明尼苏达大学东亚图书馆和香港中文大学图书馆中文图书馆顾问；1970年以后，任哈佛燕京图书馆中文善本图书研究顾问。	著有《中国图书编目法》《汉和图书分类法》《哈佛燕京图书馆中文善本图书》《四库未收明代类书考》等50种专著、书目和论文。	赴美前，任厦门大学图书馆馆长。

续表

序号	姓名	客居美国的时间及缘由	在美简况	在美学术成果	备注
2	房兆楹（1908—1985）	1933年，离开中国前任哥伦比亚大学图书馆学院游学。	1934年，任职于美国国会图书馆，参与恒慕义主持的《清代名人传记》编撰；1943年至1945年，为美国陆军部外语科中国组组长；此后八年，参加魏特夫主持的中国历史编译计划项目；后受聘于加州大学伯克莱分校图书馆及堪培拉澳洲国立大学图书馆；60年代，回到哥伦比亚大学参加富路德主持的《明代人物传记》至退休。	主要是参与美国汉学家主持的大型汉学项目，如《清代名人传记》《明代人物传记》《中华民国人物传记》《中国对西方的回应》的编撰并选译《明嘉案》等。	赴美前，自燕京大学毕业后即参与哈佛燕京学社的引得编纂。
3	杜联喆（1902—1994）	1933年离开中国前往美国。	1934年应邀参加恒慕义主持的《清代名人传记》编撰；1945年，参与魏特夫主持的中国历史翻译计划；1952年，到斯坦福大学担任胡佛图书馆中国藏品分馆馆长；1961年至1963年，为澳洲国立大学研究院高级研究员；60年代中期回哥伦比亚大学，参与富路德主持的《明代名人传记》编撰等。	在美期间，主要是参与美国汉学家主持的《清代名人传记》《明代人物传记》《中华民国人物传记》《中国对西方的回应》等项目，并为《远东季刊》撰写学术讯息。	自燕京大学毕业后，参与哈佛燕京学社的引得编纂，后赴美。

附录：民国时期客居美国的中国史家及其在美简况表（以赴美时间为序）

续表

序号	姓名	客居美国的时间及缘由	任美简况	任美学术成果	备注
4	陈受颐（1899—1978）	1936年夏，借北京大学休假一年之机，前往美国南加州波摩那大学任客座教授。	在南加州波摩那大学任客座教授一学期后，到加州圣马利诺的汉亭顿图书馆和华盛顿国会图书馆研究半年。1937年，赴美国夏威夷大学任教；执教四学年后，嗣因夏威夷当地气候不适于其夫人身体，接受Pomona College聘约前往南加州。1941年到1967年任Pomona学院任教26年。	在美致力于培植研究中国历史文化的美国青年，其英文著述主要有《中国文学：历史导论》等。	1931年至1937年任教于北京大学，并任历史系主任。
5	罗荣邦（1912—1981）	1936年赴美留学。	1940年获伯利加利大学硕士学位。太平洋战争期同在旧金山的战时新闻处工作，并曾在伯利克利陆军专业训练计划中任教。后在旧金山中华新闻社任编辑。20世纪50年代，在斯沃斯莫尔学院，英夕法尼亚大学，密歇根大学等校任访问学者，1957年获伯利克利加州大学博士学位。之后历任华盛顿大学副教授，戴维斯加州大学教授，至退休。	系欧美学术界公认的古代中国海权史研究之权威，撰写多篇末、元、明三代海权发展的论文。去世前，完成《跨越西海的帝国：海上力量和明初海军》的书稿；另编译了《康有为传记与论文集》。	1934年毕业于燕京大学并获学士学位。

续表

序号	姓名	客居美国的时间及缘由	在美简况	在美学术成果	备注
6	邓嗣禹（1905—1988）	1937年夏，应房兆楹之邀，参加美国国会图书馆东方部主任恒慕义主持的《清代名人传》编撰。	在参加清代名人传记项目编纂工作半年后，于1938年获哈佛燕京学社奖学金，在哈佛大学师从费正清攻读博士；在此期间，同费正清合著有关清代政治制度方面的研究；1942年，以《张喜与南京条约》获博士学位后任教芝加哥大学。1946年回国，任教北大历史系；1947年，回芝加哥大学任教；1949年秋，到哈佛大学任教中国史一年；1950年秋，应印第安纳大学之聘，主讲中国史至1976年退休。	著有《太平天国史新解》《太平天国起义》《太平天国起义与捻军运动》《清朝政治制度》《太平天国起义和西方政权》等著作及若干书评；与费正清合编《中国对西方的反应》。	赴美前，在燕京大学历史系任教，曾与美国年轻汉学家毕乃德合撰《中国参考书目解题》。
7	吴光清（1905—2000）	1938年获洛克菲勒奖金支持赴国会图书馆东方部实习，后客居美国。	1938年入美国国会图书馆东方部采访和编目；1941年，入芝加哥大学攻读博士学位；获得博士学位后，继续在国会图书馆工作，1966年接Edwin G. Beal任中韩文部主任，直至1975年退休。	著有《初唐至明末的中国学术》《图书和图书馆》《中文图书分类法》，并在《哈佛亚洲学报》《远东季刊》等发表多篇学术论文。	客居美国前，被视为"著名的汉学家，对目录史和印刷史深有兴趣，也是善本书和地方志研究的权威"。

附录:民国时期客居美国的中国史家及其在美简况表(以赴美时间为序)

续表

序号	姓名	客居美国的时间及缘由	在美简况	在美学术成果	备注
8	杨联陞(1914—1990)	1939年,应嘉德纳之聘赴美担任其助手,并入哈佛大学深造。	1942年获哈佛大学硕士学位;1946年以《晋书·食货志译注》获博士学位;自1947年始至其退休,一直执教于哈佛大学。	以书评和论文见长,其论文多收入《中国制度史研究》《国史探微》等著述中,另有近80多篇学术书评。	清华大学就读期间,先后在《清华学报》《食货》等刊物发表学术文章。
9	孙任以都(1921—不详)	1941年离开中国负笈美国。	1944年从Vassar毕业后进入Radcliffe College学院攻读博士学位,1949年博士毕业;1950年至1952年,一面担任拉德摩尔的助理,一面在Goucher College教书;自1952年起,长期任教于宾州州立大学。	著述有《中国社会史书目》《中国铁路与英国利益》《中国社会史》《清代管理团队》等。	1938年考入西南联大,系五四名宿任鸿隽、陈衡哲夫妇之长女。
10	王伊同(1914—2016)	1944年,受哈佛燕京学社资助,赴哈佛大学东方语文系攻读博士学位。	1949年以《1368至1549年以来的日明关系》获哈佛大学博士学位,后受聘芝加哥大学;1950年至1952年,掌教威斯康星大学;1952至1957年返哈佛大学汉英辞典处任编译;1957至1962年,任教英属哥伦比亚大学;1962年,返匹兹堡大学,创东亚语文系,兼东亚研究所所长;1985年,匹兹堡大学退休。	著有《中日间的官方关系》英译《洛阳伽蓝记》《南朝史》等。	移美前,系中古六朝史名家,移美后史学论著并不多,多是将移美前论著译成英文。

续表

序号	姓名	客居美国的时间及缘由	在美简况	在美学术成果	备注
11	刘广京（1921—2006）	1944年肄业后，赴美国哈佛大学留学。	1945年毕业于哈佛大学，获史学学士。后师从费正清，于1947年获该校硕士，1956年获博士学位。历任耶鲁大学、哈佛大学访问教授，戴维斯加州大学教授。	著有《中英轮船航运竞争》《英美航运势力在华的竞争》，并与费正清合编有《近代中国：1898—1937年中文著作目录指南》《剑桥中国史》（第11卷）等著述。	赴美前，就读于西南联大，颇为联大的雷海宗、邵循正等诸教授赏识。
12	何炳棣（1917—2012）	1944年庚款留美公费，于1945年入哥伦比亚大学，专攻英国史。	1951年，获哥伦比亚大学博士学位；博士毕业后，于1948年前在英属哥伦比亚大学任教，继续在该校任教；1963年转任芝加哥大学，1965年来任该校汤普逊讲座教授，1987年退休。嗣在加州大学鄂宛分校，任历史科杰出访问教授，1990年第二次退休。	著有《中国人口史论》《明清社会史论》《东方的摇篮》《中国会馆史论》等多部论著。	赴美前，曾先后在清华大学、燕京大学学读，1939年应刘崇鋐师之邀，抵昆明任清华大学历史系助教，教西南联大先修班的西洋通史。
13	瞿同祖（1910—2008）	1945年春，应魏特夫之邀赴美任哥伦比亚大学中国历史研究室研究员，从事汉史研究。	自1945年到哥伦比亚大学任研究员凡十年；1955年，因杨联陞推荐，被聘为哈佛大学东亚研究中心研究员；1962年，前在加拿大不列颠哥伦比亚大学，担任亚洲系副教授，讲授中国通史。	著述有《汉社会结构》《清代地方政府》及英译《中国封建社会》等。	客居美国前，已是中国社会史研究名家，于1965年辞职回国。

附录：民国时期客居美国的中国史家及其在美简况表（以赴美时间为序）

续表

序号	姓名	客居美国的时间及缘由	在美简况	在美学术成果	备注
14	刘子健（1919—1993）	在洪业影响下于1945年赴美留学。	1950年，获匹兹堡大学博士学位，并在该大学及其他学校任教。1960年，成为斯坦福大学教员。1965年，入普林斯顿大学，至退休。	主要著述有《宋代中国的改革：王安石和他的新政》《欧阳修的治学与从政》《中国转向内在》等。	曾作为东京国际军事法庭的中方法律代表团成员，前往日本。
15	施友忠（1903—不详）	1945年应美国华盛顿大学之聘赴美。	自到美后，一直执教于华盛顿大学迄1973年退休，任中国哲学、文学、文化史教授。	致力于太平天国史研究，著有《太平天国的意识形态：来源、解释及影响》等。	曾在河南大学、国立浙江大学、燕京大学文化书院、燕京大学执教。
16	张仲礼（1920—2015）	通过1946年公费生留学考试取得赴美留学资格。	1947年初，进入华盛顿大学经济学系改读硕士学位；1953年，获得博士学位后，在华盛顿大学远东研究所任教，主研中国绅士问题和太平天国史。1958年回国。	主要著述有《太平天国：历史与史料》《19世纪的中国绅士》《中国绅士的收入》等。	1941年即从上海圣约翰大学经济学系毕业。
17	洪业（1893—1980）	1946年春，应邀赴美国哈佛大学讲学。	1947年春在夏威夷大学客座教授半年；1947—1948年，哈佛大学东亚语文系客座教授；1948年夏退休，哈佛燕京学社研究员。	专著《中国最伟大的诗人杜甫》及《关于唐开元七年的一次史籍考论》等史学论文。	客居美国前，系燕京大学历史系主任、教务长、图书馆馆长，引得编辑处主任。

297

续表

序号	姓名	客居美国的时间及缘由	在美简况	在美学术成果	备注
18	钱存训（1910—2015）	1947年赴美，作为北平图书馆交换馆员到芝加哥大学图书馆工作和进修。	受顾立雅教授盛邀，在东方语言学系兼课，后定居于美国，在芝加哥大学工作达60年。曾于1952年获芝加哥大学图书馆学硕士学位，1957年获图书馆学博士学位。	著有《西方通过翻译对中国的影响》《书于竹帛》《中国：书目提要》《纸和印刷》《中国印刷术》等。	赴美前，任南京工程参考部主任（为北平图书馆南京分馆）。
19	傅乐淑（1917—2003）	1947年考取山东省公费留美就读斯坦福大学。	1952年在美国芝加哥大学历史系博士学位。长期侨居美国，任教于南加州大学，中密友于大学等。	专注清初中西关系史，著有《中西关系的天朝文献编年史》等。	傅斯年侄女，赴美前系燕京大学毕业。
20	徐中约（1923—2005）	1948年赴哈佛大学留学。	师从费正清、杨联陞、赖肖尔、兰格和叶理绥等人，于1954年获哈佛大学博士学位，后在美国加州大学圣巴巴拉分校任教，担任历史系主任、荣休教授等。	著有《中国近代史》《中国进入国际社会的外交》等，翻译梁启超《清代学术概论》。	1946年毕业于燕京大学。
21	唐德刚（1920—2009）	1948年赴美国哥伦比亚大学留学。	获哥伦比亚大学博士学位后，留校任教，并兼任哥伦比亚大学中文图书馆馆长7年。1972年受聘为纽约市立大学教授，兼任系主任12年。	著述有《中美外交史百年史》《晚清七十年》《袁氏当国》等。	毕业于重庆国立中央大学，1944年在安徽学院史地系任教。

附录：民国时期客居美国的中国史家及其在美简况表（以赴美时间为序）

续表

序号	姓名	客居美国的时间及缘由	在美简况	在美学术成果	备注
22	周策纵（1916—2007）	1948年赴美国密歇根大学留学。	在密歇根大学获文学硕士、哲学博士学位，后担任哈佛大学研究员，美国威斯康辛大学历史系、文学系及东亚语言文学终身教授。	著有《五四运动史》等。	中央政治大学毕业，1945年始任国民政府主席侍从室编审。
23	萧公权（1897—1981）	应华盛顿大学之邀，于1949年夏始赴美任教。	自1949年任华盛顿大学任教至1968年退休，在美19年。	主要著述有《19世纪的中国乡村》《康有为思想研究》及《翁同龢与戊戌维新》等。	客居美国前，已是著名的中国思想史研究专家，著有《中国政治思想史》等著作。
24	胡适（1891—1962）	1949年大陆政权易手后，即寓居美国。	到美后，担任普林斯顿大学葛思德东方图书馆馆长。1952年夏普林斯顿大学聘约期满，仍任荣誉主持人。1958年返台就任"中央"研究院院长。	致力于《水经注》的考证等工作。	赴美前，任北京大学校长。
25	袁同礼（1895—1965）	1949年赴美定居。	1949至1957年任斯坦福大学胡佛研究院编纂主任；1957至1965年到美国国会图书馆工作。1957年至退休，一直在国会图书馆编目部工作。	著有《西文汉学书目》《中国留美同学博士论文目录》等。	赴美前，长期担任北平图书馆馆长之职。

注：民国时期客居美国的中国史家还有曾在美国加州大学历史系任教并于1955年出版了《中国史学纲要》一书的韩素姗，20世纪30年代受哈佛燕京学社资助赴哈佛大学留学后回国任岭南大学教务长兼历史系主任的黄延毓，以及在民国史学界颇有影响的陈啸江、姚善友等人，他们在美的情况不详，有

待进一步查明。

资料来源：有关民国时期客居美国的中国史家及其各自在美之情形，主要依据的是 Tung-li Yuan, *A Guide to Doctoral Dissertations by Chinese Students in America, 1905-1960*. Washington, 1961；袁同礼《袁同礼著书目汇编》（第三册），国家图书馆出版社，2010年；胡适纪念馆编《论学谈诗二十年——胡适杨联陞往来书札》，安徽教育出版社，2001年；何炳棣著《读史阅世六十年》，广西师范大学出版社，2005年；耿云志主编《胡适遗稿及秘藏书信》第35卷，黄山书社，1994年等相关资料。

后　　记

坐地纽约宾馆房间的窗前,眺望着法拉盛的夜景,思绪涌上心头。望着电脑一端所存放的书稿,不禁想起就专著而言这可算是第二本了,距离第一本专著的出版正好十个年头!回首这十年,不敢称完全潜心于"磨此一剑",因为作为高校的"青椒",背负着生活和教学科研之"双重拷压",有着太多无法不分心之事。聊以欣慰的是,这十年在努力做好本职工作之余,一直心无旁骛地坚守着"中国留美学人与美国中国学"这一学术园地。这份坚守,既是源自于学术兴趣使然,更是承载了先师朱政惠先生的"嘱托"。先生在耳提面命之时,说得最多的就是"美国中国学是一块值得耕耘的学术沃土","一定要坚守这块学术园地,不要轻易离开"……

如今呈现在读者面前的这本小书,可以说是这份坚守的果实之一。犹记得,在以"隔绝对峙时期的美国中国学"为题的博士论文中,即曾以"华裔学者的研究及影响"一节探讨美籍华人学者对20世纪60年代美国中国研究转向的影响;博士毕业后,在美国中国学这一学术园地寻找钻研之选题时,承复旦大学张广智教授的提携,参与了其主持的教育部重大项目"中外史学交流",承担了"中国史学在美国"这一子课题。其中,曾用专章探讨美籍华人学者的中国史学史研究及其影响和贡献。由此,从"知识移民"的视角来解读美国中国学的学术发展史开始萦绕头脑,"移居美国的中国学人与美国汉学"成为主要的研究兴趣所在。这本小书正是循此思索的结果,它肯定存在诸多错讹之处,只能祈请读者朋友多批评指正!

之所以能够坚守并前行,应感谢北京语言大学的阎纯德教授和北京外国语大学的张西平教授。作为改革开放以来海外中国学研究的开拓者和旗帜,他们给予了无微不至的关照和提携。每次通电话或在学术会议上相遇,他们都将我视如门生,亲切和蔼的予以关怀;每遇到困惑或难题时,他们都热情伸出援手,给予我指导或提供力所能及地帮助;每有论文或新作寄至他们时，都中肯的提出建议并予以鼓励。这本小书能够出版，正是得益于阎纯德先生的鼎力支持与帮助！犹记得2017年，我和阎先生一同参加海外汉学研究会在南开大学举办的学术会议。会议间隙，我向阎先生汇报研究情况，提到即将结题的课题书稿是否可纳入其主持的"汉学研究大系"，阎先生没有丝毫的犹豫，当即表示没有问题，并详细询问书稿情况，提出修改建议。阎先生那种真诚而严谨的情景犹历历在目，这是其视海外汉学研究为生命以及几十年来始终如一关心提携后辈学人的真切反应！正是他们的关怀、帮助与鞭策，使我有勇气在海外中国学这一学术道路上不断前行！

　　能够坚守海外中国学研究并前行，同样得益于其他众多师友亲朋的支持与帮助！复旦大学历史系的张广智教授，常予以悉心指导与提携，帮助提供学术机缘；美国圣约翰大学亚洲研究所的李又宁教授，虽仅有几次谋面，却不辞辛劳为我讲述客居美国的中国学人之往事；复旦大学的邹振环教授和上海师范大学的梁民愫教授、陈勇教授，不仅为本书稿的修订提供了中肯的建议，还就我此后的学术研究方向给予指导和建议；华东师范大学历史系的邬国义教授、胡逢祥教授、王东教授、刘昶教授，每次讨教时，他们都不厌其烦，毫无保留地提供其个人学术见解，让我获益匪浅。江西师范大学的方志远教授，在指导我完成硕士学业后，仍始终如一地关注着我学业上的成长，并时常给予鼓励；复旦大学的何爱国博士，从作为我的高中历史老师起，就一直给予我无私的帮助和勉励。江苏师范大学的周棉教授，南开大学的阎国栋教授、元青教授、孙卫国教授，中国社会科学院国际中国学研究中心的何培忠教授、唐磊教授，上海社科院世界中国学所姚勤华教授、周武教授、王健博士，北京师范大学的张越教授，北京外国语大学的顾钧教授、李雪涛教授，淮北煤炭师范大学的李勇教授，中国矿业大学的孟庆波博士以及同门师兄曹景文教授、师姐龚咏梅教授、师妹褚艳红博士等，他们都以各种方式为我在海外中国学研究道路上的前行提供了力所能及地帮助。

　　十多年来能够在海外中国学研究这条道路上一路前行，与爱人和岳母的无私支持是分不开的。正是她们的无私支持，才让我能够心无旁骛地行进在自己的学术道路上！从某种意义上说，学术研究是基于个人兴趣的"自私之事"。当我徜徉于自己的所谓"名山之事"时，是她们默默地承担起所有的家庭琐事；当我因学术研究遭遇挫折困顿而心生牢骚和怨气时，

后 记

她们没有埋怨,而是给予鼓励。爱人常说的是:"我们对你也没有什么要求,不要有太大的压力,做你自己喜欢做的事。"正是她们以柔弱之躯承担起所有的一切,让我免于家庭琐事的烦扰,舒缓了生活和学术所带来的紧张压力。如今小儿已读小学三年级,面对我这两年已出版的著作,他向我伸出大拇指说,"老爸,你真厉害!"此刻的我,毫无欣慰之情,而是满怀愧疚之心。从小生命的孕育到现在成长为"小男子汉",我常以要"写东西"为由而未能留有更多的时间陪伴他成长。现在,"第二个小生命"已诞生,我却依旧以忙于"写作"等各种事情作为不陪伴的借口。然而,爱人亦依然如故,常予以理解,并常教导小儿"不要打扰老爸"。如果说每一部书稿对于作者而言,犹如"新生命"诞生的话,我想将这即将诞生的"新生命"献给她们!

最后,在本书出版之际,我要特别感谢学苑出版社的杨雷与张敏娜编辑。正是她们的辛劳付出,使得本书能够以如此面貌呈现在读者面前!

有人说"人生的意义在于过程",也有人说"人生的意义在于寻找能使自己值得献出生命的那个东西",还有人说"人生最终的价值在于觉醒和思考的能力"。对于如我的读书人而言,人生的意义和价值在于不断进行思想和精神的追寻。正是在这种追寻中,人生变得有趣可爱。海外中国学是一个学术园地,更是一个充满精神和思想"诱惑"的世界,我愿将人生的意义和价值寄托于此……

吴原元

2018 年 8 月 1 日于师大三村

2018 年 8 月 8 日修改于纽约亚洲大酒店